U0574425

BLUE BOOK

智库成果出版与传播平台

经济特区蓝皮书

BLUE BOOK OF SPECIAL ECONOMIC ZONES

中国经济特区发展报告（2022~2023）

ANNUAL REPORT ON THE DEVELOPMENT OF CHINA'S SPECIAL
ECONOMIC ZONES (2022-2023)

主　　编／陶一桃
执行主编／袁易明

社会科学文献出版社
SOCIAL SCIENCES ACADEMIC PRESS (CHINA)

图书在版编目（CIP）数据

中国经济特区发展报告 . 2022~2023 / 陶一桃主编
. --北京：社会科学文献出版社，2023.4
（经济特区蓝皮书）
ISBN 978-7-5228-1439-1

Ⅰ.①中… Ⅱ.①陶… Ⅲ.①经济特区-经济发展-
研究报告-中国-2022-2023 Ⅳ.①F127.9

中国国家版本馆 CIP 数据核字（2023）第 029316 号

经济特区蓝皮书
中国经济特区发展报告（2022~2023）

主　　编／陶一桃
执行主编／袁易明

出 版 人／王利民
组稿编辑／周　丽
责任编辑／王玉山
文稿编辑／王　娇　王希文
责任印制／王京美

出　　版／社会科学文献出版社 · 城市和绿色发展分社（010）59367143
　　　　　地址：北京市北三环中路甲 29 号院华龙大厦　邮编：100029
　　　　　网址：www.ssap.com.cn
发　　行／社会科学文献出版社（010）59367028
印　　装／天津千鹤文化传播有限公司

规　　格／开 本：787mm×1092mm　1/16
　　　　　印 张：27.25　字 数：407 千字
版　　次／2023 年 4 月第 1 版　2023 年 4 月第 1 次印刷
书　　号／ISBN 978-7-5228-1439-1
定　　价／198.00 元

读者服务电话：4008918866

中國經濟特區發展藍皮書

苔牧題

本报告得到教育部哲学社会科学发展报告培育项目"中国经济特区发展报告"立项资助和深圳市宣传文化基金资助。同时，本报告也得到中共广东省委宣传部"理论粤军·教育部在粤人文社科重点研究基地"专项建设支持。

经济特区蓝皮书编委会

主 任 委 员　吴　忠　陶一桃

编委会成员　（按姓氏笔画排序）

　　　　　　　吴　忠　林　起　赵康太　郝寿义

　　　　　　　钟若愚　俞友康　袁易明　陶一桃

主　　　编　陶一桃

执 行 主 编　袁易明

执行副主编　周轶昆　钟若愚　伍凤兰

主要编撰者简介

陶一桃　满族，经济学教授，博士生导师，中国
经济特区问题研究专家，师从著名学者胡寄窗先生。
享受国务院政府特殊津贴专家、国家社科基金重大项
目首席专家、国家社科基金会评专家、南开大学兼职
教授、广东省学位委员会学科评议组成员、广东省特
支计划领军人才、深圳市国家级学术领军人才、深圳
大学理论经济学学科带头人、深圳大学领军学者、中
国经济思想史学会常务副会长、广东经济学会副会长、深圳市政协委员、深
圳市决策咨询委员会委员。现任深圳大学党委副书记、纪委书记，教育部人
文社科重点研究基地——深圳大学中国经济特区研究中心主任，一带一路国
际合作发展（深圳）研究院院长。

　　长期从事中西方经济思想与理论研究，研究领域涵盖经济史、经济思想
史和制度经济学等。20多年来致力于中国改革开放史、中国改革开放经济
思想史、中国经济特区发展史、中外经济特区比较研究。代表性论文《从
特区到自贸区：中国自贸区的特殊使命》被《新华文摘》全文转载；代表
性著作《中国经济特区史论》被中宣部和国家新闻出版署列为"纪念改革
开放30周年"的35本重点书系之一，此书获国家社科基金"中华学术外
译项目"支持，并由英国帕斯国际出版公司英文出版全球发行，2011年获
广东省社会科学优秀成果一等奖；国家社科基金重点项目结项成果《经济
特区与中国道路》一书入选2016年德国法兰克福书展，由德国斯普林格出

版社在海外出版发行。

在宣传以深圳经济特区为典型代表的中国经济特区建设和中国道路方面做出卓越贡献。主持编撰中英双语海内外年度权威发布的《中国经济特区发展报告》（经济特区蓝皮书），主持编撰《中国双创发展报告》（双创蓝皮书）、《"一带一路"与湾区经济蓝皮书》，创办《一带一路研究》学术集刊。目前正在主持国家社科基金重大项目"中国经济特区发展史（1978~2018）"。

 **袁易明** 经济学博士，教授，博士生导师，深圳大学中国经济特区研究中心副主任，深圳市科技工作者联合会会长，深圳市汉仑绿色发展研究院院长，贵州省贵安新区高级顾问，贵州省委服务决策专家，苏州市吴江长三角一体化咨询委员会委员，深圳市政府决策咨询委员会专家。曾任世界银行地区研究顾问、深圳市绿色低碳基金会理事长。

《中国经济特区研究》中文版和英文版集刊（斯普林格出版社出版发行）的创办人和主编，《中国经济特区发展报告》执行主编。长期致力于经济增长、产业结构理论与政策研究。主持国家教育部、水利部、环保部和世界银行课题，以及非洲开发银行等国际组织研究课题25项，主笔完成世界银行课题报告3个，主持完成政策研究报告66个。

出版学术著作10多部：《资源约束与产业结构演进》《中国经济特区产业结构演进与原因》《平等——效率的替代与选择》《产权·机制·效率》《台湾香港公营经济》《政治经济学的现代形态》《市场经济的两大结构》《危机与重构：世界国有企业研究》等。

专著《台湾香港公营经济》（1998）是国内该领域第一部学术专著，2006年完成的《福利目标下中国所有制结构调整的路径选择》一书提出了中国所有制改革的社会边际福利方法，2002年完成的研究成果《平等——效率的替代与选择》建立了中国经济运行效率、所有制结构与平等间关系的分析框架和结构模型。

在《经济学动态》、《经济研究》、《南开经济研究》、《学术研究》、《海外事情研究》（日）等国内外刊物发表论文 90 余篇，多篇论文被《新华文摘》、中国人民大学复印报刊资料等全文转载。

多次受邀在国际学术会议上演讲。主要有：2016 年 5 月应邀在深圳低碳发展国际会议上做学术演讲，2014 年 5 月在卢旺达基加利非洲开发银行 2014 年经济特区高级学术会议上演讲，2012 年 1 月在联合国开发计划署"中非发展与减贫"国际会议上发表主题演讲，2011 年 2 月受邀参加在亚地斯亚贝巴非盟总部举行的由非洲联盟委员会、联合国非洲经济委员会和 OECD 主办的学术会议并发表演讲，参加竞争性产业集群发展南南合作交流会中国片区会议并做学术演讲。

摘　要

《经济特区蓝皮书：中国经济特区发展报告》是教育部人文社科重点研究基地——深圳大学中国经济特区研究中心着力打造的高端学术品牌和标志性科研成果之一，首部报告出版于 2009 年，是国家教育部报告，被列入中国蓝皮书计划，是全国唯一的经济特区蓝皮书。它以动态研究方式反映每一年深圳等传统经济特区和喀什、霍尔果斯、图们江等新兴经济特区的政治、经济、社会、文化、制度、环境、创新、改革的主要进展及面临的问题、挑战和对策，具有权威性、前沿性和原创性，已经在海内外产生了较大的影响，既是经济特区研究的重要成果，也是研究中国经济特区的重要史料来源，已成为深圳具有国际影响力的学术品牌。

《经济特区蓝皮书：中国经济特区发展报告（2022~2023）》共分为总报告、专题研究报告、特区发展分述报告和特区发展动态考察报告 4 个部分。其中，总报告是全书的基本纲要，是站在国家整体发展战略规划的角度，对中国经济特区，包括改革试验区和部分新特区一年发展状态的整体评述。专题研究报告分别以特区的发展现状、比较分析、政策建议为切入点，对特区所面临的转型问题、资源的使用与可持续发展问题、经济社会发展问题、社会保障问题、科技创新问题、金融体制改革问题、特区文化产业问题等进行了综述分析，并针对每一具体问题提出了发展建议。特区发展分述报告是对五大传统特区及上海浦东新区和天津滨海新区一年发展状况的历史性记录与梳理，偏重对不同特区的特殊问题进行比较，重点在于对不同特区进行个案分析，包括深圳、珠海、汕头、厦门、海南五大传统特区以及上海浦

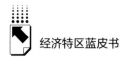
东新区和天津滨海新区。特区发展动态考察报告是为了及时反映中国自由贸易试验区等新兴经济特区发展状况而做的一个比较灵活且具有广泛扩展空间的结构安排。

关键词： 经济特区　开放创新　绿色发展

目 录 ⟍⟍

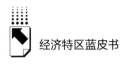
Ⅲ 特区发展分述报告

Ⅳ 特区发展动态考察报告

皮书数据库阅读**使用指南**

代序 深港融合发展与区域经济韧性

自 2019 年《粤港澳大湾区发展规划纲要》出台，深港融合发展就被日渐提到区域协调发展的议程上来。之后相继出台的《深圳建设中国特色社会主义先行示范区综合改革试点实施方案（2020—2025 年）》与《全面深化前海深港现代服务业合作区改革开放方案》（以下简称《前海方案》），都从制度层面为深港融合发展确定了基本路径与规则衔接、机制对接的主要方向。如果说粤港澳大湾区的构建是中国社会深化改革的战略性部署，是以建立政策性增长极的方式，先行完成制度变迁探索的中国道路的逻辑演进，那么深港融合发展则是新时代深化改革进程中又一富有挑战性的制度安排。而消除融合发展的制度障碍，确立融合发展的制度通道，则是实现共同繁荣的关键所在。因为制度障碍的消除与制度通道的确立，不仅会以制度资本与社会资本的潜在力量增强深港乃至粤港澳大湾区自身可持续发展的区域经济韧性，而且将以"一国两制"框架下深港融合发展体制机制的确立与实践，促进中国社会管理体制机制的现代化与国际化，从而使粤港澳大湾区真正成为未来中国具有超强扩散效应与辐射力的、最强劲的区域协同发展的高品质引擎与制度创新高地。

一 区域经济韧性及其影响因素

从一般意义上讲，经济韧性是指一个经济体在面临外部和内部各种环境

---

* 陶一桃，深圳大学党委副书记、纪委书记，深圳大学中国经济特区研究中心主任，一带一路国际合作发展（深圳）研究院院长，经济学教授，博士生导师，主要研究方向为中国改革开放史、中国改革开放经济思想史、中国经济特区发展史及中外经济特区比较。

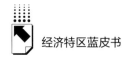

变化的情况下，防范、抵御各种风险以及及时灵活调整政策、开辟新发展路径的恢复能力。区域经济韧性是指一个特定区域或区域共同体所拥有的上述能力。当然，由于区域自身的特殊禀赋或区域共同体所形成的独特互补优势和要素集聚能力与合力的存在，区域经济韧性会在成因或韧性表现形式上显示出某些差异性，但基本原理与机理是相同的。一个富有经济韧性的经济体，是一个具有可持续发展潜能的经济体，而一个富有可持续发展潜能的经济体，必定蕴含经济发展韧性。

"韧性"的概念首次出现在经济学领域（区域经济领域）是 2002 年。Reggiani 等人认为，在研究空间经济系统动态过程中，"韧性"这一概念应作为一个关键思路，尤其是空间经济系统在应对冲击或扰动时。[1] Berkes 等人认为，韧性不仅包括经济系统应对外界扰动的能力，还包括抓住并转化外部机遇的能力。[2] Rose 认为，经济韧性涉及企业、市场、家庭等不同层面，是区域系统中固有的一种响应机制，以及区域在外来冲击发生时和发生后为避免潜在损失而采取应对策略的能力。[3] Foster 将区域经济韧性定义为面对外部干扰，区域预测、准备、应对和恢复的能力。[4] Hill 等人认为，区域经济韧性是区域经济在受到冲击后成功恢复的能力，但这种恢复往往和原有的经济运行模式存在偏差。[5] James 和 Ron 则根据遭受外界冲击后的情景，总结了区域经济的发展趋势，其中包括能否回到冲击之前的稳定发展状态，以及区域经济能否通过自身结构的调整，实现产业转型升级，走上全新的发展

① A. Reggiani, T. De Graaff, P. Nijkamp, "Resilience: An Evolutionary Approach to Spatial Economic Systems," *Networks and Spatial Economics* 2, 2 (2002).
② F. Berkes et al., *Linking Social and Ecological Systems: Management Practices and Social Mechanisms for Building Resilience* (Cambridge: Cambridge University Press, 1998).
③ A. Rose, "Economic Resilience to Natural and Man-made Disasters: Multidisciplinary Origins and Contextual Dimensions," *Environmental Hazards* 7, 4 (2007).
④ K. A. Foster, *A Case Study Approach to Understanding Regional Resilience*, IURD Working Paper, No. 8, 2007.
⑤ E. Hill, H. Wial, H. Wolman, *Exploring Regional Economic Resilience*, U. C. Berkeley: Institute of Urban and Regional Development, 2008.

道路等，并将上述特质视为区域经济韧性。① 叶初升将经济韧性简练地概括为抵御风险、驾驭不稳定性的发展能力。② Martin 将区域经济应对衰退冲击的"韧性"归纳为四个方面。其一，抵抗力，即区域经济应对衰退冲击的敏感性和反应程度，或者说脆弱性和易受伤害性。其二，恢复力，即区域经济从衰退冲击中恢复的速度和程度。其三，重新调整能力，即区域经济在遭受冲击后重新整合内部资源、调整自身结构以适应新的外部环境的能力，以及维持产出、就业和收入水平等稳定的能力。其四，经济增长路径的创造能力，即当区域经济遭受冲击后，改变原先的增长路径，开启新的增长路径，重新实现经济稳定增长的能力。③ 区域经济韧性可以被视为一个地区固有的特征，它是能够长期、持续提升该区域经济的关键属性。当然，区域经济韧性又表现为一个循环过程，即在区域经济面对冲击扰动及恢复过程中，可能会引起的结构和功能的变化，而这些变化又会影响区域经济面对下一次冲击扰动时的抵抗性和恢复性。也就是说，区域经济韧性是动态变化的，它既会影响区域经济应对冲击扰动的能力，也会因区域经济的改变而发生变化，从而影响应对下次外部冲击的能力。④

　　一般认为，有四个方面的因素会对区域经济韧性产生主导性影响。其一，区域的产业结构。在现有的研究文献中，产业结构被视为影响区域经济韧性的最重要因素。排除单纯的产业多元化与专业化的利弊之争，仅就应对外部风险冲击而言，一方面，一个区域产业结构越多样化，尤其是主导产业越非单一化，产业结构分散风险的能力就越强，该区域面对冲击时就越能体现出更强的经济韧性；另一方面，不同的产业包括主导产业对经济韧性有着不同的敏感度。以重工业为主导的区域，由于面对冲击时会产生高昂的沉没成本并存在退出壁垒，因此经济韧性较差；而金融业、服务业占比高的区

① S. James, M. Ron, "The Economic Resilience of Regions: Towards an Evolutionary Approach," *Cambridge Journal of Regions*, Economy and Society 57, 1 (2010).
② 叶初升：《中国的发展实践与发展经济学的理论创新》，《光明日报》2019 年 11 月 1 日。
③ R. Martin, "Regional Economic Resilience, Hysteresis and Recessionary Shocks," *Journal of Economic Geography* 12, 1 (2012).
④ 李连刚等：《韧性概念演变与区域经济韧性研究进展》，《人文地理》2019 年第 2 期。

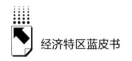

域，经济韧性更加强劲。

产业结构多样化可以防止区域产业结构单一造成的区域锁定现象的出现，既可以减小冲击对区域经济的破坏力，也有利于区域经济在遭受冲击后迅速恢复。[①] 有学者针对产业结构对区域经济韧性的影响提出，由于外部冲击直接影响的是一个或多个产业，产业结构多样化能够有效分散风险。然而，对于专业化产业结构，一旦主导产业遭到冲击，短期内会无法寻找接替产业，从而导致工人重新就业的机会变少、经济韧性减弱等。[②] 以 Jacobs 为代表的城市经济学家更加重视产业多样化的外部性作用，他们认为，由于大多数重要的知识转移发生于产业之间，因此多样化的产业结构更能促进知识交流，从而促进创新和技术水平提升，最终促进区域经济增长。[③]

我们知道，马歇尔-阿罗-罗默（MAR）外部性理论，特别强调产业专业化对区域经济增长的影响机制。因为区域经济的专业化有利于降低生产成本、提升生产效率、促进知识溢出等，MAR 外部性理论认为相同或相关行业在某一区域集聚产生的知识和技术外溢效应有助于提高本地创新能力，进而促进区域经济发展。我们在阐述产业多元化更有利于增强区域经济韧性的同时，并没有否定区域产业专业化的自身优势及其对区域经济所产生的正外部效应，因为两者是不同的问题。产业多元化并不是对产业专业化的否定，专业化寓于多元化之中，多元化包含专业化。一个拥有较强区域经济韧性的经济体，一定有蕴含专业化的多元化产业结构。

其二，社会资本。社会资本是指社会网络中由于不同行为主体过多地关联形成区域内的一致认知，因此产生了某种认知型锁定。对于个人而言，社会资本是指其在一种组织结构中所处的位置以及价值。对于群体而言，社会资本是指群体中使成员之间互相支持的行为和准则的积蓄。Bourdieu 提出，

① R. Martin, P. Sunley, "Path Dependence and Regional Economic Evolution," *Journal of Economic Geography* 6, 4 (2006).
② 张振、赵儒煜、杨守云：《东北地区产业结构对区域经济韧性的空间溢出效应研究》，《科技进步与对策》2020 年第 5 期。
③ J. Jacobs, *The Economy of Cities* (New York：Vintage Books, 1969).

所谓社会资本就是"实际的或潜在的资源的集合体，那些资源是同对某些持久的网络的占有密不可分的。这一网络是大家共同熟悉的、得到公认的，而且是一种体制化的网络，这一网络是同某团体的会员制相联系的，它从集体性拥有资本的角度为每个会员提供支持，提供为他们赢得声望的凭证。"[1] Coleman 指出："蕴含某些行动者利益的事件，部分或全部处于其他行动者的控制之下。行动者为了实现自身利益，相互进行各种交换……其结果，形成了持续存在的社会关系……这些社会关系不仅被视为社会结构的组成部分，而且是一种社会资源。"Coleman 由此提出了社会资本的概念。他把社会结构资源作为个人拥有的资本财产，并称之为社会资本。他还认为社会资本是与物质资本和人力资本并存的，每个人生来就拥有这三种资本。其中，物质资本是有形的，社会资本和人力资本是无形的，三者之间可以互相转换。社会资本的形式有义务与期望、信息网络、规范与有效惩罚、权威关系、多功能社会组织和有意创建的组织等。[2] 林南认为，社会资本是"投资在社会关系中并希望在市场上得到回报的一种资源，是一种镶嵌在社会结构之中并且可以通过有目的的行动来获得或流动的资源"。[3] 林南在定义社会资本时尤其强调了社会资本的先在性，它存在于一定的社会结构之中，人们必须遵守其中的规则才能获得行动所需的社会资本，该定义也说明了人的行动的能动性，人通过有目的的行动可以获得社会资本。Putnam 认为，社会资本是一种团体的甚至国家的财产，而不是个人的财产。Putnam 强调，如果认识到社会资本是重要的，那么它的重心不应该放在增加个人的机会上，而应该放在社群发展上，为各种社会组织的存在留下空间。[4] 学者普遍认为，社会资本对提高区域适应能力有着积极的作用，但是，只有当社会资本能够增进多元化个体的认知，避免出现集体的盲目和短视行为时，才会有利

---

① P. Bourdieu, "Le Capital Social: Notes Provisoires," *Actes de la Recherche en Siences Sociales* 31 (1980).

② J. Coleman, *Foundations of Social Theory* (Cambridge: Harvard University Press, 1990).

③ 〔美〕林南：《社会资本：关于社会结构与行动的理论》，张磊译，上海人民出版社，2015。

④ R. D. Putnam, *Making Democracy Work: Civic Traditions in Modern Italy* (Princeton: Princeton University Press, 1993).

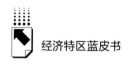

于区域经济韧性增强。如 Hassink 曾研究了韩国大邱的经济韧性。大邱是韩国"纺织之都",然而两次石油危机的冲击并未唤醒当地人的危机意识,20世纪 80 年代曾有专家提示注意中国这一竞争对手出现,但大邱认为中国不会对其构成威胁,产业转型一再拖延,后来大邱纺织业的衰落导致当地经济严重滑坡,政府付出了巨大努力、加大了投资,至今仍难以实现转型。其实从现实生活来看,区域创新能力、商业环境、制度政策、区域文化、教育水平、人口等因素都会影响区域经济韧性,Hassink 尤其指出,社会资本、知识网络和文化等是区域适应力的重要来源,因此其对区域经济韧性的强弱具有重要的影响,并且这种影响会同时朝正反两个方向扩展延伸。①

在本文的研究框架中,社会资本主要作为一种内在的制度安排纳入后面的分析逻辑。从社会资本表现为区域共同认知的角度来看,它无疑具有意识形态的制度功能,即节省交易成本的制度安排;从社会资本表现为区域的每个会员提供支持和彼此信任的集体性资本的角度来看,它无疑具有降低协调成本与组织成本的制度属性;从社会资本表现为镶嵌在社会结构中的资源并希望通过市场得到回报的经济属性来看,它无疑具有以成本收益的权衡决定人们选择行为的类似于正式制度安排的功能与属性。当然,一个社会或区域共同体社会资本的形成,与共同体的正式制度安排是紧密相连的。而且在相当程度上,正式制度安排决定了社会资本的特质,因为社会资本存在于社会的制度环境之中。

其三,政策和制度环境。政策和制度环境同样被认为是分析和解释区域经济韧性的重要因素。有学者把社会经济系统分成三类:企业主义社会经济系统、联合主义社会经济系统和发展主义社会经济系统。企业主义社会经济系统的核心是企业家精神,最具创新活力,经济韧性最强,以美国为代表;联合主义社会经济系统是一种政企合作的模式,中央政府会把部分权力下放给地方和私人部门,以德国和北欧国家为代表;发展主义社会经济系统常见

---

① R. Hassink, "Regional Resilience: A Promising Concept to Explain Differences in Regional Economic Adaptability?" *Cambridge Journal of Regions, Economy and Society* 3, 1 (2010).

于东亚国家，是一种以政府为中心、以经济规划为主导的模式，比较容易导致区域锁定，削弱经济韧性。从一般意义上讲，这三类社会经济系统的韧性由强到弱，如日本经济产业省在决定重点产业的发展上有很大权力，容易造成大量社会资源流向少数行业，影响产业多元化，不利于长期经济发展。总的来说，政府干预较少、政策环境宽松的区域，经济韧性较强；政府权力较大或干预过多，不利于新的经济增长路径形成，从而经济韧性较弱。谈及区域经济韧性，不能不考虑行政力量的影响，当然，行政力量对区域经济韧性的影响未必是消极的，一方面，体制僵化会产生负面影响，阻碍经济结构的调整和重组；另一方面，中央集权政府同样会创造机会促进区域经济成功转型和重生。事实表明，无论是老工业基地转型还是经济危机后的应对，行政力量都是重要影响因素。[①]

影响区域经济韧性的政策和制度环境因素，将纳入中国社会制度变迁及改革开放的大背景下考量。一方面，任何一个懂得政府行动越少、成就将越多的政党，都将在政治上获得较多而可喜的发展机会；[②] 另一方面，由于制度转型的效率性要求，政府的保护性功能不可或缺。因为在某些情况下，没有政府保障的集体行动，社会转型的一些最基本的目标无法顺利实现。瓦尔特·欧根曾说过这样一段话："视现存的政府为所有经济活动的全知全能的保护者是错误的，但是，认为被利益集团收买的现政府已不可救药，从而对解决建立恰当政治—经济秩序的问题丧失信心，也是不正确的。政治秩序与经济秩序的相互依赖性迫使我们要同时解决它们。它们都是同一整体秩序的组成部分。没有竞争秩序，就不会有能起作用的政府；而没有这样一个政府，也不会有竞争秩序。"[③]"举国体制"在中国社会转型进程中是一种有价值的资源，尤其是在集中稀缺资源干大事和面对突然发生的外部冲击的时候。"举国体制"总是以政策和制度环境的方式发挥作用，也总是以政策所

---

① 孙久文、孙翔宇：《区域经济韧性研究进展和在中国应用的探索》，《经济地理》2017 年第 10 期。

② 〔美〕理查德·A. 爱波斯坦：《简约法律的力量》，刘星译，中国政法大学出版社，2004。

③ 〔德〕瓦尔特·欧根：《经济政策的原则》，李道斌译，上海人民出版社，2001。

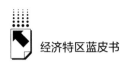

释放的信息与制度环境所带来的机会成本变化，决定个人、群体或一个区域的决策行为，从而影响区域经济韧性的强弱。

其四，文化因素。文化因素在这里主要是指区域文化、风俗、习惯和由此所决定的人们的选择行为。作为影响区域经济韧性的文化因素，通常是以内在制度的形式发挥作用的。法国哲学家夏尔·孟德斯鸠在他的《论法的精神》一书中专门谈到了习惯的重要性："虽然贤明的人可以有他们自己制定的法律，但是他们却拥有一些他们从未制定过的法律。"大卫·休谟和亚当·斯密也强调，一个社会的制度框架必须以内在制度为基础，由意识制定并立法通过的规则，以及由政治过程决定的制度的整个架构，都必须以内在制度为基础。柯武刚、史漫飞把内在制度分为较宽泛又在某些方面不无重叠的四个方面，那就是习惯、内化规则、习俗和礼貌、正式化内在规则。[①] 并认为习惯作为规则会给遵守者自身带来便利，以致人们基本上都能出于自利动机而自动服从这类习惯。内化规则是人们通过习惯、教育和经验习得的规则，并达到在正常情况下无反映地、自发地服从的程度，这样的规则构成了道德这类内在制度。习俗和礼貌是一种内在制度，对它的违反并不会自动地引发有组织的惩罚，但共同体内的其他人都会非正式地监督遵守规则的情况，违规者会落下不好的声誉或发现自己被社会所排斥。正式化内在规则虽然是随经验而出现的，但它们在群体内是以正式规则的方式发挥作用并被强制执行的，如一个行业的自我管理就属于这类制度。

作为形成区域经济韧性的文化因素，本身就是制度的一个重要组成部分。然而，对一个社会而言，一方面，制度是不可或缺的，因为任何的自由对社会都是巨大的灾难；另一方面，社会需要制度，但人们往往并不了解制度，文化的制度属性与功能就常常会被人们忽略，并且作为一种自然而然的存在来理解。从"时间就是金钱、效率就是生命"的特区精神到潮汕文化所形成、积淀的某些习惯与习俗（甚至包括语言体系

---

① 〔德〕柯武刚、史漫飞：《制度经济学——社会秩序与公共政策》，韩朝华译，商务印书馆，2002。

和多子多福的生育观），事实上都是以一种内在制度或内化规则，抑或正式化内在规则的方式，在持续保持、增强一个固定群体的自身文化凝聚力的同时，赋予这一固定群体及其所生活的区域来自文化认同的经济韧性。

综上所述，经济韧性还可以理解为一个经济体自我转型升级的能力，即一个区域或区域共同体通过系统结构与功能的转变，形成可持续发展与消除风险干扰并实现其转型的能力。但是，从区域经济韧性的生成及影响因素来看，并非经济学单一维度的结果，而是包括经济因素在内的社会诸因素共同作用的结果。可以说，今天的深港融合发展也非单纯的经济上的合作共赢，而是一种区域共同体的全方位社会融合。这种融合虽然是以中央政府指导性文献的方式倡导的，但根本上还是源于双方可持续发展的客观需要与区域共同体演进的趋势。一方面，对香港而言，无论是面对国际竞争还是谋得自身开拓性发展都需要祖国内地的支撑（这种支撑包括要素更自由的无制度障碍的流动、空间地域的延伸等），而深圳则是这一支撑的最佳要素供给者与高制度契合度的合作者；另一方面，对深圳而言，无论是率先深化改革还是拓展对外开放新格局都离不开香港这一个国际化平台，而香港成熟完善的市场经济体制、发达的金融体系以及与之相关联的在国际经济秩序中的地位，不仅可以降低改革的认知成本从而提高制度变迁的绩效，还可以为祖国内地可持续发展带来制度环境的优化与"制度资本"的提升。

二　粤港澳大湾区的制度经济学诠释

如果从制度变迁的角度来看，粤港澳大湾区无疑是一项正式的制度安排。作为一项正式的制度安排，粤港澳大湾区的形成与构建，一方面具有制度的基本功能与属性，另一方面具有制度创新的特殊意义，形成高绩效的制度结构，从而获得高品质制度资本，并以此示范全国，推动中国改革开放向纵深迈进，则是粤港澳大湾区作为区域性经济增长极的关键所在。

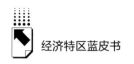
新经济史先驱诺思认为："制度可以被定义为社会的行为规则，提供了人类相互影响的框架。它们建立了构成一个社会，或更确切地说一种经济秩序的合作与竞争关系。"① 诺思在与新制度经济学派代表人物戴维斯合著的《制度变迁的理论：概念与原因》一文中对制度概念做了进一步的表述："它们是为决定人们的相互关系而人为设定的一些制约，并构造了人们在政治、社会或经济方面发生交换的激励结构。"戴维斯、诺思在上述文章中还阐述了制度与制度安排以及制度环境之间的内在联系："一项制度安排，是指支配经济单位之间可能合作与竞争的方式的一种安排……安排可能是正规的，也可能是非正规的，它可能是暂时性的，也可能是长期性的。不过，它必须至少用于下列一些目标：提供一种结构使其成员的合作获得一些在结构外不可能获得的追加收入，或提供一种能影响法律或产权变迁的机制，以改变个人（或团体）可以合法竞争的方式。"②

戴维斯、诺思还认为：制度变迁与技术进步有相似的动机，即推动制度变迁和技术进步的行为主体都是追求收益最大化的。所以制度变迁的成本收益之比对于促进或推迟制度变迁起着关键作用。如果预期净收益超过预期成本，一项制度安排就会被创新。只有当这一条件得到满足时，我们才可能发现在一个社会内改变现有制度和产权结构的企图。进而，他们又阐述了制度创新的几种方式："从纯粹自愿的形式到完全由政府控制和经营的形式都有可能。在这两个极端之间，还存在着广泛的半自愿半政府的结构。自愿的安排简单地说是相互同意的个人之间的合作性安排，任何人都可以合法地退出。这一点可能暗含着决策必须是一致同意的，接受这一决定的成本低于由退出所带来的成本。另一方面，政府的安排并没有提供退出的选择，因此，行动并不要求一致的同意，而只要遵从一些决策规则就行。"戴维斯、诺思

① 〔美〕道格拉斯·C.诺思：《经济史中的结构与变迁》，陈郁、罗华平等译，上海三联书店、上海人民出版社，1994。
② 〔美〕L.E.戴维斯、道格拉斯·C.诺思：《制度变迁的理论：概念与原因》，载《财产权利与制度变迁——产权学派与新制度经济学译文集》，上海三联书店、上海人民出版社，1994。

进一步指出："尽管在自愿选择下的制度创新中，既没有与之相联系的组织成本，也没有强制成本，但收益的增长只限于一个人。不过，在自愿的安排下，要达成一致性可能会进一步增加组织成本。所以，给定同样数量的参与者，在政府安排下的组织成本，可能要低于自愿安排下的成本。相对于其他制度创新方式，一个政府的强制性方案，可能会产生极高的收益，因为政府可能利用其强制力（这里可以理解为权力），并强制实现一个由任何自愿的谈判都不可能实现的方案。"①

通常一个社会所有制度安排的总和，包括政治和经济制度，技术、意识形态等正式和非正式的制度，被称为制度结构。制度总是镶嵌在制度结构之中，因此，它的效率还取决于其他制度安排实现他们功能的程度。"由于制度结构是由一个个制度安排构成，所以一个特定制度安排不均衡，就意味着整个制度结构不均衡。许多制度安排是紧密相关的，一个特定制度安排的变迁，也将引起其他相关制度安排不均衡。"② 一方面，没有制度结构所形成的相互支撑的制度系统，再好的制度也无法独自发挥作用并产生绩效；另一方面，制度供给本身从来都不可能是单向度的，制度供给的发生，要么表现为一系列相关制度供给的同时发生，要么表现为渐进式引发或带来与之相关联的一系列制度创新，从而渐进式形成更有利于可能获得潜在利益的制度结构的变化。

可以说，新的制度安排所带来的更富有绩效的制度结构的形成，在制度创新中显得尤为重要。因为制度的"制度资本"的功能与属性，只有在相互支撑的制度环境中才有可能展现出来，正如鲁宾逊世界不需要产权一样，产权制度也只有存在于市场经济体系中才具有价值并创造价值。德国制度经济学家柯武刚、史漫飞是这样定义"制度资本"的："制度能增

① 〔美〕L. E. 戴维斯、道格拉斯·C. 诺思：《制度变迁的理论：概念与原因》，载《财产权利与制度变迁——产权学派与新制度经济学译文集》，上海三联书店、上海人民出版社，1994。

② 林毅夫：《关于制度变迁的经济学理论：诱致性变迁与强制性变迁》，载《财产权利与制度变迁——产权学派与新制度经济学译文集》，格致出版社、上海三联书店、上海人民出版社，2014。

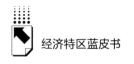

强生产要素，如劳动——在满足人类需要上的效能。这种作用的方式类似于其他一些生产要素，如资本——使劳动具有更高的生产率。因此，我们可视共同体的制度为一种宝贵的生产性资产。我们可称其为'制度资本'。"有学者从交易成本的视角来阐述"制度资本"的意义："如果一国的制度有利于交易市场的容量最大化，有利于经济的深化，那么我们就说该国具有高的制度资本。"反之，"不利于市场交易的制度则使交易的成本变高，这种成本通常被称为'制度成本'"。[①] 从制度变迁的角度来讲，高品质的"制度资本"总是形成、存在于高绩效的制度结构之中。制度系统相互支撑的契合度越高，制度的"制度资本"属性就越显著，从而一个社会的制度系统就越会以降低交易成本、增加潜在收益的方式提高社会的总效益。

"制度环境是指一系列用来建立生产、交换与分配基础的基本的政治、社会和法律基础规则"，或者说"是一系列与政治、经济和文化有关的法律、法规和习俗"。制度环境是"人们在长期交往中自发形成并被人们无意识接受的行为规范"，它表现为可供人们选择制度安排的范围，使人们通过选择制度安排来追求自身利益的增进受到特定的限制。"支配选举、产权和合约权利的规则就是构成制度环境的基本规则类型的例子。"[②] 制度环境是可以通过一份成文的文件、宪法或政府的政策抑或发展理念的改变而改变或营造的，《粤港澳大湾区发展规划纲要》、《深圳建设中国特色社会主义先行示范区综合改革试点实施方案（2020—2025年）》乃至《全面深化前海深港现代服务业合作区改革开放方案》就具有后一种含义。上述规划与方案实质上都是政府的政策及发展理念，会导致一系列制度创新的联动效应，从而促成区域制度环境的改变。

营商环境是指市场主体在准入、生产经营、退出等过程中涉及的政务环

---

① 陈志武：《勤劳能致富吗?》，《西部大开发》2004年第11期。
② 〔美〕L. E. 戴维斯、道格拉斯·C. 诺思：《制度变迁的理论：概念与原因》，载《财产权利与制度变迁——产权学派与新制度学派译文集》，格致出版社、上海三联书店、上海人民出版社，2004。

境、市场环境、法治环境、人文环境等有关外部因素和条件的总和。① 如同制度总是镶嵌在制度结构之中一样，一个社会的营商环境也总是镶嵌在该社会的制度环境之中，并体现该社会制度环境的品质。高品质的制度环境产生高品质的营商环境，而高品质的营商环境又具有提升要素价值的制度资本的属性。甚至可以说，营商环境是制度环境与"制度资本"属性最恰当的诠释与体现。在现实中，所有方便要素自由流动的制度安排，所有能够降低交易成本的制度设定，所有能使人力资本这一重要的生产要素获得交换价值以外的价值（如尊重感）的制度系统，都有较大可能在技术条件不变的情景下，仅仅由于营商环境的改善（更高品质的制度环境的形成与供给），实现经济增长并为社会带来来自制度文明的繁荣。从这个角度我们可以解释，为什么优化营商环境，成为粤港澳大湾区一体化进程中制度演进的重要方向；为什么营商环境的高水平衔接，会成为深港融合发展之首要任务；为什么不断优化的营商环境，又以"便利度"的感受作为制度创新的结果在粤港澳大湾区日益凸显。有什么样的制度安排，就有什么样的人的选择行为，从而就有什么程度的社会文明。

加拿大菲沙研究所发表的《世界经济自由度 2020 年度报告》显示，中国香港居全球最便利营商地的第 3 位，较上年上升了 1 位。同时中国香港以 8.94 的评级高于新加坡，这是香港连续 24 年被评为全球最自由的经济体。菲沙研究所发言人认为，自由市场原则一直是香港特区政府制定政策的重要考虑以及香港经济的基石。香港有优质的司法制度、廉洁的社会风气、透明度高的政府、高效的监管制度，以及高度开放的环球商贸环境。自由的贸易和投资制度、简单低税制、良好的营商环境，以及高效的政府为香港提供了一个长期稳定并镶嵌在社会机体内的市场经济制度环境，从而使其能够保障企业蓬勃发展，整体经济持续稳定向上。

从制度变迁的视角，我们可以对粤港澳大湾区的形成与构建做出如下判断。第一，作为一项正式制度安排，粤港澳大湾区的形成与构建为经济体之

①　参见世界银行《营商环境报告》。

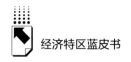
间可能的合作与竞争提供了共同遵循的规则和一种全新的结构。在粤港澳大湾区框架内,"9+2"行政区划的每一个成员之间的合作均可以获得某些在结构之外无法获得的追加收入,或获得一种能影响法律抑或产权变迁的机制,以改变个人(或团体)可以合法竞争的方式。如《粤港澳大湾区发展规划纲要》中有关大湾区的五项战略定位和四个方面发展重点都是以正式制度安排的方式,[①]使"9+2"行政区划中的每一个成员既作为独立的经济体,又作为合作中的共同体,在实现一体化目标中获得了只有在粤港澳大湾区内才能获得的额外发展机会与收益。尤为重要的是,在粤港澳大湾区的制度框架内,自上而下的制度安排所提供的能够影响法律或产权变迁的某些制度变迁的机会,如规则衔接、机制对接等政策许可与实践,使"一国、两制、三法域"的"9+2"行政区划的合作,不仅获得了结构外不可能获得的潜在利益与追加收益,同时对于推动政治体制改革与社会管理体制机制的现代化与国际化均有重要意义。

第二,作为一项正式制度安排,粤港澳大湾区的形成与构建体现了渐进式改革中"举国体制"的效率与权威性。"举国体制"不仅可以减少制度变迁的"时滞性"与交易成本,迅速把国家改革的总体意图变为可操作的实施方案,还可以通过实施自上而下的行政隶属机制,使制度创新迅速产生在其他体制下无法达到的极高效益,尤其是在尚存行政区划与区域一体化碰撞的情景下。另外,如果我们从制度设计的角度来理解《粤港澳大湾区发展规划纲要》,它事实上是一种具有准法律效力的制度性文件。它不仅为实现区域经济一体化制定了合作与分工框架,如深港、珠澳、广佛三个增长极与七大节点城市的功能定位,还为有可能出现的过度消耗公共资源的"公地灾难"、恶性竞争带来"无谓损耗";尽可能避免包括公共基础设施、公共物品及准公共物品的区域间重复建设,给出了旨在提高边际收益与供给效益的协商机制与制度操作空间。

---

① 《粤港澳大湾区发展规划纲要》提出五大战略定位:充满活力的世界级城市群、具有全球影响力的国际科技创新中心、"一带一路"建设的重要支撑、内地与港澳深度合作示范区、宜居宜业宜游的优质生活圈。四个方面发展重点:深化区域经济一体化、建设国际科技创新中心、构建具有国际竞争力的现代产业体系、建设宜居宜业宜游的优质生活圈。

第三，作为一项正式制度安排，粤港澳大湾区的形成与构建不仅会在制度结构优化的进程中进一步使其"制度资本"属性得以增强，还会通过模仿与传导机制推进中国社会的制度变迁向纵深发展，从而推进深化改革与高水平开放。

在谈到经济一体化时，德国制度经济学家柯武刚、史漫飞认为：经济一体化与不同的地区市场或国家市场的市场参与者之间密切的相互交往有关。[①]当地区间或国家间的交易随贸易的增长而趋于密集时，我们就称其为"源于下层的一体化"；与这种一体化的进展相伴，各种促进这些交易的内在制度发展出来。相反，"源于上层的一体化"与通过各种政治程序建立或改变外在制度有关，欧盟就是这方面的一个例子。按照柯武刚、史漫飞的论述，粤港澳大湾区从概念上来说应该被定义为"源于下层的一体化"，与之相适应的应该是各种促进区域交易的内在制度的形成。然而，这种在理论上契合制度经济学定义的"源于下层的一体化"，在中国则表现为由政府制定的"源于上层的一体化"，以及与之相适应的正式制度的形成。但有一点是可以肯定的，那就是粤港澳区域自身的发展，已经为"源于上层的一体化"，即今天粤港澳大湾区的构建奠定了基础，也为制度结构的优化提供了可能。那些"源于下层的一体化"，以及与之相适应的各种促进区域内交易便利化的内在制度的产生，则更多地以作为"次级行动集团"的地方政府间的准市场行为和市场行为展示出来，如2003年《内地与香港关于建立更紧密经贸关系的安排》（CEPA）的签署、以深汕合作区为代表的"飞地经济"等。高品质的"制度资本"既作为市场经济日益完善的结果，又作为一体化制度框架的绩效得以显现与释放，只是这一切都以符合中国国情的方式、以中国特色社会主义制度演进的逻辑路径展开。

第四，作为一项正式制度安排，粤港澳大湾区的形成与构建以深港营商环境高水平规则衔接、机制对接为路径，在提升湾区制度环境品质的同时，

---

① 〔德〕柯武刚、史漫飞：《制度经济学——社会秩序与公共政策》，韩朝华译，商务印书馆，2002。

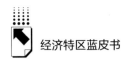

促进香港真正融入祖国建设的整体布局。

营商环境在根本上是一个社会的制度环境，通常人们会通过"制度—行为—绩效"的路径来评价制度环境对社会经济的影响。制度环境通过作用于要素配置效率，影响区域经济增长，同时反映区域政府与市场的关系。

营商环境高水平规则衔接、机制对接，对粤港澳大湾区的不同行政区划而言，是一个借鉴香港成熟市场经济体制机制的学习过程。经历40余年的改革开放，香港与祖国内地的关系也在发生变化。香港是祖国内地了解世界、学习市场经济、融入国际社会最便利的窗口，粤港澳大湾区成为香港与祖国内地合作发展的共同区域，深港融合发展使香港与祖国内地的关系由单纯的要素往来走向了现实的规则衔接、机制对接。从某种意义上来说，从前香港自身所拥有的契合发达市场经济体的体制与制度资源，在很大程度上只是作为经济增长的外生变量影响我们的生活和选择，并没有作为社会发展的内生因素改变我们的行为方式、思维方法甚至决策程序。粤港澳大湾区的构建，尤其是深港融合发展的决策，会通过营商环境高水平衔接与对接等制度安排，把借鉴香港一些有比较优势的制度变成湾区高品质制度环境营建的行动。当然，在规则衔接与机制对接中，香港也会由于与深圳乃至大湾区在诸如商事规则等市场遵循及行为准则标准方面的逐渐一致性，而"制度化"地融入祖国发展的整体规划。

知识的不足是可以靠恰当的制度安排来弥补的。恰当的制度安排能在一个复杂的、不确定的世界中引导个人决策者，并能帮助我们减少对信息的需求。香港一些有比较优势的制度是一种有价值的资源。向某些方面具有比较优势的成熟制度学习，有助于处于转型社会的政府克服自身的局限性导致的保守与低效率；有助于避免认知不足造成的较高的交易成本和无谓的社会损耗；有助于降低学习的机会成本，提高学习的效率与绩效。另外，向某些方面具有比较优势的成熟制度学习，既可以消除制度变迁的时滞，降低制度变迁的成本，减少制度变迁中包括服从心理和情感在内的无形损耗，还可以使政府在制度变迁中走向成熟、理性并富有责任感和服务社会与民众的职业人的价值取向。① 所以，营商环境的高水平衔接，不仅会加快粤港澳大湾区的一体化进程，从根本上提高湾区制度供给与制度环境的品质，更在于随着规则的一体化，香港有机会真正融入祖国的发展建设，并成为市场规则所营造的融合发展的制度共同体、"一国两制"的行政区划。

粤港澳大湾区作为由国家整体发展布局引致的正式制度安排，既表现为渐进式改革的必然演进，又体现了中国道路的内在发展逻辑——以建立政策性区域增加极的方式、以先行先试的制度探索，推动改革开放向纵深发展；以成功经验的借鉴与推广，实现区域协同发展与共同富裕。所以，粤港澳大湾区的构建，在为共同体成员提供只有在共同体遵循的制度框架内才能获得的机会与利益的同时，为深港融合发展提供了可能，以制度创新的力量加快了中国社会制度变迁的步伐。

三　深港融合发展与区域经济韧性

如果说深圳与香港是粤港澳大湾区中具有独特意义的裙带增长极，那么深港融合发展对于粤港澳大湾区建设来说则具有独特意义与功能。深港融合发展不仅是充分利用彼此包括制度在内的要素禀赋，从而形成发展合力与加强引擎效能的客观需要，更是未来真正实现共同富裕与繁荣的唯一途径。深港融合发展的关键在于制度通道的建立，而规则衔接与机制对接则是构建制度通道的桥梁；深港融合发展的首要目标是营商环境的高标准接轨，而高品质的制度环境的营建则是实现这一目标的前提。深港融合发展的核心在于增强区域经济韧性，从而使深港不仅成为粤港澳大湾区高质量发展的强劲引擎，还成为中国经济可持续发展的具有国际风向标意义的强劲引擎，然而要形成这样一种发展格局，需要更加深入的改革和更高水平对外开放的坚实推进。

第一，从深港两地产业结构的特点来看，深港融合发展将以产业结构的优势，整体增强粤港澳大湾区经济韧性，从而提升其抵御、应对外部冲击与

---

① 陶一桃：《建设前海就是"再造香港"》，《法人》2014 年第 5 期。

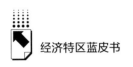
风险的能力，拥有保持经济稳定发展的源于内在产业结构的持续力量。

深港两地产业结构具有相当程度的相似性与相互支撑性。其一，产业结构的高品质化是深港两地的共同特点。深圳以高新技术产业和战略性新兴产业为主导，香港则以包括金融业在内的现代服务业为主导，而这两种产业业态均处于产业链条的高端位置，除了自身不大容易从根本上受到巨大的经济周期波动冲击外，在面对有可能出现的全球经济危机时，其由于自身业态的特质又显示出对整体经济的"稳定器"作用，尤其是高新技术产业。如高新技术产业所特有的创新能力、生产与技术能力、市场拓展能力和由管理能力所带来的决策组织与制度创新能力等，都是面对经济冲击时保障生存及迅速复苏的机制优势。其二，产业业态的相互支撑性是深港融合的独特价值与意义。深港两地融合发展既有地缘上的可行性，又有区域经济发展趋势的客观必然性。深圳的高新技术产业、先进制造业优势与香港现代服务业优势及国际化先发优势的结合；深圳数字金融和"科技+金融"与香港发达且拥有国际信用的金融体系的结合，都会以提升自身竞争力和世界经济体系对其依存度的方式，增强深港融合发展赋予粤港澳大湾区的区域经济韧性。其三，发展空间的拓展与要素无制度障碍的自由流动，既增强了深港融合发展的经济承载力，又形成了新的经济增长点，从而使香港、深圳乃至大湾区由于新的发展机遇所带来的可持续发展的活力潜质，更加富有区域经济韧性，如香港北部都会区的建立与《前海方案》的出台。

第二，从深港两地的社会文化氛围与人力资本结构来看，较高的开放度与国际化水平、较强的社会学习能力及城市的宜居性，都在以潜在收益方式强化社会资本的同时增强区域经济韧性。

其一，较高的开放度与国际化水平，会以提高城市包容度的方式增强城市或区域经济韧性。根据美国国际管理咨询公司科尔尼的《2020年全球城市指数报告》，2020年香港全球城市指数排名下降1位，位列第六，而北京超越香港，历史性地进入全球前5名。这是自2008年第一期报告发布以来，全球前5位城市首次发生更迭，之前香港连续9年稳居全球第5名。但是从历史的延续性角度来看，香港的排名依旧不俗，排名持续上升的深圳此次居第75

位。应该说，在国际化水平方面，香港比深圳更加具有张力，在规则衔接与机制对接的进程中，香港自身的国际化水平及国际化的社会管理体制机制会增强深港融合发展的区域经济韧性。其二，高质量的人力资本结构既是社会的竞争力，又是在承受外部冲击时，内在固有的抵御能力与迅速寻找发展路径的创新能力。深圳以金融业、信息传输/软件和技术服务业、租赁和商务服务业、科学研究/技术服务业为主要代表的知识密集型服务业从业人数为116.28万人，占总从业人数的12.92%，每十万名从业人员中就有12925人从事知识密集型服务业的工作。香港以金融服务和专业服务及其他工商业支援服务为主要代表的知识密集型服务业从业人数为84.02万人，占总从业人数的21.8%，每十万名从业人员中就有21800人从事知识密集型服务业的工作。《2020年全球创新指数（GII）》显示，在以PCT国际专利申请量和科学出版物为核心评价指标的科技集群中，深圳—香港—广州科技集群位居全球第二，仅次于东京—横滨，超过美国圣何塞—旧金山城市群（硅谷所在地）。其三，对于处于区域增长极地位的城市来说，城市的宜居性既是城市的魅力，又是城市优质人力资本的储备能力与生命力之所在。美国经济杂志《环球金融》在2020年10月发表了以"宜居城市"为主题的2020年世界城市排名，进入榜单前50名的中国城市有香港、上海、北京。香港居第11位、上海居第21位、北京居第22位，深圳虽然没有进入前50名，但也显示出上升的势头。深港均为粤港澳大湾区经济带中不可替代的具有高品质引擎作用的卫星城市，并共同构成了得天独厚的裙带增长极，所以宜居性所带来的社会经济效益又会通过两者融合发展的合力展现出来。如深港两地2020年的GDP之和达到5.18万亿元，相当于上海的1.33倍，是珠江口周边与杭州湾周边GDP之和，而珠江口周边GDP之和，相当于杭州湾周边的1.5倍。香港和深圳的人均GDP分别为32.3万元和15.73万元，明显高于上海，在湾区经济带城市中也处于领先水平。①

　　第三，从深港两地社会资本的契合度来看，深港融合发展将会以文化资

---

　　①　数据来源于各相关城市统计公报。

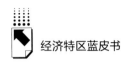
本的制度力量，在降低磨合成本、减少协调成本、节省交易成本、提高认知共识，从而产生"文化增长资产"的同时，增强粤港澳大湾区的经济韧性。

从某种意义上说，香港一些有比较优势的制度依然是我们深化改革时可以借鉴的有价值的资源。深港融合发展在相当意义上是向某些方面具有比较优势的成熟制度学习的过程。在这一过程中，香港一些有比较优势的制度无疑会增强区域经济源于社会资本高品质化的韧性。如前所述，社会资本是指社会网络中不同行为因主体过多关联而形成的区域内的一致认知。只有当社会资本能够促进多元化个体和认知形成，从而避免出现集体的盲目和短视行为时，它才会有利于区域经济韧性增强。从制度经济学的角度来看，社会资本与文化资本具有概念上的较高的吻合度。柯武刚、史漫飞在定义文化资本时做了如下表述："文化——价值和制度的系统及其更具体化的要素——构成了社会中人力资本的一个重要组成部分：即它对于如何有效地转化劳动、资本、自然这些物质资源以服务于人类的需求和欲望具有重要影响。因此，我们称其为'文化资本'或'社会资本'"。① 在这里，文化资本与社会资本被作为同一个概念加以表述。柯武刚、史漫飞还援引英国文化人类学家爱德华·伯内特·泰勒有关文化的定义来说明文化的制度属性。他们认为，爱德华·伯内特·泰勒把文化定义为"一个人作为社会一员所获得的全部能力和秉性"，这不仅恰如其分地指出了由文化来沟通的个人与社会群体间的张力，还体现出这样一个事实，即文化附着于习得制度和支持这些制度的价值。社会的共同文化支持劳动的分工，因为它减少了交往的风险和成本。柯武刚、史漫飞还认为：尽管作为制度性资本的文化演变缓慢并具有许多路径依赖性，但是，当内在发现了新的思想，或更多源于外部因素并发现它更具有优越性，文化的演变便会发生。而当这些新的文化特性得到模仿并使社会中接受它们的人数超过一个临界点时，它们就变成了新的规范，从而新的制度（包括正式的或非正式的）就会产生，文化资本或社会资本也会随之发生改变。例如，14~16世纪的

---

① 〔德〕柯武刚、史漫飞：《制度经济学——社会秩序与公共政策》，韩朝华译，商务印书馆，2002。

欧洲统治者们发现，当商人和制造商们认为另一些国家有更受规则约束的政府和更可信赖的制度时，就会前往那些国家。这不仅迫使统治者们放弃了任意的机会主义，提供了可信赖的规则，还鼓励了某些内在的文化性制度，如诚实、守时和节俭。当外在制度和内在的文化性制度得到采用，新的"公民道德"广泛普及时，资产阶级社会和资本主义就诞生了。由于被迫开放以及获取西方技术和组织的紧迫需要的影响，作为制度的文化完全有可能突变成"文化增长资产"。与此相关联，价值和文化中的变革常常是边际性的，其重点就是从对一般制度做保守性解释转向做未来导向性和学习导向性解释。① 这一演变逻辑也适合解释区域共同体成员因发现更有优越性的理念而形成新的共识以及签署共同遵循的文献这类事件。这种新的共识的形成往往会产生边际收益递增的结果，从而促进社会总收益最大化。

其一，深港融合发展是一种发展理念的共识。这种共识的形成会以降低合作的协调成本、提高合作的边际效益的方式增强区域经济韧性。我们知道，任何行政决策都可以通过一纸公文得以实现，但一个获得广泛认同和支持的行政决策是需要广泛认同的社会价值体系支撑的，这就是社会资本或文化资本的功能。由区域内一致认知所形成的社会资本，可以降低合作中不可避免的磨合成本，减少资源、组织、信息等结合过程中产生的协调成本，节省包括收集市场信息成本、缔约成本、监督成本在内的交易成本，从而使区域共同体之间的合作变得更简单并具有可预测性。这就如制度的功能一样，使复杂的人际交往过程变得更容易理解和更可预见，从而使不同个人之间的协调更易于形成。"它们（制度）为人们创造一种信心，使人们感到生活中的常规很少变化全在掌握之中。所以，它们限定了指向未来的行动中的风险。只有当人类的行为被稳定化，才可能增进知识和劳动的分工，而这种分工是繁荣不断增长的基础……有些一般制度能得到广泛好评，因为它们给人们以心理上的舒适感和安全感，即感到自己属于一个有序的、文明的共同

---

① 〔德〕柯武刚、史漫飞：《制度经济学——社会秩序与公共政策》，韩朝华译，商务印书馆，2002。

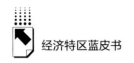

体；在这个共同体中，协调成本很低，风险有限，人们能有在家里的感觉，周围的人都是可信赖的。与一个人生活在陌生人当中或一个有序性较差的共同体内相比，在这类共同体中与他人交往不会觉得累，制度创造着诱发归属感的多种纽带。多数个人都会发现，这种归属感是令人满意的。"① 因此，我们可以说，粤港澳大湾区的构建，不是简单地理意义上的一体化整合，而是不断达到一致认同的社会资本或者说文化资本的形成，是一体化的坚实基础。正如在多数共同体中，诸如价值观、理念、集体道德等的内在制度引导成员的多数行为一样，社会资本在减少或降低无法避免的磨合成本、协调成本与交易成本的同时，也在减少或降低实现区域共同体发展目标进程中产生的"服从成本"，从而使区域经济逐渐形成的韧性，完全有可能远远高于非合作及单纯要素或产业优势互补状态下所显示出来的强度。

其二，从深港融合发展的设想与实践来看，深港融合发展是融合发展模式的探索与共建过程。这种探索与共建过程，会在不断释放社会资本或文化资本的逐渐一致性所带来的经济发展整体目标一致性的同时，产生"文化增长资产"，增强区域经济韧性。

建立在发展共识基础上的区域共同体融合发展，既不是简单的资源整合，更不是单纯的相互参与，而是以尊重彼此利益为大前提，共同规划框架下的有机融合。所以，这种融合发展模式不仅展现出社会资本或文化资本在区域共同体构建中的凝聚力作用，更会产生"文化增长资产"。即仅仅源于认知的认同形成了新的社会资本，而这种新的社会资本由于更便于区域共同体间更广泛的要素自由流动与高效组合，从而带来社会经济发展新的机遇与可能。从2019年出台的《粤港澳大湾区发展规划纲要》，到新近出台的《前海方案》，再到香港《北部都会区发展策略》，深圳与香港在粤港澳大湾区发展中举足轻重的地位日渐以政府规划的方式凸显出来。融合发展已经由单纯的要素市场化流动模式走向共享型发展模式。当然，这种共享型发展模

---

① 〔德〕柯武刚、史漫飞：《制度经济学——社会秩序与公共政策》，韩朝华译，商务印书馆，2002。

式绝不是对彼此个性的否定与简单的趋同，而是共识目标下更加紧密的合作。所以，这种共享型发展模式，不仅会为深港共同繁荣解决稀缺资源市场化配置或获得问题，也会解决诸如就业等社会问题并相互提供机会与可能。因此，我们可以说，共同规则是建立在共同理念之上的，而共同理念则是社会资本或文化资本的关键体现；社会资本本身虽然不是规则，但它能决定什么样的规则可以被共同体所接受。如穆勒所言："虽然国家不能决定一个制度如何工作，但是它却有权力决定什么样的制度将存在。"[1] 深港融合发展所带来的更加开放包容的制度—文化环境、更加富有冲击力的创新氛围都会在产生更高品质的"文化增长资产"的同时，增强深港合作的区域引擎作用。

其三，从深港融合发展的倡导与实施来看，在中央政府统一部署下的两个地方政府（深圳、香港）以次级行动集团的制度创新力，创造更富有弹性与包容性的政策与制度环境，在增强区域制度竞争力的同时，使深港融合在粤港澳大湾区建设中展现区域经济韧性释放源的独特魅力。

从制度变迁的意义上定义，次级行动集团也是一个决策单位，是为了帮助初级行动集团获取收入所进行的一些制度安排。次级行动集团做出一些能获取收入的策略性决定，但是它不能使所有的追加收入自然增长。[2] 中国社会进行的是自上而下的、以中央政府授权改革为特征的渐进式制度变迁。中央政府作为初级行动集团确定总体改革方向并决定向谁授权及授权的范围与内容，被授予改革优先权的地方政府作为次级行动集团在遵循中央整体改革方案推进制度变迁的同时，又因为拥有率先改革的自主权，从而有可能更富有成效地实现突破与创新。在粤港澳大湾区建设框架下，深圳与香港就是中央政府授权改革路径下具有不同程度自主权的次级行动集团。深圳的次级行动集团角色源于经济特区，源于中国改革开放之初的先行先试和今天的先行

---

① 〔英〕约翰·穆勒：《政治经济学原理及其在社会哲学上的若干应用》，胡企林、朱泱译，商务印书馆，1991。

② 〔美〕L. E. 戴维斯、道格拉斯·C. 诺思：《制度变迁的理论：概念与原因》，载《财产权利与制度变迁——产权学派与新制度学派译文集》，上海三联书店、上海人民出版社，1994。

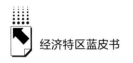

示范之改革逻辑；香港的次级行动集团角色源于特别行政区，源于"一国两制"的基本国策。从制度张力来看，深港融合发展将会形成两个次级行动集团，在制度创新方面的相互借鉴与支撑复合力，将会形成举国体制优势与完善的市场机制；在资源配置方面的优势互补，将会形成集中资源干大事的行政效率与矫正政府失灵的市场规律共同作用的合力。如果说深港融合发展所产生的经济韧性来自深港两地各自制度优势的互补、叠加与相互支撑所形成的综合力量，那么这种综合力量所形成的独特的经济韧性，将会通过"释放效应"与"邻里效应"增强粤港澳大湾区的经济韧性，粤港澳大湾区也会由于深港这一高品质裙带增长极的形成及作用而更加具有可持续发展潜力。

从根本上说，深港融合发展不是一个单纯的经济问题，而是一个文化大于资本、制度重于技术的社会问题。相对于资本与技术而言，来自制度—文化的约束，既是最软的约束，也是最坚硬的约束，更是最根本的约束。实际上是共同的价值观和规则，界定着一个社会或共同体及其个人的选择行为。而在一个社会或共同体中发展起来的，并已经确立的诸如习俗、信仰、价值观等非正式制度，不仅是制度这一系统的组成部分，也是文化这一系统的组成部分。所以，建立一个富有包容性的可操作的制度—文化认知体系，对深港融合发展无论是从逻辑上还是从现实意义上来讲，都应该是首先的策略与智慧考量。正如全球化是以某种价值认同为前提与基础一样，价值认同同样是深港融合发展的潜在的制度性资产。构建能够一致理解的价值共同体，有助于设法使共同体内在制度变迁变得更加可预见并有序。所以，对于变迁中的共同体内在制度而言，共同价值发挥着过滤器和凝聚剂的作用。价值认同是共同体成员对内在制度的一种非正式认可，所以它不会被硬性强制执行，而一定是文化包容的结果与收获。① 因此，从某种意义上来讲，为了完成保持香港、澳门长期繁荣稳定的使命，进一步消除制度文化障碍、建立共识通道、确立互信机制、提供平等机会是高于资本与技术之首要任务。

---

① 〔德〕柯武刚、史漫飞：《制度经济学——社会秩序与公共政策》，韩朝华译，商务印书馆，2002。

总 报 告
General Report

B.1
中国经济特区发展年度报告（2022）[*]

陶一桃　李猛[**]

摘　要： 中国共产党第二十次全国代表大会正式落幕，回顾这次党代会报
告，其主轴就是"中国式现代化"。习近平总书记提出，现在的
中心任务是以中国式现代化全面推进中华民族伟大复兴；[①] 未来

---

[*] 本报告为国家社科基金项目"中美贸易关系新形势下我国先进制造业升级路径研究"（课题号：19BJY098）、广东省普通高校省级基础研究及应用研究重大项目（人文社科）（课题号：2018WZDXM016）、深圳市哲学社会科学规划重点项目"深圳率先实现社会主义现代化的内涵和指标体系研究"（课题号：SZ2022A004）、深圳建设社会主义先行示范区研究中心项目"深圳经济发展实现质的稳步提升和量的合理增长研究"和深圳市科创委"软科学"项目"'双循环'背景下深圳'20+8'重点产业前沿技术发展的对策建议"（课题号：RKX20220808092202005）的研究成果。

[**] 陶一桃，深圳大学党委副书记、纪委书记，深圳大学中国经济特区研究中心主任，一带一路国际合作发展（深圳）研究院院长，经济学教授，博士生导师，主要研究方向为中国改革开放史、中国改革开放经济思想史、中国经济特区发展史及中外经济特区比较；李猛，深圳大学数量经济与数据科学研究中心主任，教授，博士生导师，主要研究方向为数量经济与统计学。

[①] 《以中国式现代化全面推进中华民族伟大复兴（深入学习贯彻习近平新时代中国特色社会主义思想）》，"人民网"百家号，2022 年 11 月 15 日，https://baijiahao.baidu.com/s? id = 1749519237498746090&wfr = spider&for = pc。

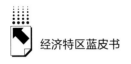
五年则是全面建设社会主义现代化国家开局的关键时期。① 中国式现代化为人类实现现代化提供了新的选择，其不仅关注经济增长效率这个方面，还关注创新能力、科技与文化、环境保护等诸多方面。

关键词： 高质量发展　阶段转换　中国式现代化

本报告是上年度中国经济特区发展报告的延续。通过对可获取的最新统计数据的分析，力图展现中国经济特区发展的现状。为了与上年度报告相承接，本报告采用了与上年度报告基本相同的写作框架和数据分析指标。

一 2021年经济特区发展的基本背景②

面对日渐严峻的经济下行压力，要着力推动高质量发展，毫不动摇地巩固和发展公有制经济与引导非公有制经济发展，并且坚持把发展经济的着力点放在实体经济上。对此，强调高质量发展意味着未来要注重追求量的合理增长、质的稳步提升。

探索最适合新时代的中国式现代化，为人类实现现代化提供新的选择，成为中国经济特区"十四五"期间乃至更长时期引领经济发展、应对综合国力竞争新形势的重大举措。供给侧结构性改革的实质是在适度扩大总需求的同时，从生产领域优化经济增长结构，提高全要素生产率。当前应着力提升全要素生产率，对生产要素进行创新性改良和再构，对相关制度进行创

---

① 《习近平：高举中国特色社会主义伟大旗帜　为全面建设社会主义现代化国家而团结奋斗——在中国共产党第二十次全国代表大会上的报告》，中国政府网，2022年10月25日，http：//www.gov.cn/xinwen/2022-10/25/content_ 5721685. htm? jump=true。
② 《深化改革开放　推动高质量发展》，人民网，2018年12月23日，http：//finance.people.com.cn/n1/2018/1223/c1004-30482807.html。

新，实现高质量发展。未来只有保持量的合理增长、质的稳步提升，才能有效解决"十四五"期间乃至更长时期的经济增长动力不足的问题。

综上所述，针对中国经济与社会发展中存在的日益尖锐的诸多非均衡性、非协调性问题，党中央正在从政治法律、经济、技术、社会、文化、生态资源等诸多方面系统性提出"科学发展观、转变经济发展方式"等一系列解决重大问题的举措。

中国在改革开放初期选择的是一种"局部优先发展"的非均衡性发展模式，如"先增长经济、后治理污染""先注重效率、后注重公平"等。事实表明，经济特区在特定阶段，如在改革开放初期，采用"先发展经济、后发展社会"的非均衡性发展模式可能是有效的，但从现阶段来看，中国经济特区未来将面临出现较大的金融债务风险、推动经济增长的作为不明确、人口红利减少与人口年龄结构老化以及民营企业发展任务艰巨等四大挑战，这些挑战将造成长期的财政压力，也是必须解决的难题。

实现中国式现代化涉及的不是单一方面的问题，而是诸多方面的系统问题。按系统的观点，人类社会是由经济、政治、社会、文化与自然生态等多方面组成的复杂系统。这就要求人们在未来中国经济与社会的发展过程中，更多地从系统方面考虑问题，即把经济与社会发展涉及的诸多问题作为一个有机系统来考虑。

二　经济特区进展与评述

具体而言，本报告旨在通过梳理经济特区的最新进展，为经济特区进一步深化改革提供一个理论和实践参考，也为今后中国政治法律、经济、技术、社会、文化、生态资源等诸多方面的进一步发展指明新方向。

（一）经济特区在中国经济与社会发展诸多方面进一步深化改革

1.经济特区在产业绿色转型方面的进展

产业绿色转型的评价指标主要包括资源利用效率、污染物排放、创新能

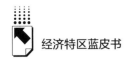

力和工业盈利能力等，本节将主要从这四个方面分别论述五大经济特区的产业绿色转型成效。

（1）资源利用效率提升状况

从电耗指标来看，2016~2020年五大经济特区单位工业增加值电耗总体呈现负增长趋势，这表明五大经济特区的资源利用效率整体上呈现持续提升态势。2020~2021年，深圳、珠海、汕头、厦门4个经济特区的资源利用效率均呈一定程度的降低态势，其中，珠海和汕头经济特区降幅最显著。2021年，海南经济特区资源利用效率提升状况最优，单位工业增加值电耗增速同比下降近10个百分点（见图1）。

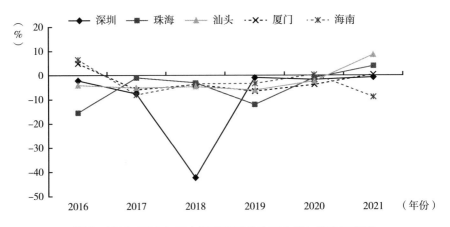

图1　2016~2021年五大经济特区单位工业增加值电耗增速

（2）污染物排放减少状况

从细微颗粒物$PM_{2.5}$浓度指标来看，2015~2021年五大经济特区主要污染物排放状况总体呈现稳步改善态势，各经济特区细微颗粒物$PM_{2.5}$浓度均明显下降。2020~2021年，五大经济特区细微颗粒物$PM_{2.5}$浓度变化趋势相对平缓（见图2），各经济特区大气污染问题总体上得到有效控制，空气污染治理成效显著。

（3）创新能力提升状况

2020~2021年，五大经济特区高新技术产业增加值比重均得到显著提

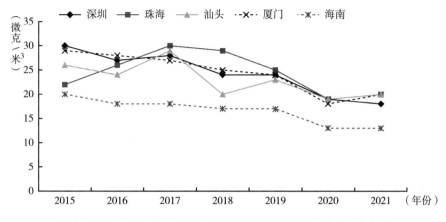

图2　2015~2021年五大经济特区细微颗粒物 PM$_{2.5}$ 浓度变化情况

升，其中，珠海和深圳经济特区产业转型进度相对较快（见图3）。从专利授权量数据来看，2020~2021年，五大经济特区整体创新能力均呈现提升态势。其中，深圳经济特区创新能力提升显著，珠海、汕头、厦门和海南4个经济特区专利授权量增幅相对较小（见图4）。总体来看，五大经济特区创新能力呈现一定程度的分化态势。

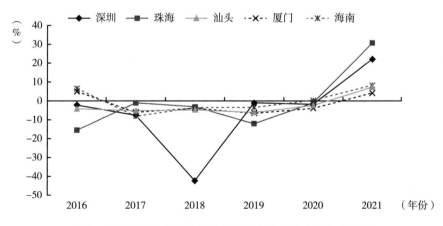

图3　2016~2021年五大经济特区高新技术产业增加值比重

（4）工业盈利能力提升状况

从工业利润指标来看，2015~2021年五大经济特区工业实现利润总额基

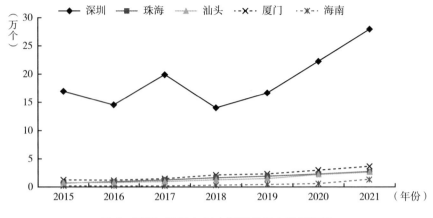

图4　2015~2021年五大经济特区专利授权量

本保持正增长，表明五大经济特区工业盈利能力整体呈现提升态势。2020~
2021年，厦门经济特区工业利润总额在疫情冲击下仍然实现了较高水平的
正增长，且增速连续两年反超深圳经济特区（见图5）。

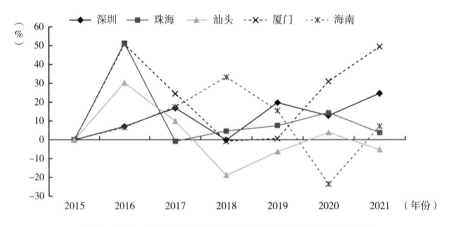

图5　2015~2021年五大经济特区工业实现利润总额增速

　　总体来看，五大经济特区在产业绿色转型方面基本实现了产业生态化与
生态产业化融合发展，严格的环境规制并未显著阻碍创新能力提升和工业经
济稳步运行。

2.经济特区在文化要素层面的进展

相较于 2020 年经济特区的文化产业发展，2021 年经济特区的文化产业发展有序推进，并呈现以下三个方面的主要特征。

（1）数字文化产业进入战略发展期

"十四五"时期，数字化已经全面介入文化产业领域，文化产业数字化转型由被动变为主动，数字技术赋能文化产业发展的效能不断增强，数字文旅产品不断丰富，数字文旅消费新业态日益多元。中国信通院的《中国数字经济发展报告（2022 年）》显示，在 5G 通信技术和工业互联网的推动下，2021 年中国数字经济规模达到 45.50 万亿元，同比名义增长 16.2%；数字产业化规模达到 8.35 万亿元，同比名义增长 11.9%，占数字经济比重的 18.4%，占 GDP 比重的 7.3%，[①]说明数字产业化发展正经历由注重量的增加向注重质的提升转变。产业数字化规模达到 37.18 万亿元，同比名义增长 17.2%，占数字经济比重的 81.7%，占 GDP 比重的 32.5%，说明产业数字化转型持续向纵深加速发展。

经济特区数字文化产业发展进入成熟阶段。以深圳经济特区为例，作为全国首个文化体制改革试点城市，深圳经济特区制定了一系列文化产业的数字化发展战略，从传统文化产业数字化转型和数字文化产业新业态两端着手，对包括出版印刷、新闻广播、影视演艺、文博等的传统文化产业进行数字化升级，推动形成了数字出版、数字新闻、数字广播、数字影视、数字音乐、数字博物馆。同时，深圳经济特区着力推动形成以数字技术和工业互联网为基础的数字文化产业新业态，鼓励网络文学、网络游戏、网络直播、网络音乐、网络自制剧、网络综艺和网络短视频的发展，促进地方就业，调整产业结构，为健全数字文化产业体系提供深圳样本。

（2）文化产业新业态进入发展机遇期

2021 年，文化产业新业态对文化产业的支撑作用增强。从国家统计局

---

① 《中国数字经济发展报告（2022 年）》，http：//www.caict.ac.cn/kxyj/qwfb/bps/202207/P020220729609949023295.pdf。

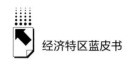
公示的 2021 年前三季度全国规模以上文化产业及相关产业企业营业收入情况来看，随着我国文化产业数字化战略深入实施，"文化企业生产经营总体平稳"，[①] 以视频直播、创意广告、智能文娱设备制造为代表的文化产业新业态"助推器"作用持续增强，并成为深圳、珠海、厦门、汕头、海南经济特区文化产业发展的重要内容。文化产业新业态是区别于传统的、常规的文化产业业态，是利用现代高新科技手段发展出的具有跨领域、综合性、创新性等特征的文化产业业态，是真正可以加快中国文化产业走出去的载体。[②] 文博会作为我国会展经济的重要组成部分，是我国文化产业融合经济全球化的重要载体。2021 年，越来越多的会展品牌如雨后春笋，推动经济特区文化产业蓬勃发展。

深圳经济特区举办第十七届中国国际文化产业博览交易会，此次文博会通过线上线下双轨并进、同步举行的新模式，推进展会规模扩大、品牌质量提升，珠海、厦门、汕头、海南 4 个经济特区纷纷组团参加，充分展现了文化产业的新时代新面貌。同时，文化产业新业态进入发展机遇期，"科技创新是文化产业发展的第一动力"的观念潜移默化地影响着文化产业企业的文化理念和战略定位。在深圳经济特区，华强方特文化科技集团凭借文化科技赛道的主题公园、特种电影、数字动漫等颇具国际竞争力的拳头产品，在国际市场上建立了强势的中国文化科技品牌。

（3）现代文化产业体系进一步完善

2021 年，着力建设"现代文化产业体系"以及"推进文化铸魂、发挥文化赋能作用"[③] 被写进文化和旅游部的《"十四五"文化和旅游发展规划》总体要求之中，说明完善文化产业规划和政策，扩大优质文化产品供

① 《国家统计局社科文司高级统计师张鹏解读 2022 年上半年全国规模以上文化及相关产业企业营业收入数据》，国家统计局网站，2022 年 7 月 30 日，http：//www.stats.gov.cn/xxgk/jd/sjjd2020/202207/t20220730_ 1886905.html。
② 《科技让文化腾飞——文化产业中新兴文化业态扫描》，中国政府网，2012 年 8 月 7 日，http：//www.gov.cn/jrzg/2012-08/07/content_ 2199426.htm。
③ 《文化和旅游部关于印发〈"十四五"文化和旅游发展规划〉的通知》，中国政府网，2021 年 4 月 29 日，http：//www.gov.cn/zhengce/zhengceku/2021-06/03/content_ 5615106.htm。

给，实施文化产业数字化战略，加快发展新型文化企业、文化业态、文化消费模式，不断健全结构合理、门类齐全、科技含量高、富有创意、竞争力强的现代文化产业体系仍然是经济特区文化产业发展的重点工程。

此外，各经济特区积极完善文化产业政策法规，响应国家号召，充分采纳文化产业智库和一线文化企业的建议和意见，制定符合行业发展规律的产业规划，重视完善优质文化产品体系，发展具有明显优势和强竞争力的新兴文化业态，不断健全现代文化产业体系。深圳、珠海、厦门、汕头、海南经济特区的人民政府纷纷资助民营演艺团体的文化演出，顺应数字产业化和产业数字化的时代趋势，不断健全文化消费设施，改善文化消费环境，促进文化产业与相关产业融合发展，进一步完善"十四五"现代文化产业体系。

3. 经济特区在创新层面的进展

党的二十大报告提出加快实施创新驱动发展战略，强调企业才是科技创新的主体，要发挥科技型骨干地位企业的支撑引领作用。近年来，全国各地都高度重视本地区的创新发展，积极为创新发展营造良好环境，各大经济特区在推动创新发展的过程中，着重实施高技术制造业促进经济增长以及高新技术企业培育、吸引创新人才的相关措施，立足自身优势，充分发挥先行先试作用，探索创新发展模式。

（1）既有经济规模对创新发展起到决定性作用

生产要素在地理空间上集聚，通过要素匹配和外溢效应等机制，生产函数呈现规模报酬递增的特征，进而带来更高的产出比和要素回报率。这是城市产生的基本逻辑，在分析经济特区创新发展时也应从这个逻辑出发。

首先，从表1可以发现，上一年既有经济规模与下一年高技术制造业增加值和国家级高新技术企业数都呈现显著正相关，例如，深圳经济特区高于厦门经济特区，而厦门经济特区又高于珠海经济特区。相反，尽管海南经济特区经济规模并不小，但是能够形成集聚效应的海口和三亚在经济总量和人口规模的绝对数量上都较小，因而海南经济特区的创新发展相比其他经济特区比较落后。

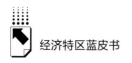

表1　高技术制造业增加值、发明专利授权量、地区生产总值和年末常住人口

地区	2020年地区生产总值（亿元）	2021年地区生产总值（亿元）	2020年末常住人口（万人）	2020年高技术制造业增加值（亿元）	2021年高技术制造业增加值增速(%)	2021年高技术制造业增加值/地区生产总值(%)	2021年国家级高新技术企业数（家）	2021年发明专利授权量（件）
深圳	27670.24	30664.85	1756.01	6642.28	3.2	22.5	21335	—
珠海	3481.94	3881.75	243.96	370.97	9.0	10.4	2075	5402
厦门	6384.02	7033.89	516.40	765.67	19.9	13.1	2801	3779
汕头	2730.58	2929.87	575.56	67.54	22.1	2.8	637	425
海南	5532.39	6475.20	1008.12	—	—	—	—	—
海口	1791.58	2057.06	287.34	—	—	—	—	—
三亚	695.41	835.37	103.14	—	—	—	—	—

资料来源：深圳市、珠海市、厦门市、汕头市以及海南省2020年和2021年国民经济和社会发展统计公报。

（2）政府财政状况对创新发展有重要影响

各个城市推动自身实现创新发展均需要大量的资金改善创新发展环境，改善创新发展环境等所需的资金大部分要依托当地政府的财政投入。创新发展方面的财政支出是影响城市创新发展的关键因素，也就是说，当政府财政能力较强时，可以大量运用政策工具促进创新发展主体（企业）的成长，相反，如果政府财政能力较弱，效果将大打折扣。表2对2021年五大经济特区的财政状况进行了描述。

表2　2021年五大经济特区的财政状况

单位：亿元

经济特区	一般公共预算收入	一般公共预算收入与转移支付	一般公共预算支出	2021年末地方政府债务余额	2020年末地方政府债务余额
深圳	11110.0	6158.0	6055.8	1420.0	881.2
珠海	1181.35	954.06	954.06	891.44	633.23
厦门	1530.21	—	1020.10	1426.20	1112.10
汕头	146.32	537.40	537.40	628.40	417.10
海南	921.2	2591.0	2465.8	3008.0	2623.5

资料来源：深圳市、珠海市、厦门市、汕头市以及海南省2021年预算执行情况和2022年预算草案的报告。

对比表2第1列至第3列的数据可以发现，五大经济特区中除深圳、珠海和厦门经济特区能实现财政自给自足之外，汕头和海南经济特区均需要转移支付或者举债才能应对一般公共预算支出的需要。如果说创新发展的良好循环状态是增加本地产出，提升本地政府财政能力，进而以更大的投入推动创新发展，那么除深圳和厦门经济特区之外，其他经济特区离建立起良好的循环还有一定距离。

另外，值得注意的是五大经济特区的年末地方政府债务余额。根据表2最后两列，各经济特区年末地方政府债务余额进一步增加。其中，尽管海南和汕头经济特区的年末地方政府债务余额增加幅度并非最高，分别为384.5亿元和211.3亿元，但持续扩大的地方政府债务余额规模和相对较小的财政收入规模必然会对未来地方政府创新投资能力形成严重制约。与此相反，尽管深圳和厦门经济特区的年末地方政府债务余额增加幅度不低，分别为538.8亿元和314.1亿元，但是既有债务余额规模相对于财政收入规模仍然较小，因而不会对未来的创新投资能力造成过多负面影响。

4. 经济特区在生态资源要素层面的进展

资源生产率是绿色竞争力的核心概念。通过将基于物质流分析方法计算的直接物质输入 DMI 纳入绿色创新的资源投入，使用包含非期望产出时的 SBM 超效率模型更加全面准确地评估了近20年来中国五大经济特区的绿色创新效率，得出以下结论。

其一，2000~2021年，在五大经济特区的直接物质输入 DMI 总量方面，海南经济特区最高，且在2014年前增长迅速；珠海经济特区最低，但其年均增速最高，为5.7%；厦门经济特区 DMI 总量年均增速最低，为1.9%；汕头经济特区 DMI 总量年均增速为4.9%；深圳经济特区 DMI 总量年均变化不大。人均 DMI 方面，珠海经济特区最高，而深圳经济特区最低。深圳和厦门经济特区的人均 DMI 整体呈下降趋势；珠海、汕头和海南经济特区的人均 DMI 整体呈增长趋势，其中汕头经济特区的人均 DMI 年均增速最高，为4.1%。

其二，2000~2021年，五大经济特区绿色创新 ML 指数均值排序为：汕头经济特区>厦门经济特区>珠海经济特区>深圳经济特区>海南经济特区，

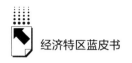
其中深圳和海南经济特区绿色创新 ML 指数均值均小于 1，表明两个经济特区在绿色创新发展方面仍需要改进。进一步将各经济特区绿色创新 ML 指数分解为技术效率指数和技术进步指数。汕头和厦门经济特区的技术高效率和技术进步均发挥了巨大的作用，其中汕头经济特区技术进步发挥了更重要的作用，厦门经济特区技术高效率的作用更明显。在深圳和珠海经济特区的绿色创新发展中，技术进步的作用更大，但技术高效率的作用较小。技术高效率在海南经济特区的绿色创新发展中发挥着重要的作用，但技术进步的作用较小。

（二）"新区"肩负落实国家战略的使命

国家发展改革委的公开资料显示，下一步会加大对"新区"的制度供给。国家发展改革委未来将加快自贸试验区、新疆喀什经济特区等功能区建设，加快重点领域改革和先行先试，为改革全局提供经验，并通过制度创新为转型发展提供新动力。

1. 自贸试验区制度改革新进展

（1）改革开放创新步入自上而下全方位统筹协同新阶段

自贸试验区建立之初，开放型制度改革创新主要是在自贸试验区内完成，采取的是以问题为导向自下而上的改革策略，改革创新的主体是自贸试验区，这一阶段改革的侧重点主要围绕"负面清单"投资便利化管理体系、"单一窗口"贸易便利化监管体系、"放管服"政府治理体系、"自由贸易账户"资金跨境流动管理体系及法治仲裁保障体系的改革创新。截至目前，自贸试验区"边试点、边总结、边推广"，累计已有 278 项制度创新成果得以复制推广，改革开放红利释放，推动国内营商环境国际化水平不断提高，"试验田"效果凸显。

高水平开放型经济在"引进来""走出去"的过程中，必然涉及货物、服务、资金、人员的自由流动。货物的自由流动既涉及进出口也涉及关税制度改革，资金的自由流动既涉及经常项目流动制度改革也涉及资本项目流动制度改革，而人员的自由流动涉及一国相关的人口管理制度改革。就目前自贸试验区制度改革来看，各自贸试验区方案制定的任务已基本完成，但其关税制度、资本项目、人员流动水平与高水平开放的国际水平还有一定的差距。

关税制度改革、资本项目开放及人员的自由流动都需要顶层设计，自上而下进行制度创新，特别是资本项目的开放还涉及汇率、资本市场、金融安全等相关制度的配套改革。因此，自贸试验区的制度创新进入全方位、自上而下的协同改革攻艰克难阶段。

2021 年 9 月 3 日，国务院印发《关于推进自由贸易试验区贸易投资便利化改革创新的若干措施》，围绕提升贸易投资便利、提升投资便利度、提升国际物流便利度、提升金融开放度及加强司法保障 5 大方面，提出了 19 项改革创新措施，这些措施涉及货物流动中的税收、运输、跨境电商、医药产品改革探索，也涉及资本市场的期货交易开放、本外币合一银行账户体系规则、知识产权证券化等改革，还涉及提高土地资源配置效率的改革。

（2）外商投资负面清单不断"瘦身"，更高水平市场准入管理模式形成

2021 年 12 月 27 日，国家发展改革委、商务部公布了自贸试验区版《自由贸易试验区外商投资准入特别管理措施（负面清单）（2021 年版）》和全国版《外商投资准入特别管理措施（负面清单）（2021 年版）》，这两项负面清单于 2022 年 1 月 1 日起施行。自贸试验区外商投资准入负面清单项目经过 7 次修订，已由 2013 年版的 199 条缩减至 2021 年版的 27 条，全国版外商投资准入负面清单缩减至 2021 年版的 31 条。2021 年版自贸试验区负面清单涉及 11 个门类 27 条特别管理措施（见表 3），制造业清单条目清零，服务业投资准入门槛进一步降低。负面清单明确了"外商投资企业不得作为个体工商户、个人独资企业投资人、农民专业合作社成员从事投资经营活动"。

表 3 中国自贸试验区负面清单项目数

单位：个

负面清单版本	特别管理措施项目数
2013 年版（第 1 份）	199
2014 年版（第 2 份）	139
2015 年版（第 3 份）	122

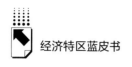
续表

负面清单版本	特别管理措施项目数
2017 年版（第 4 份）	95
2018 年版（第 5 份）	45
2019 年版（第 6 份）	37
2020 年版（第 7 份）	30
2021 年版（第 8 份）	27

"法无禁止即可为"的负面清单制度使得外商投资管理模式不断简化，标志着我国"设立商业存在"模式的市场准入规则不断对标《WTO 协定》，我国非禁即入的国际贸易开放水平达到一个新的高度。

（3）差异化制度创新不断深化

21 个自贸试验区从东西南北中布局，已经形成了从沿海到内地、从东部到中西部，差异化开放型经济制度改革创新的"试验田"。上海自贸试验区作为中国首个自贸试验区，对标国际通行规则，大胆改革，先行先试，建立了"法无禁止即可为"的外商投资负面清单管理模式；构建了"一线放开、二线安全高效、区内流转自由"的贸易便利化制度；树立了"法无授权不可为、法定职责必须为"的事中事后监管制度的政府管理理念；建立了"一线放开、二线严格管理"的金融监管模式；围绕优化国际化的营商环境进行了一系列的制度创新，可以说建立了中国最初的自贸试验区基本制度规则，是中国自贸试验区改革创新的领头羊。

海南自由贸易港作为第一个全省域自贸试验区，承担了更高水平改革创新的历史使命，在复制已有自贸试验区改革成果的基础上，在税收制度、零关税、服务贸易自由化、人员进出自由化、资金流动自由化、运输往来自由化等方面积极改革创新，预计 2025 年之前将全岛封关，执行零关税，完成自由贸易港建设，成为中国高水平开放型经济建设的里程牌。

其他 19 个自贸试验区，分别围绕服务长江经济带发展、粤港澳大湾区建设、京津冀协同发展、两岸经济合作、中部崛起、东北振兴、西部大开发等国家发展战略，在复制已有自贸试验区经验的基础上，从不同侧重点突破，以建设高水平国际化营商环境为核心，结合自身开放中遇到的问题，已形成多项各具特色的制度改革创新成果。

2. 前海深港现代服务业合作区的新进展情况

2021年9月，国务院发布了《全面深化前海深港现代服务业合作区改革开放方案》，前海深港现代服务业合作区迎来了"扩区""全面深化改革开放"的利好时期。2022年，前海深港现代服务业合作区迈进"黄金十年"。经过改革创新实践，前海深港现代服务业合作区充分发挥着先行示范引领作用，在"制度创新、产业集聚、深港合作"① 等方面持续发展。

（1）制度创新新进展

营商环境对于企业的发展至关重要，会直接影响到企业经营活动的发生、进行，以及最终的效果。优化营商环境有助于企业的高质量发展，推动产业的集聚发展。长期以来，前海深港现代服务业合作区坚持将服务理念贯穿于企业发展的全生命周期，围绕贸易投资、法治建设、政府服务等方面优化营商环境，不断推出"原创性、引领性、系统性"制度改革创新举措，高水平、高质量的营商环境正在形成。通过725项制度创新成果的集成以及65项制度创新成果在全国范围内的复制推广，前海深港现代服务业合作区已然成为"对外开放制度创新的策源地"。

（2）产业集聚

现代服务业与先进制造业双轮驱动的新产业结构形成，扩区后的前海深港现代服务业合作区产业业态更加多元化，除了原有的金融、现代物流、信息服务、科技服务和其他专业服务等现代服务业，还包括高新科技、海洋科技、航空物流、会展业以及先进制造业，形成现代服务业与先进制造业双轮驱动的新产业结构。2021年，前海深港现代服务业合作区落地实施了产业扶持用房、专业服务业发展专项资金、高端法律服务业集聚扶持、招商引资奖励专项资金等一系列优惠政策，优先发展现代服务业。随着深港基金小镇、深港商贸物流小镇、深港国际金融城、深港国际

---

① 本报告所引用数据来自前海管理局公开数据。

法务区的相继投入使用，金融、现代物流、信息服务、科技服务等四大主导产业占现代服务业总比重达到 88.7%，现代服务业发展势头强劲。此外，前海深港现代服务业合作区颁布了发展专项资金支持创新创业载体发展的相关政策，截至 2022 年 9 月，已经累计建立了工程中心、工程实验室、企业技术中心等 96 家创新创业载体，培育了 19 家国家级专精特新"小巨人"企业以及 74 家省级专精特新中小企业。2021 年，前海深港现代服务业合作区生产总值达到 1755.67 亿元，其中，战略性新兴产业增加值 715.07 亿元。2021 年，前海深港现代服务业合作区实现税收收入 558.15 亿元。

3. 深港合作：深化深港两地软硬联通，推进深港两地要素的高效便捷流动

持续推进与香港高水平的合作，加快深港两地软硬联通，使经济要素流动日益顺畅、产业融合更加深入，截至 2021 年，前海深港现代服务业合作区累计注册 1.18 万家港企，实际使用港资占实际利用外资的 92.4%。在硬联通方面，坚持面向港企出让不少于 1/3 的土地，截至 2021 年，前海深港现代服务业合作区已累计向港企出让产业用地 19 宗，占新出让经营性土地面积的近 40%。持续推进"两城六区一园一场六镇双港"①等深港合作重大平台建设，2021 年，前海深港国际法务区、前海深港国际金融城、深港青年梦工厂北区、"一带一路"贸易组合枢纽港正式投入使用，为香港服务业的发展拓展了空间。前海综合交通枢纽正在建设中，建成后的前海综合交通枢纽日均客流量将会达到 75 万人，成为亚洲第一的地下交通枢纽换乘站。

在软联通方面，2022 年，前海深港现代服务业合作区发布"惠港九件实事"，其内容涵盖"住房、创业、服务、就业、平台、科创、金融、落户、民生"等方面，全面支持港人、港企在前海定居就业，推进深港合

---

① 两城：前海深港国际服务城、前海深港国际金融城。六区：前海深港国际法务区、深港专业服务业集聚区、国际高端智库集聚区、深港新型商贸物流发展集聚区、深港数字经济集聚区、深港总部经济集聚区。一园：前海石公园；一场：前海深港广场。六镇：前海深港专业服务业小镇、深港商贸物流小镇、深港文创小镇、深港数字经济小镇、深港总部经济小镇、港澳青年创新创业小镇。双港："一带一路"贸易组合枢纽港、深港国际人才港。

作不断深入。在合作机制方面，深港两地通过开办"深港合作专班"的方式，联合座谈，推动重点合作事项的落地。截至2021年底，围绕金融、人才等35项合作事项，深港两地共推进创办19个工作专班（深圳26个部门，香港13个政策局全程参与），其中，28项合作事项取得了实质性进展。在人员的流动方面，前海深港现代服务业合作区积极推进港澳青年来深工作，截至2021年，累计为港澳青年提供岗位4104个。推进港澳专业人才在前海免试跨境执业，截至2021年，"仅需备案即可执业"的港澳专业人士类别增加至16类，包含建筑、税务、法律、导游等领域。在资金的流动方面，稳步推进"六大跨境"业务发展，加快与香港金融市场的互联互通，2022年，前海管理局与香港财库局联合发布《关于支持前海深港风投创投联动发展的十八条措施》，便利深港跨境投资的双向合作，推进资本的跨境流通。在货物的流动方面，前海综合保税区对接香港规则，不断创新监管模式，优化通关模式，整合深港物流资源，促进要素高效便捷流动。

三　经济特区发展面临的挑战及建议

总体而言，2021年既是各经济特区进一步加快结构调整和继续走向科学发展的一年，也是既有问题依然存在、形势仍旧严峻的一年。留存的主要问题需要切实的措施以及长期的努力加以解决。这些被人们论及的问题包括人口红利减少与人口年龄结构老化、民营企业发展任务艰巨等，这些问题将造成长期财政压力，也是必须解决的难题。

（一）经济特区应激活新增长动力，进行持续、高质量发展

基于技术进步条件下的产业结构变动是经济增长质量提升的动力之一。当经济系统发展到一定阶段时，其增长动力逐步由要素驱动的数量型向以技术进步、制度变革为主以及创新驱动的质量型转变，从而提高经济增长质量，并大大促进经济持续发展。

（二）人口老龄化已成为当前经济特区必须正视的问题

我国人口老龄化和高龄化趋势日益明显，老年人口抚养比持续攀升，这已成为经济特区今后一个时期必须正视的重要问题。建立健全社会养老服务体系是全面建成小康社会的内在要求，对于推动城乡经济发展、优化产业结构布局、实现老龄社会可持续发展具有重要的现实意义。

据国家老龄办预测，到 2050 年前后，我国老年人口数将达到峰值 4.87亿人，占总人口数的 34.9%，占世界老年人口总数的 1/4，[①] 届时"三人行必有一老"，我国社会将进入深度老龄化阶段。人口老龄化的加快，以及与此相关的高龄化、空巢化、病残化趋势，将导致传统的家庭养老功能逐渐弱化、社会养老负担逐年加重、专业养老服务人才匮乏以及"未富先老""未备先老"使经济供养能力更显不足等问题接踵而至。经济特区的老龄化不仅仅是一个人口问题，它已经和经济发展、社会建设等交织在一起，成为困扰经济特区未来经济和社会可持续健康发展的重要问题。及时妥善地解决人口老龄化所带来的问题，已成为社会和时代的共同呼唤，同时也是新时代赋予我们的重要使命。应积累医养融合与智慧养老等方面的发展经验，建立综合监管体系，探索互助养老模式等。

（三）经济特区创新发展建议

推动经济特区的发展首先要破除统一发展模式的想法，创新发展的思路应该是多样化的，绝不能一味模仿转型成功地区的经验和做法，即便是学习先进地区（如深圳经济特区）的经验和做法，也不能将指标体系（如人才引进数量指标体系）照搬，而应基于本地实际情况，制定符合当地发展实际的指标体系（如某些发展较差地区并不需要过多高学历人才，反而对符合当地产业的职业技术人才需求量大）。

---

① 《到2050年老年人将占我国总人口约三分之一》，中国政府网，2018 年 7 月 19 日，http：//www.gov.cn/xinwen/2018-07/19/content_ 5307839. htm。

1. 营造有利于创业创造的创新发展环境

优化政务环境、市场环境和社会环境是营造创新发展环境的三个关键方面，良好的环境是创新发展的重要保障，既能充分发挥城市集聚效应，也能激发企业作为创新主体的活力。

具体而言，优化政务环境要着重加强政府服务保障力，强化财税支持和扩大精准政策供给；优化市场环境要重点增强资源要素的可获得性，并且推动各类型企业公平高效获取创新资源要素；优化社会环境要注意提高社会创新包容度，努力营造鼓励创新并且宽容失败的氛围，毕竟创新本身就是一个不断试错、反复探索的过程。

2. 充分发挥企业在创新发展中的引领作用

《中共中央关于制定国民经济和社会发展第十四个五年规划和二〇三五年远景目标的建议》指出，要强化企业创新主体地位，促进各类创新要素向企业集聚。企业作为创新发展主体既是创新发展的本质要求，也是充分调动创业创造主体积极性的关键。

3. 在创新成本和财政收支之间取得平衡

我国在此前很长一段时间内采取了土地财政的发展模式，地方政府通过土地出让获取充足的财政收入，从而有能力为本地基础设施建设、公共服务供给乃至创新发展提供充足的资金支持。但不可否认的是，这种模式的负面影响也是显著的，特别是深圳和厦门经济特区等的高房价对人才的"挤出"效应显著。尽管各经济特区政府都出台了相应的人才政策，减少高房价、高生活成本对人才的负面影响。但是这种"临时性"意味浓厚的政策有明显的缺点：覆盖面窄、公平性存在争议。更为重要的是，人才政策的实施依赖充足的财政收入支持，而既有财政收入模式又会进一步抬高房价和本地生活成本。

为了跳出"高房价—人才补贴—财政收支从紧—高房价"这样的怪圈，一方面，经济特区政府必须在财政收入模式上进行深度改革，将培育企业发展进而获取企业营业税收收入作为最重要的财政收入模式；另一方面，经济特区政府也应当着力于对高房价、高生活成本问题进行治理，真正落实

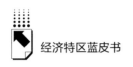
习近平总书记的"房住不炒"① 指示，使创新成本回落到合理区间，进而让市场机制在人才集聚和企业创新发展上更好地发挥作用，而不是过度依赖"临时性"的人才政策。目前，深圳经济特区已经通过其建立的二手房交易指导价制度在这方面做出部分尝试，效果有待持续观察。

四 下一年发展路径

（一）经济特区应从追求经济增长速度特别是投资增长速度转向追求品质

2022年，经济特区必须下大力气坚决从追求经济增长转向追求质量，加快结构调整，重点增强各个经济特区宏观层面和产业升级调控的有效性。切实落实科学发展观，积极扭转盲目追求GDP的倾向，把提高经济发展质量和效益放在首位。

（二）经济特区应加快战略性新兴产业的发展，促进经济高质量增长

破解制造业的发展悖论是先进制造业结构的调整方向，也成为经济特区经济增长的又一巨大潜力。战略性新兴产业发展的现实情况表明，未来一段时期，经济特区应从以下方面进行战略性新兴产业的发展，这种战略性的调整将成为经济特区经济增长的强大推动力。

方向之一：提高战略性新兴产业的比重。以技术创新优势替代劳动力价格优势，这将引发投资增加，促进经济高质量增长。

方向之二：客观、准确地把握新技术、新业态、新模式的发展动态。新科技革命背景下，应运而生的新技术、新业态、新模式加速了产业全球价值链的重塑，正在推动新一轮科技革命和经济变革。经济特区应客观、准确地

---

① 《坚持"房住不炒" 重点做好"保"和"稳"》，"国际在线"百家号，2021年7月27日，https://baijiahao.baidu.com/s？id=1706426223143695481&wfr=spider&for=pc。

把握新技术、新业态、新模式的发展动态，特别是及时跟踪根植于新技术群落的战略性新兴产业集群的发展态势，有针对性地超前布局和精准服务一批核心产业集群和重点企业，成为推动经济特区高质量发展、助推一批核心产业集群和重点企业不断攀升的重大现实选择。

参考文献

陶一桃主编《经济特区蓝皮书：中国经济特区发展报告（2018）》，社会科学文献出版社，2019。

国家统计局编 2000~2021 年《中国统计年鉴》。

国家统计局国民经济综合统计司编《新中国五十五年统计资料汇编》，中国统计出版社，2005。

国家统计局编《中国统计摘要—2021》，中国统计出版社，2021。

全国及各省（区、市）2021 年国民经济和社会发展统计公报。

国家统计局网站，http：//www.stats.gov.cn/。

中国政府网，http：//www.gov.cn/。

自然资源部网站，https：//www.mnr.gov.cn/。

生态环境部网站，https：//www.mee.gov.cn/。

国家发改委网站，https：//www.ndrc.gov.cn/？code＝&state＝123。

专题研究报告
Special Reports

B.2
中国经济特区产业绿色转型发展报告

袁易明　杜亭亭*

摘　要： 本报告根据产业生态化理论对五大经济特区产业绿色转型成效进行了综合评估。从 2013 年到 2021 年，本报告持续用产业绿色转型指标体系对五大经济特区产业绿色转型进展进行追踪评价。五大经济特区的实践表明，产业生态化转型可以使创新、生态和经济发展形成良性循环体系。五大经济特区的产业绿色转型成效显著，具有重要的引领示范意义。

关键词： 经济特区　产业生态化　产业绿色转型成效评估　熵值法

一　产业绿色转型背景

党的二十大报告指出，"加快发展方式绿色转型。推动经济社会发展绿

---

* 袁易明，深圳大学中国经济特区研究中心副主任，深圳市汉仑绿色发展研究院院长，教授，博士生导师，主要研究方向为产业经济学；杜亭亭，深圳大学中国经济特区研究中心博士后，主要研究方向为产业经济学。

色化、低碳化是实现高质量发展的关键环节"。党的二十大报告再次明确了新时代我国生态文明建设的战略任务，总基调就是推动绿色发展，促进人与自然和谐共生。习近平总书记多次强调，"绿色发展注重的是解决人与自然和谐问题"，[①]"绿色发展，就其要义来讲，是要解决好人与自然和谐共生问题"。[②]"十四五"时期，我国生态文明建设进入了以降碳为重点战略方向、推动减污降碳协同增效、促进经济社会发展全面绿色转型、实现生态环境质量提升的关键时期。经济特区较早构建了工业化、现代化产业体系，产业绿色转型经验具有重要的引领示范意义。

"中国经济特区产业绿色转型系列报告"持续多年跟踪研究中国经济特区产业绿色转型，并对五大经济特区的产业绿色转型进展进行评估。本报告的宗旨在于从整体上把握经济特区产业绿色转型阶段经济发展和环境质量的特征，通过对产业绿色转型期相关成效指标进行量化评估，把握经济特区产业绿色转型阶段性进展。

二 产业绿色转型：内涵、路径与评估

20 世纪 90 年代，随着可持续发展战略在世界范围内普遍实施，产业生态化发展开始在发达国家渐成潮流。产业生态化的理论思想来源于国外学者 Ayres 于 1984 年提出的"产业代谢"理论和 Frosch 于 1989 年提出的"产业生态系统"理论。Ayres 在 1988 年进一步提出的产业代谢理论基于生命周期分析和物质流分析两种方法，认为在产业发展中采用的材料和能源等，可通过产业系统的运转，对物质流进行转化，在这个过程中可以评估所造成的环境影响，最后将形成的废弃物排出产业系统。在产业代谢理论下，学者 Frosch 和 Nicholas Gallopoulos 进一步提出了"产业生态系统"的概念，强调

---

① 《让绿水青山造福人民泽被子孙——习近平总书记关于生态文明建设重要论述综述》，中国政府网，2021 年 6 月 3 日，http://www.gov.cn/xinwen/2021-06/03/content_5615092.htm。

② 《绿色发展 走向美好（美丽中国新境界）》，"人民网"百家号，2022 年 10 月 11 日，https://baijiahao.baidu.com/s? id=1746350575881934898&wfr=spider&for=pc。

产业发展要和环境保护互相协调，企业之间要形成一个产业系统，将生产的废弃物在产业系统内部处理，减少对生态环境造成的负面影响，最终形成高效率低能耗的生产模式。Allenby 认为，产业生态化是通过模仿自然生态系统闭路循环的模式构建产业生态系统，按照生态规律和经济规律来安排生产活动，实现产业系统的生态化，从而实现资源循环利用、减少或消除环境破坏、实现产业发展与环境保护相协调、实现可持续发展的过程。[1] S. Erkman 指出，产业生态化是研究产业系统如何运作、规制以及其与生物圈的相互作用，并基于对生态系统的认知，决定如何进行产业调整，以使其与自然生态系统的运行相协调。[2] 黄志斌等认为，产业生态化是将产业活动物质生产过程中的资源和能量的消耗加入生态系统的总转换之中，在实现产业生态系统良性循环的同时求得经济效益与生态效益的统一。[3] 樊海林和程远提出，产业生态化是操作层面上的可持续发展理念的延伸。[4] 张平指出，新兴经济体仍处于工业化时期，碳达峰和碳中和并进发展，绿色转型与产业转型升级需要高度关联。[5]

国外对于产业生态化的评价主要运用生态效率分析、物质流能量流分析和构建综合评价指标体系等方法，我国学术界大多采用了综合指数评价和多元统计方法。对产业生态化进展的评估方法近似于对产业生态效率的评估方法。

三　五大经济特区产业绿色转型能力性制度建设进展

2012 年以来，我国产业绿色转型能力性制度建设逐步进入政府行政指令和市场化方式相结合的多元化环境规制政策落实阶段。中国五大经济特区

---

①　B. Allenby，"Industial Ecology Gets Down to Earth," *IEEE Circuits and Devices Magazine* 10，1（1994）.

②　王磊、龚新蜀：《产业生态化研究综述》，《工业技术经济》2013 年第 7 期。

③　黄志斌、王晓华：《产业生态化的经济学分析与对策探讨》，《华东经济管理》2000 年第 3 期。

④　樊海林、程远：《产业生态：一个企业竞争的视角》，《中国工业经济》2004 年第 3 期。

⑤　张平：《中国经济绿色转型的路径、结构与治理》，《社会科学战线》2022 年第 8 期。

在产业绿色转型方面除在国家层面出台了环境规制政策之外，也出台了地方性的环境规制政策。本报告将重点论述五大经济特区在环境规制方面的举措并将其与创新能力结合进行阐述。环境规制的三大类：第一类地方性命令控制型，指立法和行政部门制定的环保法律法规、政策和制度；第二类市场激励型，指政府利用市场机制设计的、借助市场信号引导企业更加注重环保的制度；第三类公众参与型，指企业和个人自发约束自身的行为达到环保目的的制度。本节将从这三大类环境规制出发阐述五大经济特区的环境规制体系。

（一）五大经济特区地方性命令控制型环境规制

从 2021 年五大经济特区出台的政府文件来看（见表1），其均从不同程度上采取了地方性命令控制型环境规制。

表 1　2021 年五大经济特区出台的政府文件

经济特区	文件名称
深圳 （5 项）	《深圳市"三线一单"生态环境分区管控方案》 《深圳市环境管控单元生态环境准入清单》 《深圳市环境污染强制责任保险实施办法》 《深圳经济特区生态环境保护条例》 《深圳市建设项目环境影响评价审批和备案管理名录(2021 年版)》
珠海 （2 项）	《珠海市生态环境技术服务专家库管理办法(试行)》 《建设项目环境影响评价分类管理名录(2021 年版)》
汕头 （6 项）	《汕头市建设项目(含海洋工程类)环境影响评价文件分级审批目录(2021 年本)》 《汕头市固定污染源排污许可证分级核发目录(2021 年本)》 《汕头市环境保护局关于汕头市机动车排气污染物实施简易工况法检测的通告》 《危险废物处置价格收费标准》 《汕头市"三线一单"生态环境分区管控方案》 《关于推进生态环境损害赔偿制度改革若干具体问题的意见》
厦门 （3 项）	《厦门市生态环境准入清单(2021 年)》 《厦门市生态环境保护综合行政执法事项指导目录(2021 年版)》 《厦门市"三线一单"生态环境分区管控方案》

经济特区	文件名称
海南 （3项）	《海南省生态环境厅生态环境监测质量管理办法》 《海南省生态环境厅强制性清洁生产审核工作指南（试行）》 《海南省生态环境行政处罚裁量基准规定》

资料来源：深圳、珠海、汕头、厦门市生态环境局网站，海南省生态环境厅网站。

从 2021 年五大经济特区地方性命令控制型环境规制来看，各地相关环境法律法规围绕环境治理不可或缺的行政性制度和市场性制度，重点完善资源产权制度、环境产权制度、环境补偿制度以及生态资源交易制度、价格制度等，产业绿色转型能力性制度支撑体系逐步完善。

（二）五大经济特区市场激励型环境规制

我国的环境规制以地方性命令控制型环境规制为主，以市场激励型环境规制和公众参与型环境规制为辅。地方性命令控制型环境规制采用统一的环境标准，难以实现社会成本最小化，同时由于执法过程中存在的"寻租"行为，管制效果大打折扣。相较于地方性命令控制型环境规制，市场激励型环境规制给了企业更多的自主性。我国市场激励型环境规制以推动产业升级为长远目标。近年来，市场激励型环境规制在我国产业绿色转型发展中的作用日渐显现，主要包括价格配给、额度配给和责任规制等。目前，五大经济特区也普遍采用市场激励型环境规制来促进环保产业发展和转型。

2021 年五大经济特区市场激励型环境规制见表 2。

表 2   2021 年五大经济特区市场激励型环境规制

经济特区	规制内容
深圳	生态环境专项资金 积极服务企业推进生态环境治理能力现代化的若干资金 集成电路制造企业环保设施建设项目资金

特区	规制内容
珠海	《2022 年珠海市工业企业 VOCs 深度治理中央财政大气污染防治资金补助实施方案》 2021 年促进经济发展(推动绿色及创新发展)专项资金财政补贴 2021 年工业节能与工业循环经济资金、高新区节能专项资金 生物质锅炉淘汰第一轮次专项资金补贴
汕头	2021 年省级打好污染防治攻坚战资金 2021 年中央财政大气污染防治资金 市级环保专项资金
厦门	2021 年生态环境保护专项资金
海南	土壤污染防治省级环保专项资金 中央财政大气污染防治资金 中央水污染防治资金 省级水污染防治资金 省级财政专项资金 中央农村环境整治资金 非道路移动机械环保登记上牌财政补贴资金 跨市县流域补偿断面水站建设专项资金

资料来源:深圳、珠海、汕头、厦门市生态环境局网站,海南省生态环境厅网站。

从表 2 可以看出,2021 年五大经济特区市场激励型环境规制覆盖面广、政策较多、针对性强。

(三)五大经济特区公众参与型环境规制

作为地方性命令控制型环境规制和市场激励型环境规制的重要补充,公众参与型环境规制不仅可以大幅提升环境治理和绿色转型效率,还可大幅减少政府监管成本。

2021 年五大经济特区环境信访投诉案件总量数据显示,深圳经济特区环境信访投诉案件总量远高于其他地区。这一方面体现出深圳经济特区市民参与环境规制的积极性相对较高,另一方面体现出深圳经济特区在产业绿色转型过程中面临的利益冲突相对其他地区更为突出。此外,对比 2020 年数据可以看到,2021 年五大经济特区环境信访投诉案件总量有所下降。除汕

头经济特区外，其余四大经济特区 2021 年环境信访投诉案件总量均低于
2020 年。其中，深圳经济特区降幅最为显著（见图 1）。这表明，随着产业
绿色转型的深入推进，经济特区在转型过程中面临的利益冲突有所缓解。

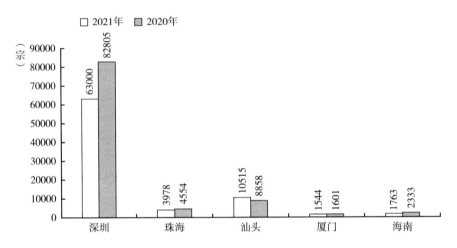

图 1　2020~2021 年五大经济特区环境信访投诉案件总量

资料来源：深圳、珠海、汕头、厦门市生态环境局网站，海南省生态环境厅网站。

四　产业绿色转型总体进展

五大经济特区在产业绿色转型方面继续保持国内领先水平，这在新能源
汽车产业的发展和新能源汽车的使用、绿色建筑的普及与绿色建筑产业的发
展方面表现得尤为突出。本报告将分别从第二、三产业论述重点行业的绿色
转型情况，具体包括制造业的清洁生产实施情况、新能源汽车产业发展概
况、绿色建筑产业发展概况、绿色金融产业发展概况。

（一）制造业的清洁生产实施情况

制造业生产环节的绿色转型主要通过政府实施强制性规制措施——
清洁生产审核来实现。清洁生产审核是指按照一定程序，对生产和服务

过程进行调查和诊断，找出能耗高、物耗高、污染重的原因，提出降低能耗、物耗、废物产量以及减少有毒有害物料的使用、产生和废弃物资源化利用的方案，进而选定并实施技术经济的清洁生产方案的过程。2021年，五大经济特区清洁生产审核情况如下。深圳经济特区2021年完成25家企业原辅料替代，销号整治300家企业；完成39家省级重点企业评级，43家企业和加油站深度治理；核查核算1091家企业，建立532家VOCs重点企业清单，对600家涉VOCs重点企业进行工况监控，建成5家喷涂共性车间；完成43台天然气锅炉低氮改造。汕头经济特区全年共核查企业13144家，对152家重点排污企业进行重点监测。厦门经济特区推动41家重点排污单位安装自动监控设备并联网，对25家检验检测机构进行"双随机"监督抽查。珠海经济特区完成省市两级大气精准治理项目46个，核查VOCs重点排放企业103家，整治"散乱污"企业748家，实施工地扬尘管控"五步工作法"，开展"五查联动"工作，推动5550个工地扬尘问题得以解决。海南经济特区实现固定污染源排污许可证核发登记全覆盖，全年共核查8163家登记管理类企业和1048家特殊情形标记类企业。

（二）新能源汽车产业发展概况

1. 深圳

深圳是国内第一个实现公交车和巡游出租车全面纯电动化、环卫车及牵引车等纯电动重卡规模化和商业化推广的城市。截至2021年底，深圳新能源汽车保有量达54.40万辆。2021年深圳新能源汽车销量达14.48万辆，已超当年汽车销量40%。深圳新能源汽车产业相关的新注册企业数量创历史高峰，达199家，已形成了动力电池、驱动电机、电控系统、自动驾驶、激光雷达、毫米波雷达、整车制造、基础设施等领域的完整产业链。从充电设施来看，深圳市发改委数据显示，2021年深圳新增公共充电桩0.4万个，公共充电桩达9.7万个，其中社会快速充电桩约3.7万个，慢速充电桩约6.0万个。《2021年中国主要城市充电基础设施监测报告》指出，深圳公共

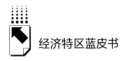

充电桩覆盖率在全国最高,公共充电桩密度达到73.2台/公里^2,各类用户充电需求基本得到有效保障。但是,深圳车桩比约为5.6∶1,与北京、上海存在差距,公共充电桩的设置空间较大。

2. 厦门

厦门新能源汽车产业以整车制造和电池材料为主,逐步向电池、电机和电控领域延伸。2021年厦门新能源汽车共报牌19745辆,约为2020年7701辆的3倍。其中,2021年1~4月,厦门新能源汽车共报牌5610辆,比2020年和2019年分别增加370.24%和325.00%。其中,私人消费超过3000辆,占比达到53.48%,消费结构显著优化。随着升级与换购成为主流,新能源汽车市场有望吸引更多私人用户。

3. 海南

海南新能源汽车推广应用步伐加快,截至2021年底,海南共推广新能源汽车5.87万辆,同比增长88%,完成年度推广目标进度的235%,全省新能源汽车保有量已达12.24万辆,增速达91%,位居全国第一。新能源汽车保有量占比升至7.2%,较2020年同期上升3个百分点,市场渗透率升至25.8%,高出全国平均水平13.1个百分点,海南新能源汽车保有量占比稳居全国"第一方阵"。个人领域推广新能源汽车达4.84万辆,占总推广量的82.4%,这表明新能源汽车在个人汽车消费市场的认可度不断提升。

4. 珠海

珠海把新能源产业作为一个比较有潜力的产业去扶持,加大外出招商力度,引进了欣旺达、新宙邦、赛纬等新能源企业。此外,珠海正重点对接新能源整车制造项目。

5. 汕头

汕头尚不具备汽车整车生产能力。2017年,汕头政府与正道集团有限公司签订《共同推进汽车产业发展战略合作框架协议》,拟建设新能源整车生产基地、建设石墨烯钛酸锂电池生产基地和建立汽车管理系统数据库,目前这些项目正在建设中。

（三）绿色建筑产业发展概况

绿色建筑又可称为可持续发展建筑、生态建筑、回归大自然建筑、节能环保建筑等。绿色建筑的基本内涵可归纳为：减少建筑对环境的负荷，即节约能源及资源；提供安全、健康、舒适性良好的生活空间；与自然环境亲和，做到人及建筑与环境的和谐共处、永续发展。在中央政府的规制指引下，各经济特区出台了不同规制程度的绿色建筑相关政策。

深圳努力以碳达峰、碳中和引领绿色发展，绿色建筑高质量发展也按下"快进键"。2008年深圳提出了"打造绿色建筑之都"的目标，在大型公建能耗监测、可再生能源建筑应用、建筑废弃物减排与利用、公共建筑节能改造、装配式建筑应用等专项领域，深圳都承担着先行者的责任，在绿色建筑领域积累了相当多的经验。截至2021年，深圳累计有超过1400个项目获得绿色建筑评价标识，总建筑面积超过1.4亿平方米。有18个项目获得全国绿色建筑创新奖，其中一等奖8个，占全国一等奖总数的16%。《2021中国城市绿色建筑发展竞争力指数报告》评出了最具绿色建筑发展竞争力的10座城市，深圳位居第一。深圳已成为国内绿色建筑建设规模最大、建设密度最大，以及获得绿色建筑评价标识项目最多、获得全国绿色建筑创新奖数量最多的城市之一，绿色建筑发展和建筑节能减排工作走在全国前列。

厦门积极贯彻落实国家绿色建筑行动方案，取得了一系列丰富成果。截至2021年，厦门累计实施公共建筑节能改造示范项目所涉及的建筑面积达304万平方米，城市节能改造平均节能率23.2%，每年可节约电力约5720万千瓦时，减少二氧化碳排放4.38万吨。2021年3月11日印发《厦门市绿色建筑创建行动实施计划》，开展绿色建筑创建行动。厦门是福建省唯一实现绿色混凝土生产管理全覆盖的城市，绿色混凝土生产星级达标率100%，位居全国前列。

珠海近年来先后发布实施《珠海经济特区绿色建筑管理办法》和《珠海市建筑节能和绿色建筑发展规划》，该办法和规划为推动绿色建筑全面发展、向"深绿"迈进提供了法治保障。自2021年"十四五"开局以来，珠

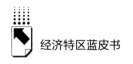

海城镇新增绿色建筑的面积达 2800 多万平方米，城镇新建民用建筑中绿色建筑占比达 100%，装配式建筑占城镇新建建筑面积比例达 28.45%。此外，散装水泥和新型墙体材料发展应用成果更加丰富，绿色建材应用比例显著提升。

汕头颁发《汕头市建筑业与绿色建筑发展"十四五"专项规划（2021—2025）》，该规划规定于 2021 年 1 月 1 日起，在城镇建设用地范围内新建、改建、扩建的所有民用建筑全部按照绿色建筑基本级或以上标准进行建设。计划在 2022 年内实现新建民用建筑中绿色建筑面积占比达到 80% 以上；对汕头既有建筑绿色改造提出目标：2020~2025 年，学习其他地区的既有建筑绿色改造项目经验，鼓励医院、酒店、国家机关办公楼等建筑进行绿色改造。以中心城区为试点探索实施既有建筑绿色改造项目，截至 2025 年底，全中心城区规划累计完成既有建筑绿色改造 390000 平方米，其中公共建筑 240000 平方米，居住建筑 150000 平方米。

海南 2021 年印发《海南省人民政府办公厅关于促进建筑业持续健康发展的实施意见》，提出大力建设绿色建筑、装配式建筑，提升工程质量水平。2021 年发布的《海南省绿色建筑（装配式建筑）"十四五"规划（2021—2025）》提出，到 2025 年末，海南装配式建筑占新建建筑比例大于 80%；建成国家级装配式建筑示范城市 2 个；实现预制构件年产能供需平衡；到"十四五"末期，装配式建筑产业布局合理，最终将重点园区建成能够引领未来热带建筑科学发展的集聚区、展示区和体验区。

（四）绿色金融产业发展概况

产业绿色转型发展需要激励企业进行绿色投资，绿色金融是指为支持环境改善、应对气候变化和资源节约高效利用等经济活动所提供的金融服务。[①] 随着绿色金融政策体系不断完善，绿色金融逐步成为产业绿色转型的重要支撑力量。2015 年 9 月，中共中央、国务院印发《生态文明体制改革

---

① 此定义源自《深圳经济特区绿色金融条例》。

总体方案》，明确生态文明体制改革的"四梁八柱"，首次提出"构建绿色金融体系"总体目标，鼓励各类金融机构加大绿色信贷投放力度。2016年以来，中国人民银行会同相关部门完善绿色金融发展顶层设计，牵头出台《关于构建绿色金融体系的指导意见》，初步确立了绿色金融发展"五大支柱"，即绿色金融标准体系、环境信息披露、激励约束机制、产品与市场体系和国际合作，发挥绿色金融资源配置、风险防范和价格发现"三大功能"。随着绿色金融政策体系不断完善，目前，我国已初步形成绿色贷款、绿色债券、绿色保险、绿色基金、绿色信托、碳金融产品等多层次绿色金融产品和市场体系。绿色金融政策体系不断完善、绿色金融业务发展迅速、绿色金融产品日益丰富、环境信息披露取得实质性进展，这持续为绿色环保、节能减排、低碳经济等提供了有力的金融支持。

2021年，五大经济特区绿色金融实现了稳步发展。

1. 深圳

2021年以来，深圳绿色金融工作取得突破性进展。2021年末，深圳绿色信贷余额同比增长53.72%。2021年，四大行深圳分行分别披露了《2021年度环境信息披露报告》，其中，截至2021年末，各行绿色信贷增速超两位数。在绿色债券创新发展方面，深圳实现了多个"首单"突破。2021年3月1日，《深圳经济特区绿色金融条例》（以下简称《绿金条例》）正式实施。《绿金条例》是我国首部绿色金融法律法规，也是全球首部规范绿色金融的综合性法案，为深圳绿色金融发展提供了法治保障。围绕《绿金条例》落地实施，深圳构建起了"1+1+1+N"的绿色金融发展体系，即1部绿色金融法规，1个绿色金融发展工作领导小组，1个绿色金融协会，N项绿色金融领域的创新举措。2021年，落地全国首单银行间市场核电项目碳中和债、全国首单租赁行业碳中和主题信用债和深圳首单市属国企碳中和债。2021年6月，中国人民银行深圳中心支行与深圳地方金融局、深圳银保监局联合印发《关于加强深圳市银行业绿色金融专营体系建设的指导意见（试行）》，首批认定了11家绿色金融专营机构。2021年10月，深圳在香港成功发行境内首只离岸人民币地方政府债券，发行规模50亿元人民币，其中，一般债

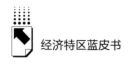

券 11 亿元，专项债券 39 亿元。专项债券部分为经过香港品质保证局认证的绿色债券，用于城市轨道交通和水治理等项目。本次发行实现了 3.48 倍超额认购，开启了地方政府发行离岸人民币地方政府债券的先河，成功引入境外资本支持境内绿色项目。

2. 珠海

2021 年以来，珠海金融系统紧扣"五个聚焦"做好绿色金融工作，加快推进地方绿色金融体系建设，完善绿色金融约束机制，加大绿色金融产品创新力度，推动绿色金融高质量发展。

3. 汕头

汕头大力推动产融结合提质增效，提升绿色金融服务实体经济能力，促进绿色金融和实体经济良性循环。据中国人民银行汕头中心支行统计，截至 2021 年末，汕头绿色贷款余额 156.98 亿元，同比增长 114.4%。从贷款投向看，绿色贷款投放主要集中在基础设施绿色升级、清洁能源产业和清洁生产产业上。其中，基础设施绿色升级贷款占比 37.6%，同比增长 80.9%；清洁能源产业贷款占比 24.3%，同比增长 470.3%；清洁生产产业贷款占比 17.7%，同比增长 154.7%。

4. 厦门

2021 年，厦门绿色信贷余额增长 41.1%。厦门制定并印发《厦门市小额贷款公司监督管理办法》《厦门市进一步推进企业上市提高上市公司质量若干措施》等规范性文件，进一步完善厦门地方金融监管法制体系，构建绿色金融服务体系。2021 年 11 月，厦门对绿色金融政策进行整合、升级，出台《厦门市促进绿色金融发展若干措施》，围绕绿色信贷、债券、基金、保险、产品创新等方面推出十项扶持措施，强化金融对绿色低碳领域的精准滴灌，支持碳达峰、碳中和。

5. 海南

"双碳"背景下，海南绿色金融稳步发展。绿色贷款增长明显，中国人民银行海口中心支行发布的数据显示，截至 2021 年末，全省绿色信贷余额 517.83 亿元，同比增长超过 20%，不良贷款率低于同期各项贷款不良水平。

2021 年 9 月，中国人民银行海口中心支行等六部门联合印发《关于推动绿色金融支持海南省经济发展转型升级的实施意见》，提出支持金融机构大力创新发展绿色信贷、绿色债券、绿色金融产品等，充分发挥绿色金融在促进海南生态文明建设、推进海南经济发展转型升级方面的积极作用。海南还扎实开展绿色金融评价工作，通过建立与碳达峰、碳中和目标激励相容的评价机制，完善银行业金融机构绿色金融评价机制，积极开展辖内地方法人银行业金融机构绿色金融评价工作，提升银行业金融机构绿色金融绩效，2021年共完成了 4 期绿色金融业绩评价工作。

五 经济特区产业绿色转型成效评估

（一）总体成效

产业绿色转型的评价指标主要包括资源利用效率、污染物排放、创新能力和工业盈利能力等，本节将主要从这四个方面分别论述五大经济特区的产业绿色转型成效。

1. 资源利用效率提升状况

从电耗指标来看，2016~2021 年五大经济特区单位工业增加值电耗总体呈现负增长趋势，这表明五大经济特区资源利用效率整体上呈现持续提升态势。2020~2021 年，深圳、珠海、汕头、厦门 4 个经济特区资源利用效率均呈现一定程度的下降态势，其中，珠海和汕头经济特区下降幅度最显著。2021 年，海南经济特区资源利用效率提升状况最优，单位工业增加值电耗增速同比下降近 10 个百分点（见图 2）。

2. 污染物排放减少状况

从细微颗粒物 $PM_{2.5}$ 浓度指标来看，2015~2021 年五大经济特区主要污染物排放状况总体上呈现稳步改善态势，各经济特区的细微颗粒物 $PM_{2.5}$ 浓度均下降明显。2020~2021 年，五大经济特区细微颗粒物 $PM_{2.5}$ 浓度变化趋势相对平缓（见图 3），各经济特区大气污染总体上得到有效控制，空气污染治理成效显著。

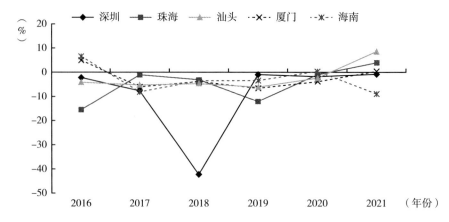

图2　2016～2021年五大经济特区单位工业增加值电耗增速

资料来源：深圳、珠海、汕头、厦门、海南生态环境状况公报。

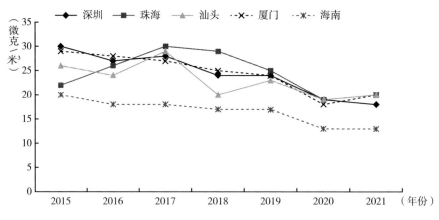

图3　2015～2021年五大经济特区细微颗粒物PM$_{2.5}$浓度

资料来源：深圳、珠海、汕头、厦门、海南生态环境状况公报。

3. 创新能力提升状况

从高新技术产业增加值比重指标来看，2020～2021年，五大经济特区高新技术产业增加值比重均得到显著提升，其中，珠海和深圳经济特区产业转型进度相对加快（见图4）。从专利授权量指标来看，2020～2021年，五大经济特区整体创新能力均呈现提升态势。其中，深圳经济特区创新能力提升显著，珠海、汕头、厦门和海南四大经济特区专利授权量增幅相对平缓（见图5）。总体上看，五大经济特区创新能力呈现一定程度的分化态势。

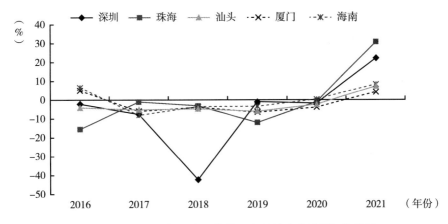

图4　2016~2021年五大经济特区高新技术产业增加值比重

资料来源：深圳、珠海、汕头、厦门、海南国民经济和社会发展统计公报。

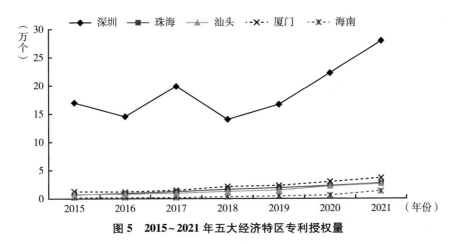

图5　2015~2021年五大经济特区专利授权量

资料来源：深圳、珠海、汕头、厦门、海南国民经济和社会发展统计公报。

4. 工业盈利能力提升状况

从工业利润指标来看，2015~2021年五大经济特区工业实现利润总额基本保持正增长,表明五大经济特区工业盈利能力整体呈提升态势。2020~2021年,厦门经济特区工业利润实现了较高水平的正增长,且增速连续两年反超深圳经济特区(见图6)。

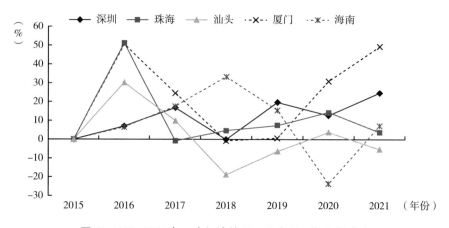

图6 2015~2021年五大经济特区工业实现利润总额增速

资料来源:深圳、珠海、汕头、厦门、海南国民经济和社会发展统计公报。

总体来看,五大经济特区产业绿色转型基本实现了产业生态化与生态产业化融合发展,严格的环境规制并未显著阻碍创新能力提升和工业经济稳步运行。

(二)产业绿色转型成效综合评估

五大经济特区均不同程度采取了绿色转型的措施,产业绿色转型是一项系统工程,涉及的方面较多,有政府产业政策、绿色投入、公众参与、绿色转型效果等,需要对五大经济特区的绿色转型能力进行整体评估。同时,根据评估结果,为其提出相应的对策和建议。通过创建评估产业绿色转型能力的指标体系,结合计量研究和比较研究的分析方法,对五大经济特区的产业绿色转型进行整体性和综合性评价。一方面揭示五大经济特区产业绿色转型的发展现状,另一方面找出五大经济特区产业绿色转型中存在的短板,并在此基础上提出相应对策。

1. 指标体系

产业绿色转型应该结合实际情况，构建精准的成效评价和政策供给体系。区域产业生态系统由区域生态系统的多样性、抵抗力、系统活力以及可恢复性多维因素共同决定，评价过程中应优化"两化"融合发展的动态综合效益测度。基于"两化"融合发展要求，经济特区生态产业化和产业生态化过程中产生的经济、生态、社会效益，应该被纳入一个整体框架进行系统评估。本报告根据产业绿色转型的内涵与特征，按照客观性、全面性、层次性和可行性的指标设计原则，主要从产业绿色转型进度、工业节能成效、区域环境动态、绿色转型能力、绿色产出水平五个维度构建了经济特区产业绿色转型成效评估指标体系（见表3），该体系的二级指标是根据各个经济特区的数据可得性、特征差异进行设计的。

表3　经济特区产业绿色转型成效评估指标体系

总目标	一级指标	二级指标	单位	指标类型
经济特区产业绿色转型成效评估	绿色转型进度	战略性新兴产业增加值比重	%	正向
		绿色低碳产业增加值比重	%	正向
		现代服务业增加值比重	%	正向
		高技术制造业增加值比重	%	正向
		先进制造业增加值比重	%	正向
		文化及相关产业增加值比重	%	正向
	工业节能成效	工业用电比全部工业增加值增速	%	负向
		工业用水比全部工业增加值增速	%	负向
		生产运营用水量	亿立方米	负向
		工业用电量	亿千瓦时	负向
	区域环境动态	细微颗粒物（$PM_{2.5}$）平均浓度	微克/米^3	负向
		酸雨频率	%	负向
		灰霾天气日数比例	%	负向
		空气质量级别一级（优）天数比例	%	正向
	绿色转型能力	全年规模以上工业实现利润总额增速	%	正向
		水利、环境和公共设施管理业固定资产投资增速	%	正向

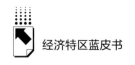

续表

总目标	一级指标	二级指标	单位	指标类型
经济特区产业绿色转型成效评估	绿色产出水平	专利授权量	万个	正向
		新能源汽车产量	万辆	正向
		绿色低碳产业增加值增速	%	正向

2. 数据收集

笔者通过查阅五大经济特区《政府工作报告》《国民经济和社会发展统计公报》《环境质量公报》等官方资料，分别计算了五大经济特区 2015～2021 年产业绿色转型成效的综合得分（见表4至表8）。

3. 评估过程

步骤一：指标选取。设有 r 个年份、n 个经济特区、m 个指标，则 x_{ijk} 表示第 i 年，第 j 个经济特区，第 k 个指标的值。

步骤二：指标标准化处理。由于不同的指标具有不同的量纲和单位，因此需要对其进行标准化处理。正向指标标准化公式：$x'_{ijk} = \dfrac{x_{ijk} - x_{\min k}}{x_{\max k} - x_{\min k}}$，负向指标标准化公式：$x'_{ijk} = \dfrac{x_{\min k} - x_{ijk}}{x_{\min k} - x_{\max k}}$。

其中 $x_{\min k}$、$x_{\max k}$ 分别表示第 k 个指标在 n 个经济特区，r 个年份中的最小值与最大值。对指标标准化处理后，取 x'_{ijk} 的范围为 ［0，1］，其含义为 x_{ijk} 在 n 个经济特区、r 个年份中的相对大小。

步骤三：计算指标的比重。公式为 $y_{ijk} = x'_{ijk} / \sum_i \sum_j x'_{ijk}$。

步骤四：计算第 K 项指标的熵值。公式为 $S_k = -\dfrac{1}{\theta} \sum_i \sum_j y_{ijk} \ln\left(y_{ijk}\right)$，其中 $\theta > 0$，且 $\theta = \ln(rn)$。

步骤五：计算第 K 项指标的信息效用值。公式为 $g_k = 1 - S_k$。

步骤六：计算第 K 项指标的权重。公式为 $w_k = g_k / \sum_k g_k$。

步骤七：计算各经济特区每年的综合得分。公式为 $h_{ij} = \sum_k w_k x'_{ijk}$。

表 4 深圳经济特区产业绿色转型成效评估数据

总目标	一级指标	二级指标	2021年	2020年	2019年	2018年	2017年	2016年	2015年
经济特区产业绿色转型成效评估	绿色转型进度	战略性新兴产业增加值比重	0.39600	0.37126	0.37715	0.37797	0.40928	0.40260	0.38705
		绿色低碳产业增加值比重	0.08800	0.04435	0.04028	0.04090	0.02991	0.02061	0.01871
		现代服务业增加值比重	0.47931	0.47287	0.44942	0.41659	0.41476	0.42469	0.40761
		高技术制造业增加值比重	0.22222	0.24005	0.24113	0.25313	0.23631	0.24434	0.25661
		先进制造业增加值比重	0.688	0.26006	0.25721	0.27103	0.25598	0.27848	0.29513
		文化及相关产业增加值比重	0.08	0.06418	0.06867	0.06443	0.06818	0.05648	0.10039
	工业节能成效	工业用电比全部工业增加值增速	-0.00817	-0.01787	-0.00942	-0.42317	-0.07651	-0.02193	0.00000
		工业用水比全部工业增加值增速	-0.00730	-0.01172	-0.02903	-0.04171	-0.63097	-0.05927	0.00000
		生产运营用水量	5.33	4.94	5.03	5.00	4.56	11.00	11.02
		工业用电量	529.95	491.6	503.69	490.77	743.57	716.76	690.65
	区域环境动态	细微颗粒物（PM$_{2.5}$）平均浓度	18	19	24	24	28	27	30
		酸雨频率	0.07700	0.26600	0.28900	0.27400	0.29700	0.45500	0.50900
		灰霾天气日数比例	0.00548	0.00822	0.02466	0.05479	0.06027	0.07397	0.09589
		空气质量级别一级（优）天数比例	0.58630	0.67945	0.51233	0.51233	0.52877	0.52603	0.49589
	绿色转型能力	全年规模以上工业实现利润总额增速	0.24737	0.12720	0.19708	-0.00102	0.16816	0.07000	0.00000
		水利、环境和公共设施管理业固定资产投资增速	-0.25000	0.04700	0.04520	0.28100	0.42100	0.42855	0.00000
	绿色产出水平	专利授权量	27.92	22.24	16.66	14.02	19.91	14.53	16.96
		新能源汽车产量	30.00000	10.93370	9.25730	9.99000	3.43000	6.05000	1.67130
		绿色低碳产业增加值增速	0.13018	0.13132	0.09476	0.47628	0.67052	0.22696	0.00000

表 5　珠海经济特区产业绿色转型成效评估数据

总目标	一级指标	二级指标	2021年	2020年	2019年	2018年	2017年	2016年	2015年
经济特区产业绿色转型成效评估	绿色转型进度	先进制造业增加值比重	0.19304	0.19816	0.19497	0.22357	0.22849	0.22849	0.23434
		高技术制造业增加值比重	0.30800	0.10640	0.10143	0.11654	0.11721	0.11462	0.10520
	工业节能成效	生产运营用水量	1.33000	1.18000	1.17530	1.17178	1.09308	1.04302	1.12637
		工业用电量	121.31	108.35	107.02	104.22	97.10	90.50	88.28
		规模以上工业综合能源消费量	695.59	592.59	589.65	610.64	586.11	567.53	570.39
		工业用电比全部工业增加值增速	0.039390000	0.024402274	-0.036885939	-0.055269779	-0.11771	-0.026856399	0
		工业用水比全部工业增加值增速	0.046359000	0.015875012	-0.059270466	-0.036462038	-0.1382	-0.120974117	0
	区域环境动态	空气质量级别一级（优）天数比例	0.52603	0.61370	0.51781	0.41096	0.43014	0.48767	0.50959
		灰霾天气日数比例	0.02466	0.02192	0.03288	0.05479	0.15616	0.06575	0.12329
		细微颗粒物（PM$_{2.5}$）平均浓度	20	19	25	29	30	26	22
	绿色转型能力	一般公共预算节能环保支出增速	-0.048104000	-0.152111324	0.801210026	-0.329663963	0.703849951	0.802491103	0
		全年规模以上工业实现利润总额增速	0.037880000	0.144677987	0.074170826	0.047137554	-0.007610645	0.512168304	0
		水利,环境和公共设施管理业固定资产投资增速	164.29971	245.59000	181.91852	206.74000	152.03000	112.28000	168.20000
	绿色产出水平	太阳能电池(光伏电池)锂电子电池	52995.18000	44485.86000	34255.38567	37519.59000	34603.65000	24707.43000	20740.62000
		专利授权量	2.7201	2.2892	1.8967	1.6298	1.2544	0.9287	0.6790
		发明专利授权量	0.5402	0.4362	0.3327	0.3360	0.7769	0.1796	0.3667

表6 汕头经济特区产业绿色转型成效评估数据

总目标	一级指标	二级指标	2021年	2020年	2019年	2018年	2017年	2016年	2015年
经济特区产业绿色转型成效评估	绿色转型进度	现代服务业增加值比重	0.42772	0.45870	0.46139	0.38336	0.39660	0.34817	0.30159
		先进制造业增加值比重	0.36200	0.61338	0.42831	0.29603	0.23014	0.09495	0.09167
		高技术制造业增加值比重	0.07300	0.04734	0.04432	0.04325	0.04014	0.03798	0.03416
	工业节能成效	工业用电比全部工业增加值增速	0.08581	-0.02398	-0.06099	-0.04736	-0.05247	-0.04145	0.00000
		规模以上工业综合能源消费量比全部工业增加值	0.33982	0.42000	0.42000	0.47000	0.44000	0.43000	0.51000
		石油及制品类零售额	268.98300	203.92974	267.27357	159.91000	277.59000	216.79000	202.80000
		规模以上工业综合能源消费量	574.47	511.70	497.98	540.85	476.00	411.67	448.00
		全年全市用电总量	249.30	218.46	211.99	209.36	200.93	190.93	178.01
	区域环境动态	细微颗粒物（PM$_{2.5}$）平均浓度	20	19	23	20	29	24	26
		酸雨频率	0.0000	0.00000	0.00300	0.01100	0.00300	0.00200	0.00300
		空气质量级别一级（优）天数比例	0.45479	0.50137	0.46301	0.40274	0.42466	0.46301	0.43562
	绿色转型能力	生态保护和环境治理业投资增速	0.86500	-0.30500	1.04700	0.47800	-0.83890	-0.19271	0.00000
		全年规模以上工业实现利润总额增速	-0.05300	0.03785	-0.06318	-0.18887	0.09966	0.30261	0.00000
	绿色产出水平	专利授权量	2.6036	2.1959	1.4809	1.2651	0.95930	0.79240	0.76510
		发明专利授权权量	0.0425	0.3650	0.3310	0.4080	0.3840	0.3270	0.3030
		风电	5.61	5.25	5.56000	5.08	6.52	6.13	6.32

表7 厦门经济特区产业绿色转型成效评估数据

总目标	一级指标	二级指标	2021年	2020年	2019年	2018年	2017年	2016年	2015年
经济特区产业绿色转型成效评估	绿色转型进度	规模以上高技术产业增加值占比	0.04260	0.70902	0.69009	0.67883	0.67920	0.83719	0.90714
		旅游业收入占比	0.18496	0.16382	0.27621	0.29263	0.26855	0.25587	0.24015
		全部供水总量	5.20000	4.37000	4.38000	4.22000	4.42000	4.32000	4.32000
		全年全市用电总量	328.05000	291.23000	282.98000	269.59000	248.97000	229.96000	211.29000
	工业节能成效	工业用电量比规模以上工业增加值增速	0.003864000	-0.038987496	-0.065749183	-0.038390309	-0.060181554	0.049505522	0
		生产运营用水量比规模以上工业增加值增速	-0.190363000	-0.040196883	-0.079189687	-0.075932756	-0.103790005	-0.060214911	0
	区域环境动态	细微颗粒物(PM$_{2.5}$)平均浓度	20.00000	18.00000	24.00000	25.00000	27.00000	28.00000	29.00000
		酸雨频率	0.07590	0.68200	0.60000	0.70000	0.23500	0.84000	0.79000
		空气质量级别一级(优)天数比例	0.55616	0.58082	0.50685	0.46849	0.52329	0.53973	0.55342
		灰霾天气日数比例	0.00000	0.00000	0.00000	0.00274	0.00274	0.00822	0.00274
	绿色转型能力	全年规模以上工业实现利润总额增速	0.4939	0.31007	0.00732	-0.00741	0.24686	0.50621	0.00000
		旅游总收入增速	0.24402	-0.36844	0.18100	0.19991	0.20682	0.16327	0.00000
	绿色产出水平	全市天然气供气量	38111.59000	32690.46000	34141.62000	33701.00000	30263.12000	25923.00000	25041.83000
		专利授权量	3.6536	2.9598	2.3013	2.1393	1.4678	1.2109	1.2467
		发明专利授权量	0.3779	0.3066	0.2672	0.2214	0.2333	0.2028	0.1695

表8 海南经济特区产业绿色转型成效评估数据

总目标	一级指标	二级指标	2015年	2016年	2017年	2018年	2019年	2020年	2021年
经济特区产业绿色转型成效评估	绿色转型进度	规模以上高技术产业增加值占比	0.12125	0.10924	0.10915	0.10685	0.10130	0.09716	0.08334
		旅游业收入占比	0.08741	0.09442	0.10219	0.10967	0.11091	0.08791	0.21379
	工业节能成效	规模以上工业综合能源消费量	1114.26000	2102.51000	1078.99000	1174.03000	1190.14000	1174.03000	1271.00000
		规模以上工业综合能源消费量比重	2.48192	4.75875	2.21522	2.27391	2.21306	2.18409	2.14300
	区域环境动态	细微颗粒物（PM$_{2.5}$）平均浓度	20.00000	18.00000	18.00000	17.00000	17.00000	13.00000	13.00000
		原油消费量增速	-0.15500	0.00700	0.11200	0.10700	0.07300	0.00600	0.09200
		工业用电比全部工业增加值增速	0.00000	0.06523	-0.08094	-0.03500	-0.03424	0.00399	-0.08900
	绿色转型能力	全年规模以上工业实现利润总额增速	0.00000	0.06509	0.17534	0.33400	0.15500	-0.23600	0.07250
		财政节能环保支出增速	0.00000	0.18499	0.01185	0.67314	0.13600	-0.13005	0.18863
	绿色产出水平	旅游总收入增速	0.00000	0.17399	0.20814	0.17016	0.11329	-0.17483	0.58598
		专利授权量	0.2060	0.1939	0.2133	0.3292	0.4423	0.5944	1.3632
		太阳能电池（光伏电池）锂电子电池	81.71000	38.67000	23.88000	10.79000	54.59000	60.84100	39.51000

4. 指标权重

表9　深圳经济特区产业绿色转型成效评估指标权重

总目标	一级指标	二级指标	2015年	2016年	2017年	2018年	2019年	2020年	2021年
经济特区产业绿色转型成效评估	绿色转型进度	战略性新兴产业增加值比重	0.139950	0.132904	0.131709	0.148687	0.149783	0.161926	0.135041
		绿色低碳产业增加值比重	0.160059	0.155549	0.144239	0.136937	0.137252	0.13535	0.130614
		现代服务业增加值比重	0.160545	0.143802	0.151113	0.149495	0.134129	0.130621	0.130295
		高技术制造业增加值比重	0.134686	0.139138	0.144229	0.135626	0.140914	0.141584	0.163823
		先进制造业增加值比重	0.134745	0.139300	0.149847	0.141886	0.148734	0.146891	0.138598
		文化及相关产业增加值比重	0.131147	0.161477	0.141392	0.145446	0.140938	0.145759	0.13384
	工业节能成效	工业用电比全部工业增加值增速	0.152366	0.142395	0.131016	0.136014	0.146964	0.143727	0.147517
		工业用水比全部工业增加值增速	0.151220	0.136001	0.137890	0.139050	0.141702	0.146318	0.147819
		生产运营用水量	0.162047	0.161644	0.134594	0.135295	0.135346	0.135195	0.135879
		工业用电量	0.149220	0.153986	0.161840	0.133230	0.133684	0.133258	0.134782
	区域环境动态	细微颗粒物（PM$_{2.5}$）平均浓度	0.162268	0.146068	0.149777	0.138538	0.138538	0.132663	0.132148
		酸雨频率	0.162825	0.152298	0.138875	0.137728	0.138460	0.137361	0.132453
		灰霾天气日数比例	0.162983	0.148395	0.143441	0.141850	0.135787	0.133892	0.133653
		空气质量级别一级（优）天数比例	0.159070	0.142368	0.141482	0.147757	0.147757	0.130647	0.130919
	绿色转型能力	全年规模以上工业实现利润总额增速	0.160422	0.143521	0.134105	0.161116	0.132660	0.137038	0.131138
		水利、环境和公共设施管理业固定资产投资增速	0.144983	0.134319	0.134411	0.136626	0.143168	0.143100	0.163394
	绿色产出水平	新能源汽车产量	0.160213	0.144425	0.151657	0.137590	0.138617	0.136398	0.131100
		绿色低碳产业增加值增速	0.161046	0.138993	0.130642	0.131656	0.147879	0.144849	0.144935

表10 珠海经济特区产业绿色转型成效评估指标权重

总目标	一级指标	二级指标	2015年	2016年	2017年	2018年	2019年	2020年	2021年
经济特区产业绿色转型成效评估	绿色转型进度	先进制造业增加值比重	0.157760	0.157976	0.157976	0.158843	0.187342	0.180103	0
		高技术制造业增加值比重	0.173257	0.164908	0.163164	0.163599	0	0.171930	0.163141
	工业节能成效	生产运营用水量	0.165708	0.16228	0.163981	0.168998	0.169305	0.169728	0
		工业用电量	0.161949	0.16226	0.164212	0.168443	0.170890	0.172245	0
		规模以上工业综合能源消费量	0.164921	0.164681	0.166475	0.169801	0.166883	0.167239	0
		工业用电比全部工业增加值增速	0.174514	0.157244	0.171618	0.167078	0.157793	0.171753	0
		工业用水比全部工业增加值增速	0.170986	0.160148	0.175287	0.164366	0.158667	0.170545	0
	区域环境动态	空气质量级别一级(优)天数	0.164213	0.167537	0.183704	0	0.163222	0.15897	0.162354
		灰霾天气日数比例	0.179869	0.167059	0	0.165533	0.163081	0.162116	0.162342
	绿色转型能力	一般公共预算节能环保支出增速	0.172452	0.157726	0.158364	0	0.157733	0.179349	0.174377
		全年规模以上工业实现利润总额增速	0.181894	0.157037	0	0.169088	0.164451	0.156540	0.170990
		水利,环境和公共设施管理业固定资产投资增速	0.168805	0	0.173437	0.162235	0.165855	0.159873	0.169795
	绿色产出水平	太阳能电池(光伏电池)锂电子电池	0	0.181721	0.167357	0.164792	0.167700	0.160508	0.157922
		专利授权量	0	0.181443	0.172628	0.166022	0.162761	0.159523	0.157624
		发明专利授权量	0.169769	0	0.158748	0.172168	0.172448	0.165499	0.161369

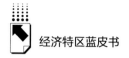
表 11 汕头经济特区产业绿色转型成效评估指标权重

总目标	一级指标	二级指标	2015年	2016年	2017年	2018年	2019年	2020年	2021年
经济特区产业绿色转型成效评估	绿色转型进度	现代服务业增加值比重	0	0.176767	0.167553	0.169591	0.161054	0.161231	0.163803
		先进制造业增加值比重	0	0.190375	0.169831	0.164732	0.158492	0.155497	0.161074
		高技术制造业增加值比重	0	0.176910	0.172164	0.166956	0.165490	0.162048	0.156431
	工业节能成效	工业用电比全部工业增加值增加值增加	0.171376	0.166030	0.164949	0.165435	0.164195	0.168016	0
		规模以上工业综合能源消费量比全部工业增加值	0	0.166739	0.168549	0.175773	0.165162	0.165162	0.158614
		石油及制品类零售额	0.159156	0.161672	0	0.155640	0.181468	0.159329	0.182735
		规模以上工业综合能源消费量	0.161172	0.158853	0.164217	0.177906	0.167593	0.170258	0
		全年全市用电总量	0.161194	0.163407	0.165804	0.168388	0.169317	0.171890	0
	区域环境动态	细微颗粒物(PM$_{2.5}$)平均浓度	0.176558	0.170042	0	0.162333	0.167568	0.161168	0.162333
		酸雨频率	0.168329	0.166735	0.168329	0	0.168329	0.164138	0.164138
		空气质量级别一级(优)天数比例	0.023384	0.031541	0.018344	0	0.031541	0.036556	0.029606
	绿色转型能力	生态保护和环境治理业投资增速	0.169258	0.172702	0	0.163255	0.159391	0.175079	0.160314
		全年规模以上工业实现利润总额增速	0.168086	0.157913	0.162503	0	0.173431	0.165621	0.172446
	绿色产出水平	专利授权量	0	0.186743	0.176835	0.166440	0.161739	0.154375	0.153867
		发明专利授权量	0	0.177771	0.162439	0.159518	0.176082	0.165933	0.158256
		风电	0.158974	0.160733	0.157761	0	0.170932	0.181959	0.169641

表 12 厦门经济特区产业绿色转型成效评估指标权重

总目标	一级指标	二级指标	2015年	2016年	2017年	2018年	2019年	2020年	2021年
经济特区产业绿色转型成效评估	绿色转型进度	规模以上高技术产业增加值占比	0.1620321	0.1641906	0.1676949	0.1674034	0.1695329	0.1691462	0
		旅游业收入占比	0.1671910	0.1646856	0.1630364	0.1606716	0.1621819	0	0.1822335
	工业节能成效	全部供水总量	0.1663415	0.1663415	0.1679650	0.1649409	0.1672872	0.1671238	0
		全年全市用电总量	0.1598849	0.1616032	0.1642030	0.1682386	0.1717354	0.1743349	0
		工业用电量比规模以上工业增加值增速	0.1726444	0	0.1622122	0.1649346	0.1616648	0.1648461	0.1736979
		生产运营用水比规模以上工业增加值增速	0	0.1702413	0.1629951	0.1671234	0.1665555	0.1753337	0.1577509
	区域环境动态	细微颗粒物（PM$_{2.5}$）平均浓度	0	0.1815806	0.1751595	0.1665979	0.1636220	0.1560110	0.1570289
		酸雨频率	0.1815466	0	0.1551581	0.1722363	0.1655053	0.1708157	0.1547381
		灰霾天气日数比例	0.1737927	0.1685507	0.1640406	0.1576136	0.1609410	0	0.1750614
		空气质量级别一级（优）天数比例	0.1641454	0.1664489	0.1700101	0	0.1746932	0.1609565	0.1637459
	绿色转型能力	全年规模以上工业实现利润总额增速	0.1870979	0.1540116	0.1611152	0	0.1853265	0.1583229	0.1541260
		旅游总收入增速	0.1715220	0.1665355	0.1654967	0.1656544	0.1660995	0	0.1646919
	绿色产出水平	全市天然气供气总量	0	0.1860553	0.1687663	0.1620823	0.1614783	0.1636611	0.1579567
		专利授权量	0.1875841	0	0.1778967	0.1631968	0.1610910	0.1558305	0.1544010
		发明专利授权量	0	0.1774007	0.1696256	0.1722787	0.1639339	0.1598124	0.1569488

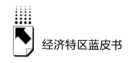

表 13　海南经济特区产业绿色转型成效评估指标权重

总目标	一级指标	二级指标	2015 年	2016 年	2017 年	2018 年	2019 年	2020 年	2021 年
经济特区产业绿色转型成效评估	绿色转型进度	规模以上高技术产业增加值占比	0.1342956	0.1379198	0.1379577	0.1389886	0.1420442	0.1449637	0.1638304
		旅游业收入占比	0.1555878	0.1460093	0.1399260	0.1357484	0.1351672	0.1543617	0.1331996
	工业节能成效	规模以上工业综合能源消费量	0.1386184	0.1644656	0.1382364	0.1393094	0.1395054	0.1393094	0.1405555
		规模以上工业综合能源消费量增速	0.1403236	0.1644812	0.1390772	0.1393374	0.1390678	0.1389423	0.1387704
	区域环境动态	细微颗粒物（PM$_{2.5}$）平均浓度	0.1625845	0.1452829	0.1452829	0.1408668	0.1408668	0.1325580	0.1325580
		原油消费量增速	0.1300472	0.1325566	0.1584471	0.1549273	0.1430278	0.1324609	0.1485332
	绿色转型能力	全年规模以上工业实现利润总额增速	0.1438524	0.1410987	0.1376110	0.1345197	0.1381596	0.1639370	0.1408215
		财政节能环保支出增速	0.1468647	0.1374154	0.1460287	0.1313399	0.1393077	0.1617557	0.1372879
	绿色产出水平	旅游总收入增速	0.1466897	0.1391316	0.1380878	0.1392561	0.1412965	0.1631054	0.1324329
		专利授权量	0.1535889	0.1560825	0.1524545	0.1413984	0.1352217	0.1301772	0.1310769
		太阳能电池（光伏电池）锂电子电池	0.1326250	0.1417067	0.1494179	0.1629042	0.1366671	0.1353068	0.1413724

5.评估结果分析

从图7可以看到，五大经济特区2015~2021年综合得分总体呈上升趋势，这表明从纵向的动态演进特征来看，五大经济特区的产业绿色转型成效总体较为显著，产业生态化与生态产业化实现了融合发展。2020~2021年，深圳、厦门和海南经济特区综合得分均呈上升趋势，珠海和汕头经济特区综合得分略有下降（见图7）。

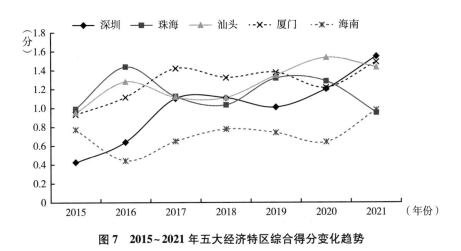

图7　2015~2021年五大经济特区综合得分变化趋势

为了深入挖掘五大经济特区产业绿色转型成效动态变化特征即各经济特区特征存在差异性的具体原因，本报告进一步从绿色转型进度、工业节能成效、区域环境动态、绿色转型能力、绿色产出水平五个维度展开评估。总体来看，五大经济特区产业绿色转型成效呈现显著的差异化特征。其中，2015~2021年深圳经济特区的产业绿色转型成效主要体现在产业绿色转型进度和区域环境动态两个方面，绿色转型能力和绿色产出水平方面成效相对不显著（见图8）。这表明深圳经济特区在产业结构方面具有显著优势，在实现高水平产业绿色转型方面具有重要基础。绿色转型能力尚存在一定的短板效应，绿色盈利能力仍然存在一定提升潜力。

2015~2021年珠海经济特区的产业绿色转型成效主要体现在工业节能成效方面，区域环境动态和绿色转型进度综合得分相对较低（见图9）。这表明相比其

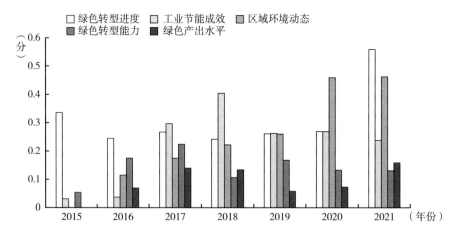

图8 2015～2021年深圳经济特区五大维度综合得分变化趋势

他经济特区，珠海经济特区产业绿色转型过程中产业生态化与生态产业化"两化融合"程度较低，产业转型进展相对缓慢，环境质量仍存在一定提升空间。

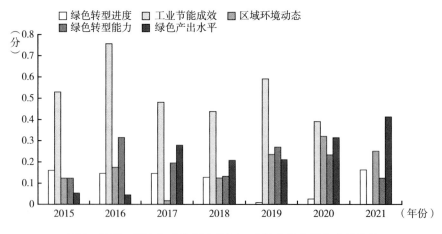

图9 2015～2021年珠海经济特区五大维度综合得分变化趋势

2015～2021年汕头经济特区的产业绿色转型成效主要体现在工业节能成效、绿色转型进度和绿色产出水平方面，绿色转型能力方面成效相对不显著（见图10）。这表明相比其他经济特区，汕头经济特区在产业绿色转型过程中需要更加注重提高盈利能力，确保经济与产业转型协调发展。

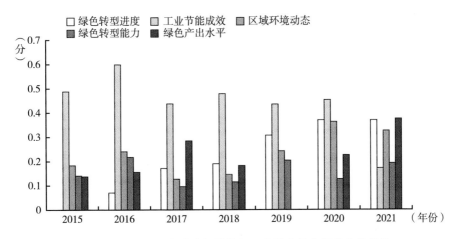

图10 2015~2021年汕头经济特区五大维度综合得分变化趋势

2015~2021年厦门经济特区的产业绿色转型成效主要体现在区域环境动态和绿色产出水平方面，绿色转型能力方面成效相对不显著（见图11）。这表明相比其他经济特区，厦门经济特区在产业绿色转型过程中实现了生态产业化发展，未来需要更加注重提高经济效益。

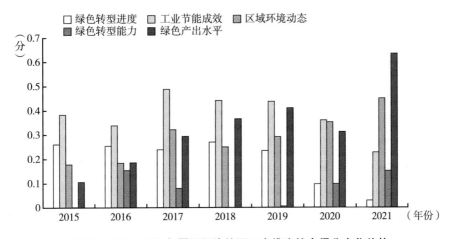

图11 2015~2021年厦门经济特区五大维度综合得分变化趋势

2015~2021年海南经济特区的产业绿色转型成效主要体现在工业节能成效和绿色产出水平方面，绿色转型进度方面成效相对不显著（见图12）。这

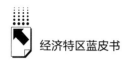

表明相比其他经济特区，海南经济特区在产业绿色转型过程中需要加快产业结构升级进度，补齐高新技术产业短板。

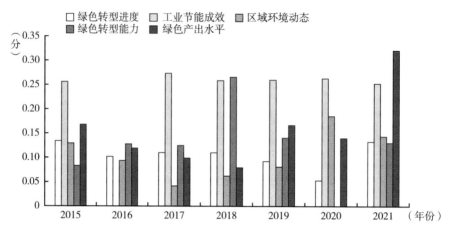

图 12　2015~2021 年海南经济特区五大维度综合得分变化趋势

六　经济特区产业绿色转型政策建议

　　产业生态化是基于生态文明建设的内在要求提出的，党的二十大报告对绿色转型提出了更高的要求。党的二十大报告指出，"加快推动产业结构、能源结构、交通运输结构等调整优化。实施全面节约战略，推进各类资源节约集约利用，加快构建废弃物循环利用体系。完善支持绿色发展的财税、金融、投资、价格政策和标准体系，发展绿色低碳产业，健全资源环境要素市场化配置体系"，"倡导绿色消费，推动形成绿色低碳的生产方式和生活方式"。加快形成绿色发展模式是产业绿色转型的主要途径之一。在革命性的绿色生活方式转变的基础上倒逼市场主体生产方式的绿色转型，打造绿色低碳产业链，推动形成绿色生产方式，深入贯彻绿色发展理念。将工业化时代单一线性的从原料到产品的发展模式转化成可双向循环的绿色发展模式。加快建立环境产品销售和价值转移机制，将环境资源转化为具有经济和社会价值的消费品，建立健全环境资产、环境信用和环境产品认证交易市场体系，将生态价值的开发利用纳入制度体系改革和发展模式创新的全过程。通过培养生态价值观，促进生活方式的改变，强化需求侧结构优化管理，倒逼生产方式绿色低碳转型。环境破坏主要是过度使用资源、消耗能源造成的。打造低碳环保的生态文化必须从源头做起，改变高污染、高消耗的惯性思维和生活方式，以保护和节约资源作为环境治理的主要手段。要从根本上推动价值观念转变，贯彻资源节约集约利用、循环利用的理念，支持资源利用体制的根本转变，加强环境保护和全过程监测、管理，进行能源消耗双重控制，并将其根植在社会文化土壤中，提高全社会整体资源利用效率，推动绿色生活方式在全社会范围内的普及和推广。改变消费理念和消费习惯，大力推进适度环保碳消费，反对过度消费。广泛进行绿色家庭、绿色学校和绿色社区建设，建立绿色旅游等绿色经济业态。

参考文献

S. Ambec et al. , "The Porter Hypothesis at 20: Can Environmental Regulation Enhance Innovation and Competitiveness?" *Review of Environmental Economics and Policy* 7, 1 (2013).

《2021 年海南省国民经济和社会发展统计公报》，海南省统计局网站，2022 年 2 月 22 日，http://stats.hainan.gov.cn/tjj/tjgb/fzgb/n_ 83486/202202/t20220222_ 3146080.html。

《2021 海南省生态环境状况公报》，海南省生态环境厅网站，2022 年 6 月 2 日，http://hnsthb.hainan.gov.cn/xxgk/0200/0202/hjzl/hjzkgb/202206/t20220602_ 3205707.html。

《2021 年汕头国民经济和社会发展统计公报》，汕头市统计局网站，2022 年 3 月 29 日，https://www.shantou.gov.cn/tjj/tjzl/tjgb/content/post_ 2042930.html。

《2021 年汕头市生态环境质量状况公报》，汕头市生态环境局网站，2022 年 6 月 6 日，https://www.shantou.gov.cn/epd/ztzl/hjzlzk/hjzkgb/content/post_ 2072119.html。

《2021 年深圳市生态环境状况公报》，深圳政府在线网站，2022 年 7 月 4 日，http://www.sz.gov.cn/zfgb/2022/gb1249/content/post_ 9932684.html。

《2021 年厦门市生态环境质量公报》，厦门市生态环境局网站，2022 年 6 月 2 日，http://sthjj.xm.gov.cn/zwgk/zfxxgk/fdzdgknr/hjzl/hjzkgb/202206/t20220602_ 2665142.htm。

《〈2021 年珠海市国民经济和社会发展统计公报〉发布 地区生产总值同比增长 6.9%》，中国珠海政府网站，2022 年 4 月 10 日，http://www.zhuhai.gov.cn/xw/xwzx/zhyw/content/post_ 3133232.html。

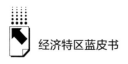
《2021年珠海市环境质量状况》，珠海市生态环境局网站，2022年5月24日，http：//ssthjj. zhuhai. gov. cn/ztzl/sjfbykf/hjzkgg/content/post_ 3188044. html。

戴越：《波特假说三个层面的当下证说与建言》，《求索》2013年第11期。

黄鹏、郭闽、兰思仁：《福建省城市化与生态环境耦合状况分析》，《福建农林大学学报》（自然科学版）2015年第2期。

M. Jänicke et al. , "Economic Structure and Environmental Impacts：East-West Comparisons," *The Environmentalist* 3（1989）.

J. Labonne, "A Comparative Analysis of the Environmental Management, Performance and Innovation of SMEs and Larger Firms," 2006, http：//ec. europa. eu/environment/archives/sme/pdf/final_ report_ sme_ en. pdf.

董颖、石磊：《"波特假说"——生态创新与环境管制的关系研究述评》，《生态学报》2013年第3期。

李婉红、毕克新、孙冰：《环境规制强度对污染密集行业绿色技术创新的影响研究——基于2003—2010年面板数据的实证检验》，《研究与发展管理》2013年第6期。

徐艳等：《产品环境足迹：新的潜在绿色贸易壁垒》，《环境与可持续发展》2019年第6期。

D. Popp, "Uncertain R&D and the Porter Hypothesis," *Contributions in Economic Analysis & Policy* 4，1（2005）.

M. E. Porter, C. Van der Linde, "Toward a New Conception of the Environment-competitiveness Relationship," *The Journal of Economic Perspectives* 9，4（1995）.

M. E. Porter, C. Van der Linde, "Green and Competitive：Ending the Stalemate," *Harvard Business Review* 73，5（1995）.

《深圳市2021年国民经济和社会发展统计公报》，深圳统计网站，2022年5月7日，http：//tjj. sz. gov. cn/zwgk/zfxxgkml/tjsj/tjgb/content/post_ 9763042. html。

孙玉阳、宋有涛、杨春荻：《环境规制对经济增长质量的影响：促进还是抑制？——基于全要素生产率视角》，《当代经济管理》2019年第10期。

A. Xepapadeas, A. de Zeeuw, "Environmental Policy and Competitiveness：The Porter Hypothesis and the Composition of Capital," *Journal of Environmental Economics and Management* 37，2（1999）.

《厦门市2021年国民经济和社会发展统计公报》，厦门市统计局网站，2022年3月22日，http：//tjj. xm. gov. cn/tjzl/ndgb/202203/t20220322_ 2636525. htm。

赵红、谷庆：《环境规制、引致R&D与全要素生产率》，《重庆大学学报》（社会科学版）2015年第5期。

B.3
中国经济特区绿色创新效率评估报告

钟若愚　杨　明　吴文宗*

摘　要： 经济新常态背景下，经济增长亟须从以往粗放型模式向符合"绿色、创新"等新发展理念的模式转变。本报告改变以往以单一的能源投入作为绿色创新资源投入的做法，基于物质流分析方法计算出直接物质输入并以此作为资源投入，使用考虑非期望产出的 SBM 超效率模型对中国五大经济特区的绿色创新效率进行评估。主要得出以下结论：汕头和厦门经济特区的绿色创新发展效果良好，而珠海、深圳和海南经济特区的绿色创新发展则需进一步加强，其中深圳和珠海经济特区需进一步提高技术效率，海南经济特区需进一步重视技术进步。基于此，最后为五大经济特区的绿色创新发展建言献策。

关键词： 经济特区　绿色创新效率　DMI　SBM 超效率模型　ML 指数

经历 40 多年的改革开放，中国经济高速发展，取得了举世瞩目的成绩，与此同时，接踵而来的是一系列的生态环境污染问题。习近平总书记在十八届五中全会上提出的新发展理念将"绿色创新"上升为国家战略，引领经济由以往的高投入、高排放、高污染等粗放型增长方式的要素驱动发展向绿

---

* 钟若愚，深圳大学中国经济特区研究中心教授，博士生导师，深圳大学人口研究所所长，主要研究方向为人口、资源与环境经济学；杨明，深圳大学中国经济特区研究中心博士生，主要研究方向为人口、资源与环境经济学；吴文宗，深圳大学中国经济特区研究中心博士生，主要研究方向为人口、资源与环境经济学。

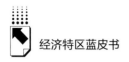
色创新驱动发展转变。党的二十大报告指出，推动经济社会发展绿色化、低碳化是实现高质量发展的关键环节。区别于一般创新，绿色创新加入绿色与可持续发展理念，兼顾经济增长和生态环境资源保护的双重要求，为减污降排而研发出新产品、新工艺和新服务。绿色创新效率是评估一个地区绿色创新发展水平最直接的方法。中国经济特区作为经济高质量发展的先行区，其绿色创新发展也备受关注。本报告将基于物质流分析方法计算出的直接物质输入指标作为绿色创新资源投入，将绿色技术成果作为期望产出，利用规模收益可变情况下考虑非期望产出的 SBM 超效率模型对中国五大经济特区的绿色创新效率进行测算与分析，并根据研究结果为中国经济特区绿色创新发展提出相关对策建议。

一 中国经济特区绿色创新效率模型设定与分析

传统的 BBC 和 CCR 等 DEA 模型未能考虑投入产出变量的松弛问题，而使用考虑松弛变量的 SBM 模型又可能会出现多个决策单元由于效率值同时为 1 从而无法进行比较的问题，因此本报告使用 Tone 基于 SBM 提出的规模收益可变（Variable Returns to Scale，VRS）情况下考虑非期望产出的 SBM 超效率模型对中国五大经济特区的绿色创新效率进行测算。模型将中国经济特区看作生产决策单元（Decision Making Unit，DMU），假定生产决策单元的个数为 N，第 n 个生产决策单元 m 期时使用了 V 种投入：$x_n^m = (x_{n1}^m,$ $x_{n2}^m, \cdots, x_{nv}^m) \in R_+^V$，期望产出有 W_1 种：$y_n^m = (y_{n1}^m, y_{n2}^m, \cdots, y_{nw_1}^m) \in R_+^{W_1}$，非期望产出有 W_2 种：$z_n^m = (z_{n1}^m, z_{n2}^m, \ldots, z_{nw_2}^m) \in R_+^{W_2}$，则经济特区 n 在 m 期的投入产出可以用向量 (x_n^m, y_n^m, z_n^m) 表示。具体的 SBM 超效率模型可以表示为：

$$\eta^* = \min \frac{\frac{1}{V}\sum\limits_{t=1}^{T}\sum\limits_{v=1}^{V}\frac{\bar{x}}{x_{nv}}}{\frac{1}{W_1+W_2}\left(\sum\limits_{t=1}^{T}\sum\limits_{w_1=1}^{W_1}\frac{\bar{y}}{y_{nw_1}}+\sum\limits_{t=1}^{T}\sum\limits_{w_2=1}^{W_2}\frac{\bar{z}}{z_{nw_2}}\right)} \quad s.t. \begin{cases} \bar{x} \geqslant \sum\limits_{t=1,k\neq m}^{T}\sum\limits_{r=1,r\neq n}^{N}\lambda_r^t x_{rv}^t \\ \bar{y} \leqslant \sum\limits_{t=1,k\neq m}^{T}\sum\limits_{r=1,r\neq n}^{N}\lambda_r^t y_{rw_1}^t \\ \bar{z} \geqslant \sum\limits_{t=1,k\neq m}^{T}\sum\limits_{r=1,r\neq n}^{N}\lambda_r^t z_{rw_2}^t \\ \bar{x} \leqslant x_{nv}, v = 1,2,\cdots,V \\ \bar{y} \leqslant y_{nw_1}, w_1 = 1,2,\cdots,W_1 \\ \bar{z} \geqslant z_{nw_2}, w_2 = 1,2,\cdots,W_2 \\ \lambda_r^t \geqslant 0, r = 1,2,\cdots,N, r \neq 0 \end{cases} \quad (1)$$

其中，η^* 为中国经济特区的绿色创新效率值，λ_r^t 为第 r 个经济特区在第 t 时期投入产出权重向量。

根据新古典增长模型和内生增长模型，绿色创新的基本要素包括劳动和资本。因此，在劳动投入方面，本报告选取科学研究技术服务业从业人员和普通在校大学生作为绿色创新人员投入。选取政府财政支出中的科学技术支出和教育支出作为绿色创新资本投入。此外，过往研究还将能源投入纳入绿色创新生产函数中，因为能源消耗量是衡量绿色创新资源节约的重要指标。但绿色创新活动过程中不仅包括能源消耗，还包括其他类型资源消耗，因此传统的"劳动—资本—能源"投入测算绿色创新效率的模型存在一定缺陷和误差。使用"劳动—资本—资源"三投入模型将更加准确地测算中国五大经济特区的绿色创新效率。因此本报告使用物质流分析（Material Flow Analysis，MFA）方法测算直接物质输入指标（Direct Material Input，DMI）并将其作为绿色创新的资源投入。物质流分析的简化框架如表1所示，不仅包括化石燃料等能源投入，还包括工业金属矿物和工业非金属矿物等原材料、生物质等资源投入。

产出指标包括期望产出和非期望产出两个部分。期望产出为绿色技术成果，绿色专利最能够直观地体现一个地区的绿色创新能力，是绿色创新活动过程中最核心的产物。现有的绿色专利相关数据包括专利申请量和专利授权量，专利授权量很容易受到审核机构漫长的时间周期等不可控因素影响，

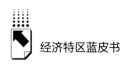

经济特区蓝皮书

表 1　物质流分析的简化框架：直接物质输入指标 DMI、消耗指标 DMC 的分类

指标	大类	构成项目	细分指标	主要内容
输入指标 DMI	直接物质输入 = 本地投入 + 外地调入：DMI = DE+I	本地投入 DE	化石燃料	原煤
				原油
				天然气
			工业金属矿物	铁矿石
				铝矿石
				铜矿石
				其他
			工业非金属矿物	化学化工原料
				初级形态的塑料
				玻璃、水泥等
				其他
			生物质	农作物
				林产品
				水产品
				畜产品
消耗指标 DMC	直接物质消耗 = 直接物质输入 - 本地调出：DMC = DMI-E	调入（进口）I	化石燃料、工业金属矿物、工业非金属矿物、生物质	
		调出（出口）E	化石燃料、工业金属矿物、工业非金属矿物、生物质	

资料来源：本表中城市物质流分析框架是在借鉴国家物质流分析框架的基础上建立的，对应国家层面的进口、出口，城市层面上则称为调入、调出。

相对而言，专利申请量更能反映地区的真实创新水平，因此选择各个经济特区绿色专利申请量作为绿色创新期望产出指标。非期望产出方面，选取工业废水、工业废气中 SO_2 和工业固体废物排放量作为非期望产出指标，对这些环境污染物排放问题的关注体现了人类社会对环境保护的重视，对绿色创新效率的提升发挥着重要的作用。中国五大经济特区绿色创新效率评价指标分析如表 2 所示，中国五大经济特区绿色创新投入产出变量描述性统计如表 3 所示。

本报告所用到的投入产出指标相关的数据来源于《中国城市统计年鉴》、《中国能源统计年鉴》、《中国环境统计年鉴》、各经济特区统计年鉴和统计公报、国家统计局网站和国泰安数据库等，部分缺失数据使用插值法填补。对于有些受价格波动影响的变量，比如 GDP、科学技术支出、教育支出等，本报告则使用以 2000 年作为基期的价格指数进行平减。

表 2 中国五大经济特区绿色创新效率评价指标分析

指标类别	指标名称	指标衡量方法
投入指标	劳动投入	科学研究技术服务业从业人员数(人)
		普通在校大学生数(人)
	资本投入	科学技术支出(万元)
		教育支出(万元)
	资源投入	DMI(万吨标准煤)
期望产出指标	绿色技术成果	绿色专利申请量(个)
非期望产出指标	环境污染物排放	工业废水排放量(万吨)
		工业废气中 SO_2 排放量(万吨)
		工业固体废物排放量(万吨)

资料来源：《中国城市统计年鉴》、《中国能源统计年鉴》、《中国环境统计年鉴》、各经济特区统计年鉴和统计公报、国家统计局网站和国泰安数据库等。

表 3 中国五大经济特区绿色创新投入产出变量描述性统计

变量名	样本量	均值	标准差	最小值	最大值
科学研究技术服务业从业人员(人)	110	19937	31966	1500	168369
普通在校大学生(人)	110	84082	62631	7821	243831
科学技术支出(万元)	110	374134	970896	387	5549817
教育支出(万元)	110	928989	1618810	15192	10105235
DMI(万吨标准煤)	110	1901	1420	480.4	6008
绿色专利申请(个)	110	1706	3992	9	22742
工业废水排放(万吨)	110	6531	6875	498	31423
工业废气中 SO_2 排放(万吨)	110	1.735	1.668	0.010	6.897
工业固体废物排放(万吨)	110	0.353	0.303	0.007	1.297

资料来源：《中国城市统计年鉴》、《中国能源统计年鉴》、《中国环境统计年鉴》、各经济特区统计年鉴和统计公报、国家统计局网站和国泰安数据库等。

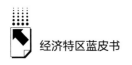

二 中国经济特区绿色创新效率评估

（一）中国五大经济特区直接物质投入分析

本报告根据表1中物质流分析的框架对2000~2021年中国五大经济特区的直接物质输入指标DMI进行测度，DMI总量及其变化趋势如表4和图1所示。可以看出，海南经济特区DMI总量最高，且在2014年前增长迅速；珠海经济特区DMI总量最低，但其年均增速最高，为5.7%；厦门经济特区DMI年均增速最低，为1.9%；汕头经济特区DMI总量年均增速为4.9%；深圳经济特区DMI总量逐年变化不大。

表4　2000~2021年五大经济特区DMI总量

单位：万吨，%

年份	深圳	厦门	珠海	汕头	海南
2000	1083.7	1179.7	480.4	593.3	2094.6
2001	1126.2	1241.2	512.0	551.2	2112.9
2002	1232.6	1330.5	601.8	596.0	2338.0
2003	1430.0	1313.5	651.5	627.2	2611.1
2004	1475.7	1393.4	550.6	707.9	2659.5
2005	1492.3	1484.0	573.8	727.0	2567.3
2006	1596.9	1546.3	680.9	771.9	2935.8
2007	1685.2	1560.1	916.6	758.9	3407.4
2008	1743.8	1433.8	1008.3	709.1	3598.2
2009	1581.9	1803.3	1026.6	874.9	4041.5
2010	1742.5	1819.3	1097.1	1093.9	4398.3
2011	1962.1	1905.0	1118.0	1247.0	5024.9
2012	1684.4	1726.2	1038.9	1191.8	5379.9
2013	1681.8	1185.7	1096.5	1321.2	5815.8
2014	1648.7	1567.8	1152.6	1279.6	6007.7
2015	1478.2	1470.3	1253.9	1250.1	6007.6
2016	1507.5	1490.2	1230.5	1292.6	5742.4

年份	深圳	厦门	珠海	汕头	海南
2017	2058.6	1558.7	1243.8	1355.2	5731.9
2018	1893.2	1532.2	1303.2	1511.3	5565.3
2019	1782.4	1586.3	1446.8	1526.5	5672.1
2020	1825.9	1658.8	1411.5	1549.1	5572.8
2021	1926.2	1747.8	1541.2	1631.4	5590.6
均值	1620.0	1524.3	997.1	1053.1	4312.5
年均增速	2.8	1.9	5.7	4.9	4.8

资料来源：根据表1物质流分析的简化框架计算所得。

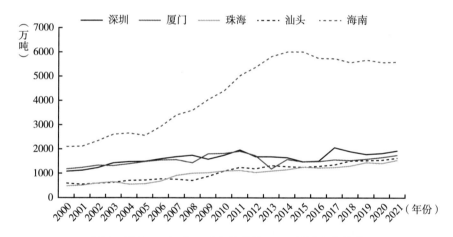

图1　2000～2021年五大经济特区DMI总量变化趋势

资料来源：根据表1物质流分析的简化框架计算所得。

　　用各经济特区历年DMI总量除以年末常住人口数得出各经济特区人均DMI，计算结果和变化趋势见表5和图2。可以看出，2000～2021年，五大经济特区中珠海经济特区人均DMI最高，而深圳经济特区人均DMI最低。深圳和厦门经济特区人均DMI整体呈下降趋势，年均增速分别为-1.65%和-2.60%；珠海、汕头和海南经济特区人均DMI整体呈增长趋势，其中汕头经济特区人均DMI年均增速最高，为4.10%。

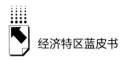

表5 2000~2021年五大经济特区人均DMI

单位：吨/人，%

年份	深圳	厦门	珠海	汕头	海南
2000	1.5454	5.7548	3.8854	1.2684	2.6329
2001	1.5543	5.6674	3.9859	1.1532	2.6558
2002	1.6509	5.7350	4.5727	1.2363	2.9111
2003	1.8374	5.3611	4.8312	1.2901	3.2216
2004	1.8428	5.4006	3.9654	1.4368	3.2519
2005	1.8028	5.4358	4.0528	1.4703	3.1006
2006	1.8333	5.3692	4.7130	1.5447	3.5122
2007	1.8470	5.1319	6.2174	1.4974	4.0322
2008	1.8274	4.3982	6.6719	1.3776	4.2125
2009	1.5899	5.4646	6.6586	1.6760	4.6773
2010	1.6800	5.1105	7.0257	2.0272	5.0639
2011	1.8745	5.2771	7.1319	2.3020	5.7272
2012	1.5970	4.7035	6.5644	2.1876	6.0684
2013	1.5823	3.1788	6.8943	2.4113	6.4960
2014	1.5296	4.1149	7.1405	2.3166	6.6495
2015	1.2991	3.8090	7.6732	2.2517	6.5958
2016	1.2659	3.8015	7.3450	2.3168	6.2612
2017	1.6432	3.8871	7.0456	2.4165	6.1916
2018	1.4533	3.7281	6.8910	2.6803	5.9565
2019	1.3263	3.6977	7.1492	2.6947	6.0040
2020	1.0398	3.2122	5.7623	2.6651	5.5286
2021	1.0894	3.3103	6.2479	2.9498	5.4785
均值	1.5778	4.6159	6.0193	1.9623	4.8286
年均增速	-1.65	-2.60	2.29	4.10	3.55

资料来源：本表中五大经济特区人均DMI由表4中对应DMI总量除以年末常住人口数所得。

（二）中国五大经济特区绿色创新效率测度与分解

本报告基于表2中绿色创新所需要的相关投入产出数据，使用SBM超效率模型，运用软件MaxDEA 8对中国五大经济特区的绿色创新效率进行测度，得出各经济特区的绿色创新ML指数。在此基础上，将各经济特区的绿

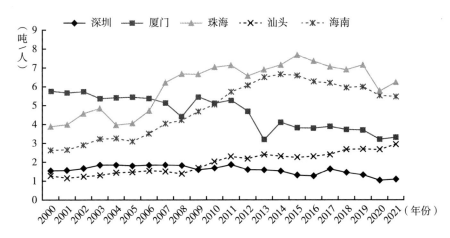

图 2　2000~2021 年五大经济特区人均 DMI 变化趋势

资料来源：本表中五大经济特区人均 DMI 由表 4 中对应 DMI 总量除以年末常住人口数所得。

色创新 ML 指数分解为技术效率（Efficiency Change，EC）指数和技术进步（Technological Change，TC）指数的乘积。测算结果如表 6 至表 10 所示，各经济特区 2000~2021 年的绿色创新 ML 指数变化趋势如图 3 所示，EC 指数和 TC 指数的变化趋势如图 4 和图 5 所示。

表 6　2000~2021 年深圳经济特区绿色创新 ML 指数及其分解

年份	深圳 ML 指数	深圳 EC 指数	深圳 TC 指数
2000~2001	0.8843	0.9142	0.9674
2001~2002	0.9817	1.0494	0.9355
2002~2003	1.0751	1.0848	0.9910
2003~2004	1.0053	0.9975	1.0078
2004~2005	1.0835	0.8154	1.3287
2005~2006	1.1260	1.0164	1.1078
2006~2007	0.4327	1.0250	0.4222
2007~2008	1.1885	1.2417	0.9571
2008~2009	1.1747	0.9770	1.2024
2009~2010	0.9510	0.8113	1.1722
2010~2011	1.0972	1.1289	0.9719

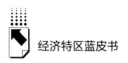

续表

年份	深圳 ML 指数	深圳 EC 指数	深圳 TC 指数
2011~2012	0.9835	1.0205	0.9637
2012~2013	0.9740	1.1562	0.8425
2013~2014	1.0598	1.0770	0.9840
2014~2015	0.9034	0.8180	1.1045
2015~2016	0.8950	0.7535	1.1879
2016~2017	1.2168	1.1314	1.0755
2017~2018	0.9787	0.9324	1.0497
2018~2019	0.9071	0.9140	0.9924
2019~2020	0.9549	0.8842	1.0799
2020~2021	0.9907	1.0000	0.9907
指数均值	0.9935	0.9880	1.0159

资料来源：本表为基于深圳经济特区相关投入产出指标使用 SBM 超效率模型计算的绿色创新 ML 指数及其分解。

表 7　2000~2021 年厦门经济特区绿色创新 ML 指数及其分解

年份	厦门 ML 指数	厦门 EC 指数	厦门 TC 指数
2000~2001	0.7203	0.8756	0.8226
2001~2002	0.6741	0.7632	0.8833
2002~2003	0.7593	0.8468	0.8966
2003~2004	0.9940	1.0794	0.9209
2004~2005	1.2292	0.9655	1.2732
2005~2006	0.8846	0.9080	0.9742
2006~2007	0.6318	1.1485	0.5501
2007~2008	1.6032	1.8839	0.8510
2008~2009	1.0441	1.0015	1.0425
2009~2010	0.9410	1.0348	0.9094
2010~2011	0.8503	0.8209	1.0357
2011~2012	1.1616	1.1412	1.0179
2012~2013	1.1937	1.3287	0.8984
2013~2014	0.6309	0.7154	0.8819
2014~2015	1.5119	1.4994	1.0083
2015~2016	3.6547	3.2704	1.1175
2016~2017	1.0114	0.8644	1.1700

年份	厦门 ML 指数	厦门 EC 指数	厦门 TC 指数
2017~2018	1.9111	1.1171	1.7107
2018~2019	0.8188	0.9014	0.9083
2019~2020	2.1857	0.9308	2.3482
2020~2021	0.7070	0.7244	0.9760
指数均值	1.1961	1.1343	1.0570

资料来源：本表为基于厦门经济特区相关投入产出指标使用 SBM 超效率模型计算的绿色创新 ML 指数及其分解。

表8 2000~2021 年珠海经济特区绿色创新 ML 指数及其分解

年份	珠海 ML 指数	珠海 EC 指数	珠海 TC 指数
2000~2001	0.9006	1.0259	0.8778
2001~2002	0.7093	0.9568	0.7413
2002~2003	0.9190	1.0422	0.8818
2003~2004	0.9152	1.0602	0.8632
2004~2005	1.2311	1.0650	1.1560
2005~2006	0.7712	0.9327	0.8268
2006~2007	0.8345	1.1042	0.7558
2007~2008	0.5250	0.5914	0.8878
2008~2009	1.2445	1.1205	1.1107
2009~2010	0.9141	0.9614	0.9508
2010~2011	1.0968	1.0885	1.0076
2011~2012	0.8946	0.8202	1.0907
2012~2013	1.1174	1.1778	0.9487
2013~2014	1.0196	1.0391	0.9812
2014~2015	0.9075	0.9778	0.9281
2015~2016	1.6653	1.3030	1.2780
2016~2017	1.2099	0.9290	1.3024
2017~2018	1.0681	1.0389	1.0281
2018~2019	0.9383	0.8169	1.1486
2019~2020	1.4255	0.9017	1.5809
2020~2021	0.9885	0.9483	1.0424
指数均值	1.0141	0.9953	1.0185

资料来源：本表为基于珠海经济特区相关投入产出指标使用 SBM 超效率模型计算的绿色创新 ML 指数及其分解。

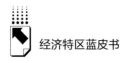

表 9　2000～2021 年汕头经济特区绿色创新 ML 指数及其分解

年份	汕头 ML 指数	汕头 EC 指数	汕头 TC 指数
2000～2001	1.1492	1.1678	0.9841
2001～2002	0.8050	1.0856	0.7415
2002～2003	0.8321	1.1057	0.7526
2003～2004	1.0221	1.1552	0.8848
2004～2005	0.9627	1.0944	0.8797
2005～2006	1.3123	1.1970	1.0963
2006～2007	0.7097	1.1288	0.6287
2007～2008	1.6807	1.2475	1.3473
2008～2009	0.7543	0.9951	0.7580
2009～2010	0.6821	1.0181	0.6700
2010～2011	1.1693	1.1417	1.0242
2011～2012	1.0999	1.0319	1.0658
2012～2013	0.5019	0.9689	0.5180
2013～2014	1.0361	1.1915	0.8696
2014～2015	1.7622	1.0294	1.7118
2015～2016	1.6988	0.9033	1.8806
2016～2017	5.7743	2.4392	2.3673
2017～2018	0.3222	0.6515	0.4945
2018～2019	4.1460	1.4710	2.8185
2019～2020	0.7150	0.4649	1.5379
2020～2021	0.8670	0.7467	1.1611
指数均值	1.3811	1.1064	1.1520

　　资料来源：本表为基于汕头经济特区相关投入产出指标使用 SBM 超效率模型计算的绿色创新 ML 指数及其分解。

表 10　2000～2021 年海南经济特区绿色创新 ML 指数及其分解

年份	海南 ML 指数	海南 EC 指数	海南 TC 指数
2000～2001	1.0039	1.1756	0.8540
2001～2002	1.1387	1.6144	0.7053
2002～2003	0.8730	1.0677	0.8177
2003～2004	0.6662	0.5417	1.2299
2004～2005	0.9416	0.9749	0.9658
2005～2006	0.7512	0.8173	0.9192

年份	海南 ML 指数	海南 EC 指数	海南 TC 指数
2006~2007	0.5528	0.8062	0.6857
2007~2008	0.9019	0.9408	0.9586
2008~2009	0.8984	0.9789	0.9177
2009~2010	0.9084	0.9968	0.9114
2010~2011	1.2852	1.8520	0.6940
2011~2012	1.3341	1.9147	0.6967
2012~2013	0.8578	1.1315	0.7581
2013~2014	0.8036	0.8226	0.9770
2014~2015	0.7992	0.6985	1.1442
2015~2016	0.5604	0.7150	0.7837
2016~2017	1.5825	1.7739	0.8921
2017~2018	0.8242	0.7667	1.0749
2018~2019	1.2902	2.2304	0.5785
2019~2020	0.6424	0.4408	1.4572
2020~2021	0.9037	1.0487	0.8617
指数均值	0.9295	1.1100	0.8992

资料来源：本表为基于海南经济特区相关投入产出指标使用 SBM 超效率模型计算的绿色创新 ML 指数及其分解。

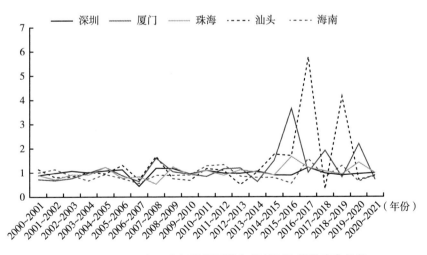

图 3 2000~2021 年五大经济特区绿色创新 ML 指数变化趋势

资料来源：表 6 至表 10 中五大经济特区历年 ML 指数。

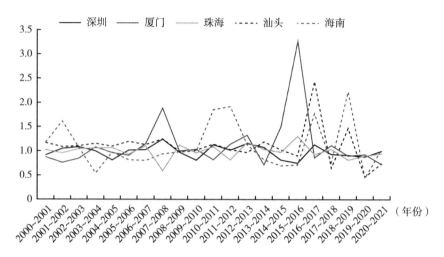

图4 2000~2021年五大经济特区绿色创新EC指数变化趋势

资料来源：表6至表10中五大经济特区历年EC指数。

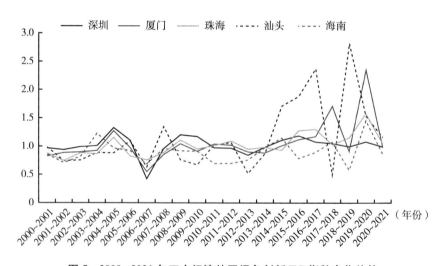

图5 2000~2021年五大经济特区绿色创新TC指数变化趋势

资料来源：表6至表10中五大经济特区历年TC指数。

2000~2021年五大经济特区绿色创新ML指数均值排序为：汕头经济特区（1.3811）>厦门经济特区（1.1961）>珠海经济特区（1.0141）>深圳经济特区（0.9935）>海南经济特区（0.9295）。2014年之前五大经济特区的绿色创新 ML 指数波动较小，随着中国经济发展进入新常态，"绿色、创新"等新发展理念的提出促进各大经济特区绿色转型发展，其中汕头和厦门两个经济特区的绿色创新发展迅速，效果明显，ML 指数波动较大。但深圳经济特区和海南经济特区的 ML 均值均小于 1，表明两经济特区在绿色创新发展方面仍需要较多改进。

从表 6 至表 10、图 4 和图 5 中还能够看出，汕头经济特区 EC 指数均值为 1.1064，TC 指数均值为 1.1520，厦门经济特区 EC 指数均值和 TC 指数均值分别为 1.1343 和 1.0570，表明汕头经济特区和厦门经济特区的绿色创新效率之所以高，是因为两个经济特区技术高效率和技术进步均发挥着巨大作用，其中，汕头经济特区技术进步发挥着更为重要的作用，厦门经济特区技术高效率效果更明显。珠海经济特区 EC 指数均值和 TC 指数均值分别为 0.9953 和 1.0185，深圳经济特区 EC 指数均值为 0.9880，TC 指数均值为 1.0159，表明在深圳和珠海两个经济特区的绿色创新发展中，技术进步的作用更大，但技术效率较低。海南经济特区 EC 指数均值和 TC 指数均值分别为 1.1100 和 0.8992，表明技术高效率在海南经济特区绿色创新发展中发挥着更重要的作用。

三　结论与对策建议

（一）结论

本报告通过将基于物质流分析方法计算出的直接物质输入 DMI 作为绿色创新资源投入，使用考虑非期望产出的 SBM 超效率模型更加全面准确地评估了近 20 年来中国五大经济特区的绿色创新效率，得出以下结论。

第一，2000~2021 年，在五大经济特区的直接物质输入 DMI 总量方面，海南经济特区最高，且在 2014 年前增长迅速；珠海经济特区最低，但其年均增速最高，为 5.7%；厦门经济特区年均增速最低，为 1.9%；汕头经济

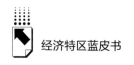

特区 DMI 总量年均增速为 4.9%；深圳经济特区 DMI 总量逐年变化不大。在人均 DMI 方面，珠海经济特区最高，深圳经济特区最低。深圳经济特区和厦门经济特区的人均 DMI 整体呈下降趋势；珠海经济特区、汕头经济特区和海南经济特区的人均 DMI 整体呈增长趋势，其中，汕头经济特区的人均 DMI 年均增速最高，为 4.10%。

第二，2000~2021 年，五大经济特区绿色创新 ML 指数均值排序为：汕头经济特区>厦门经济特区>珠海经济特区>深圳经济特区>海南经济特区，其中，深圳经济特区和海南经济特区绿色创新 ML 指数均值均小于 1，表明两个经济特区在绿色创新发展方面仍需要改进。进一步将各经济特区绿色创新 ML 指数分解为技术效率指数和技术进步指数。汕头和厦门两个经济特区的技术高效率和技术进步均发挥了巨大的作用，其中汕头经济特区技术进步发挥了更重要的作用，厦门经济特区技术高效率作用更明显。在深圳和珠海两个经济特区的绿色创新发展中，技术进步的作用更大，但技术效率的作用较小。技术高效率在海南经济特区的绿色创新发展中发挥着重要的作用，但该经济特区的技术进步程度较低。

（二）对策建议

基于结论，本报告提出以下对策建议。

第一，优化劳动力资源配置，提高绿色技术创新效率。目前中国经济特区的人才引进政策还不够完善，各经济特区科学研究技术服务业从业人员数和普通在校大学生数差距过大，而且科技创新人才不能有效匹配自己最合适的岗位，从而阻碍了各经济特区绿色创新发展。各经济特区政府、企业、高校等科研机构应该利用各经济特区独有的地域和政策、经济发展优势，完善当前的人才引进政策，在科技人才待遇和科研资助等方面大力投资，促进各经济特区的科技创新和绿色转型发展。

第二，促进资本要素市场化改革。中国经济特区在全面深化金融供给侧结构性改革的同时，应充分发挥市场在资源配置中的决定性作用。鼓励企业生产绿色金融产品、发行绿色债券等，提高企业的绿色生产效率及创新效率。积极引导科研机构将资本要素投入绿色研发活动，促进各经济特区的绿色创新高质量发展。

第三，优化贸易出口结构，重点引进更加清洁的外商直接投资。各经济特区应严格审查引进外商直接投资的环境，淘汰高污染的外商直接投资，同时引进技术密集型外商直接投资，积极利用其技术外溢效应，从而提高经济特区绿色创新效率。

第四，完善绿色创新成果保护措施。目前我国经济特区对于绿色创新发展的保护程度不够，应健全排污权、碳排放权、用能权交易等环境保护制度，完善知识产权等相应的法律法规，通过完善绿色创新保护措施调动科研机构的绿色创新积极性，尽量避免完全的行政强制。

第五，加强绿色技术创新交流与合作，促进中国经济特区的绿色协同创新发展。各经济特区应共同推进新能源、新材料等一系列节能环保绿色产业的发展，加强与周边城市的绿色技术合作，发挥好中国绿色发展试验田和排头兵作用，贯彻"创新、绿色、协调"等新发展理念。

参考文献

王洪庆、郝雯雯：《高新技术产业集聚对我国绿色创新效率的影响研究》，《中国软科学》2022 年第 8 期。

吴遵杰、巫南杰：《工业集聚对城市绿色创新效率的影响——基于粤港澳大湾区 9 个城市的实证检验》，《科技管理研究》2021 年第 15 期。

K. Tone, "A Slacks-based Measure of Super-efficiency in Data Envelopment Analysis," *European Journal of Operational Research* 143, 1 (2002).

许玉洁、刘曙光：《黄河流域绿色创新效率空间格局演化及其影响因素》，《自然资源学报》2022 年第 3 期。

李琳、曾伟平：《高新技术产业集聚提升中国绿色创新效率了吗?》，《当代经济管理》2021 年第 2 期。

钟若愚等：《中国经济特区绿色全要素生产率评估报告》，陶一桃主编《经济特区蓝皮书：中国经济特区发展报告（2021））》，社会科学文献出版社，2022。

钟若愚等：《中国经济特区碳生产率发展报告》，陶一桃主编《经济特区蓝皮书：中

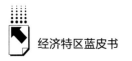
国经济特区发展报告（2020）》，社会科学文献出版社，2021。

任耀等：《绿色创新效率的理论模型与实证研究》，《管理世界》2014 年第 7 期。

贺子欣、惠宁：《要素市场扭曲抑制了绿色创新效率提升吗——高技术产业集聚的调节效应》，《科技进步与对策》2022 年第 21 期。

B.4
中国经济特区创新发展报告

黄义衡　赖婷　李贵*

摘　要： 在全球宏观环境日趋动荡的不利条件下，2021年五大经济特区在创新发展上仍然取得了瞩目的成绩。尽管部分创新发展指标出现增速放缓甚至是下降现象，但是经济特区创新发展的基本动能依然强劲。特别是，新的发展思路和持续的制度完善，为经济特区创新发展不断提供新的动能。本报告认为：推动经济特区创新发展需要在优化营商环境、发挥企业创新主体地位的作用和改进地方政府财政收支模式等方面着力。

关键词： 经济特区　创新发展　财政收支

一　经济特区创新发展的总体概况

（一）深圳经济特区

基于2020年及此前的发展经验，2021年深圳在创新发展方面的综合水平有所提升。

1. 高新技术产业的产出贡献

2021年全年实现地区生产总值30664.85亿元（初步核算数，下同），

---

* 黄义衡，经济学博士，深圳大学中国经济特区研究中心助理教授，主要研究方向为经济增长与经济体制转轨、劳动经济学；赖婷，深圳大学中国经济特区研究中心理论经济学博士生，主要研究方向为劳动经济学；李贵，深圳大学中国经济特区研究中心理论经济学硕士生，主要研究方向为劳动经济学。

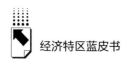

比上年增长 6.7%，其中，规模以上工业增加值增长 10185.68 亿元，比上年增长 4.7%。先进制造业和高技术制造业的增加值分别为 7432.72 亿元和 6828.94 亿元，分别比上年增长 2.9% 和 3.2%。① 在四大支柱产业中，国家级高新技术企业达 2.1 万家，比上年增长 12.9%。

2021 年战略性新兴产业增加值合计 12146.37 亿元，比上年增长 6.7%，占地区生产总值 39.6%。其中，高端装备制造业、海洋经济产业、数字与时尚产业和新材料产业增加值增幅最大，其产业增加值分别为 506.53 亿元、593.80 亿元、3103.66 亿元和 324.34 亿元，增幅分别为 19.4%、14.5%、13.0% 和 10.0%。除此之外，绿色低碳产业和生物医药与健康产业也表现不俗。

2021 年深圳国内专利授权量为 27.92 万件，比上年增长 25.54%；国际专利申请量为 1.74 万件；每万人拥有发明专利量为 112 件，其中高价值发明专利量达 68.8 件。2021 年深圳共有 5 项专利获中国金奖，13 项专利获国家科学技术奖。同时，2021 年深圳获评全国工业设计示范城市，并新增 6 家国家级工业设计中心。同年，深圳成功创建国家社会信用体系建设示范区。

2. 创新技术发展建设

2021 年深圳坚持以习近平新时代中国特色社会主义思想为指导，全面贯彻党的十九大和十九届历次全会精神，深入贯彻习近平总书记在广东、深圳系列重要讲话和重要指示批示精神，认真落实省委"1+1+9"工作部署和市委"1+10+10"工作安排，抢抓"双区"驱动、"双区"叠加、"双改"示范等重大战略机遇。

2021 年深圳科技创新支出为 378.8 亿元，同比增长 12.5%。截至 2021 年 12 月 31 日，深圳 2021 年登记的技术合同共 15284 份，成交额为 1627.08 亿元，其中技术交易额为 1588.56 亿元，在 5 个国家计划单列市

---

① 深圳市统计局并未公布规模以上工业增加值，仅公布了增加值比上年增长数，高技术制造业、先进制造业增加值亦是如此。此处的增加值是根据已知信息计算所得。

中均居首位，技术合同数量约占广东的 1/3。从技术流向情况来看，深圳 2021 年输出技术为 15364 项，成交额为 1633.23 亿元，其中，技术交易额为 1591.97 亿元。吸纳技术 28668 项，成交额高达 2488.63 亿元，在各大城市中排名第二，这显示深圳技术交易市场十分活跃。从类别构成来看，技术开发合同不论是数量还是成交额均居首位，并呈现持续稳步增长态势，全年合同数达 10860 份，同比增长 26.43%，占全市合同总数的 71.05%；合同成交额为 1044.25 亿元，同比增长 55.82%，占全市合同成交总额的 64.18%。此外，深圳新增风投创投机构 46 家，天使母基金累计投资初创项目 504 个。

3. 创新发展人才供给

深圳一直致力于完善"基础研究+技术攻关+成果产业化+科技金融+人才支撑"全过程创新生态链，使基础研究能力稳步提升、创新人才加速集聚。2021 年深圳新当选两院院士 4 人、新增全职院士 20 人，全市两院院士总数达 74 人；新引进高层次人才 4500 人；31 人入选全球"高被引科学家"名单。研究与试验发展人员全时当量达 34.6 万人年，居全国城市首位。年末全市各类专业技术人员 216.63 万人，比上年增长 9.4%，其中具有中级技术职称以上的专业技术人员 61.70 万人，比上年增长 7.1%。

截至 2021 年末，全市有普通高等学校 14 所，其中，南方科技大学跻身"双一流"高校行列。普通高等学校在校学生 14.52 万人，比上年增长 6.6%；普通高等学校研究生教育招生 1.11 万人，在校研究生 2.87 万人，毕业生 0.58 万人。全市各级创新载体 3070 个，其中，国家级重点实验室、工程实验室、工程中心、企业技术中心、科技企业孵化器等创新载体 129 个，省级创新载体 1292 个，市级创新载体 1649 个。

4. 坚持深化改革开放

2021 年深圳政府坚持人民至上、生命至上的原则，实施因时因势优化防控政策，有力有效处置了多起境外输入关联本土疫情事件。针对 2021 年以来疫情带来的影响，深圳政府及时出台帮助市场主体纾困解难 30 条政策，在房屋租金、社保费、水电气费、金融服务等方面加大支持力度，预计可为

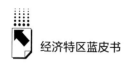

市场主体减负 750 亿元，实施利企援企稳企安企政策，全力确保产业链供应链安全稳定，最大限度减少疫情对经济社会发展的影响。

在坚持深化改革开放方面，深圳综合改革试点取得重要成就。城际铁路初步设计审批权、外国高端人才确认函审发权等落地。制定贯彻中央全面深化前海合作区改革开放政策的实施方案，推进 203 项重点事项落地，编制前海新一轮总体发展规划和国土空间规划，新推出制度创新成果 75 项。47 条创新举措和经验在全国得到推广。深圳综合改革试点首批 40 项授权事项全面落地，放宽市场准入 24 条特别措施出台。前海合作区面积扩大到 120.56 平方公里，将"物理扩区"和"政策扩区"同步推进。进出口总额 3.5 万亿元，比上年增长 16.2%，其中，出口总额增长 13.5%，连续 29 年居内地城市首位。实际利用外资 109.7 亿美元，比上年增长 26.3%。

5. 其他事件

2021 年，港深合作、广深合作不断升级，深圳的粤港澳大湾区核心引擎作用显著增强。港深合作升级，由香港特区相关行政负责人和深圳市委书记主持港深合作事宜，并在港深合作下成立 19 个工作专班。前海合作区扩容与香港北部都会区规划出台。港深联合举办了 9 场"线上+线下"经贸投资合作交流会，联合开展海外招商活动，持续增强粤港澳大湾区的"品牌效应"。广东省"十四五"规划纲要提出，充分发挥广州、深圳"双核联动、比翼双飞"作用，共同打造广东发展核心引擎。广深在轨道交通、金融科技、海洋经济、制造业产业共建、公共服务共享等方面动作频频。

（二）珠海经济特区

2021 年，珠海坚持以习近平新时代中国特色社会主义思想为指导，坚决贯彻落实党中央、国务院决策部署和省委、省政府工作要求，较好地完成了年度目标任务，实现了"十四五"良好开局。

1. 高新技术产业的产出贡献

2021 年珠海实现地区生产总值 3881.75 亿元（初步核算数，下同），比上年增长 6.9%。高技术制造业增加值 483.32 亿元，比上年增长 9.0%，其中，医药制造业和计算机及办公设备制造业增加值涨幅较高，分别为30.8%和9.9%。①航空航天器及设备制造业、电子及通信设备制造业和医疗仪器设备及仪器仪表制造业增加值涨幅较低，分别为2.9%、6.3%和5.4%，先进制造业增加值665.52亿元，比上年增长8.6%，其中石油化工业增加值的增长超过两位数，涨幅达到11.5%。先进设备制造业、先进轻纺制造业和新材料制造业的增加值涨幅分别为9.0%、6.7%和7.5%。

2021年1~11月，珠海专利授权量27201件，比上年增长11.3%。其中，全市专利授权量27201件，比上年增长11.3%。全年共有2608家企业获得专利授权25261件。其中，670家企业获得发明专利授权5247件。PCT国际专利申请量493件。每万人拥有发明专利量98.83件。发明专利授权量为5402件，增长23.8%。全年共有2个项目获得国家科学技术奖，9项科技成果获得广东省科学技术奖。

2. 创新发展载体建设

2021年上半年珠海科学技术支出49.51亿元，研发经费支出122.27亿元。先进制造业、高技术制造业增加值占规模以上工业增加值比重分别达58.2%、30.9%。新增高新技术企业逾900家，总数超过2200家。共有国家级工程研究中心4家，省级工程研究中心317家。截至2021年底，珠海共拥有国家级企业技术研究中心8家，省级企业技术研究中心133家，市级企业技术研究中心408家，国家地方联合工程研究中心3家，广东省工程研究中心1家，广东省工程实验室3家。

截至2021年底，珠海高企数量达2102家。全市新增5家省级新型研发机构，总数达到21家；新增1家省级以上孵化器，总数达到18家。国家级企业技术中心8家，省级企业技术中心133家。国家级工业设计中心2家，省级工业设计中心13家。拥有国家新型工业化示范基地3个。同时，新建5G基站2025座，累计达到8615座。

---

① 珠海市统计局并未公布高技术制造业增加值，仅公布了增加值占规模以上工业增加值的份额和增加值比上年增长数，先进制造业增加值亦是如此。此处的增加值为根据已知信息计算所得。

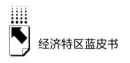
3. 创新发展人才供给

2021年珠海深入实施"珠海英才计划",新引进人才6.5万人。全年全市筹集各类保障性住房和人才住房6.6万套。截至2021年9月,全市普通高等学校全日制在校生13.74万人,比上年下降4.4%;毕业生3.87万人,比上年增长3.2%;招生3.49万人,比上年下降15.3%。各类中等职业学校(含技工学校)招生1.24万人,比上年增长11.3%;在校生3.49万人,比上年增长17.7%;毕业生0.86万人,比上年增长12.1%。

4. 跨区域创新发展合作

2021年珠海着力推动横琴粤澳深度合作区建设顺利起步。制定珠海落实《横琴粤澳深度合作区建设总体方案》的行动计划。出台系列支持澳门经济适度多元发展的政策。粤澳合作产业园、横琴澳门青年创业谷、粤澳跨境金融合作示范区等平台的集聚效应不断显现,在横琴营业的澳资企业超过4700家,横琴支撑澳门经济适度多元发展的作用更加凸显。深入推进"湾区通"工程实施,港珠澳大桥珠海公路口岸、横琴口岸新旅检大厅、青茂口岸先后开通运行,澳门单牌车入出横琴政策落地,实施"一地两检"通关政策,"澳门新街坊"动工建设,澳门居民在珠海工作生活更加便利。横琴先进智能计算平台、中山大学"天琴计划"、南方海洋科学与工程广东省实验室(珠海)项目落地,澳门4所国家重点实验室在横琴设立分部。引进各类人才26万余名,人才净流入率居全省前列。

(三)厦门经济特区

2021年,厦门始终以习近平新时代中国特色社会主义思想为指导,在市委、市政府的正确领导下,持续巩固疫情防控和经济社会发展成果,做好"六稳"工作、落实"六保"任务,全面深化改革开放,加快打造高质量发展引领示范区,全方位推进高质量发展,经济总体呈现平稳增长态势。

1. 高新技术产业的产出贡献

2021年厦门地区生产总值7033.89亿元(初步核算数,下同),同比增长 8.1%。规模以上工业高新技术产业增加值 1574.08 亿元，比上年增长 19.9%，高于规模以上工业增加值平均增速 8 个百分点。① 在规模以上工业高新技术产业中，医药制造业，计算机、通信和其他电子设备制造业，电气机械和器材制造业增加值分别同比增长 100%、10.2% 和 13.1%，增速较 2020 年有较大提升。

2021 年厦门国内专利授权量 36536 件，比上年增长 23.44%。其中发明专利授权量 3779 件，比上年增长 23.26%。PCT 国际专利申请量 483 件，每万人有效发明专利拥有量 37.87 件。新登记科技成果 351 项，比上年增长 11.78%，70 项科技成果获省科技奖。

2. 创新发展载体建设

2021 年厦门投入 81 亿元，大力培育产业链群，鼓励重大技术攻关和企业研发创新。计算机和通信设备、软件信息、集成电路、新能源等重点产业链群税收增幅超过 20%，净新增国家级高新技术企业 500 家、国家级专精特新"小巨人"企业 30 家。新增高新技术企业 519 家，总数达到 2801 家。全市省级科技"小巨人"企业共计 236 家。全市重点实验室共计 137 家，工程技术研究中心仍为 128 家；新增国家级企业技术中心 4 家，省级企业技术中心 21 家。新增科技企业孵化器 3 家，其中，国家级 2 家。市级众创空间总数达到 151 家，其中，省级 88 家，国家级专业化示范区 3 家。

3. 创新发展人才供给

2021 年，厦门投入 59 亿元，加大力度补短扩容，鼓励高层次人才和高校毕业生"留厦来"。普通高等学校本专科（含研究生）在校生 19.98 万人，普通高等学校本专科招生 5.75 万人。支持厦门高校"双一流"建设，积极筹建海洋职业大学。启动建设厦门科学城、海洋高新产业园等招商载体计划，出台"留厦六条"集聚人才，鼓励市区联动招商、协同扶持，加强招商要素保障。

---

① 厦门市统计局并未公布高技术制造业增加值，仅公布了增加值占规模以上工业增加值的份额和增加值比上年增长数，先进制造业增加值亦是如此。此处的增加值为根据已知信息计算所得。

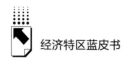

4. 跨区域创新发展合作

2021年厦门实现进出口总额8876.52亿元，同比增长27.7%。对共建"一带一路"国家、RCEP国家进出口分别增长28.7%、22.0%。全年新批外商投资项目1135个，合同外资434.32亿元，比上年增长13.9%；实际使用外资186.36亿元，比上年增长12.2%。对台方面，2021年厦门持续写好"通""惠""情"三篇文章，新批台资项目688个，使用台资的合同比上年增长19.2%。"源头管理、口岸验放"对台贸易便利模式扩大至194种台湾输大陆产品。台商海峡两岸产业投资基金落户。台企东亚机械在A股上市。厦金通电、通气、通桥项目厦门侧相关工作进展顺利。

除此之外，厦门仍致力于岛内外一体化纵深推进。岛外重大片区共完成投资1868亿元，占全市总投资近七成。环东海域剑谷、智谷、云谷等一批重点产业园区加快建设，新机场片区快速路等一批骨干路网建成，"一场两馆"等一批公共配套设施建设进展顺利。岛内城市有机更新加速推进，何厝岭兜、湖里东部等重点片区改造提升按序时推进。闽西南协同发展区28个涉厦重大项目完成投资192.7亿元。

（四）汕头经济特区

2021年，汕头深入学习贯彻习近平总书记视察广东、视察汕头重要讲话指示精神，知恩感恩、砥砺奋进，坚定不移走"工业立市、产业强市"之路，强信心、聚民心、暖人心、筑同心，奋力完成改革发展稳定各项任务，实现"十四五"良好开局。

1. 高新技术产业的产出贡献

2021年，汕头实现地区生产总值2929.87亿元（初步核算数，下同），比上年增长6.1%。规模以上工业增加值增长848.37亿元，比上年增长8.6%。高技术制造业增加值73.31亿元，比上年增长22.1%，高于规模以上工业增加值平均增速13.5个百分点，其中，医药制造业比上年增长7.7%，医疗仪器设备及仪器仪表制造业比上年增长35.4%。先进制造业增加值 362.14 亿元，比上年增长 7.9%。①

2021 年，汕头新增专利授权量 26036 件，同比增长 18.6%。有效专利授权量累计达 79389 件。新增发明专利授权量 425 件，比上年增长 16.44%。有效发明专利量累计达 3235 件；每万人发明专利拥有量达 5.88 件，同比增长 13.73%。在技术发明方面，获省级科学技术一等奖 2 项。

2. 创新发展载体建设

2021 年，汕头安排科技创新战略专项资金（科技计划与后补助专项），项目资金预算 3000 万元。认定高新技术企业 214 家、科技型中小企业 445 家，获省基础研究重大项目奖 1 项，新认定省级重点实验室 2 家、新型研发机构 1 家、工程技术研究中心 11 家，化学与精细化工省实验室一期主体工程基本完成，华南技术转移中心粤东分中心、汕头知识产权大数据中心建成。共有 18 个国有研究与开发机构、科技情报和文献机构，新签订各类技术合同 173 份，比上年增长 54.46%。

3. 创新发展人才供给

全年普通高等教育学校 4 所，共招生 1.20 万人；在校学生 3.56 万人，比上年增长 14.9%，其中，研究生在校生 0.51 万人，本科在校生 1.32 万人，高职（大专）在校生 1.73 万人。成人高等教育学校 1 所，共招生 1.24 万人，在校学生 2.42 万人，比上年增长 32.5%。汕头大学东校区一期、二期和市体育产业基地建设基本完成，广东以色列理工学院南校区加快建设。创新人才引进、创业扶持等 6 项引侨聚才政策。"侨"经济进一步活跃，成立汕头市侨界博士发展促进会、科技协同创新联盟。发挥侨梦苑、国家级"海智计划"工作基地、南粤侨创基地等平台作用，实施海外博士院士"双士"工程、华侨青年人才集聚计划，完善华侨青年服务体系，探索建设数字潮汕家园，打造华侨华人人才"归谷"。认定高层次人才 352 名，新引进博（硕）士 2757 名、外籍高端人才和专业人才 85 名，引才聚才初见成效。

---

① 汕头市统计局并未公布规模以上工业增加值、高技术制造业增加值及先进制造业增加值，仅公布了增加值的增长比例。此处的增加值为根据已知信息计算所得。

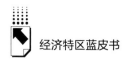

4. 跨区域创新发展合作

2021年1~8月，全市新落地投资额5000万元以上的招商引资产业项目20个，投资总额141.7亿元。设立汕头（深圳）协同创新交流中心，与多家深圳专业招商机构和商协会建立招商合作关系。深汕深度协作开始以来，已经有29个项目落地，包括立汕智造澄海工业项目、中深塑现代化高科技产业园项目、深航运南澳文旅项目等一批优质产业项目，投资总额超过140亿元。当前编制的《广东汕头临港大型工业园规划建设方案》指出，要重点推进六合核心区建设，着力构建以新材料、生物医药与健康、新一代电子信息技术为主导，以智能产业为特色，高质量发展的"3+1"现代产业体系。

（五）海南经济特区

2021年，面对复杂严峻的内外部环境，海南在省委、省政府的坚强领导下，贯彻落实党中央、国务院系列重要决策部署，坚持稳中求进工作总基调，加快自贸港建设，有效推动经济结构优化，增强动能转换，经济发展的质量效益不断提升。

1. 创新发展的产出贡献

2021年，海南地区生产总值6475.20亿元，比上年增长11.2%。规模以上工业增加值为566.15亿元，比上年增长10.3%，高于全国平均增速1.1个百分点，其中，高技术制造业增加值比上年增长8.6%，增加值为390.54亿元。[①] 化学原料和化学制品制造业增加值增长4.7%，石油加工业增加值下降0.7%，医药制造业增加值下降2.0%。规模以上服务业营业收入同比增长19.1%，实现利润总额135.98亿元。

制定《海南省科技计划体系优化改革方案》，首次在省科技计划中实施重点项目"揭榜挂帅"制，组织实施省重大科技计划项目57项、省重点研发计划项目305项、省自然科学基金项目1158项，获得国家自然科学基金

---

① 海南省统计局未公布规模以上工业增加值、高技术制造业增加值，仅公布了增加值的增长比例。此处的增加值为根据已知信息计算所得。

项目支持 269 项，取得科研攻关双季稻亩产突破 3000 斤、全球首次公布槟榔全基因组测序、发布椰子高质量基因组等系列重大科研成果。

2. 创新发展载体

2021 年海南制定《海南省高新技术企业"精英行动"实施方案》，新认定高新技术企业 557 家，全省高新技术企业总数达到 1202 家，比上年增长 66.47%。新设立院士工作站 10 家，全省院士工作站达 70 家。

3. 创新发展人才供给

印发《海南自由贸易港外籍"高精尖缺"人才认定暂行办法》，全年发放"外国人工作许可证"1500 个；实行"两个 15%"所得税政策，即在海南自贸港工作的高端人才和紧缺人才，其个人所得税实际税负超过 15% 的部分，予以免征；对于注册在海南自贸港并实质性运营的鼓励类产业企业，减按 15% 征收企业所得税。

建设 5 万套安居型商品住房，提供保障性租赁住房和公共租赁住房 1.4 万套，以满足本地居民、新市民、年轻人和引进人才的住房需求。支持海南大学世界一流学科建设。推动现代职业教育高质量发展，深化产教融合、校企合作，扩大"旺工淡学"规模。大力支持百万人才进海南战略的实施，拨付 2.4 亿元支持"南海系列"人才培养、院士创新平台建设、海南省优秀人才团队建设等重大人才工程。

4. 跨区域创新发展合作

自《海南自由贸易港建设总体方案》发布以来，新一轮招商引资热潮在海南兴起，海南成为境内外投资热土，引资步伐加快。2021 年上半年，海南共举行 3 次重点项目集中签约活动，共签约项目 190 个，协议投资金额超过 900 亿元。成功举办博鳌亚洲论坛年会、世界新能源汽车大会。琼港经济合作发展咨询委员会正式成立，成为香港工商界支持海南发展的常设机构。

二　经济特区创新发展分析

党的二十大报告提出加快实施创新驱动发展战略，强调企业才是科技创新的主体，要发挥科技型骨干企业的支撑引领作用。近年来，全国各地区都高度重视本地区的创新发展，积极为创新发展营造良好环境，各大经济特区在推动创新发展的过程中，注重发挥高技术制造业对经济增长的促进作用以及采取高新技术企业培育、吸引创新人才等措施，立足特区优势，充分发挥特区先行先试作用，探索创新发展特区模式。

（一）既有经济规模对创新发展起决定性作用

生产要素在地理空间上的集聚，通过要素匹配和外溢效应等机制，使生产函数呈现规模报酬递增的特点，进而带来更大的产出和更高的要素回报率。这是城市产生的基本逻辑，在分析经济特区创新发展时也应从这个逻辑出发。

首先，从表1可以发现，2020年地区生产总值与2020年高技术制造业增加值和2021年国家级高新技术企业数都呈现显著正相关关系，例如，深圳高于厦门，而厦门又高于珠海。相反，尽管海南地区生产总值并不低，但是能够形成集聚效应的海口和三亚在经济总量和人口规模的绝对数量上都较小，因而海南的创新发展与其他经济特区相比较落后。

表1　高技术制造业增加值、专利授权量与地区生产总值和年末常住人口

地区	2020年地区生产总值（亿元）	2021年地区生产总值（亿元）	2020年末常住人口（万人）	2020年高技术制造业增加值（亿元）	2021年高技术制造业增加值增速（％）	2021年高技术制造业增加值/地区生产总值（％）	2021年国家级高新技术企业数（家）	2021年发明专利授权量（件）
深圳	27670.24	30664.85	1756.01	6642.28	3.2	22.5	21335	—
珠海	3481.94	3881.75	243.96	370.97	9.0	10.4	2075	5402
厦门	6384.02	7033.89	516.397	765.67	19.9	13.1	2801	3779
汕头	2730.58	2929.87	575.56	67.54	22.1	2.8	637	425
海南	5532.39	6475.20	1008.12	—	—	—	—	—
海口	1791.58	2057.06	287.34	—	—	—	—	—
三亚	695.41	835.37	103.14	—	—	—	—	—

资料来源：深圳市、珠海市、厦门市、汕头市以及海南省2020年和2021年国民经济和社会发展统计公报。

（二）政府财政状况对创新发展有重要影响

各个城市推动自身实现创新发展都需要大量的资金投入来改善创新发展环境，对改善创新发展环境等这类公共物品的投入，大部分要依托于当地政府的财政投入。各地在创新发展建设方面的财政支出是影响城市创新发展的关键要素，也就是说，当政府财政充裕时，可以大量运用政策工具促进创新发展主体（企业）的成长，相反，如果政府财政能力较弱，效果将大打折扣。表2对2021年五大经济特区的财政状况进行了描述。

表2　2021年五大经济特区的财政状况

单位：亿元

经济特区	一般公共预算收入	一般公共预算收入与转移支付	一般公共预算支出	2021年末地方政府债务余额	2020年末地方政府债务余额
深圳	11110.00	6158.00	6055.80	1420.00	881.20
珠海	1181.35	954.06	954.06	891.44	633.23
厦门	1530.21	—	1020.10	1426.20	1112.10
汕头	146.32	537.40	537.40	628.40	417.10
海南	921.20	2591.00	2465.80	3008.00	2623.50

资料来源：深圳市、珠海市、厦门市、汕头市以及海南省2021年预算执行情况和2022年预算草案的报告。

对比表2第1列至第3列的数据可以发现，五大经济特区中除深圳、珠海和厦门能实现财政自给自足之外，汕头和海南均需要转移支付或者举债才能满足一般公共预算支出的需要。如果说创新发展的良好循环状态能增加本地产出，进而提升本地政府财政能力，进而以更大的投入推动创新发展，那么除深圳和厦门之外，其他经济特区离建立起良好的循环还有一定距离。

另外值得注意的是五大经济特区的年末地方政府债务余额。根据表2最后两列，各经济特区2021年末地方政府债务余额进一步增长。其中，海南和汕头的年末地方政府债务余额增长幅度尽管并非最高，分别为384.5亿元和211.3亿元，但持续扩大的地方政府债务规模和相对较小的财政收入规模

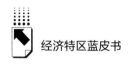
必然会对未来地方政府创新投资能力形成严重制约。与此相反，尽管深圳和厦门的年末地方政府债务余额增长幅度不低，分别为538.8亿元和314.1亿元，但是既有债务规模相对于财政收入规模仍然较小，因而不会对未来的创新投资能力造成过多负面影响。

三　经济特区创新发展建议

基于前一节的分析以及本蓝皮书以往版本中的分析，要推动经济特区的发展首先要改变统一发展模式的想法，创新发展的思路应该是多样化的，绝不能是一味的模仿转型成功地区的经验和做法，即便是学习先进地区（如深圳）的经验和做法，也不能单一的将指标体系（如人才引进数量指标体系）照搬，而应基于本地实际情况，建立符合当地发展实际的指标体系（如某些发展较差的地区并不需要过多高学历人才，反而对适合当地产业的职业技术人才需求量大）。

（一）营造有利于创业创造的创新发展环境

优化政务环境、市场环境和社会环境是营造创新发展环境的三个关键方面，良好的环境是创新发展的重要保障，既能充分发挥城市集聚效应，也能提升企业作为创新主体的活力。

具体而言，优化政务环境要着重加强政府服务保障力，强化财税支持和扩大精准政策供给；优化市场环境要重点增强资源要素的可获得性，并且推动各类型企业公平高效获取创新资源要素；优化社会环境要注意提高社会创新包容度，努力营造鼓励创新并且宽容失败的氛围，毕竟创新本身就是一个不断试错、反复探索的过程。

（二）充分发挥企业在创新发展中的引领作用

《中共中央关于制定国民经济和社会发展第十四个五年规划和二〇三五年远景目标的建议》指出，要巩固企业创新主体地位，促进各类创新要素向企业集聚。企业作为创新发展主体既是创新发展的本质要求，也是充分调动创新创业创造主体积极性的关键。

深圳在国家级高新技术企业培育上遥遥领先，并且厦门和珠海也有不错的表现（见图1），探寻深圳、厦门和珠海在高新技术企业培育上成功的原因，从静态角度来看在于其拥有较为完整且具有竞争力的产业链，从动态角度来看则在于其实施务实的发展战略。以深圳发展历程为例，深圳在创新发展过程中，从来没有单纯地为了创新而创新，而是充分调动企业作为创新发展主体的积极性，鼓励人才创业，激励中小微企业发展，持续完善行业龙头企业产业链。对汕头和海南而言，创新成果持续涌现的关键在于持续提升企业创新主体地位，加大企业创新资源投入，利用当地具有比较优势发展的产业优势，将比较优势转化为绝对优势，所以在创新发展战略制定时不仅要借鉴成功地区的经验，而且要充分基于当地实际情况，激发企业创新活力、引进或培育一批在全国甚至全球都具有代表性的高新技术企业，同时培育某些适应当地比较优势产业的"专精特新"小巨人企业，引领当地创新发展。

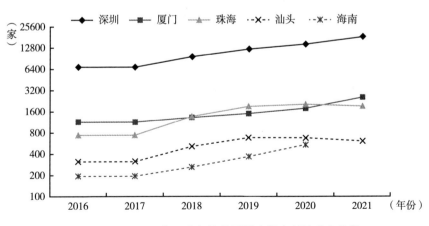

图1　2016~2021年五大经济特区国家级高新技术企业数

（三）在创新成本和财政收支之间取得平衡

我国在此前很长一段时间内采取了土地财政的发展模式，地方政府通过土地出让获取充足的财政收入，从而有能力为本地基础设施建设、公共服务供给乃至创新发展提供充足的资金支持。但不可否认的是，这种模式的负面影响也是显著的，特别是深圳、厦门等城市高房价对人才的"挤出"效应显著。尽管各经济特区政府都出台了相应的人才政策，降低高房价、高生活成本对人才的负面影响。但是这种"临时性"意味浓厚的政策有明显的缺点：覆盖面窄、公平性存在争议。更为重要的是，人才政策的实施依赖于充足的财政收入支持，而既有财政收入模式又会进一步使房价和本地生活成本提高。

为了跳出"高房价—人才补贴—财政收支从紧—高房价"这样的怪圈，一方面，经济特区政府必须在财政收入模式上进行深度改革，将培育企业发展进而获取企业营业税收收入作为最重要的财政收入模式。另一方面，经济特区政府也应当认真着力于对高房价、高生活成本进行治理，真正落实习近平总书记的"房住不炒"[①]指示，使创新成本回落合理区间，进而让市场机制在人才集聚和企业创新发展上更好地发挥作用，而不是过度依赖"临时性"的人才政策。目前，深圳已经通过建立二手房交易指导价制度在这方面做出部分尝试，其效果有待持续观察。

参考文献

《深圳市 2021 年国民经济和社会发展统计公报》，深圳政府在线网站，2022 年 5 月 7 日，http://www.sz.gov.cn/cn/xxgk/zfxxgj/tjsj/tjgb/content/post_9763161.html。

《深圳市 2020 年国民经济和社会发展统计公报》，深圳统计网站，2021 年 4 月 23

---

① 《坚持"房住不炒" 重点做好"保"和"稳"》，"国际在线"百家号，2021 年 7 月 27 日，https://baijiahao.baidu.com/s? id＝1706426223143695481&wfr＝spider&for＝pc。

日，http：//tjj. sz. gov. cn/zwgk/zfxxgkml/tjsj/tjgb/content/post_ 8717370. html。

《政府工作报告》，深圳政府在线网站，2021 年 6 月 7 日，http：//www. sz. gov. cn/zfgb/2021/gb1121/content/post_ 8852606. html。

《2021 年珠海市国民经济和社会发展统计公报》，http：//www. zhuhai. gov. cn/attachment/0/300/300099/3132858. pdf。

《2020 年珠海市国民经济和社会发展统计公报》，http：//www. zhuhai. gov. cn/attachment/0/255/255819/2746642. pdf。

《2021 年珠海市人民政府工作报告》，珠海市人民政府办公室网站，2021 年 2 月 9 日，http：//www. zhuhai. gov. cn/gkmlpt/content/2/2726/post_ 2726841. html#1640。

《珠海市 2021 年预算执行情况与 2022 年预算草案的报告》，http：//caizheng. zhuhai. gov. cn/attachment/0/290/290886/3056310. pdf。

《厦门市 2021 年国民经济和社会发展统计公报》，厦门市统计局网站，2022 年 3 月 22 日，http：//tjj. xm. gov. cn/zfxxgk/zfxxgkml/tjsjzl/ndgb/202203/t20220322_ 2636525. htm。

《厦门市 2020 年国民经济和社会发展统计公报》，厦门市人民政府网站，2021 年 3 月 17 日，http：//www. xm. gov. cn/zfxxgk/xxgkznml/gmzgan/tjgb/202103/t20210317_ 2525076. htm。

《厦门市政府工作报告（2021 年 1 月 18 日　黄文辉）》，中国经济网，2021 年 2 月 18 日，http：//district. ce. cn/newarea/roll/202102/18/t20210218_ 36318887_ 2. shtml。

《关于厦门市 2021 年预算执行情况和 2022 年预算草案的报告》，厦门市人民政府网站，2022 年 1 月 7 日，http：//www. xm. gov. cn/gazette/35054155。

《2021 年汕头国民经济和社会发展统计公报》，汕头市统计局网站，2022 年 3 月 29 日，https：//www. shantou. gov. cn/tjj/tjzl/tjgb/content/post_ 2042930. html。

《2020 年汕头国民经济和社会发展统计公报》，汕头市统计局网站，2021 年 3 月 27 日，https：//www. shantou. gov. cn/tjj/tjzl/tjgb/content/post_ 1888897. html。

《2021 年政府工作报告》，汕头市人民政府网站，2021 年 2 月 1 日，https：//www. shantou. gov. cn/cnst/zwgk/zfgzbg/content/post_ 1869513. html。

《2021 年海南省国民经济和社会发展统计公报》，海南省人民政府网站，2022 年 2 月 22 日，https：//www. hainan. gov. cn/hainan/jdsj/202202/59d6e7ccd5ff42bab680573b544b5588. shtml。

《2020 年海南省国民经济和社会发展统计公报》，海南省人民政府网站，2021 年 2 月 10 日，https：//www. hainan. gov. cn/hainan/tingju/202102/b8b6c0a3294b4502b08c08b3ba5e6822. shtml。

《2021 年海南省政府工作报告》，海南省人民政府网站，2021 年 2 月 1 日，https：//www. hainan. gov. cn/hainan/szfgzbg/202102/40b0485136d642a7b9c5454bffe85fdb. shtml。

《关于海南省 2021 年预算执行情况和 2022 年预算草案的报告》，海南省人民政府网站，2022 年 1 月 30 日，https：//www. hainan. gov. cn/hainan/czyjs/202209/ab53b9fecb6e413f9d0cefccf9341838. shtml。

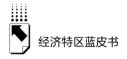
《关于海南省 2020 年预算执行情况和 2021 年预算草案的报告》，海南省财政厅网站，2021 年 2 月 3 日，http：//mof. hainan. gov. cn/sczt/0701/202102/85ecf1bb67194af1997bcbf74586ba0e. shtml。

《2021 年海口市国民经济和社会发展统计公报》，海口市统计局网站，2022 年 2 月 16 日，http：//tjj. haikou. gov. cn//hkstjj/ywgz/202202/f3aec1396bd940288d109726fe0725bb. shtml。

《2020 年海口市国民经济和社会发展统计公报》，海口市人民政府网站，2021 年 2 月 4 日，http：//www. haikou. gov. cn/xxgk/szfbjxxgk/tjxx/tjgb/202102/t386621. shtml。

《2021 年海口市政府工作报告》，海口市人民政府网站，2021 年 2 月 9 日，http：//www. haikou. gov. cn/xxgk/szfbjxxgk/jhzj/zfgzbg/202102/t403625. shtml。

B.5
中国经济特区社会保障发展报告

高兴民　丘　枫　陈仕江*

摘　要： 首先，以国家经济社会工作基调和政策为依据，本报告从社会保险、社会福利、社会救助三个层面，分别归纳和总结了 2021 年深圳、厦门、珠海、汕头及海南五大经济特区社会保障的发展现状和实际成果；其次，结合经济特区承担的深化改革"排头兵"和"试验田"的职责，列举了经济特区社会保障体系发展和政策实施的不足与缺陷；最后，以习近平新时代中国特色社会主义思想为指导，深入贯彻"十四五"规划纲要的社会保障工作部署，提出了合理的对策建议，让改革发展成果更公平地惠及更多人民群众，统筹推进"五位一体"总体布局，力求充分发挥社会保障体系的兜底作用，实现社会保障事业的高质量发展，为开启全面建设社会主义现代化国家新征程、实现第一个百年计划夯实基础。

关键词： 经济特区　社会保障　社会保险　社会救助

---

* 高兴民，深圳大学中国经济特区研究中心副主任、一带一路国际合作发展（深圳）研究院副院长，教授，博士生导师，主要研究方向为社会保障与实践、市场经济学理论；丘枫，深圳大学经济学院理论经济学专业 2017 级在读博士生，主要研究方向为社会保障、市场经济学；陈仕江，深圳大学经济学院理论经济学专业 2018 级在读博士生，主要研究方向为社会保障、产业经济学。

一　经济特区社会保障发展情况

经济特区社会保险发展情况

1. 深圳

（1）社会保险参保情况

截至 2021 年末，全市共计 1338.94 万人参加基本养老保险，同比增长 5.45%。其中，城镇职工基本养老保险在职职工参保人数为 1285.95 万人（男 745.42 万人、女 540.53 万人）、离退休职工参保人数为 51.81 万人、城镇居民基本养老保险参保人数为 1.18 万人；失业保险参保人数为 1249.26 万人（男 731.60 万人、女 517.66 万人），比上年末增长 2.19%；工伤保险参保人数为 1284.47 万人（男 751.48 万人、女 532.99 万人），同比增长 3.44%。

全市各险种参保人数中，基本养老保险参保人数为 1260.65 万人，其中，城镇职工基本养老保险参保人数为 1260.25 万人、城镇居民基本养老保险参保人数为 4078 人；失业保险参保人数为 1249.26 万人；工伤保险参保人数为 1284.47 万人。

医疗保险参保人数中，城镇职工基本医疗保险参保人数达 1334.68 万人，同比增长 2.4%，城乡居民基本医疗保险参保人数达 324.94 万人，同比增长 6.3%；生育保险参保人数为 1330.31 万人，相较上年增长 2.0%。

（2）社会保险缴费和待遇标准

2021 年深圳职工基本养老保险月缴费基数为职工上月工资总额，上限为上年度全省全口径从业人员月平均工资的 3 倍，下限为本市最低工资。单位缴费比例为深户 15%、非深户 14%，个人缴费比例为 8%。

基本医疗保险月缴费基数方面，参加基本医疗保险一档的职工按照职工月工资总额确定缴费基数，上限为深圳上年度在岗职工月平均工资的 3 倍，下限为深圳上年度在岗职工月平均工资的 60%；参加基本医疗保险二、三档的职工，基数为深圳上年度在岗职工月平均工资。单位与个人缴费比例分别为：一档中，非企业单位 6.2%、2.0%，企业单位 5.2%、2.0%；二档 0.6%、0.2%；三档 0.45%、0.1%。

参加生育保险的职工按照职工上月工资总额确定月缴费基数，上限为深圳上年度在岗职工月平均工资的 3 倍，下限为本市最低工资。生育保险费由用人单位承担，按 0.45% 缴费，个人不缴纳。

失业保险月缴费基数为本市月最低工资标准。用人单位缴费比例为 0.7%，个人缴费比例为 0.3%。

工伤保险费由用人单位承担，职工个人不缴纳。缴费基数为本单位职工工资总额，根据行业类别分八档基准费率，分别为 0.14%、0.28%、0.49%、0.63%、0.66%、0.78%、0.96%、1.14%。2019 年 5 月 1 日至 2022 年 4 月 30 日，用人单位工伤保险费率阶段性下调 50%。

上述指标中，"本市最低工资"是指当前深圳在岗职工月最低工资标准 2200 元；2020 年 7 月 1 日至 2021 年 6 月 30 日，深圳各项社会保险征缴基数涉及 2019 年全省全口径从业人员月平均工资、深圳上年在岗职工月平均工资的，分别按 6756 元/月、10646 元/月的标准计算；2021 年 7 月 1 日至 2022 年 6 月 30 日，深圳各项社会保险征缴基数涉及 2020 年全省全口径从业人员月平均工资、深圳上年在岗职工月平均工资的，分别按 7647 元/月、11620 元/月的标准计算。

（3）社会保险基金收支状况

2021 年，深圳企业职工基本养老保险基金收入 1815.64 亿元，基金支出 1745.46 亿元，年末基金滚存结余 5525.91 亿元；城镇居民基本养老保险基金收入 0.78 亿元，基金支出 0.47 亿元，年末基金滚存结余 0.71 亿元；失业保险基金收入 34.85 亿元，基金支出 47.87 亿元，年末基金滚存结余 102.49 亿元；工伤保险基金收入 32.67 亿元，基金支出 40.88 亿元（其中，17 个工伤预防项目共支出 778.75 万元），年末基金滚存结余 30.35 亿元。

2. 珠海

（1）社会保险参保情况

截至 2021 年末，全市企业职工基本养老保险参保人数（含离退休人

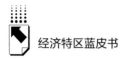

数）为 142.64 万人；城乡居民基本养老保险参保人数（含领取养老金人数）为 12.2 万人；基本医疗保险参保人数为 216.32 万人（职工基本医疗保险参保人数为 148.44 万人、城乡居民基本医疗保险参保人数为 67.88 万人，男 112.97 万人、女 103.35 万人）；失业保险参保人数为 119.08 万人（男 66.21 万人、女 52.87 万人）；工伤保险参保人数为 123.97 万人（男 68.87 万人、女 55.1 万人）；生育保险参保人数为 121.13 万人（男 68.08 万人、女 53.05 万人）。

全市各险种参保人数中，基本养老保险 138.9 万人（职工基本养老保险 126.06 万人、城乡居民基本养老保险 7.83 万人）；基本医疗保险 204.46 万人（职工基本医疗保险 136.58 万人、城乡居民基本医疗保险 67.88 万人）；失业保险 119.08 万人；工伤保险 123.97 万人；生育保险 121.13 万人。

（2）社会保险缴费和待遇标准

2021 年全市企业职工基本养老保险缴费基数 1～6 月上限为 20268 元，下限为 3376 元，7～12 月上限为 22941 元，下限为 3958 元；单位缴费比例 1～12 月为 14%，个人缴费比例 1～12 月为 8%，灵活就业人员缴费比例 1～12 月为 20%。

2021 年统账结合职工医疗保险（含生育保险）缴费基数 1～12 月上限为 16878 元，下限为 3376 元；1～4 月单位缴费比例为 5.5%（含生育保险 0.5%），5～12 月单位缴费比例为 6.0%（含生育保险 0.5%），1～12 月个人缴费比例为 1.5%，1～4 月灵活就业人员缴费比例为 6.5%，5～12 月灵活就业人员缴费比例为 7.0%；单建统筹职工医疗保险（含生育保险）缴费基数 1～12 月上限为 16878 元，下限为 3376 元；1～4 月单位缴费比例为 2.0%（含生育保险 0.5%），5～12 月单位缴费比例为 2.5%（含生育保险 0.5%），个人不缴费，1～4 月灵活就业人员缴费比例为 1.5%，5～12 月灵活就业人员缴费比例为 2.0%。

失业保险缴费基数 1～6 月上限为 17565 元，下限为 1720 元，7～12 月上限为 19791 元，7～11 月下限为 1720 元，12 月下限为 1900 元；1～12 月单位缴费比例为 0.8%，个人缴费比例为 0.2%。

工伤保险缴费基数 1~11 月下限为 1720 元，12 月下限为 1900 元，本市一类至八类行业的工伤保险基准费率分别为 0.10%、0.15%、0.20%、0.30%、0.40%、0.50%、0.55%、0.60%，由用人单位缴纳，个人不缴纳。

城乡居民基本养老保险缴费标准为每人每月 60 元、100 元、120 元、150 元 4 个档次，政府对参保人给予缴费补贴，补贴标准为个人缴费额的 65%。城乡居民基本医疗保险缴费标准 2021 年 1~6 月为城乡居民每人每年个人缴费 440 元、学生和未成年人每人每年个人缴费 210 元，各级财政补助 620 元。城乡居民基本医疗保险缴费标准 2021 年 7~12 月为城乡居民每人每年个人缴费 440 元、学生和未成年人每人每年个人缴费 280 元，各级财政补助 650 元。2021 年 7 月 1 日至 12 月 31 日为社保年度更改医保年度的过渡期，过渡期城乡居民基本医疗保险学生和未成年人、城乡居民人均个人缴费及财政补助按以上标准减半执行。

（3）社会保险基金收支状况

2021 年，全市社会保险基金收入 3051100 万元，支出 3081063 万元，当期结余 -29963 万元，滚存结余 5834935 万元。

企业职工基本养老保险基金收入 2300938 万元，其中，征缴收入 1496081 万元、利息收入 123482 万元、关系转移收入 26645 万元，其他收入（含投资运营收益及上级补助收入）654730 万元；基金支出 2346533 万元，其中，待遇支出 603148 万元、关系转移支出 59021 万元，其他支出（含上解上级支出）1684364 万元；当期结余 -45595 万元，滚存结余 5191557 万元。

城乡居民基本养老保险基金收入 57457 万元，其中，征缴收入 17080 万元、财政补助收入 36167 万元、利息收入 2995 万元；基金支出 32558 万元，其中，待遇支出 32429 万元；当期结余 24899 万元；基金累计结余 145684 万元。

职工基本医疗保险基金收入 518250 万元，支出 502006 万元，当期结余 16244 万元，滚存结余 222037 万元。

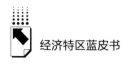

城乡居民基本医疗保险基金收入 81328 万元，支出 76393 万元，当期结余 4935 万元，滚存结余 114095 万元。

工伤保险基金收入 50614 万元，支出 63324 万元，当期结余-12710 万元，滚存结余 42549 万元。

失业保险基金收入 42513 万元，支出 60249 万元，当期结余-17736 万元，滚存结余 119013 万元。

3. 厦门

（1）社会保险参保情况

截至 2021 年末，基本养老、工伤、失业保险参保人数分别为 356.63 万人、273.22 万人、270.33 万人，分别比上年末增长 3.4%、5.4%、4.6%；其中，外来从业人员参加基本养老、工伤、失业保险的人数分别为 170.96 万人、172.25 万人、170.57 万人，分别比上年末增长 4.6%、5.0%、4.5%。基本医疗、生育保险参保人数分别为 457.20 万人、270.90 万人，分别比上年末增长 2.7%、4.9%；其中，外来从业人员参加基本医疗、生育保险的人数均为 170.61 万人，均增长 4.5%。

（2）社会保险缴费和待遇标准

基本养老保险方面，本市户籍职工缴费基数下限为厦门最低工资标准 1800 元，上限为 18379 元，个人缴纳比例为 8%，单位缴纳比例为 14%。外来从业人员养老保险缴费基数与本市户籍企业职工保持一致，即以职工个人上年度月平均工资为缴费基数。

基本医疗保险方面，厦门户籍职工缴费基数下限为 3676 元，上限为 18379 元，个人缴纳比例为 2%，单位缴纳比例为 7%。外来从业人员的缴费基数为 3676 元/月，个人和单位的缴费比例分别为 2%、3%。

失业保险方面，外来从业人员缴费基数与本市户籍职工一致，下限为厦门最低工资标准 1800 元，本市户籍职工公司与个人的缴费比例分别为 0.5%、0.5%，非本市户籍职工单位缴费比例为 0.5%，个人无须缴纳。

生育保险方面，本市户籍职工、外来从业人员缴费基数与缴费比例一致，下限为 3676 元，上限为 18376 元，单位缴费比例为 0.7%，个人无须缴纳。

工伤保险方面，职工以其上年月平均工资为缴费基数（不得低于最低工资 1800 元），对照本单位工伤保险费率，由用人单位全额缴纳。其中，以 2020 年全省全口径城镇就业人员平均工资 73517 元为基础，职工月平均工资低于本年全省全口径城镇就业人员平均工资的 60% 的以 60% 为缴费基数，超过 300% 的以 300% 为缴费基数。职工个人上年月平均工资无法计算的，以本年全省全口径城镇就业人员平均工资为缴费基数。

待遇情况：领取企业退休人员基本养老金 36.23 万人，领取企业退休人员遗嘱抚恤金 2600 人，城乡居民基本养老金 3.5 万人；核定支付工伤保险待遇 25020 件，涉及工伤职工 8246 人，按月发放定期待遇 1395 人；受理赔付补充工伤保险 3356 件；完成劳动能力鉴定 6657 人；发放本市失业人员失业保险金 4.24 万人，发放外来失业员工一次性生活补助金 10.57 万人，发放本市女性失业人员生育补助金 100 人，发放本市失业人员丧葬补助金 10 人，发放本市失业人员抚恤金 9 人，发放灵活就业补贴 2.21 万人，发放临时价格补贴 3.86 万人，发放困难性稳岗返还 5314 家，发放普惠性稳岗返还 6.22 万家，发放失业补助金 5.79 万人，临时生活补助 1.10 万人，发放企业参保职工提升职业技能补贴 2.77 万人。

（3）社会保险基金收支状况

截至 2021 年末，基本养老、工伤、失业保险三项社会保险基金全年收入 203.72 亿元，支出 289.51 亿元，历年累计结余 396.08 亿元；其中，基本养老、工伤、失业保险收入分别为 187.19 亿元、7.19 亿元、9.34 亿元，支出分别为 269.68 亿元、6.83 亿元、13.01 亿元。基本医疗、生育保险两项社会保险合计基金收入 152.54 亿元，支出 120.40 亿元，历年累计结余 299.68 亿元。

4. 汕头

（1）社会保险参保情况

2021 年末全市参加社会保险人数 551.93 万人，比上年增长 3.7%。参加基本养老保险人数（含企业职工养老、机关事业职工养老和城乡居民养老保

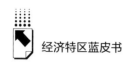

险参保人数）292.50 万人，增长 2.0%。参加失业保险人数 54.68 万人，比上年增长 1.2%。参加医疗保险人数 520.77 万人，比上年增长 3.8%。参加工伤保险人数 78.27 万人，比上年增长 0.3%。参加生育保险人数 59.77 万人，比上年增长 3.3%。

（2）社会保险缴费和待遇标准

2021 年 1~6 月，企业养老保险缴费工资基数上限为 2019 年全省全口径从业人员月平均工资 6756 元的 300%，即 20268 元；下限继续按 2019 年社保标准执行，即 3126 元。2021 年 7~12 月，企业职工基本养老保险缴费工资基数上限为 22941 元，下限为 3673 元。公司与个人缴费比例分别为 14% 和 8%。

2021 年 1~6 月，企业失业保险缴费工资基数上限为 2019 年汕头全口径从业人员月平均工资 5400 元的 300%，即 16200 元；下限暂按汕头最低工资标准 1550 元执行，公司缴费比例根据用人单位失业保险的平均申领率实行 0.48%、0.64%、0.80% 浮动费率，个人缴纳比例为 0.2%。2021 年 7~12 月，失业保险缴费工资基数上限为 2020 年汕头全口径从业人员月平均工资 6122 元的 300%，即 18366 元；下限暂按汕头最低工资标准 1550 元执行，公司缴费比例根据用人单位失业保险的平均申领率实行 0.32%、0.48%、0.80% 浮动费率，个人缴纳比例为 0.2%。

工伤保险的缴费基数按参保单位职工工资总额计征，公司缴费比例根据行业而不同，个人无须缴纳。

2021 年 1~9 月，职工基本医疗保险（含生育保险）缴费上限为 16200 元（2019 年汕头全口径从业人员月平均工资 5400 元的 300%），下限为 3126 元（2019 年汕头全口径从业人员月平均工资 5210 元的 60%）。2021 年 10~12 月，职工基本医疗保险（含生育保险）缴费上限为 18366 元，即上年本市全口径从业人员月平均工资 6122 元的 300%，个人缴费基数下限为 3673 元，即上年本市全口径从业人员月平均工资 6122 元的 60%。医疗保险公司、个人的缴费比例分别为 6%、2%；生育保险由企业缴纳 1%，个人无须缴纳。

（3）社会保险基金收支状况

截至 2021 年 12 月 31 日，当年企业职工养老保险基金收入 1402939 万元，支出 1485170 万元，收支相抵赤字 82231 万元，基金累计结存 68065 万元；机关事业养老保险基金收入 462233 万元，支出 418682 万元，收支相抵结余 43551 万元，基金累计结存 278204 万元；城乡居民养老保险基金收入 183491 万元，支出 146967 万元，收支相抵结余 36524 万元，基金累计结存 249072 万元；失业保险基金收入 18248 万元，支出 20765 万元，收支相抵赤字 2517 万元，基金累计结存 152925 万元；工伤保险基金收入 17267 万元，支出 23393 万元，收支相抵赤字 6126 万元，基金累计结存 30158 万元。

5. 海南

（1）社会保险参保情况

截至 2021 年底，全省参加城镇职工基本养老保险人数为 329.03 万人，其中，参保职工 252.89 万人，参保离退休人员 76.14 万人，离退休人数比上年末增加 1.86 万人；全省参加城乡居民基本养老保险人数为 329.21 万人，比上年末增加 4.37 万人。城镇职工基本医疗保险（含生育保险）参保人数为 245.84 万人，比上年末减少 4.25 万人（根据国家文件，统计口径调整导致参保人数减少）；城乡居民基本医疗保险参保人数为 692.98 万人，比上年末增加 9.04 万人。工伤保险参保人数为 184.89 万人，比上年末增加 14.83 万人；其中，农民工参加工伤保险 3.33 万人。

（2）社会保险缴费和待遇标准

2021 年海南的每月缴费基数按从业人员上年月平均实际工资总额核定，最低缴费基数不得低于 2018 年全省全口径月平均工资 5704 元的 60%（3422.40 元），最高缴费基数不得高于 2019 年全省全口径月平均工资 6116 元的 300%（18348 元）。各险种缴费比例如下：养老保险，单位与个人分别按 16% 和 8% 比例缴纳；基本医疗保险（含生育保险），单位与个人缴纳比例分别为 8.5% 和 2%；工伤保险，单位按行业基准费率 0.1%～0.75% 进行缴纳，个人不缴纳；失业保险，单位与个人缴纳比例均为 0.5%。

2021 年，全省企业参保退休人员调整后的月人均基本养老金达 2603 元；全省城乡居民月人均养老金达 233.5 元，其中，月人均基础养老金达 204.23 元（含老年居民加发的基础养老金）。城镇职工基本医疗保险享受住

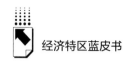

院报销总人数达 38.03 万人，门诊特殊疾病人数达 98.81 万人；人均住院费用 13796 元，政策范围内住院医疗费用基金支付比例为 91%，全省有 107460 人享受了各项生育保险待遇，与上年基本持平，人均医疗待遇 3772 元，人均女职工生育津贴 13179 元。城镇居民基本医疗保险住院享受待遇总人数达 73.55 万人，门诊特殊疾病享受待遇总人数达 85.73 万人，人均住院费用 11768 元，比上年增加 1392 元，政策范围内住院医疗费用基金支付比例为 89.35%。2021 年全省有 4270 人享受了工伤保险待遇。伤残职工人均伤残津贴 5150 元，人均生活护理费 2897 元，供养亲属人均抚恤金 2154 元。

（3）社会保险基金收支状况

截至 2021 年末，海南省城镇职工基本养老保险基金收入 285.22 亿元，其中，保费收入 207.71 亿元，比去年同期 103.66 亿元增加 104.05 亿元；当期基金支出 216.34 亿元，其中，基本养老保险基金支出 198.59 亿元，比去年同期 185.69 亿元增加 12.9 亿元；累计结余 286.66 亿元，比去年同期 218.15 亿元增加 68.51 亿元。

城乡居民基本养老保险基金累计收入 39.14 亿元，其中，个人缴费收入 5.92 亿元，比去年同期 5.81 亿元增加 0.11 亿元；当期基金累计支出 21.94 亿元，其中，待遇支出（个人账户支出+基础养老金支出）21.43 亿元，比去年同期 20.06 亿元增加 1.37 亿元；累计结余 130.72 亿元，比去年同期 113.52 亿元增加 17.20 亿元。

城镇职工基本医疗保险（含生育保险）基金累计收入 123.60 亿元，其中，保费收入 116.02 亿元，比去年同期 90.92 亿元增加 25.10 亿元；当期基金累计支出 85.99 亿元，其中，待遇支出 74.92 亿元，比去年同期 77.40 亿元减少 2.48 亿元；累计结余 215.31 亿元，比去年同期 177.70 亿元增加 37.61 亿元。

城乡居民基本医疗保险基金收入 73.58 亿元，其中，保费收入 22.30 亿元，比去年同期 29.25 亿元减少 6.95 亿元；当期基金支出 55.45 亿元，其中，待遇支出 51.32 亿元，比去年同期 48.15 亿元增加 3.17 亿元；累计结余 62.52 亿元，比去年同期 44.39 亿元增加 18.13 亿元。

工伤保险基金收入 3.73 亿元，其中，保费收入 3.52 亿元，比去年同期 1.41 亿元增加 2.11 亿元；当期基金支出 2.63 亿元，其中，待遇支出 2.61 亿元，比去年同期 1.99 亿元增加 0.62 亿元；累计结余 19.31 亿元，比去年同期 18.21 亿元增加 1.1 亿元。

二 经济特区社会保障发展取得的成就

2021 年是"十四五"规划开局之年。保障特殊困难群体的基本生活，加强社会服务兜底能力建设，体现着国家的民生温度和治理精度，是保障和改善民生的题中应有之义，是推动共享发展的具体体现，有利于维护社会公平正义和实现共同富裕。

2021 年，各经济特区以习近平新时代中国特色社会主义思想为指导，认真落实习近平总书记关于民政、退役军人、残疾人等工作的重要讲话精神，坚持以人民为中心，坚持新发展理念，树立系统观念，以推动高质量发展为主题，以供给侧结构性改革为主线，以改革创新为动力，围绕重点群体救助、托养、养老、医疗、康复等需求，推动社会服务设施补短板、强弱项、提质量，进一步织密扎牢民生保障网。

（一）经济特区社会保险发展取得的成就

1. 深圳

（1）坚持底线思维、强化风险意识，织密安全"防护网"

深圳各级民政部门始终坚持高于社会面的防控标准，坚持以大概率思维应对小概率事件，持续加强养老机构、儿童福利机构、救助管理机构、街面流浪乞讨人员疫情防控工作指引，加大对各民政服务机构疫情防控检查的力度，尤其在本市及周边地区，以最坚决、最果断、最严格、最全面、最彻底的防控措施，牢牢守住了"民政服务机构不发生疫情""民政服务对象不因疫情影响而挨饿受困"两条工作底线。坚持安全生产和疫情防控同部署、同推进，初步完成深圳民政局服务机构安全监管平台建设工作，持续推进民

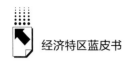
政领域安全生产专项整治、安全生产宣教、应急演练等工作，推进养老机构消防安全管理标准化建设，全市参评的44家机构100%达标。

（2）回应群众关切、增进民生福祉，完善民生"保障网"

2021年，深圳低保标准提高至人均每月1300元，低保边缘认定标准提高至人均每月1950元，特困人员供养标准提高至人均每月2080元，居全国前列。2021年9月，为贯彻落实"广东兜底民生服务社会工作双百工程"，深圳民政局联合深圳人力资源和社会保障局等相关部门，制定《"深圳兜底民生服务社会工作双百工程"实施方案》，按照"统筹规划、合理布局、全面覆盖"的原则，到2021年末全市街道（镇）建成社会工作服务站，2022年末全市社区（村）建成社会工作服务点，实现"一街道（镇）一服务站、一社区（村）一服务点"，全市社会工作服务站（点）100%覆盖、困难群众和特殊群体社会工作服务100%覆盖。为深圳打造"民生幸福标杆"、实现"弱有众扶""老有颐养""幼有善育"提供重要支撑。

（3）合理规划社保经办机构，推动落实社保工作

截至2021年末，全市社会保险经办机构34个，其中11个分局、23个站，全市社会保险经办机构总编制数768人。全市金融社保卡累计发卡数约2262万个，社会保障卡在人社业务项目计划应用个数为170项，实际应用个数为148项，应用率为87.06%，全市社会保障卡合作银行服务点约1320个。在根据市民需求合理规划和建设基层经办机构的基础上，深圳加大"放管服"改革力度，使社保审批服务管理标准化、事项清单化、指南规范化，同时深化"秒批"政务服务模式改革，实现社保业务"就近办、便捷办"，推动社保工作在一线得到有效落实。

2. 珠海

（1）"先行救助、手续后补"，社保"战疫"行动成效卓著

建立一把手总负责，以各分管领导为组长的"一老一小"机构、社会救助、社会事务、社区（村）"两委"换届、社会组织、内部管理等6个专责小组，统筹抓好疫情防控工作。织密扎牢兜底保障安全网，民政部门及时足额发放各类社会救助金，及时将疫情导致基本生活陷入困境的家庭和个人

纳入救助范围；建立绿色通道，对于情况紧急的，采取"先行救助、手续后补"方式予以临时救助。发动社会组织、慈善力量、志愿者广泛开展送温暖活动。

（2）完善覆盖全民的社会保障体系，提升社会保险经办服务能力

截至2021年末，贯彻实施国家《社会保险服务总则》《社会保障服务中心设施设备要求》《社会保险视觉识别系统》，建设标准服务大厅2个（其他4个办事处已进驻区行政服务中心），占全部服务大厅33.3%。全市社会保险经办机构工作人员总人数232人，在各区共派驻了6个办事处。全市建立基层人力资源和社会保障服务平台的乡镇15个，占全部乡镇的100%；全市建立人力资源和社会保障工作机构的街道10个，占全部街道的100%。

（3）做好社会保障信息系统建设工作，丰富社保卡应用场景

截至2021年末，全市社会保障卡有效持卡人数为273.51万人，电子社保卡签发人数为210.93万人。社会保障卡在人社业务项目计划应用个数为94项，实际应用个数为89项，应用率为94.68%。2021年，全市社会保险业务管理系统服务超过220万人，异地就医结算系统服务15586人，结算金额19396.52万元。电话咨询服务748392人，建立微信平台，及时发布社会保险有关信息。

3. 厦门

（1）构建现代社会保障制度体系

《厦门市工伤康复管理办法》自2021年1月1日起施行，加强和规范厦门工伤康复管理工作，保障工伤职工工伤康复权益，工伤康复坚持"医疗与康复并重"和"先康复、后鉴定"的原则，对具有康复价值的工伤职工，实行康复早期介入，促进工伤职工在最佳康复期进行康复治疗，更好地恢复和提升生活自理能力、职业劳动能力和社会生活能力。根据国家、福建省有关建立丧葬补助金制度的要求，结合实际情况，制定《厦门市城乡居民养老保险丧葬补助办法》，进一步完善城乡居民养老保险制度，提升城乡居民待遇。

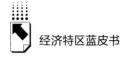
（2）社会保险政策持续优化

开展社会保险"惠民政策进社区"宣传活动，通过上门授课、政策宣讲、发放材料等方式走进社区（村）实地宣传。持续推进"不见面"业务办理，做好社保业务"不见面"办理工作，倡导群众通过网上办、自助办、掌上办、邮寄办、延迟办等多种"不见面"办理方式办理社保。2021年全市社保经办机构"不见面"办理各项社保业务413.46万件。不断提升"12333"热线服务水平，2021年9月22~30日，厦门"12333"热线通过居家远程电话为百姓提供不间断的咨询服务，这为全国首创。

（3）做好民生保障工作

助力稳就业保民生。下调失业保险单位缴费率，联合制定印发发放一次性稳岗补助与招工奖励实施细则，并完成系统平台搭建工作。稳妥做好政策调整衔接工作，推进全民参保登记。牵头拟制并平稳实施市企业职工基本养老保险纳入省级统筹过度衔接方案，开展工伤失业保险纳入省级统筹相关工作，稳步提高养老保险待遇。

4. 汕头

（1）简政放权，深入开展"人社服务快办行动"

收集并提请市政府统一下放"工伤认定申请""工伤事故备案""工伤预防项目申报"3项职权事项。推行业务"最多跑一次"，深入开展"人社服务快办行动"，实现61个事项"跨省通办、省内通办"，高频事项全部提速50%以上，99%的事项"最多跑一次"，60个事项即来即办。在2020年减少74个证明材料的基础上，2021年再对28个证明材料实行告知承诺制。积极推进特殊情况上门办、服务下沉就近办、以社保卡为载体的"一卡办"和无感审批、"免申即办"。

（2）加强多层次社会保障

落实企业职工养老保险和工伤保险省级统筹工作，推进失业保险基金省级统筹，进行城乡居保基金市级管理改革。构建多层次医疗保障体系，强化基本医疗保险、大病保险与医疗救助保障功能。打好治欠保支攻坚战，完善劳资调解机制，构建和谐劳动关系。聚焦特殊群体，实施"广东兜底民生服务社会工作双百工程"。加快推进居家、社区养老服务和医养、康养相结合，建设一批医养、康养结合示范区，加强老年人服务便利化设施建设，鼓励社会资本参与老年教育、养老产业发展。落实人才金凤卡制度，为来汕高层次人才提供"一站式""管家式"便捷服务，推进重点领域人才落户限制进一步放开。巩固双拥工作成果，加强退役军人服务保障体系建设。

5. 海南

（1）保持政策总体稳定，建立长效机制

完善城乡居民基本养老保险费代缴政策。衔接过渡期（2021~2025年）内，对于低保对象、特困人员、返贫致贫人口、脱贫不稳定人口、边缘易致贫人口、严重困难户、享受定期抚恤补助金的优抚对象参保人，各市县政府应结合本地实际，按照最低缴费标准为其代缴部分或全部保费，所需资金由各市县财政承担；对于持证一、二级重度残疾人，独生子女伤病残达到三级以上（含三级）的父母，独生子女死亡家庭的父母，计划生育手术并发症参保人员，政府应按照最低缴费标准为其代缴全部保费，所需资金由省财政与市县财政按照6∶4的比例分担。参保人同时符合以上两个或多个条件的，按其中一个条件享受政策。

（2）推进社会保险法定人员全覆盖，精准实施全民参保计划

在衔接过渡期内，允许年满60周岁、符合城乡居民基本养老保险参保条件且未享受城乡居民基本养老保险待遇的人员，通过补缴保费方式纳入城乡居民基本养老保险制度，自符合待遇领取条件次月起按月发放养老金。制定《工伤预防五年行动计划（2021—2025年）实施方案》，重点在工伤事故和职业病高发的行业企业实施该方案，切实降低工伤事故发生率，防止因伤致贫、因伤返贫。对疑似参保扩面对象较多的地区、行业、年龄段等予以重点关注，做到以点带面。按照全省统一部署，做好全民参保工作，加强部门间协调配合，建好全民参保相关信息系统，综合开展宣传工作，压实工作责任，强化工作督导，确保工作顺利开展。

（3）加强社会保险经办服务能力

加大农村地区社会保障卡发行和应用力度，建立覆盖城乡的社会保障卡

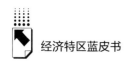

服务体系，为农村地区居民、老年人、残疾人等群体提供"就近办""立即办"等社会保障卡便捷服务。推动城乡居民社会保险通过社会保障卡缴纳保费和待遇发放。加快社保经办数字化转型，建设全省人社一体化信息平台，在省内实现各项人社业务的联网经办，逐步推进"全省通办"，推动"全数据共享、全服务上网、全业务用卡"。不断优化城乡居民养老保险一体化信息系统，积极向社区（村）末端延伸，推动经办业务实现向"全省通受、辖区办理"转型，给城乡居民提供更加便捷的服务。建立健全全省数据共享机制，与省政务信息共享平台实现互通，实现各项数据资源在全省的共享。深入推进失业保险待遇"畅通领、安全办"。

（二）经济特区社会救助和社会福利发展取得的成就

1. 深圳

2021 年，深圳民政系统深学笃用习近平新时代中国特色社会主义思想，不断完善民生保障制度，夯实社会治理基础，提升社会服务水平，扎实推进民政事业高质量发展。

养老服务方面，加快构建四级养老服务网络，发布"我为长者办实事"12 项服务项目清单；实现全市高龄老人津贴无感申办；联合市水务集团试点"改造智能水表远程监测"项目，维护孤寡等特殊困难老人安全；培训养老护理员 1.5 万人、家庭护老者超 1 万人，超额完成首批 500 户家庭适老化改造；各区分别建成 1 个四级养老服务网络示范街道，全市已建成 71 家养老机构、26 家街道长者服务中心、162 家社区养老服务机构和 360 家长者饭堂，实现社区长者助餐服务全覆盖。

民生保障方面，针对不同特殊困难群众分类、精准、综合施策，推动兜底保障工作更加温暖有力。低保标准提高至每人每月 1300 元，低保边缘认定标准提高至每人每月 1950 元，特殊困难群众供养标准提高至每人每月 2080 元，重度残疾人护理补贴标准提高至每人每月 452 元，低保、低保边缘困难残疾人生活补贴分别提高至每人每月 226 元和 113 元，居全国前列。孤儿及事实无人抚养儿童养育标准实现一年一调，提高至每人每月 2432 元，居全省前列。修订《深圳市最低生活保障办法》，低保范围适度扩大到涵盖部分非本市户籍困难人员，申请对象从家庭改为"家庭+个人"；上线市居民家庭经济状况核对信息系统，接入政府部门、银行、保险、证券等居民财产收入数据270项，实现智慧核对、精准救助，全年累计发放救助金约5605万元。实现残疾人"两项补贴"跨省通办，保障残疾人权益。创新"3221"科技寻亲模式，帮助610名受助人员成功寻亲返乡。第九届中国公益慈善项目交流展示会首次以"云展会"形式举行，意向对接金额逾37亿元，为集聚慈善力量、巩固脱贫攻坚成果、实施乡村振兴战略作出了积极探索。

慈善事业方面，为全面贯彻《中华人民共和国慈善法》以及《关于加快我市慈善事业发展的意见》有关文件精神，进一步探索慈善组织参与第三次分配的实践路径，深圳开展2021年中华慈善日暨深圳市慈善会第六届"9·5公众开放日"系列活动，开展99公益日"雏鹰展翅"助学项目的前期筹款工作。集聚广大爱心企业、慈善组织、各界爱心人士等社会慈善力量积极投身乡村振兴工作，积极探索"互联网+慈善""慈善+金融""慈善+科技"等现代公益慈善模式，充分发挥好慈善事业第三次分配的作用，助力深圳打造"七优"民生幸福标杆，为全国慈善事业创新发展提供更多深圳经验。

2. 珠海

2021年，珠海进一步健全分类分层的社会救助体系，完善帮扶低收入家庭、残疾人、困境儿童等社会福利制度，推动慈善事业发展。政策方面，珠海2021年第一季度完成2021年残疾人补贴提标工作。印发《珠海市低收入家庭救助工作方案》，组织对4925户困难群众开展入户核查，核查率100%，并根据核查结果调整救助待遇。全市组织困境儿童政策宣讲进村居活动40场。印发《珠海市监护困境儿童安全保护工作指引》《珠海市困境儿童分类评估工作指引（试行）》，进一步健全农村留守儿童和困境儿童关爱保护体系；2021年5月10日，全市农村留守儿童和困境儿童关爱保护"政策宣讲进社区（村）"活动开展450场；进一步完善困境儿童配套政

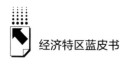
策，出台《关于进一步做好事实无人抚养儿童保障有关工作的通知》。印发《关于2021年提高我市残疾人两项补贴标准的通知》，提高全市残疾人两项补贴标准；自2021年4月22日起正式实行残疾人两项补贴资格认定跨省通办政策。印发《珠海市监护困境儿童安全保护工作指引》，出台《珠海市困境儿童分类评估工作指引（试行）》，将未成年人群体纳入重点保护范围。制定《珠海市困境儿童定期探访登记表》，建立困境儿童定期探访机制，要求各区（功能区）对散居孤儿、事实无人抚养儿童每月上门探访或电话沟通不少于1次。

3.厦门

2021年，厦门民政部门开拓创新、锐意进取，推动民政事业高质量发展，为厦门打造高素质、高颜值、现代化、国际化城市贡献力量。

社会救助精准有力。实行与最低工资标准和居民人均消费支出双挂钩联动动态增长机制，最低生活保障补贴、特困人员救助供养补贴、残疾人两项补贴等各类保障标准均位居全省第一，并及时足额发放。进一步放低低保认定条件，从户籍、家庭收入和家庭财产等方面提高低保起算标准，降低准入门槛。主动排查困难群众16443人，全年新增低保对象1249人，全市临时救助9535人，支出临时救助资金1440.19万元。提升农村留守儿童和困境儿童保障水平，将年满18周岁仍在全日制学校就读的事实无人抚养儿童纳入保障范围。实现孤儿、事实无人抚养儿童认定受理"跨省通办"。

养老服务均等优质。全市新增养老床位1472张、老年人助餐点12处，完成541户困难老年人家庭适老化改造。开展家庭养老照护床位建设试点工作，14家试点养老服务机构参与建设床位483张。建设37个近邻养老服务示范点，升级改造42个社区服务站及农村幸福院，新建2家照料中心、9家农村幸福院。积极推进高端养老项目实施，完成年度投资3.83亿元，进展顺利。根据2021年7月国家发展改革委公布的2020年中国营商环境评价情况，厦门的养老机构数量及床位数量、养老设施覆盖率、财政投入、激励政策等相关指标，在参评的城市和国家级新区中排名第九。

儿童关爱温暖贴心。出台《关于加强和完善农村留守儿童和困境儿童关爱服务体系的实施意见》和《关于做好事实无人抚养儿童保障工作的若干意见》，初步建成四级联通互动、覆盖所有农村留守儿童和困境儿童的保障工作体系。实现市、区未成年人救助保护中心全覆盖和全部挂牌运行，依托 12345 服务平台开通 24 小时儿童救助保护热线。创建 1 个农村留守儿童和困境儿童关爱保护市级样板示范点、5 个区级关爱服务特色示范点和 24 个儿童关爱服务乡村基础示范点。

4. 汕头

2021 年，汕头统筹抓好常态化疫情防控和民政事业高质量发展工作，各项民政工作取得了新进展、新成效，汕头民政局荣获"全国维护妇女儿童权益先进集体"称号。

社会救助提质增效。推进脱贫攻坚兜底保障成果与乡村振兴有效衔接，将近千名防返贫监测对象纳入救助范围，对 130290 名低收入人口开展监测救助工作。及时有效救助生活无着的流浪乞讨人员，救助流浪乞讨人员共 581 人，寻亲成功协助返乡 102 人。全面开展全市困难群众住房情况排查工作，累计排查困难群众家庭 83148 户。

养老服务事业加快发展。出台方案推进住宅小区养老服务设施建设，下发补助资金 1044 万元，资助 30 个示范点配套养老服务设施建设，老年人居家适老化改造工程首期覆盖 350 个对象。大力推进居家养老服务信息平台建设，龙湖区"呼援通"等居家养老紧急呼援服务在全市推广，龙湖区"呼援通"服务人数 1.5 万多人，累计为民办好事实事 21 万件。

儿童保障成效凸显。建立未成年人保护工作领导协调机制，联动推进"六大保护"协调机制制定，初步构建未成年人保护工作新体系。全力做好困境儿童保障工作，陆续开展孤儿档案管理、家庭寄养、收养登记、传染病筛查等多项清理整治工作。

5. 海南

2021 年，海南民政厅坚决贯彻落实省委、省政府部署要求，凝心聚力、开拓创新，基本民生保障能力明显增强，基本社会治理水平显著提升，基本社会服务更加有效，人民群众的获得感、幸福感得到提高。

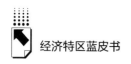

积极推动"养老＋金融"深度融合，开展养老志愿服务"时间银行"试点工作，为社会力量参与养老服务提供了有力支持。修订印发《海南省养老机构公建民营实施办法》，解决养老机构公建民营过程中"难以吸引运营方、招投标操作不便"等问题。开展高龄长寿老人补贴智能"快办"服务工作，实现刷脸即办，全省22.31万名老人领取高龄补助金2.44亿元，1696名百岁以上老人领取长寿补助金1187万元。全面实行困难残疾人生活补贴和重度残疾人护理补贴资格认定申请"跨省通办"政策，及时足额向15.31万人发放残疾人"两项补贴"，实现"马上办、就近办、一地办"，提升了群众的获得感、幸福感。

实施好为民办实事项目，提高全省孤儿和事实无人抚养儿童基本生活保障标准，共发放孤儿基本生活补贴8239人1211万元，发放事实无人抚养儿童基本生活补贴14520人1574万元。将农村低保标准提高至425元/月（海口、三亚除外），完善城乡低保制度。创新寻亲服务技术手段，建立长期滞留流浪乞讨人员在琼落户工作机制，截至目前，救助流浪乞讨人员3112人，妥善照料服务长期滞留人员677人，寻亲成功协助返乡256人，落户安置63人。

为深入贯彻党的十九届四中、五中全会精神，充分发挥慈善事业第三次分配作用，优化收入和财富分配格局，促进共同富裕，推动慈善事业高质量发展，更好服务海南自由贸易港建设，2021年11月海南省民政厅发布《进一步推动慈善事业高质量发展的意见》，以构建组织化、多元化、规范化的新时代慈善事业发展新格局为目标，通过培育慈善主体、拓宽参与渠道、激发慈善活力、健全慈善监管体系、弘扬慈善文化等手段推进海南慈善事业高质量发展。

三 经济特区社会保障发展存在的现实困境

（一）现有医疗保障体系无法满足新时代社会保障的发展需求

新中国成立后，随着我国经济的不断发展，医疗保障体系也在不断地进行改革和完善。城乡结构的变化、人口流动的加剧、就业形式的多样化、健康需求的复杂化，都在促使医疗保障制度完善。对医疗保障制度的多层次设计，在我国过去发布的《中共中央国务院关于深化医药卫生体制改革的意见》《中共中央国务院关于深化医疗保障制度改革的意见》，以及"十二五""十三五""十四五"出台的各项规划中均有所体现，其成果也是有目共睹的。尽管我国的医疗保障制度顶层设计已经呈现出多元多层的特点，但从政策落实和各级实践的结果来看，目前的医疗保障制度呈现的主要特点还是基本多元，而这与我国人民的实际需求之间存在一定的矛盾，具体表现在以下几点：各层次保障制度定位不够精准，部分层次之间功能有所交叉，部分则出现群体覆盖面窄的情况；多层次保障制度的结构不均衡，政府、社会、市场三者边界不清晰，借助多维资源来解决结构问题的思路尚不成熟；基本多元的医疗保障制度无法满足新时代人们的健康需求，尤其是在疾病预防、老年护理等领域，需要更多机构和更丰富的保障制度来广泛参与。

（二）突发公共卫生事件给社会保障应急管理带来挑战

尽管长期以来我国致力于提高公共卫生服务水平，持续建立突发传染病的防控应急管理体系，但由于缺乏应对疫情问题的演练，在某些地方突发公共卫生事件同时发生时存在反应迟缓、信息传递不及时、对防疫手段和程序实施监管不到位、疫情相关的法治保障不足等情况。具体表现在以下几个方面：在预防阶段，突发公共卫生事件预警机制不完善，对最佳初始防控时机把握不够准确，响应效率较为低下，缺乏对疫情相关信息的持续关注和跟踪；在控制阶段，基础医疗保障和救助设施分布结构不均衡、一线防疫和医护人员紧缺、相应战略物资储备不够、防控意识不够强、对传染病传播链条中各个环节的控制不够有力；在治疗阶段，分诊和治疗方案不够完善，未能和防控环节形成良好的信息和数据互动。更为重要的是，"防、控、治"三者在抗击疫情过程中没能很好地结合和联动，环节之间的衔接不足问题极为突出。由此可见，目前我国在突发公共卫生事件应急管理体系的健全过程中，亟须建立"防、控、治"的联动机制。

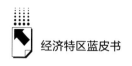
（三）我国养老服务体系不够完善

随着我国老龄化进程的加快，老龄化人口基数持续增加，构建与经济社会发展水平相适应的基础性、普惠性、兜底性基本养老服务体系十分重要。但在实践中，存在养老保险制度碎片化，相应的社保管理制度不健全，商业型养老保险发展缓慢等情况，无法解决老年人需求不同、困难和问题不一的实际问题。目前我国养老服务体系构建中，主要存在以下具体问题：政府重视及投入不足，相关法律体系及政策相对不健全，机构监管力度不大，存在一定的资源浪费；市场介入力度小，没有形成完整的产业链，商业化服务模式单一，缺乏对养老服务质量的评估、反馈与监管机制；存在区域的不均衡分布以及结构的不均衡情况，某些地区的养老服务水平无法与当地的养老需求相匹配。

（四）保险基金监管方式的不完善有碍于提升社保体系运转效率

一直以来，在我国社会保障制度和法治体系建设中，对社保基金的监管意识均有体现。但从贯彻实施的成效来看，其仍然存在不少缺陷，具体体现在以下几个方面：虽然有针对社保基金监管的法律条例，但是没有形成一套完整的体系，相关法律条文层次不高，地方进行社保基金监管更多依赖部门规章和规范性文件，这导致约束效力低、执法无力等情况出现；对社保基金监督系统设计不够科学，评估体系没有形成统一的标准，难以形成有效的、规范的实际反馈；社保基金监管部门设置混乱，专业人员缺乏，人员职业素养不高，存在监管效率低、监管无力的情况。

（五）社会保障舆情风险识别和管理意识不强

快速发展的网络技术、急剧扩大的网民规模和传播范围不断扩大的网络新闻，使网络舆论成为经济社会中越来越重要的力量。而在新媒体环境下，信息发布门槛低，加上近年重大公共卫生事件的发生，网络上常常出现对负面或不实舆论的热议和传播，经过持续发酵，导致群众情绪不稳定，对社会安定构成一定的威胁。目前我国的社会保障舆情管理存在以下问题：缺乏社会保障舆情管理意识，对舆情识别不足，负责主体混乱，缺乏与当下信息时代特点相匹配的舆情管理机制；对负责舆情的反应速度低下，无法在社会舆论发酵的早期阶段对其进行有效引导和应对，对风险研判不清晰，没有建立一个有效的评估机制；监管执行机构缺位，对社保舆情风险管理的专业人员缺失，容易在负责舆情广泛传播的情况下进一步加剧冲突，使得政府公信力被质疑，无法开展相关社保政策的后续实施工作。

四 推进经济特区社会保障发展的对策建议

（一）推动医疗保障体系从基本多元向多层多元转型

为了达到新时代高质量发展和共同富裕的目标，原有的医疗保障制度需要从基本多元向多层多元转型。除要在顶层设计中予以体现之外，还应该注意以下三点。第一，明确各层次的边界，实现精准保障。对目前具有普惠性质的大病保险进行改革，扩大医疗救助群体的范围并进行分类化管理，确保对当前的医疗保障制度主体起到补充式和扩展化的作用，同时减少重复的制度建设。第二，持续引入社会和市场有机力量，鼓励开发和提供商业化产品和服务，培育非营利组织，有效引导政府、市场和社会三方共同协助和联动，进一步减小个人的医疗费用支付压力。第三，促进多层次医疗保障从治疗端向前后两侧延伸，着力满足疾病预防、健康促进、治疗康复、育儿及老年护理等健康需求，针对不同需求层次的对象提供更加完美和精准的保障方案。

（二）建立健全的社会保障和救助制度

抓紧补短板、堵漏洞、强弱项，健全国家公共卫生应急管理和社会救助体系。要达到这一目的，最重要的是做好三个环节的关键工作。一是以预防为主，增强突发公共卫生事件的预防意识，增强群众健康意识，建立分级分层及时的预防体系，加强病原体的源头控制，建立强有力的监测、预警和报告机制。二是以控制为核心，提升响应速度和效率，加强疾病传染全链条控制和防护，形成富有应变能力的防控体系，迅速统筹社会资源，及时积累防疫保障和社会救助经验，控制疾病的扩散蔓延。三是以治疗为要点，加强患病人群的确诊和分诊、临床救治、疫苗药物研发等，根据反馈调整各类诊疗方案以快速应对，加强传染病的疫苗、检测产品、新药和其他医疗产品的研发，提高临床救治水平。重中之重是要加快构建"防、控、治"联动体系，在以往应急管理体系的基础上，加强法律和制度保障。最终实现以防为先，防中带控；以控为核，防控结合；以治为要，治中抓控。

（三）持续保障养老服务高质量发展

为响应习近平总书记在讲话中对"要加快发展多层次、多支柱养老保险体系"[①] 的强调，建议从以下几点着手进行养老服务体系建设：加快健全养老保障的政策法规体系，加强重点老年困难群体养老保障，为居家社区养老提供有力的制度支撑，扩大基本养老服务覆盖面；有效引入商业养老保险机制，弥补政府养老保障制度的不足，建立多层次的养老保险体系，持续保障养老服务水平提升；严厉打击欺诈骗保、套保和挪用贪占养老保障资金的违法行为，守护好人民群众的每一分"养老钱"。

（四）制定合理有效的社会保险基金监管政策

为了促进构建可持续的多层次社会保险体系，进一步提升基金监管水平，切实维护社会保险基金安全，应当以"筑屏障守安全，强化基金监管"为工作目标，从以下方面着手进行改进。第一，加强社保基金风险防控意识，做好基金管理制度顶层设计，建立政策、经办、信息、监督"四

---

① 《【理响中国】关于社会保障制度改革，习近平总书记作出这些部署》，求是网，2022 年 8 月 24 日，http://www.qstheory.cn/2022-08/24/c_ 1128942147.htm。

位一体"的协同监管机制，严格落实社会保险基金管理各层级的工作。第二，加快推进依法监管机制建立，建立健全社会保险基金依法监督政策。落实属地监督、协同监督责任，规范社保基金监督工作，提升社保基金监督水平，建立基金监督约谈机制，加强社保基金警示教育，增强社保队伍风险防控意识，严厉打击欺诈骗保，贪占、挪用社保基金的违法行为。第三，以健全社保基金监督体制机制为目标，扎实推进协同监管机制建立，打造共建共治共享的社会保险基金监管格局，加强社保基金监督机构及队伍建设，提升基金监督干部的能力素质，以求进一步促进社会保险事业高质量可持续发展。

（五）提升社会保障网络舆情应对速度和控制能力

在强大的网络信息时代，互联网既是传播新闻信息的新媒体，也是增进社会相互沟通的新渠道，对经济、政治、文化等各个领域有着重大影响，深刻改变着人们的工作和生活方式。对互联网运用和管理得好，可以起到统一思想、凝聚人心、促进经济社会发展的积极作用；运用和管理得不好，就会引发矛盾、造成分歧、涣散人心、严重影响社会主义和谐社会建设。因此，当前迫切需要社会保障部门以科学发展观为指导，切实加强网上思想舆论阵地建设，掌握网上舆论的主导权，努力营造良好的舆论环境，更好地服务于经济社会发展大局。为此，需要从以下几点着手进行完善：充分认识做好网络舆情监控和管理工作的重要性，健全相应的体制机制，建立与时俱进的社保舆情监管规章制度，确保民意反映渠道的通畅和有效；完善社保舆情应对预案，建立定性和定量相结合的舆情风险评估系统，及时对风险点进行研判和预警，在负面或不实舆情扩散之前将风险掐灭在萌芽状态，掌握舆情治理的主导权；明确相关主体的权责，规范执行机构的监管流程和手段，提升执行人员的专业素质，减少落实过程中的冲突升级问题，确保社保政策的贯彻实施。

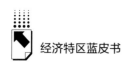

参考文献

《2021 年度深圳市社会保险信息披露》，深圳政府在线网站，2022 年 4 月 26 日，http：//www. sz. gov. cn/szzt2010/sjfb/sjkd/content/post_ 9731109. html。

《深圳市 2021 年国民经济和社会发展统计公报》，中国统计信息网，2022 年 5 月 7 日，http：//www. tjcn. org/tjgb/19gd/37215. html。

《深圳市职工社会保险缴费比例及缴费基数表（2021 年 1 月起执行）》，深圳市人力资源和社会保障局网站，2021 年 1 月 1 日，http：//hrss. sz. gov. cn/szsi/sbjxxgk/tzgg/simtgg/content/post_ 8388699. html。

《深圳市职工社会保险缴费比例及缴费基数表（2021 年 5 月起执行）》，深圳市人力资源和社会保障局网站，2021 年 5 月 26 日，http：//hrss. sz. gov. cn/szsi/sbjxxgk/tzgg/simtgg/content/post_ 8805152. html。

《深圳市职工社会保险缴费比例及缴费基数表（2021 年 7 月起执行）》，深圳市人力资源和社会保障局网站，2021 年 7 月 23 日，http：//hrss. sz. gov. cn/szsi/zxbs/zdyw/sbyqfk/xwbd/content/post_ 9027429. html。

《2021 年深圳民政工作总结》，深圳政府在线网站，2022 年 5 月 27 日，http：//www. sz. gov. cn/szzt2010/wgkzl/jggk/lsqkgk/content/post_ 9823016. html。

《关于 2021 年珠海市社会保险情况的通告》，珠海市社会保险基金管理中心网站，2022 年 4 月 13 日，http：//zhsi. zhuhai. gov. cn/gggs/content/post_ 3204707. html。

《厦门市 2021 年国民经济和社会发展统计公报》，厦门市统计局网站，2022 年 3 月 22 日，https：//tjj. xm. gov. cn/tjzl/ndgb/202203/t20220322_ 2636525. htm。

《2021 年社会保险情况通报》，厦门市人力资源和社会保障局网站，2022 年 5 月 11 日，http：//hrss. xm. gov. cn/xxgk/tzgg/202205/t20220511_ 2660534. htm。

《关于调整我市 2020 年职工基本医疗保险生育保险缴费基数上下限有关问题的通知》，汕头市医疗保障局网站，2022 年 7 月 9 日，https：//www. shantou. gov. cn/stsylbzj/gkmlpt/content/1/1786/post_ 1786610. html#3505。

《关于调整我市 2021 年职工基本医疗保险（生育保险）缴费基数上下限有关问题的通知》，汕头市医疗保障局网站，2021 年 9 月 26 日，https：//www. shantou. gov. cn/stsylbzj/gkmlpt/content/1/1971/post_ 1971148. html#3505。

《我市调整社会保险缴费工资基数上下限》，汕头市人力资源和社会保障局网站，2021 年 7 月 27 日，https：//www. shantou. gov. cn/stsrlsbj/gkmlpt/content/1/1946/post_ 1946767. html#3266。

《关于调整 2021 年度社会保险缴费工资基数上下限的通知》，汕头市人力资源和社会保障局网站，2021 年 7 月 23 日，https：//www. shantou. gov. cn/stsrlsbj/gkmlpt/content/1/1945/post_ 1945539. html#3286。

《2021 年汕头国民经济和社会发展统计公报》，汕头市统计局网站，2022 年 3 月 29

日，https：//www.shantou.gov.cn/tjj/tjzl/content/post_ 2042932.html。

汕头市社会保险基金管理局网站，https：//www.shantou.gov.cn/csi/zwgk/xxgk/ zfxxgk/。

《2021年海南省社会保险情况》，海南省社会保险服务中心（医疗保险服务中心）网站，2022年7月4日，https：//hnsbyb.hainan.gov.cn/hnsbyb/2002/202207/17407c339 07b4cb9b2e2c4e754546a03.shtml。

《海南省人力资源和社会保障厅 海南省医疗保障局关于公布2021年度我省职工社会保险缴费基数和养老金计发基数的通知》，海南省人民政府网站，2021年11月17日，https：//www.hainan.gov.cn/hainan/tjgw/202112/765b1ed4cfc342619adb53b0451bffc1.shtml。

《2021年海南省国民经济和社会发展统计公报》，海南省人民政府网站，2022年2月22日，https：//www.hainan.gov.cn/hainan/tjgb/202202/d46f2a77c29448c9acb69ea80c934cb2.shtml。

《2021年海南省民政事业支出、民政机构数量、社会救助及儿童收养情况统计分析》，华经情报网，2022年3月29日，https：//www.huaon.com/channel/distdata/794323.html。

《"十四五"时期社会服务设施兜底线工程实施方案》，https：//www.ndrc.gov.cn/ xwdt/tzgg/202105/P020210514357072622765.pdf。

《关于印发"深圳兜底民生服务社会工作双百工程"实施方案的通知》，深圳民政网站，2021年9月9日，http：//mzj.sz.gov.cn/cn/xxgk_ mz/tzgg/content/post_ 94273 50.html。

《珠海市民政局2021年市政府重点工作任务落实情况表》，中国珠海政府网站，2021年9月22日，http：//www.zhuhai.gov.cn/xw/ztjj/zdgzlsqk/2021/content/post_ 3000176.html。

《珠海市人力资源和社会保障事业发展"十三五"任务圆满收官"十四五"面临新的机遇和挑战》，珠海市人力资源和社会保障局网站，2021年6月15日，http：// zhrsj.zhuhai.gov.cn/zw/zhdt/content/post_ 2878118.html。

《回望2021·厦门 勇立潮头 民政事业高质量发展谱新篇》，民政部网站，2021年12月27日，https：//www.mca.gov.cn/article/xw/mtbd/202112/20211200038841.shtml。

《厦门市人民政府办公厅关于印发城乡居民养老保险丧葬补助办法的通知》，厦门市人力资源和社会保障局网站，2022年4月1日，https：//hrss.xm.gov.cn/xxgk/zfxxgkzl/ zfxxgkml/zcfg/202201/t20220104_ 2614559.htm。

《市政府召开2022年全市民政工作会议》，汕头市民政局网站，2022年3月4日，https：//www.shantou.gov.cn/stsmzj/gkmlpt/content/2/2033/post_ 2033505.html#3373。

《汕头市人力资源和社会保障局2021年法治政府建设年度报告》，汕头市人力资源和社会保障局网站，2021年12月17日，https：//www.shantou.gov.cn/stsrlsbj/gkmlpt/ content/2/2005/post_ 2005740.html#3286。

《2021年政府工作报告》，汕头市人民政府网站，2021年2月1日，https：// www.shantou.gov.cn/cnst/zwgk/zfgzbg/content/post_ 1869513.html。

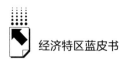

《海南省民政厅 2021 年工作开展情况总结》，海南省民政厅网站，2021 年 12 月 27 日，http：//mz. hainan. gov. cn/smzt/0800/202112/ccd77bd045cd4d128176e355b18f2705. shtml。

《海南省民政厅关于印发〈进一步推动慈善事业高质量发展的意见〉的通知》，海南省人民政府网站，2021 年 11 月 22 日，https：//www. hainan. gov. cn/hainan/tjgw/202111/af9503099c46486890137b964bbf5d3e. shtml。

《海南省人力资源和社会保障厅等九部门关于做好巩固拓展社会保险扶贫成果助力全面实施乡村振兴战略有关工作的通知》，海南省人力资源和社会保障厅网站，2021 年 11 月 29 日，http：//hrss. hainan. gov. cn/hrss/0503/202111/930bc85ce1ca4d73a401c9db840183ae. shtml。

B.6
中国经济特区公共安全保障体系发展报告

徐 芳　张克听*

摘　要： 公共安全是一项重要的民生工作，是经济高质量发展的重要保障。我国已全面建成小康社会，人民群众要求有更强的安全感。加快构建全面的公共安全体系正是践行安全发展理念的重要举措，是破解安全风险防控难题的迫切需要，是实现城市长治久安的根本保障。本报告先阐述公共安全保障体系建设的重要性和迫切性，然后分析深圳、珠海、汕头、厦门、海南各经济特区在公共安全保障体系建设领域的基本情况，主要从食品药品安全领域、安全生产领域、社会治安防控体系、突发事件应急体系等角度出发，对经济特区近年来在公共安全建设方面的实践经验进行总结，找出短板和不足，并针对性地提出进一步加强公共安全保障体系建设的建议，优化顶层设计、深化文化宣传、强化智慧建设。

关键词： 经济特区　公共安全保障体系　高质量发展

一　公共安全保障体系建设的重要性和迫切性

（一）加强公共安全保障体系建设是经济高质量发展的重要保障

公共安全以保障人民生命财产安全、社会安定有序和经济社会系统的持

---

* 徐芳，深圳大学经济学院应用经济学专业2021级硕士研究生，主要研究方向为区域经济；张克听，深圳大学经济学院副教授，应用经济学专业硕士生导师，主要研究方向为区域经济、宏观经济。

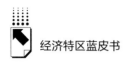

续运行为核心目标。安全发展是新时代公共安全保障体系建设的重要内涵和发展方向。随着我国城镇化进程的不断加快，城市作为人们生存发展的主要聚集地和国家经济社会发展的重要载体，其公共安全水平直接关乎每个社会公民的核心利益，关乎改革发展、国家和谐稳定的大局。当前面对百年未有之大变局，城市公共安全也呈现出复杂性、不稳定性、不确定性的特点，因城市本身具有人口密度大、基础设施密集的特点，各类公共安全突发事件造成的人员伤亡和财产损失更加严重。尽管国家对公共安全保障体系建设十分重视，公共安全保障体系建设依旧面临严峻的挑战，其具体表现为自然灾害的多发、较高的事故发生率、公共卫生事件防控难度大、社会安全问题突出。例如，2021年"7·20"郑州特大暴雨、"7·24"长春重大火灾事故"3·15"曝光的敌敌畏养海参事件。一件件事故带来沉痛代价的同时也不断提醒我们加强公共安全保障体系建设的必要性，也暴露出当前我国公共安全保障体系存在诸如数字化赋能公共安全保障水平有待提升、各类资源与应急响应制度的匹配度尚不高、民众公共安全意识尚不强等问题，因此加强公共安全保障体系建设是我国追求高质量发展的重要环节，只有坚持发展和安全并重，才能实现高质量发展和高水平安全的良性互动。如何建立协同高效、形式创新、多元共治的公共安全保障体系，为人民群众追求美好生活提供安全的保障，为推动经济高质量发展营造安全的环境，是当前亟须解决的问题。

（二）完善公共安全保障体系是保障和改善民生的重要内容

公共安全是最基本的民生也是最重要的民生，公共安全一头连着经济社会发展，一头连着千家万户。要自觉把维护公共安全放在维护最广大人民根本利益中来认识。近年来，《政府工作报告》对于公共安全更加关注，要求进一步提升公共安全保障水平，力求将公共安全作为一项重要民生工作，将创造良好的安全环境当作提升人民群众安全感、幸福感的一项重要任务抓紧抓好。政府在民生建设中要更加全面地关注公共安全问题，加大对影响公共安全的违法违规行为的打击力度，全力保障人民群众的生命财产安全，要健全公共安全体制机制，严格落实公共安全责任和管理制度，提高安全生产水平，加强食品药品安全监管，完善应急管理体系，彰显人民至上、生命至上的崇高追求。

（三）建立全方位的公共安全保障体系是推动社会和谐发展的必然要求

平安是人民幸福安康、社会和谐发展的必然要求。习近平总书记指出："城市发展不能只考虑规模经济效益，必须把生态和安全放在更加突出的位置，统筹城市布局的经济需要、生活需要、生态需要、安全需要。"① 安全没有休止符，无论如何强调都不为过。政府需要扎实做好公共安全工作，切实增强做好平安建设、市域社会治理现代化试点工作的责任感和使命感；要切实强化底线思维和风险意识，抓住机遇，应对挑战，全力守住公共安全底线，维护社会大局和谐稳定，打一场平安建设的攻坚战、整体战，为经济社会发展创造安全稳定的社会环境，努力为人民安居乐业、社会安定有序、国家长治久安编织全方位、立体化的公共安全网。

（四）全面增强公共安全保障能力是政府治理能力现代化的重要体现

《中共中央关于制定国民经济和社会发展第十四个五年规划和二〇三五年远景目标的建议》明确提出："坚持人民至上、生命至上，把保护人民生命安全摆在首位，全面提高公共安全保障能力。"需要政府健全公共安全法律法规体系，从立法上予以保证，明确责任；需要政府完善公共安全保障体系，在事前预警、事故发生、应急响应、事后处理方面建立完整的公共安全保障系统。一个国家的公共安全状况，体现着这个国家的治理能力。但国家和政府不可能包揽一切，公共安全不能只依赖国家和政府力量维护。所以，社会也是维护公共安全的重要力量。建立健全公共安全保障体系需要政

---

① 《建设更加安全的韧性城市（新知）》，"人民网"百家号，2022 年 4 月 8 日，https：//baijiahao.baidu.com/s？id=1729486705456341591&wfr=spider&for=pc。

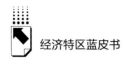

府找好自身的定位，加强对企业安全问题和责任落实的监管，积极引导企业、民间组织、群众个人参与，加强对群众的安全知识教育，积极组织训练和演习，实现社会多元共治；同时，完善和创新公共安全保障体系，提升政府部门的现代化治理能力，以科技为支撑，增强公共安全保障能力的科学性和有效性，提高公共安全保障能力的智能化、专业化水平，突破传统公共安全保障思路，增强应对复杂多变的现代公共安全问题的能力。

二　经济特区公共安全保障体系建设的基本情况

改革开放 40 余年来，经济特区在各方面建设中不断探索，形成了许多具有自身特色和推广价值的改革创新成果，诠释了特区作为改革开放"重要窗口"、"排头兵"和"试验田"的使命担当。经济特区作为国家高质量发展高地、法治城市示范区、国家生态文明试验区、民生幸福标杆、可持续发展先锋，在公共安全保障体系建设方面也取得了一定的成就，积累了许多可复制推广至全国的经验。深圳经济特区率先发布公共安全白皮书、率先组建食品安全监管局、组建城市公共安全技术研究院、创新食品安全执法形式，全方位推进"平安深圳"建设；珠海经济特区在平安建设中积极探索，深入推进"平安细胞"工程实施，构建多元参与体系；汕头经济特区深入开展"平安汕头"建设工作，建立全市应急联动体系，注重应急管理综合能力的提升；厦门经济特区创新公共安全保障形式，首次推出公共安全管理平台，坚持"科技引领+社会共治"两翼并举，在食品安全方面开创厦门模式；海南经济特区致力于升级海岛型立体化、智能化、可视化治安防控体系，打造一批智慧安防小区。经济特区在公共安全法规体系建设、智慧化建设、积极引导多元共治方面的探索与实践，对其他地区建立和完善公共安全保障体系，具有重要的参考价值。

（一）深圳经济特区

深圳作为改革开放的"排头兵"和"试验田"，在各方面发展中都展现出"先行先试"与"先行示范"。在注重经济持续健康发展的同时，统筹公共安全体系建设，着力构建与新形势、新任务、新要求相适应的公共安全体系，支撑和推动城市更长时期、更高质量、更可持续的科学发展、安全发展。近年来，深圳全面贯彻落实城市安全发展新战略、新要求，创新发展，先行示范，以"全主体协同治理、全要素系统防控、全过程闭环管理"的新范式为引领，开创"防、管、控、应"新路径。2020年生产安全事故起数下降32%、死亡人数下降41%，刑事治安总警情年均下降19%，率先构建供深食品标准体系，推出"圳品"436个，市民群众"舌尖上的安全"更有保障，2021年，福田区获评"平安中国建设示范县（区）"，群众安全感位居全省第一。深圳在公共安全保障体系建设中不断创新，坚持以最严格的标准、制度进行处罚和问责，保障市民生命财产安全和城市安全运行，取得了显著的成效、积累了值得借鉴的经验。

1. 健全公共安全法规体系，为公共安全提供制度支撑

近年来，深圳政府高度重视城市公共安全，不断健全公共安全管理体制、机制和法制，为城市公共安全提供制度支撑。2013年发布《深圳市公共安全白皮书》，推进平安深圳建设；2009年通过《深圳市安全管理条例》，2018年实施《深圳市生产经营单位安全生产主体责任规定》，进一步落实安全生产主体责任，2019年印发《深圳市安全生产领域举报处理办法》，2020年实施《深圳经济特区平安建设条例》，通过立法为平安深圳建设筑起"护城墙"；在食品安全建设方面，积极构建符合深圳实际的食品安全领域法制体系，出台了《深圳经济特区食品安全监督条例》《深圳市食品安全督导员管理办法》等文件，2020年印发《关于深化改革加强食品安全工作的实施方案》的通知，2021年编制《深圳市国民经济和社会发展第十四个五年规划和二〇三五年远景目标纲要》，明确提出"全力保障食品药品生物安全""严防严管严控食品安全"，为未来食药安全工作指明了方向；在突发事件应急管理方面，2015年深圳在全国率先出台突发事件信息发布标准化指导文件，通过《突发事件预警信息发布管理规范》《突发事件预警信息发布系

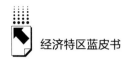
统数据交换规范》等规范性文件，对全市突发事件预警信息进行标准化管理，2020 年实施《深圳市安全风险管控暂行办法》，2021 年发布《深圳市支持社会应急力量参与应急工作的实施办法（试行）》，使公共安全保障体系建设更加法治化、规范化、标准化。

2. 构建智慧公共安全保障体系，提升公共安全保障效率

互联网的迅猛发展为公共安全智慧化手段提供了技术支撑。2018 年起，深圳重点推进智慧公共安全保障体系建设，在社会治安方面，推动雪亮工程实施，基本实现"全域覆盖、全网共享、全时可用、全程可控"的公共安全视频监控建设联网应用；推动公共安全第三代指挥中心建设，加强对维稳、反恐、打击犯罪、治安防控等信息的综合应用；在安全生产方面，绘制全市城市安全隐患一张图，特别是对港口、危化品等重点区域、重点领域进行实时监测预警，全面提升监测预警能力、高效执法能力和协调处置能力，实现"事前预警、事中可控、事后联动、可追溯可评估"；同时推进智慧消防建设，建设以单栋建筑为基本管理单元的城市消防安全基础数据库，全面推进消防物联网系统的应用，建立消防安全自我管理平台；在食品安全方面，建立全市统一的食品安全追溯服务平台。深入推进"互联网+食品安全"战略实施，制定食品可追溯一致性标准，推进食品经营数据采集管理；深圳充分发挥"科创之城"优势，全周期"数字赋能"，全面加强城市应急管理监测预警指挥体系建设，推动"一库三中心"信息化建设，让城市安全治理更精细、更智能、更智慧。市应急管理局按照"有统一标识、有管理办法、有保障经费"的"三有"标准建设应急避难场所，并在腾讯、百度、高德等电子地图上将全市 613 处室内应急避难场所标识更新，实时导航信息。升级开发"深圳一键通"，全市 14 万名企业负责人、5.2 万名三防责任人全覆盖安装使用，实现信息化的灾情事故直报、视频连线、监测预警。采取"标准化管理、动态化发展、迭代式升级"模式创建国家综合防灾减灾示范社区，同时将防灾减灾救灾工作纳入社区民生微实事工程，2019 年以来有效促进了防灾减灾救灾"最后一公里"问题的解决，为超大型城市安全发展提供了"深圳样本"。

3. 创新公共安全保障形式，构建共建共治共享的公共安全建设文化体系

近年来，深圳公共安全坚持全民参与，以宣传、培训和教育为主要抓手，强化全社会公共安全意识，全覆盖、深层次的公共安全文化体系逐步形成。2017 年深圳食品药品安全志愿服务队伍成立，发动食品药品安全志愿者开展食品安全违法行为社会监督举报行动，培育扶持"公共安全义工联合会""第一响应人"等志愿团体，探索"志愿者参与公共安全社会化治理"模式。全面加强食品安全宣传教育，围绕"深圳食药安办"公众号，以"一体多元"的建设思路，形成"公众号+小程序+网页专题+微官网"的宣传矩阵；持续开展全国食品安全宣传周等活动，组织媒体开展"星期三查餐厅""九号查酒"等阳光执法宣教行动。全面普及安全生产基本知识，打造"学习强安"App，引导深圳 300 多万名用户、14 万家生产经营型企业注册；广泛开展安全知识学习宣传的活动，组织"强安杯"安全知识竞赛活动，在全社会营造安全学习的氛围。在社会治安方面，宝安区组建义警队伍，该队伍仅在 2020 年上半年就累计协助公安机关破获盗窃案件 181 起，受理行政案件 1714 起，开展面对面禁毒宣传活动超过 200 万次，协助抓获涉毒人员 523 人，破获毒品案件 125 起，缴获各类毒品 5778 克，打造了社会治安新格局。

（二）珠海经济特区

2020 年，珠海被确定为第一批全国市域社会治理现代化试点城市，被赋予先行先试、探路破题的时代使命。近年来，珠海在公共安全建设领域创新作为，立足理论支撑、手段加持、要素驱动、制度保障 4 个维度，从顶层设计到基层探索、从制度现代化到能力现代化，进行科学谋划和系统安排，从整体上推动珠海公共安全建设理念创新、制度创新和实践创新，使路径规划更加科学、组织架构更加完善、工作体系更加健全、制度机制更加成熟，尤其在社会治理领域积累了更具引领示范效应的新时代"枫桥经验"珠海版，以高水平治理助力"中国之治"，切实提升了群众幸福感和安全感，为全国其他城市公共安全保障体系建设提供了一些可参考的经验。

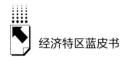

1. 完善机制，立法先行，推动公共安全建设制度化和规范化

近年来，围绕公共安全体系建设，珠海先后出台了《珠海经济特区安全生产条例》《珠海市安全生产专项整治三年行动实施计划》《关于进一步落实食品安全属地管理责任加强食品安全监管工作的实施方案》等相关意见和条例方案为其公共安全保障体系建设提供有力的制度支撑。《珠海市突发事件应急体系建设"十三五"规划》对全面提升珠海应急管理基础能力、核心救援能力、综合保障能力、社会协同应对能力、区域协同应急能力提出明确要求，为珠海经济社会发展保驾护航。通过《珠海市食品安全事故应急预案》《珠海市突发事件总体应急预案》等健全各级食品安全等突发事件应急预案，增强各类公共安全事故防范处置能力。在落实各项公共安全建设工作中明确市、区、镇（街）监管责任和工作要求，诸如建立食品安全和生产安全监管目标责任制，确保监管责任全面落实。同时，在社会治安防控建设方面，珠海积累了新时代"枫桥经验"，全市范围内建立形成以各区、镇（街）党委政府为主体，调动各相关职能部门积极参与，集动员、研判、预警、督办、问责于一体的平安指数应用机制，形成党委领导、政府主导、综治协调、公安主力、各部门共同参与的立体化社会治安防控新格局。此外，珠海市应急管理局、珠海市市场监督管理局等部门细化责任分工，各司其职，食药安办召开示范创建研讨会，进行示范创建政策解读，组织示范创建实地调研活动；印发示范创建评价细则任务分工和宣传方案，压实责任；市场监管系统召开动员会、专题会，对香洲区、斗门区开展示范创建督导检查工作，各部门协同参与公共安全保障体系建设，切实增强人民群众安全感和幸福感。

2. 智慧治理，健全信息化支撑机制，推动公共安全建设现代化

珠海依托现代科技，坚持"平安+手段加持"，使其公共安全保障体系更加健全。建立"互联网+视频监控"平台，对餐饮单位、食品生产企业、农贸市场、冷库等的违规行为进行识别抓拍，强化对食品安全领域的监管；2017年起，在全省率先引入网络订餐大数据监控系统和"网络爬虫"技术，运用"以网治网"监管思路解决网络订餐食品安全存在的突出问题。开发双重预防信息系统，打通了安全管理工作的有关环节，帮助企业进行双重预防机制建设、安全生产标准化建设、在线安全培训等，有效地提升了企业安全管理水平、为解决安全管理问题提供了解决思路，2020年完成危化品安全风险监测预警系统一期建设，全市12家危化品重大危险源（生产企业）的监测数据现已全部接入省预警系统。在社会治安方面，2014年以来，珠海在国内首创性推出平安指数及配套运行工作机制，平安指数发布以来成效明显，珠海全市治安状况持续好转，违法犯罪警情数实现大幅下降，城市安全感持续位居广东省前列，珠海平安指数被评为全国社会治安综合治理典范案例。为了全面提高整体应急救援能力，珠海在应急救援指挥体系建设中，形成海陆空全面沟通协调流程，形成应急指挥调度一张图，"110"、"119"、"120"、森林消防等应急队伍均可实现同时调度，省时高效地完成灾情信息传达；应急救援体系中，无人机、机器人等智能机械设备以及5G、VR/AR等新技术，大量地参与通信保障、抢险救援、侦察监测等各种应急工作。另外，珠海推广使用广东省应急管理厅开发的执法系统和"一键通"系统，实现"互联网+监管"，通过系统可适时精准掌握各区执法计划落实情况，提高执法办案质量；利用"i志愿"信息管理服务平台，通过信息化手段构建快捷规范的志愿服务信息化网络。

3. 多元共治，培育社会组织，推动公共安全建设协同化

为了使"人民至上、生命至上"的意识深入人心，在全社会中树牢"安全第一、生命至上""安全是发展的前提、发展是安全的保障"等公共安全发展理念，珠海积极组织内容丰富、形式多样的安全宣传活动。全市每月开展2个以上主题宣传活动，各区轮流启动"创城点亮珠海"行动，各主管部门深入企业开展诚信教育活动，营造食品安全社会共治和示范创建浓厚氛围；建设"香山食安"微信公众号，推出珠海食品安全形象大使"安安"，每天推送食品安全资讯；招募人员成立"食安体验官"队伍，开展"食安大篷车进社区""送食安下基层""食安志愿者巡查"等系列活动，金湾区建设"食在金湾、安在心间"主题公园，积极推行"安全生产行万里"主题活动，切实使森林防灭火和自然灾害防治、安全生产问题隐患和反面典型曝光等事件深入

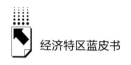

人心。同时，珠海扎根基层，动员社会力量，广泛开展志愿服务活动，动员志愿者参与防灾避险、疏散安置、急救技能等公共安全与突发事件应对知识的宣传、教育和普及工作，随时准备参与突发事件的抢险救援、卫生防疫、群众安置、设施抢修和心理安抚等工作，例如，近年来金湾区大力鼓励、支持、引导有条件的社会团体、社会救援力量参与应急宣传教育培训、应急救援工作，鼓励各类专业人才加入应急志愿者队伍，持续提升应急管理工作的社会参与度，社会组织和志愿者已经成为参与珠海防灾减灾救灾应急管理工作的重要力量，在抗击强台风"山竹"等应急行动中发挥了重要作用。

（三）汕头经济特区

汕头在新时代发展征程中，把建设更高水平的平安汕头作为重要内容，立足汕头当前发展的社会环境，在社会治安维护和公共安全风险隐患防范方面，体现出汕头特色。2020年成为第一批全国市域社会治理试点城市，逐步积累在公共安全保障方面更多具有创新性、前瞻性、可复制性的治理经验。

1. 建章立制，以制度强化责任

近年来，汕头结合市域公共安全发展需要，不断改革创新，注重顶层设计，建设全面系统的公共安全政策体系。为了使全市的特大安全事故应急处理工作更加有效、及时、有序，细化安全生产责任，制定了《汕头市特大安全事故应急处理预案》《汕头市市级部门安全生产职责》，将安全生产责任压实；2011年颁布《汕头经济特区森林防火条例》，为特区内森林防火、扑救工作提供针对性指导；2018年出台《汕头市突发环境事件应急预案》《汕头市安全生产监督管理局安全生产举报奖励办法（暂行）》，提高突发环境事件预防、预警和应急处置的能力，坚持保障公众生命健康、财产安全，同时鼓励公众积极参与安全生产的监督管理工作。

2. 推进"平安汕头"建设，加强社会常态化治安防控

濠江区治安岗建立协作联动机制，互通共享情报信息，当有警情时，17个治安岗民警联动形成天网，增强了应急防控的精确性和实效性，提升了维护辖区安全稳定的能力。数据显示，截至目前，治安岗在开展勤务工作中，

共破获各类刑事案件 26 起；查处治安案件 180 起；抓获各类违法犯罪嫌疑人 240 名；缴获冰毒 11 千克；查扣非法机动车一大批。2017 年，广东省将濠江区新型治安岗亭列入全省社会治安街面巡逻防控示范点。一座小治安岗亭，切实构筑起区域流窜犯罪的"防火墙"和区际治安的"护城河"。2019年，"平安汕头"建设工作深入开展，智能视频监控系统建成运行，建设高清视频监控点近 4000 个，实现重点区域全覆盖，2021 年，全市刑事治安警情、"两抢一盗"警情分别下降 9.5%、35.8%。

3. 转变思路，主动营造共同治理的公共安全氛围

一是打造全方位的消防安全宣传体系。2021 年，汕头设立市应急救援中心，组建市森林消防支队，生产安全事故、火灾事故起数分别下降 33.5%、23.1%。汕头十分重视消防安全宣传工作，在全市范围内打造集立体式、矩阵式、多样化、本土化于一体的消防宣传体系，打造共建共治共享的消防宣传工作高质量发展新格局，组建"实践+公益"本土化志愿队伍，打造"线上+线下"立体宣传模式，让消防知识"零距离"向群众普及，同时在加大与各级主流媒体合作力度上，借助专业媒体力对接权威政务影响力，打造"政务+媒体"全新体系，通过在省、市媒体上开设专栏，将消防安全融入日常生活。持续开展汕头热心消防公益事业先进集体和热心消防公益事业先进个人评选活动，鼓励各行各业热心消防公益事业的群体和个人积极关注消防、参与消防。二是着力营造"食品安全、人人有责"的社会氛围，在加强打击涉食品违法犯罪行为的同时，进一步转变思路、主动出击、延伸职能，从以打击为主向以源头防范为主转变。针对全市有中小学生 97万人，涉及近 100 万个家庭，市公安局联合市教育局、市市场监督管理局组织开展"食品安全进校园"活动，设计制作了《家庭食品安全指引》，面向校园、家长、学生进行食品安全宣传教育，大力提升广大市民对于食品安全的自我防护意识。

（四）厦门经济特区

厦门作为改革开放先锋城市，同时作为全球知名旅游城市，在城市公共

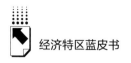

安全方面面临更大的压力，近年来，厦门市委、市政府高度重视公共安全保障体系建设工作，将其作为发展之基、民生之本来抓，始终以人民为中心，坚持打造最具安全感的城市，有力推动了全市公共安全水平的提高，并在公共安全建设方面，尤其是在食品安全和社会治安防控领域为社会提供了样本，探索出了一套可推广的厦门模式。

1. 建章立制，加强监管，推动公共安全机制有序运行

厦门市委、市政府历来高度重视食品安全，自 2016 年申请创建全国食品安全示范城市以来，将"食安工程"实施情况列为市对区综治工作考核的重要内容。同时，各区政府同步开展对镇（街）的考核，层层落实食品安全工作责任。2019 年，厦门拟定《厦门经济特区食品安全信息追溯管理办法（草案）》，通过立法提供制度保障和法律支撑，在年度设计上注重前瞻性和实用性，体现了制度创新、积累了"厦门经验"。此外，厦门十分重视突发事件的应急处理，出台了《厦门市突发公共事件总体应急预案》《厦门市生产安全事故灾难应急预案》《厦门市食品安全突发事件应急预案》，明确工作职责，对突发事件的事前应急准备到事中处理进行系统指导。2020 年出台《厦门市食品安全公共责任保险方案》，每年投入约 900 万元购买食品安全公共责任保险服务。2021 年《厦门市国民经济和社会发展第十四个五年规划和二〇三五年远景目标纲要》中明确提出通过推进应急管理领域改革，加强应急体系建设，保障食品药品安全，建设更高水平的平安厦门，到 2025 年，生产安全事故死亡人数、生产总值亿元地区生产安全事故死亡率、道路交通万车死亡率要严格控制在目标值以内。

2. 科技引领，智慧治理，推动公共安全治理智慧化

平安需要"社会细胞"维系，更需要"最强大脑"指挥。2016 年 7 月，厦门借助"互联网+"、物联网、大数据等科技手段，建成集数据融合、业务协同于一体的城市公共安全管理平台，组建公共安全管理中心，实现城市公共安全管理由事后处置向事前预警、事前预防、事前化解、事前管控、事中监管转变，走出了一条城市安全智慧型管理道路，提高了多

部门之间的协同效率，从"上级数据、市级数据、基层数据"三个层面进行整合，打破了各部门之间的数据壁垒。在食品安全领域，运用科技手段治理餐桌污染，全力推进食品安全信息化追溯体系建设，建成跨部门、跨环节的食品安全追溯信息统一平台——厦门市食品安全信息网，守护"舌尖安全"。建设智慧安防小区，目前全市已建成1340个智慧安防小区，通过对小区精细管理和动态的多维感知，努力为市民群众打造更加平安的幸福家园。自2021年6月以来，市公安局创新升级研发"厦门危爆物品智慧管控系统"，打造危爆物品智慧监管新模式，实现对全市危爆物品"一套系统全面管理"。

3. 社会共治，发动多方力量，推动公共安全治理协同化

2016年8月，厦门市场监管部门着力推进"明厨亮灶"工程实施，引导餐饮服务单位通过采用透明玻璃幕墙、隔断矮墙或参观窗口以及视频显示、网络展示等方式，实现"阳光操作"。亮出后厨，可使消费者参与监督，大幅提升了餐饮业安全质量水平，推进了食品安全社会共治。厦门依托公共安全管理平台在全国率先建立起"纵横联动协同治理"机制。6个行政区70家单位的公共安全管理力量统筹整合，市、区、镇（街）、社区四级联动，实现政府与公众内外贯通协作共治，快速高效处置风险隐患和突发事件，综合治理重大安全隐患问题。2021年，厦门全市刑事警情数仅为8年前的21.25%，群众安全感率以99.359%再创新高，荣膺"2017~2020年度平安中国建设示范市"的称号，在平安厦门建设方面交出了满意答卷，也为全国社会治安防控体系建设做出了新的探索。近年来，厦门警方按照"党政领导、公安主导、部门协同、公众参与"原则，坚持以专带群、专群结合，依托"互联网+群防群治"平台和"厦门百姓"App，将平台与群众连接起来，发动社会力量参与公共安全管理，集聚磅礴平安力量，组建平安志愿者队伍，充分发挥"信息收集员""治安巡逻员""隐患排查员""矛盾调解员""宣传帮教员"作用，打造"义务交警""青年义航队"等一系列平安志愿服务品牌，激发社会治安防控新活力。

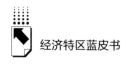

4. 与民互动，共享结果，推动公共安全宣传教育形式多样化

厦门广泛开展群众喜闻乐见、形式多样、线上线下相结合的公共安全宣传咨询活动。"食安厦门"作为厦门食品安全方面的官方公众号，是市民了解食安资讯的窗口。2016年，市食安办创建"食安厦门"微信公众号，为消费者提供贴近当下生活热点的食品安全监管资讯、权威信息、各类消费警示及相关法律法规，将食品安全宣传触角延伸到社会的末端，推出"食安斗阵行——幸福社区总动员"活动，通过科普宣传及现场沟通咨询的方式，构筑政府、企业、百姓三方互动的对话平台，每年在全市6个区举办多场活动，各区根据辖区的特点，筹划各具特色的活动，促进了食品安全社会共建共治共享。2021年12月，厦门警方策划推出全省首列"橙风破诈"号反诈专列，将反诈骗宣传融入市民日常出行，建立"e反诈"反诈联盟平台，发动全民成为反诈"传橙人"；厦门各区集中宣传安全生产政策法规、应急避险和自救互救方法，在安委会组织下，根据行业领域特色集中设展宣传，采取设置咨询展台、发放宣传品、组织安全体验活动、网络直播等多种形式，科普安全生产方针政策、法律法规、安全知识、应急逃生方法、自救互救方法等，并对社会公众关心的安全生产问题进行解答；创造性地开展"公众开放日""专家云问诊""应急直播间"等线上活动，弘扬安全发展主旋律，营造了全社会关注安全、关爱生命的浓厚氛围。

（五）海南经济特区

近年来，海南在公共安全保障体系建设方面取得了显著的成绩，2021年，启动中小学生生命防护工程和新一轮道路交通安全整治工作，推进安全生产专项整治、食品安全监管和应急管理工作创新。常态化开展扫黑除恶活动，打掉"菜霸""沙霸"等涉黑涉恶犯罪团伙28个。刑事案件6年连降、11年最低，命案发案数建省以来最低。新一轮禁毒三年大会战开展以来，吸毒人数占比从3.7‰降至1.7‰、群众满意度位居全国第一，社会治安状况明显好转，人民安全感和幸福感显著提升。其在公共安全建设方面积累的特色经验主要体现在食品药品安全、社会治安防控、安全生产、应急管理体系等方面。

1. 健全政策体系，坚持规划引领

海南省政府本着"人民至上、生命至上"的宗旨，严格落实"稳字当头、安全第一"的工作要求，始终把公共安全保障能力提升作为一项重要民生工作抓紧抓好。2010 年出台《海南经济特区安全生产条例》，在全国范围内率先以地方立法的方式明确安全生产责任，2012 年海南出台《海南省人民政府关于进一步加强安全生产工作的意见》，要求全面落实安全生产"一岗双责"，落实企业安全生产主体责任，加强安全生产基层基础设施建设，强化重点区域和行业领域的安全监管，切实把安全生产工作落到实处。2017 年，以完善应急管理体制机制，提高应急管理规范化水平为目标编制了《海南省突发事件应急体系建设"十三五"规划》，编制《海南省食品药品安全"十三五"规划》，努力把海南建设成为食品药品监管体系科学、监管能力强、产品合格率高、违法行为少、产业发展快、食品药品安全重大事件零发生、人民群众满意、饮食用药最安全放心的省份之一。2018 年出台《关于推进城市安全发展的实施意见》，从公共安全防控机制、城市安全监管能力、各组织监督考评等方面对海南公共安全保障体系建设提出更高要求，不断强化城市运行安全保障，提升有效防范事故发生的能力。制定《海南省食品安全地方标准管理办法》，出台《海南省人民政府关于进一步加强应急救援工作的意见》《海南省生产安全事故应急预案（2020 年修订）》《海南省气象灾害应急预案》，颁布《海南省"十四五"市场监管规划》《关于加强危险化学品全产业链条、全生命周期安全生产工作的实施意见》《关于印发海南省森林火灾应急预案的通知》，这些预案与规划在推进公共安全保障体系建设、保障人民生命财产安全、促进全省各部门明确职责积极参与平安海南建设、增强人民安全感方面起到重要作用。

2. 创新监管模式，推动智慧治理

在食品安全方面，2017 年以来食药监每个基层所至少每 6 个月巡查一

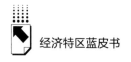
遍本辖区内每个品种的生产加工厂和作坊以及批发分销商户,加大对药品、不达标食品加工销售违法行为的整治力度;推动"透明厨房"工程实施,面向旅游接待餐馆和学校食堂实行"餐饮单位+超市+合作社""种养基地+中央厨房+餐饮门店"模式,实现从"农田到餐桌"全过程可控、可追溯;运用科技手段,推广海南冷链食品可信追溯平台,为各类进口冷冻食品赋码,建立人、物关联,实现对人、货、场、车等全环节精准管理及产、存、购、销、运等全流程动态感知,进而实现供应链全程可监管追溯。在社会治安方面,2021年海南全省公安机关社会治安状况处于历史较高水平,刑事案件立案6年连降,"两抢一盗"立案近20年最低。现代警务机制改革步伐不断加快,派出所警力占县级公安机关总警力40%以上,推行农村"一村一警务助理"和城区"1+2+N"等警务模式。启动"智慧安防小区"建设项目,海口启动"智慧安防小区"建设项目以来,蓝岛康城小区等19个示范点小区实现了数据链路全贯通,人口数据、监控数据、报警信息等均会同步推送到公安、综治等部门,实现全天值守、实时预警、全自动化分析等,极大提升了人民群众安全感。在应急管理体系建设方面,海南推出应急大数据可视化系统、自然灾害综合风险预测预报预警系统、森林火情监测系统,这些系统平台将应急、自然灾害、森林火情等领域的数据资源整合,逐步全面提升应急处置管理能力,通过系统实现清单化管理,实现平台共享灾害类型、受威胁人数和财产数,以及灾害监测点负责人及联系方式,更高效及时地研判如何应对险情,处置险情。

3. 注重宣传教育,营造共治氛围

海南坚持深入开展公共安全相关宣传教育活动,积极引导人民群众参与公共安全建设工作,转变思维模式,在全社会培育共建共治共享的公共安全建设理念。坚持开展食品安全周系列主题活动,推动食品安全进社区、进校园,积极引导广大消费者参与食品安全监管工作,拓宽公众参与食品安全监督的渠道,努力营造食品安全社会共治良好局面,例如,2021年开展粮食质量安全宣传日、"你点我检"食品安全主题活动,让消费者变身为食品安全的参与者、见证者和监督者。开展安全生产宣传教育主题活动,2020年海南开始创新方式方法、强化全媒体联动，采取"线上+线下"模式，通过短片、访谈、咨询等形式，结合当前安全宣传重点和近期发生的安全事故案例，普及与安全相关的知识，同时联动消防部门普及消防相关安全知识，通过制作普及电动自行车火灾安全知识的小扇子和消防宣传的笔记本等新形式，向市民宣传安全用火知识，增强全民自我保护意识、提升风险辨识和避险能力。

三 经济特区公共安全保障体系建设经验及未来展望

（一）建设经验

各个经济特区积极完善公共安全保障体系，推进平安建设，提升人民幸福感、安全感，从各个经济特区加强公共安全保障体系建设的各项措施和已取得的显著成效来看，经济特区已普遍建立起相对完善的公共安全保障体系，各个经济特区坚持以制度建设为支撑，坚持科技引领智慧化、信息化建设，坚持宣传教育形式不断创新，营造了和谐稳定、共建共治共享的社会氛围，同时各个经济特区在促进公共安全建设领域为我国其他地区提供了丰富的经验。

1.坚持依法建设，不断完善公共安全保障制度体系

公共安全连着千家万户，确保公共安全事关人民群众生命财产安全，各个经济特区均对公共安全保障体系建设高度重视，从保障食品药品安全、社会治安防控到安全生产领域及突发事件应急处置，纷纷出台了一系列全面提升公共安全保障能力的文件和政策规章，不断完善公共安全保障体系。各级政府、各相关部门共同负责，建立了职责明确、监管执行、考核评价、应急预案等较为完备的制度体系，不断完善公共安全的责任体系和预防体系，全面提升公共安全保障能力，如《深圳经济特区食品安全监督条例》《珠海市突发公共事件总体应急预案》《汕头市市级部门安全生产职责》《海南经济特区安全生产条例》《厦门经济特区食品安全信息追溯管理办法（草案）》。

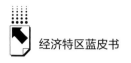

2. 坚持文化引领，加大宣传教育力度，拓宽公众参与渠道

一方面，各经济特区普遍重视在全社会营造公共安全、人人有责的理念共识，通过成立志愿者队伍、义警队伍等方式让人民群众参与公共安全建设的各个领域。推动实施"明厨亮灶"工程，采取食品扫码溯源等方式，让消费者参与食品药品安全监督管理，建立"治安巡逻员"机制，让人民群众参与社会治安常态化治理过程，让更多社会团体、社会救援力量参与应急宣传教育培训、应急救援。另一方面，各经济特区重视公共安全知识宣传形式创新，与媒体联动，通过公众号、App 等渠道将公共安全知识渗透到日常生活中，举办主题丰富的知识竞赛和宣传活动，推出公共安全形象大使，以喜闻乐见的方式，提高全民公共安全意识和防范能力。

3. 坚持智慧建设，健全信息化支撑机制，强化公共安全技术保障

各经济特区在公共安全保障体系建设过程中突破传统思维，积极将科技手段运用到公共安全建设的全过程中，建立公共安全管理平台，充分利用大数据优势，使相关部门提高办事效率、实现信息资源共享。将包括人口管理、交通检测、公共安全维护、综合执法、突发事件预测、危险等级评定在内的综合服务向平台化、系统化整合，有效降低政府运行的行政成本，同时提高了公共安全相关工作的执行效率。推进食品安全信息化追溯体系建设，建设食品安全信息网，推进智慧公共安全保障体系建设，建设智慧安防小区，推进智慧消防建设，将科技手段运用到城市应急管理监测预警指挥体系建设、应急指挥调度、灾情信息传达当中，全面提升各部门联动的预测防范能力和应急救援能力。

（二）未来展望

登高望远、居安思危，当前我国新时代公共安全形势发生了深刻的变化。与此相适应，公共安全防范策略和应对方式也应有新的转变。各个经济特区在公共安全建设方面均取得了一定的成绩，但全面提升公共安全保障能力依旧任重而道远。深圳、珠海、厦门在食品药品安全保障领域的信息化建设较为成熟、应急管理平台在公共安全领域已投入使用，汕头、海南在公共安全科技手段加持方面略显不足，在公共安全方面的宣传教育体系也亟须完善，同时各个经济特区在拥有特区立法权的优势上尚未充分提供全面的制度支撑，下一步尤其是如何更好地使互联网与公共安全建立密切联系，不断突破传统方式将会是各个经济特区关注的重点。

1. 优化顶层设计

进一步以系统治理和深化改革的思路完善公共安全治理体系，在制度层面构建全方位立体化的公共安全网。公共安全问题敏感而复杂，关乎人民群众的切身利益，需要加强依法治理，完善公共安全治理各个环节的法律法规，加强公共安全的"法治保障"，从制度层面构建好党政主导的体制网络、人民参与的社会网络、法规支撑的法制网络。

2. 加强文化宣传

进一步扩大公共安全知识宣传教育主体范围和深化公共安全文化宣传教育深度，面向政府各级部门、社会公众、青少年、相关从业人员、旅游人员等群体，通过进行安全相关科学知识的教育，进行专业培训和实训演练，推动公共安全文化工程实施，建立公共安全文化博物馆等方式，结合中国传统文化进行宣传教育，努力提升全民公共安全素质，营造人人"要安全、讲安全、懂安全、会安全"的局面。

3. 强化智慧建设

首先，利用大数据技术完善突发事件监测预警系统，促进传统跨级别、跨部门信息数据由相对封闭向全面感知、深度融合、协同高效的智能化组织架构转变，突破信息孤岛。同时推进安全生产领域、社会治安防控领域的智慧化建设，将科技手段贯穿于安全预防预测、监管治理、危机处置的全过程。其次，在公共安全建设不断智慧化、信息化的过程中，注重互联网的社会舆论引导作用，在信息时代快速发展的背景下，网络科技给公共安全建设创造先决条件，信息共享的同时也会加快公共安全危机的舆论散播速度，甚至可能造成社会恐慌，因此政府要重视公共安全建设中的信息公示和社会舆论，在信息化建设中形成更可靠的公信力和影响力。

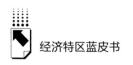

参考文献

林建华、赖永波：《基于综合承载力的城市公共安全体系优化研究》，《东南学术》2022 年第 3 期。

曾娅丹：《我国公共安全管理中的政府责任研究》，硕士学位论文，上海交通大学，2007。

赵霞、纪光欣：《共建共治共享：新时代公共安全治理的根本遵循与实现路径》，《中国石油大学学报》（社会科学版）2022 年第 3 期。

高昆：《城市人口发展中面临的公共安全问题及对策研究》，《产业与科技论坛》2022 年第 4 期。

刘奕等：《公共安全体系发展与安全保障型社会》，《中国工程科学》2017 年第 1 期。

曹旭、申晋宇：《关于进一步健全公共安全保障体系的对策建议》，第十三届沈阳科学学术年会，沈阳，2016。

周昕芃：《整体性治理视角下的城市公共安全治理研究》，硕士学位论文，电子科技大学，2021。

B.7
中国经济特区文化产业发展报告[*]

钟雅琴　梁秋燕^{**}

摘　要： 2021 年，中国经济特区文化产业在国际局势不明朗的背景下呈现出逆势复苏、稳步向好的发展趋势。文化新业态、数字文化产业进入蓬勃发展期，但文化娱乐休闲服务、文化投资运营、文化装备生产等受疫情影响较大的细分行业发展速度普遍降低。站在2021 年的新的历史起点上看，经济特区的数字文化产业进入战略发展期，文化新业态进入发展机遇期，现代文化产业体系进一步完善。2021 年，经济特区较好地实现了"十四五"文化产业良好开局。围绕文化产业高质量发展的战略规划，经济特区应健全文化产业发展体制机制，提高文化产业的科技支撑能力，推动文化产业结构优化升级，完善现代文化产业双循环发展体系。

关键词： 数字文化产业　文化新业态　高质量发展

2021 年是中国共产党成立 100 周年，是"十四五"规划的开局之年，是我国全面建成小康社会、开启全面建设社会主义现代化国家新征程的第一个关键之年，也是文化产业继往开来、提质增效的特殊一年。文化产业涉及的细分领域庞杂，文化产业的发展与产业政策的变化息息相关。文化和旅游

---

* 本报告为深圳市社会科学院"文化数字化与城市文化软实力竞争研究"项目阶段性研究成果。

** 钟雅琴，深圳大学文化产业研究院副教授，硕士生导师，深圳市社会科学院现代化与全球城市研究中心研究员，主要研究方向为文化产业、城市文化、艺术理论；梁秋燕，深圳大学文化产业研究院硕士生，主要研究方向为文化产业、艺术理论。

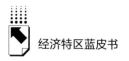

部《"十四五"文化产业发展规划》提出,加快发展新型文化业态,改造完善传统文化业态,加强文化科技创新和应用,构建创新发展生态体系,树立了我国文化产业仍处于大有可为的重要战略机遇期的信心,为未来5年文化产业的改革创新指明了前进方向。

2021年,相关部门先后颁布《文化和旅游部 国家开发银行关于进一步加大开发性金融支持文化产业和旅游产业高质量发展的意见》《普惠金融发展专项资金管理办法》《关于加快推动区块链技术应用和产业发展的指导意见》《提升全民数字素养与技能行动纲要》《关于推动数字文化产业高质量发展的意见》等若干指导文件,阐明文化产业发展管理动向,推动"文化+科技"、旅游、金融的深度融合,打造体系化、规模化的投融资市场,加大对文化产业转型升级的支持力度,推进中国特色社会主义文化强国建设。

从宏观的经济角度而言,我国国内国际双循环相互促进的新发展格局在此消彼长的过程中逐渐向国内循环一端倾斜。正因此,国内的电商和直播行业得到快速发展。其媒体属性、社交属性、商业属性、娱乐属性日益凸显,深刻影响着网络生态。与此同时,网络直播行业存在的主体责任缺失、内容生态不良、主播水平不一、充值打赏失范、商业营销秩序混乱、青少年权益遭受侵害等问题,[1] 严重制约其健康发展。因此,政府高度重视电商、直播行业的健康有序发展,颁布了《关于加强网络直播规范管理工作的指导意见》《网络直播营销管理办法(试行)》《网络表演经纪机构管理办法》《关于加强广播电视网络视听公共服务体系建设的实施意见(2021—2025年)》等文件,科学规范行业运行,构建良好产业生态。

随着经济社会发展成效继续显现,2021年全国文化产业整体恢复情况良好,文化新业态发展势头强劲。国家统计局数据显示,2021年全国规模以上文化及相关产业企业数量达到6.5万家,实现营业收入119064亿元,

---

① 《依法治网,营造清朗网络空间》,中国政府网,2021年4月22日,http://www.gov.cn/xinwen/2021-04/22/content_ 5601239. htm。

比 2020 年增长 16.0%；两年平均增长 8.9%，[1] 这说明我国"六稳六保"工作有效地激发了文化市场主体活力和社会创造力。新闻信息服务、内容创作生产、创意设计服务、文化传播渠道、文化投资运营、文化娱乐休闲服务、文化辅助生产和中介服务、文化装备生产、文化消费终端生产这九大行业营业收入与 2020 年相比均实现两位数的增长，其中，新闻信息服务、内容创作生产、创意设计服务、文化消费终端生产 4 个行业增速高于文化企业平均水平，两年平均增速分别为 16.7%、9.7%、13.8%、10.5%。[2] 从细分业态来看，文化新业态特征较为明显的行业实现营业收入 39623 亿元，比上年增长18.9%，[3] 占文化产业总营业收入的 33.3%，这展现了文化新业态强大的市场动能。

一 经济特区文化产业进展

（一）深圳经济特区

2021 年，深圳立足新发展阶段、贯彻新发展理念、构建新发展格局、推动高质量发展，把握"双区"驱动、"双区"叠加、"双改"示范和建设中国特色社会主义法治先行示范城市、粤港澳大湾区高水平人才高地等重大战略机遇。2021 年，深圳作为改革开放的先行示范区，全市地区生产总值3.07 万亿元，相比 2020 年增长了 6.7%，两年平均增长 4.9%。此外，深圳辖区内的一般公共预算收入达到 1.11 万亿元，比 2020 年增长 13.5%。2021

---

① 《2021 年全国规模以上文化及相关产业企业营业收入增长 16.0%，两年平均增长 8.9%》，国家统计局网站，2022 年 1 月 30 日，http：//www. stats. gov. cn/xxgk/sjfb/zxfb2020/202202/t20220208_ 1827252. html。

② 《国家统计局社科文司高级统计师张鹏解读 2021 年全国规模以上文化及相关产业企业营业收入数据》，国家统计局网站，2022 年 1 月 30 日，http：//www. stats. gov. cn/xxgk/jd/sjjd2020/202201/t20220130_ 1827177. html。

③ 《2021 年全国规模以上文化及相关产业企业营业收入增长 16.0%，两年平均增长 8.9%》，国家统计局网站，2022 年 1 月 30 日，http：//www. stats. gov. cn/xxgk/sjfb/zxfb2020/202202/t20220208_ 1827252. html。

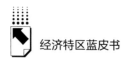

年深圳规模以上工业总产值达 4.1 万亿元，连续 3 年居全国城市首位。战略性新兴产业增加值占地区生产总值比重提升至 39.6%，现代服务业增加值占服务业增加值比重提升至 76.2%。① 2021 年深圳文化及相关产业增加值 2086.36 亿元，比 2020 年增长 10.2%，占地区生产总值比重超过 8%。② 文化产业因其独特的产业价值链和快速的增长模式，以及强大的渗透力、影响力和辐射力，成为深圳经济发展的一大亮点，文化产业的发展规模和影响程度已经成为衡量深圳地区综合竞争力和社会幸福指数的重要指标。

文化产业政策法规保障体系不断完善。"十四五"时期是我国开启全面建设社会主义现代化国家新征程的第一个五年，也是深圳实现建设中国特色社会主义先行示范区第一阶段发展目标的五年。深圳市文化广电旅游体育局在全面总结评估"十三五"文化产业发展情况的基础上，深入研究当前"十四五"文化产业发展面临的形势，根据《关于加快文化产业创新发展的实施意见》《深圳加快建设区域文化中心城市和彰显国家文化软实力的现代文明之城实施方案》《深圳市文体旅游发展"十四五"规划》等重要文件精神，制定 2021~2025 年深圳文化产业发展的目标和工作计划，并向社会公示《深圳市文化产业高质量发展规划（2021—2025）（征求意见稿）》。在文化产业细分领域，为规范和加强深圳非物质文化遗产的保护和经费补助管理工作，提高资金使用效益，进一步满足全市非物质文化遗产事业发展的实际要求，深圳市文化广电旅游体育局根据深圳非物质文化遗产保护工作的实际情况制定了《深圳市非物质文化遗产保护补助经费管理办法》。该办法规定对深圳现有 7 项国家级非遗项目、28 项省级非遗项目和 24 项市级非遗项目及其代表性传承人进行经费补助，③ 推动了深圳非物质文化遗产的广泛传

① 《政府工作报告》，深圳政府在线网站，2022 年 5 月 6 日，http：//www.sz.gov.cn/zfgb/2022/gb1240/content/post_ 9770704.html。

② 《深圳市 2021 年国民经济和社会发展统计公报》，国信房地产信息网，2022 年 9 月 16 日，http：//www.crei.cn/file/br.aspx? id=20220916084536。

③ 《（图解）关于〈深圳市非物质文化遗产保护补助经费管理办法〉的政策解读》，深圳市文化广电旅游体育局网站，2021 年 1 月 4 日，http：//wtl.sz.gov.cn/gkmlpt/content/8/8392/post_ 8392632.html#3444。

播和有序传承。

　　同时，为深化文化市场综合行政执法改革，广东省人民政府发布《广东省人民政府关于开展文化市场综合行政执法工作的公告》，依法整合了深圳文化、文物、出版、版权、广播电视、电影、旅游市场、体育领域的行政处罚权等相关行政权力，① 有效保障了深圳文化市场的有序发展。此外，深圳聚焦疫情防控常态化背景下民营文艺表演团体的高质量发展，在《中共中央关于繁荣发展社会主义文艺的意见》的指导下制定了《关于营造更好发展环境支持民营文艺表演团体改革发展的实施意见》，提出要加强对民营文艺表演团体的分类指导，优化公平竞争的市场环境，提升民营文艺表演团体创作生产水平，加强人才队伍建设等 13 条意见，② 为民营文艺表演团体的高质量发展营造良好氛围。

　　文化产业数字化程度加深，数字文化产业成为深圳发展速度最快的文化产业之一。在深圳市文化广电旅游体育局发布的"深圳文化企业 100 强（2020—2021 年度）名单"中，新媒体与网络、文化软件及游戏赛道企业共计 28 家，③ 基本覆盖内容创作、传播运营、消费服务和衍生品制造等较为完整的产业链条。华侨城集团有限公司和华强方特文化科技集团股份有限公司入选全国文化企业 30 强，充分展现了深圳数字创意产业的模范作用和行业实力。数字化趋势推动传统文化产业转型，例如，TCL 从早期的电视机制造商转型为数字技术企业，专攻新兴数字技术和半导体显示技术，转变为全国家电企业中最成功的文化企业；数字化趋势也催生新型数字文化企业，推动行业革新，例如，数字音乐行业的爆发式发展为腾讯音乐娱乐集团带来了丰厚的利润，④

---

① 《深圳市人民政府关于开展文化市场综合行政执法工作的公告》，深圳政府在线网站，2021 年 4 月 9 日，http://www.sz.gov.cn/zwgk/zfxxgk/zfwj/szfh/content/post_ 8694683. html。

② 《关于营造更好发展环境支持民营文艺表演团体改革发展的实施意见》，深圳市文化广电旅游体育局网站，2021 年 8 月 6 日，http：//wtl. sz. gov. cn/ztzl_ 78228/tszl/whcy/whcyflfg/content/post_ 9290804. html。

③ 《深圳文化企业 100 强（2020—2021 年度）名单》，http：//wtl. sz. gov. cn/attachment/0/850/850350/9121146. pdf。

④ 《2021 "深圳文化企业 100 强" 出炉》，深圳市商务局网站，2021 年 9 月 24 日，http：//commerce. sz. gov. cn/xxgk/qt/swzx/content/post_ 9151224. html。

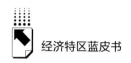

2021 年腾讯音乐娱乐集团总收入为 312.4 亿元，同比增长 7.2%，公司净利润为 32.2 亿元，① 这反映了在线音乐付费业务的活力和弹性。此外，线上云演播、云展览的形式开辟了文化产业的新空间。2021 年 9 月，第十七届中国（深圳）国际文化产业博览交易会首次采用线上线下结合模式，线下会场展出的政府组团、文化机构和文化企业共 2468 家，线上参展共 868 家，吸引了全球 30 多个国家及地区线上参展，② 积极探索文化产业发展的新趋势、新机遇，以"文化+科技"为主题，集中展示数字技术赋能文化产业的新应用、新业态、新模式。

区域产业集聚效应凸显。深圳各区文化产业呈现出特色化的发展格局，且集聚中心向西靠近。在"深圳文化企业 100 强（2020—2021 年度）名单"中，南山区入选 49 家，宝安区和福田区各入选 13 家，龙岗区入选 9 家，罗湖区入选 7 家，盐田区入选 6 家，龙华区入选 2 家，坪山区入选 1 家。③ 其中，南山区 49 家入选的大型文化企业包括腾讯、创维、百度、今日头条、康佳、雷霆、大疆、华强方特等，在国内乃至国际文化领域具有标杆作用，涵盖软件工程、计算机、信息出版、影视动漫、建筑设计、游戏研发等多个领域，发展潜力巨大。随着宝安中心区改造提升计划和腾讯科技岛、海洋新城、深中通道的投入建设，宝安区凭借便捷发达的交通网络和完善的人才体系瞄准区域文化产业集聚区，打造更加畅达、通达的文化产业范本。福田区作为深圳文化中心，正在加速聚集全球时尚创意方案，在建筑设计、珠宝设计等领域独占鳌头，2021 年全国建筑装饰设计 100 强企业中，福田企业数量超过一半，拥有规模以上建筑装饰企业 293 家，④ 在

① 《腾讯音乐娱乐集团公布 2021 年第四季度及全年未经审计的财务业绩》，腾讯音乐娱乐集团网站，2022 年 3 月 21 日，https：//ir. tencentmusic. com/2022–03–21–Tencent–Music–Entertainment–Group–Announces–Fourth–Quarter–and–Full–Year–2021–Unaudited–Financial–Results。

② 《第十七届中国（深圳）国际文化产业博览交易会新闻发布会》，深圳政府在线网站，2021 年 9 月 18 日，http：//www. sz. gov. cn/cn/xxgk/xwfyr/wqhg/20210918/。

③ 《深圳文化企业 100 强（2020—2021 年度）名单》，http：//wtl. sz. gov. cn/attachment/0/850/850350/9121146. pdf。

④ 《福田 打造世界一流文化产业核心城区》，网易网站，2021 年 9 月 24 日，https：//www. 163. com/dy/article/GKLL5LVL0550037C. html。

国际国内的时尚建筑品牌中具有较高的知名度和美誉度。南山区、宝安区、福田区文化企业数量占全市文化企业比重超七成，深圳文化产业向西发展趋势较为明显。

城市品质再次提升。深圳建设中国特色社会主义先行示范区，建设社会主义现代化强国城市文明典范进入新阶段。2021年末全市有各类公共图书馆733座，公共图书馆总藏书量5708.07万册，比上年增长16.2%。全市拥有博物馆57个，美术馆13个，广播电台1个，电视台2个，广播电视中心3个，广播、电视综合人口覆盖率达100%。① "新时代十大文化设施"规划扎实推进，顺利推进国深博物馆、深圳书城湾区城、深圳美术馆新馆、深圳科技馆（新馆）建设，改造大鹏所城、南头古城等10个深圳特色文化街区，基层文体网络继续完善，开放一批新型特色文化空间，全市基层公共文化设施实现全覆盖。②

（二）珠海经济特区

"百岛之城"珠海是全国唯一一个以整体城市景观打造特色旅游的城市。2021年，珠海实现地区生产总值3881.75亿元，同比增长6.9%，其中第三产业增加值为2199.27亿元，较2020年增长7.2%，对珠海的地区生产总值增长的贡献率达到59.65%。现代服务业增加值1551.46亿元，较2020年增长7.0%，占珠海地区生产总值的40.0%。③ 珠海全面融入粤港澳大湾区建设，综合实力再上新台阶。

持续焕新文旅体验。珠海作为广东省滨海休闲旅游娱乐的热门城市，全年接待入境旅游人数62.55万人，较2020年增长19.1%。国际旅游外汇收入1.79亿美元，较2020年增长13.9%。接待国内游客2008.08万人，较2020年增长37.3%，国内旅游收入196.13亿元，较2020年增长11.0%。

---

① 《深圳市2021年国民经济和社会发展统计公报》，深圳统计网站，2022年5月7日，http：//tjj.sz.gov.cn/zwgk/zfxxgkml/tjsj/tjgb/content/post_ 9763042. html。
② 《深圳市文化广电旅游体育局2021年工作总结》，深圳市文化广电旅游体育局网站，2022年2月28日，http：//wtl.sz.gov.cn/xxgk/ghjh/ndgzjhjzj/content/post_ 9593438. html。
③ 《2021年珠海市国民经济和社会发展统计公报》，http：//www.zhuhai.gov.cn/attachment/0/300/300099/3132858. pdf。

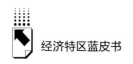

实现旅游总收入207.71亿元，较2020年增长10.7%。[①] 受疫情影响，出境游、跨省游、跨市游都不同程度地遭遇阻碍，但同时近郊游和城市休闲娱乐迎来机遇，游客的消费行为呈现出高频次、低消费、强随机性等特点，因此，珠海文旅板块通过创意融合、环境质量提升等方式制造具有本土特色的文旅产品，满足大众对文旅消费升级的需求。

持续提升城市功能品质，打造珠海城市名片。举办首届珠海艺术节，颁发第五届文学艺术"渔女奖"。2021年末全市共有各类专业艺术表演团体7个，区级及以上公共文化馆4个，公共图书馆4个。博物馆10个，美术馆3个，电影院43家，文化站24个，村居综合性文化服务中心321个。电视台2个，广播电台2个，广播、电视综合人口覆盖率均达到100%。有线广播电视用户49.75万户，比上年末减少2.0%。公共图书馆纸质图书藏书量311.35万册，群众文艺作品创作获省级奖8个。建成"农家（社区）书屋"304个，每万人公共文化设施面积1400平方米。全年出版各类期刊5.35万册。[②]

培育和践行社会主义核心价值观，加大文明城市全域创建力度，建设更高水平文化强市。珠海市政府认真实施文化惠民工程，加快建设国家方志馆粤港澳大湾区分馆、珠海华侨博物馆，举办了中国国际马戏节、粤港澳大湾区文化创意设计大赛、珠海艺术节等城市文体活动。在产业发展上，珠海市政府重点繁荣新闻出版、广播影视、文学艺术、哲学社会科学事业，支持珠海传媒集团、珠海演艺集团深化改革。[③] 顺应时代潮流，推动文化产业数字化进程，提升文化产业园区及基地集聚发展效应，充分尊重并深入挖掘珠海特有的优秀历史人文，以凝聚时代精神与地方人文的作品回馈社会，树立好国家历史文化名城的形象。

---

① 《2021年珠海市国民经济和社会发展统计公报》，http：//www.zhuhai.gov.cn/attachment/0/300/300099/3132858.pdf。

② 《2021年珠海市国民经济和社会发展统计公报》，http：//www.zhuhai.gov.cn/attachment/0/300/300099/3132858.pdf。

③ 《2022年珠海市人民政府工作报告》，中国珠海政府网站，2022年1月29日，http：//www.zhuhai.gov.cn/zw/zfgzbg/content/post_3055505.html。

（三）厦门经济特区

素有"海上花园"美誉的厦门四面环海、四季如春、文化资源丰富。2021 年厦门市委、市政府在习近平新时代中国特色社会主义思想的指导下，加快打造高质量发展引领示范区，全方位推进经济整体上平稳增长。从经济总量上看，2021 年厦门的生产总值为 7033.89 亿元，比 2020 年增长 8.1%。其中，第三产业增加值 4121.94 亿元，比 2020 年增长 9.0%，[①] 增加值和增长率高于第一、二产业，厦门经济产能调整成效显现。

"十四五"时期是厦门全面建设社会主义现代化国家的发展机遇期，是推动文化产业千亿产业链高质量发展的重要时期。厦门在《厦门市"十四五"文化产业发展规划》中首次提出"将厦门建设成为新兴文化产业强市"的目标，打造新时代中国影视中心、网络视听产业之城和时尚创意艺术之城。同时，厦门紧紧把握文化产业转型升级和数字化智能化发展机遇，培育文化新业态，加快发展已有优势业态，构建"2+3+2"产业体系，明晰龙头引领产业（影视产业和网络视听产业）、重点优势产业（文化旅游产业、创意设计产业、动漫游戏产业）和重点培育产业（艺术品产业、音乐产业），分类分级实施新时代中国影视中心打造工程、国家级智能视听产业基地建设工程、国家级文化和旅游产业融合发展示范区创建工程、文化创意设计和艺术产业提升工程、高品质文化消费和生活场景营造工程、文化和科技融合发展工程、文化与金融合作示范区创建工程、文化贸易促进工程等八大文化产业重点工程。[②]

厦门特色文艺精品创作表演再创佳绩。厦门专业文艺院团获得 87 个中国舞蹈荷花奖当代舞大奖等国家级、省级、市级文艺比赛各类奖项。文艺创作表演扎根人民、扎根生活，深入社区、乡村、景区、剧场、学校、军营等

---

① 《厦门市 2021 年国民经济和社会发展统计公报》，投资厦门网站，2022 年 3 月 22 日，https://www.investxiamen.org.cn/detail/5411.html。

② 《构建"2+3+2"产业体系 打造八大重点工程》，厦门市人民政府网站，2022 年 7 月 21 日，https://www.xm.gov.cn/jdhy/wjjd/mtjd/202207/t20220721_2675867.htm。

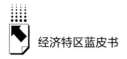

地开展了 500 场文化惠民演出活动。善于把握时代脉搏，创作和打磨精品剧目 10 个，通过互联网开展线上演出及展播 138 场，交响乐《安岐随想》、舞蹈诗《沉沉的厝里情》、舞蹈《父辈的歌》入选庆祝中国共产党成立 100 周年舞台艺术精品创作工程重点扶持作品。①

搭建文化创意呈现场景，凝聚创意力量。2021 年厦门举办各类展览活动 104 场，展览总面积 126.30 万平方米，比 2020 年增长 7.1%。厦门共有 7 个公共文化馆，12 个博物馆、纪念馆、10 个图书馆。厦门文化广播出版业继往开来，发行各类报纸 6 种、期刊 26 种、侨刊乡讯 14 种，创办广播节目 7 套、电视节目 6 套。2021 年，厦门辖区内共有 59 家院线影院、392 块银幕，全年商业电影票房 3.41 亿元。② 厦门通过实施"以节促产""以节促城"战略，③ 加快文化产业基础设施建设，加强文化人才培养培训，优化文化政策环境，深化跨区域合作，大力发展文化产业。

（四）汕头经济特区

汕头作为中国经济特区之一，是潮汕文化重要的发源地、兴盛地，向来享有"百载商埠"的美誉。2021 年，汕头深入学习贯彻习近平总书记视察广东、视察汕头重要讲话、重要指示精神，坚定不移走"工业立市""产业强市"之路，全市经济活力不断提升。汕头市统计局数据显示，2021 年汕头实现地区生产总值 2929.87 亿元，同比增长 6.1%，两年平均增长 4.0%。其中，第三产业增加值为 1392.25 亿元，同比增长 8.5%，两年平均增长 5.0%。④

5G、人工智能、大数据等数字技术在汕头文化产业的应用范围不断扩

---

① 《厦门市 2021 年国民经济和社会发展统计公报》，厦门市统计局网站，2022 年 3 月 22 日，http：//tjj. xm. gov. cn/tjzl/ndgb/202203/t20220322_ 2636525. htm。

② 《厦门市 2021 年国民经济和社会发展统计公报》，厦门市统计局网站，2022 年 3 月 22 日，http：//tjj. xm. gov. cn/tjzl/ndgb/202203/t20220322_ 2636525. htm。

③ 《厦门市国民经济和社会发展第十四个五年规划和二〇三五年远景目标纲要》，https：//www.ndrc. gov. cn/fggz/fzzlgh/dffzgh/202104/P020210427320472190941. pdf。

④ 《2021 年汕头经济运行情况分析》，汕头市统计局网站，2022 年 2 月 25 日，https：//www. shantou. gov. cn/tjj/tjzl/tjfx/content/post_ 2031276. html。

大，文化产业政策环境持续优化。《汕头市促进数字创意产业集群发展实施方案（2020—2025 年）》颁布以来，2021 年汕头规模以上数字创意企业共计 58 家，全年实现营业收入 5.98 亿元，同比增长 11.4%。[①] 在各类利好政策的支持下，汕头华侨试验区数字科技产业基地不断加快建设，促进直播电商、共享经济、影视传媒、互联网创新、信息技术等 53 家数字科技企业入驻，数字文化产品供给质量不断提高，新的文化消费场景和模式正在涌现。

玩具创意产业是汕头"三新两特一大"产业布局中的重要一环，在汕头文化产业中具备绝对的市场竞争力。2021 年汕头玩具创意产业规模以上工业增加值 64.59 亿元，较 2020 年增长 3.9%，占全市规模以上工业的 8.7%。同时，规模以上工业总产值达到 305.37 亿元，累计增长 6.0%。[②] 汕头的玩具创意产业在国家和地方政府的扶持下，凭借良好的市场基础，充分发挥产业集聚效应，以奥飞娱乐、星辉娱乐等骨干玩具制造企业为榜样，重点实施产业集群数字化转型试点工程，发展跨界融合新业态，培育壮大"玩具+IP 及衍生品""玩具+数字创意""玩具+智能制造"等新业态、新模式。

消费市场运行秩序尚未完全恢复，国有文化企业主动融入数字经济发展。汕头的消费市场与其他城市的消费需求息息相关。2021 年汕头社会消费品零售额低于全国、全省且两年增速为负，说明本市消费市场恢复不足。从全国消费情况来看，各地多点散发式疫情对消费市场造成了较大的扰动，整体消费市场仍处于持续恢复进程之中。文化产业能够促进国民经济提质增效，满足人民群众的精神文化生活需求，扩大汕头文化的影响力。2021 年，汕头融媒集团和汕头市文化集团等市属国有文化企业主动融入数字化浪潮。汕头市文化集团以旗下文化资源市歌舞团、市杂技团、市话剧团等文艺团体为基础班底，利用舞美等先进技术展现汕头"华侨文化"的艺术内涵，打

---

① 林萦：《数字赋能释放文化产业新活力》，《汕头日报》2022 年 7 月 12 日。
② 《2021 年汕头市产业发展情况》，汕头市发展和改革局网站，2022 年 2 月 18 日，https：//www.shantou.gov.cn/stsfgj/gkmlpt/content/2/2028/post_ 2028589. html#3302。

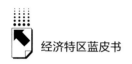

造华侨爱国题材歌舞剧《百年侨心》，充分利用数字技术提供的文化载体，推动节目数字化直观化呈现。[①]

（五）海南经济特区

海南自北宋开埠以来，已有千年历史。海南地处热带，被联合国湿地公约组织评定为全球"国际湿地城市"，旅游资源丰富，投资潜力大。2021 年海南地区生产总值 6475.20 亿元，按不变价格计算，比上年增长 11.2%。其中，第三产业增加值 3981.96 元，比上年增长 15.3%。三次产业结构比例调整为 19.4∶19.1∶61.5，第三产业变化最明显，这也是 2021 年海南实现万元国内生产总值能耗比上年下降 3.1% 的重要原因之一。[②]

旅游文化产业品质效益双提升。2021 年，海南坚持以国际旅游消费中心建设为抓手，充分把握自贸港免税新政红利和游客消费回流潜在需求，形成了"政府主导、企业唱戏、线上线下融合、游客参与互动"的全方位旅游发展模式，推动构建"处处有旅游、行行+旅游"的全域旅游发展格局。2021 年海南接待游客数量达到 8100.43 万人，同比增长 25.5%，相当于 2019 年接待游客数量的 97.5%，基本恢复到疫情前水平。旅游收入达到 1384.34 亿元，同比增长 58.6%，甚至比 2019 年的旅游收入多出 30.9%，[③] 实现了"十四五"时期文化旅游高质量发展的良好开局。

坚持科学思维，强化顶层设计，将文化优势、资源优势转化为产业优势。2021 年 6 月海南发布《海南省"十四五"旅游文化广电体育发展规划》，从顶层设计、旅游产业、文化产业、广电产业、体育产业、公共服务设施、市场监督治理等角度出发制定发展目标，强调加强文物保护和利用，

[①] 《2022 中国数字经济创新发展大会举行"数字文化产业创新发展论坛"》，汕头市人民政府网站，2022 年 7 月 12 日，https：//www.shantou.gov.cn/cnst/ywdt/styw/content/post_2091492.html。

[②] 《2021 年海南省国民经济和社会发展统计公报》，海南省人民政府网站，2022 年 2 月 22 日，https：//www.hainan.gov.cn/hainan/tjgb/202202/d46f2a77c29448c9acb69ea80c934cb2.shtml。

[③] 《海南旅游文化产业品质效益双提升》，《中国旅游报》2022 年 4 月 15 日。

强化非物质文化遗产保护与传承，繁荣艺术创作和生产等，[1] 并相继出台和实施《海南省"十四五"非物质文化遗产保护规划》《海南省文物保护利用与旅游融合发展三年行动计划》。与此同时，政策研究取得新成绩，《关于推动海南健康旅游加快发展的实施意见》印发实施，《自贸港背景下高质量发展旅游业项目策划》完成，《自贸港背景下的海南旅游消费品质提升策略研究》《海南"十四五"时期艺术发展规划报告》《海南省西线文化艺术资源调查分析报告》《海南自由贸易港旅游人才队伍发展研究》4 个研究报告被文化和旅游部评为全国文化和旅游系统优秀调研成果。[2]

文化艺术赋能海南城市更新。2021 海南国际文创周长江文化艺术湾区高峰论坛以"共振·共生"为主题，旨在共议当前海南文化产业所面临的挑战和机遇，积极探索文化艺术助力城市转型的方向。[3] 2021 年是"十四五"规划的开局之年，也是海南加快建设自由贸易港的关键之年。海南省旅游和文化广电体育工作电视电话会议提出大力发展旅游演艺，充分利用自贸港政策红利。引进国内外顶尖的演艺团体和机构，打造精彩纷呈的演出盛事。以艺术展出的形式挖掘海南传统特色文化，展现独属于海南的地域风情。鼓励更多的电影、电视剧、综艺节目、动漫作品、音乐节、艺术节入驻和落户海南，以塑造海南的文化形象，扩大海南的城市影响力，更新海南的精神面貌。

二　经济特区文化产业发展分析

相较于 2020 年经济特区的文化产业发展，2021 年经济特区的文化产业发展有序推进，并呈现出以下三方面的主要特征。

① 《海南省"十四五"旅游文化广电体育发展规划》，海南自由贸易港网站，2021 年 7 月 10 日，https://www.hnftp.gov.cn/zcfg/zcwj/hnzc/202107/t20210710_3023935.html。
② 《海南旅游文化产业品质效益双提升》，《中国旅游报》2022 年 4 月 15 日。
③ 《产业｜共振·共生，与风共舞的"文创+"之力》，"文旅中国"百家号，2021 年 10 月 18 日，https://baijiahao.baidu.com/s?id=1713943621740293126&wfr=spider&for=pc。

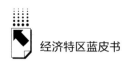
（一）数字文化产业进入战略发展期

"十四五"时期，数字化已经全面介入文化产业领域，文化产业数字化转型由被动适应变为主动升级，数字技术赋能文化产业发展的效能不断增强，数字文旅产品不断丰富，数字文旅消费新业态日益多元。中国信通院的《中国数字经济发展报告（2022年）》显示，在5G通信技术和工业互联网的推动下，2021年中国数字经济规模达到45.5万亿元，同比名义增长16.2%；数字产业化规模达到8.35万亿元，同比名义增长11.9%，占数字经济比重为18.3%，占GDP比重为7.3%，① 说明数字产业化发展正由量的扩张向质的提升转变。产业数字化规模达到37.18万亿元，同比名义增长17.2%，占数字经济比重为81.7%，占GDP比重为32.5%，说明产业数字化转型持续向纵深加速发展。

经济特区数字文化产业进入成熟阶段。以深圳为例，作为全国首个文化体制改革试点城市，深圳制定一系列文化产业的数字化发展战略，从传统文化产业数字化转型和数字文化新业态两端着手，包括对出版印刷、新闻广播、影视演艺、文博等传统文化产业的数字化升级，推动形成数字出版、数字新闻、数字广播、数字影视、数字音乐、数字博物馆。同时，深圳着力推动以数字技术和工业互联网为基础的数字文化新业态的构建，鼓励网络文学、网络游戏、网络直播、网络音乐、网络自制剧、网络综艺和网络短视频的发展，促进地方就业，调整产业结构，为健全数字文化产业提供深圳样本。

（二）文化新业态进入发展机遇期

2021年，文化新业态对文化产业的支撑作用增强。以视频直播、创意广告、智能文娱设备制造为代表的文化新业态"助推器"作用持续增强，

---

① 《中国数字经济发展报告（2022年）》，http：//www.caict.ac.cn/kxyj/qwfb/bps/202207/P020220729609949023295.pdf。

并成为深圳、珠海、厦门、汕头、海南文化产业发展的重要内容。文化新业态是"区别于传统的、常规的文化产业业态，是利用现代高新科技手段发展的具有跨领域、综合性发展、创新等特征的文化业态，是真正可以加快中国文化走出去的载体"。[①] 文博会作为我国会展经济的重要组成部分，是我国文化产业融合经济全球化的重要载体。2021年，越来越多的会展品牌如雨后春笋，推动经济特区的文化产业蓬勃发展。

深圳举办第十七届中国（深圳）国际文化产业博览交易会，此次文博会通过线上线下双轨并进、同步举行的新模式，推进展会规模扩大、品牌质量提升，珠海、厦门、汕头、海南等4个经济特区纷纷组团参加，充分展现了文化产业的新时代面貌。同时，文化新业态进入发展机遇期，"科技创新是文化产业发展和演化的第一动力"的观念潜移默化地影响着文化企业的文化理念和战略定位。在深圳，华强方特文化科技集团凭借文化科技赛道的主题公园、特种电影、数字动漫等颇具国际竞争力的拳头产品，在国际市场上建立了强势的中国文化科技品牌。

（三）现代文化产业体系进一步完善

2021年，着力建设现代文化产业体系，推进文化铸魂、发挥文化赋能作用被写进文化和旅游部的《"十四五"文化和旅游发展规划》总体要求之中，说明完善文化产业规划和政策，扩大优质文化产品供给，实施文化产业数字化战略，加快发展新型文化企业、文化业态、文化消费模式，不断健全结构合理、门类齐全、科技含量高、富有创意、竞争力强的现代文化产业体系仍然是经济特区文化产业的重点工程。[②]

此外，各经济特区积极完善文化产业政策法规，响应国家号召，充分采纳文化产业智库和一线文化企业的建议和意见，推出符合行业发展规律的产

---

① 《科技让文化腾飞——文化产业中新兴文化业态扫描》，中国政府网站，2012年8月7日，http://www.gov.cn/jrzg/2012-08/07/content_2199426.htm。

② 《文化和旅游部关于印发〈"十四五"文化和旅游发展规划〉的通知》，中国政府网，2021年4月29日，http://www.gov.cn/zhengce/zhengceku/2021-06/03/content_5615106.htm。

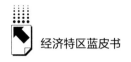

业规划，重视完善优质文化产品的体系，发展具有明显优势和强竞争力的新兴文化业态，不断健全现代文化产业体系。深圳、珠海、厦门、汕头、海南经济特区的人民政府及相关部门纷纷资助民营演艺团体的文化演出，顺应数字产业化和产业数字化的时代趋势，不断优化文化消费设施，改善文化消费环境，促进文化与相关产业的融合发展，进一步完善"十四五"现代文化产业体系。

三 经济特区文化产业发展建议

中国文化产业逆势复苏，凸显韧劲，各经济特区文化产业在追求高质量发展的道路上必然要面对巨大的风险和挑战。在"十四五"开端之际迎接党的二十大的召开，站在新的历史起点，各经济特区可从以下几方面推进区域文化产业的健康发展，实现文化产业高质量发展目标。

（一）健全文化产业发展体制机制

经济特区政府和相关部门应当根据区域文化产业发展的实际情况，出台文化产业发展规划，建立科学、先进的文化产业专家咨询和培训体系，积极打造具有本地特色、响应国家号召、符合时代规律的文化产业发展路径。正确认识文化产业企业的市场主体地位，适当给予财政、税收、金融、土地、智库等方面的政策支持。引导文化产业企业建立和规范内部现代企业制度，提升企业管理、研发与运营能力，提高文化产业的资源配置效率。创新文化产业的投融资体系，充分发挥文化金融的融通作用，探索市场化运作文化产业专项资金机制，建立奖惩公示制度，调动文化产业企业的生产积极性。

（二）提高文化产业的科技支撑能力

经济特区率先聚焦文化产业的数字化战略和现实发展需要，贯彻国家科技创新战略思想，强化自主创新能力，集合自身资源优势，加大关键技术的研发投入，推广数字技术的场景应用，全面提升文化产业的科技创新能力。经济特区应当进一步加强科技创新，相关部门要重视文化产业技术创新中心、科技示范园区、重点实验室的建设，鼓励文化企业研发自身的专利，强化文化生产、公共服务与科技支撑之间的联系，形成上下游共建的创新生态。同时加快信息化建设，积极在文化产业领域运用5G、人工智能、云计算、物联网、大数据、导航定位技术，完善数据挖掘、开放和共享机制，不断提升文化产业的风险防范和应急处理能力，以数字化、信息化推动文化产业现代化。

（三）推动文化产业结构优化升级

经济特区文化产业进入提质增效的重要窗口期。在市场竞争加剧、技术迭代加速、供需结构性矛盾、发展不平衡、国际环境紧张、公共卫生健康告急等诸多挑战下，经济特区需要推动文化产业结构性改革，积极发展数字创意、数字娱乐、网络视听、线上演播、数字艺术展示、沉浸式体验等新业态，丰富个性化、定制化、品质化的数字文化产品供给。改造提升演艺、娱乐、工艺美术等传统文化业态，推进动漫产业提质升级。提高创意设计发展水平，促进创意设计与实体经济、现代生产生活、消费需求对接。实施创客战略，激发创新创业活力。实施文化品牌战略，打造一批有影响力、有代表性的文化品牌。[①]

（四）完善现代文化产业双循环发展体系

用系统发展观的思路推动"十四五"时期文化产业高质量发展，经济特区要充分认识到政府、企业、消费者等行动主体在文化产业的内外部环境影响下时刻发生着资源、产品、服务、技术、人才等要素的互动，形成国内循环和国际循环。全面促进产业链、产业内、产业间、区域以及国际循环，

---

① 《文化和旅游部关于印发〈"十四五"文化和旅游发展规划〉的通知》，中国政府网，2021年4月29日，http://www.gov.cn/zhengce/zhengceku/2021-06/03/content_5615106.htm。

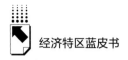

充分发挥政策、需求、技术、平台的联合驱动作用,推动产业转型与升级,建立良性互动、健康有序的现代文化产业体系。[①] 增强文化品牌意识,打造具有中国特色、国际影响力的文化 IP,彰显中国面貌、中国精神、中国价值,提升文化产品出口的服务水平和质量,科学优化海外文化市场调研方式,开展多渠道、多层次的文化产品推广活动,向着版权、平台、资本等多样化输出发展,提升国际竞争力和扩大中华文化影响力。

① 余钧、戚德祥:《文化产业双循环发展体系的构成要素、互动关系及驱动机制研究》,《科技与出版》2022 年第 8 期。

特区发展分述报告

Reports on the Special Economic Zones

B.8

深圳经济特区发展报告[*]

伍凤兰　吴婷婷[**]

摘　要： 深圳坚持实施"双区"政策，着力推动粤港澳大湾区高水平人才高地的建设，同时统筹疫情防控和经济社会发展，全市经济发展稳中提质，全面深化改革取得新突破，更高水平开放迈出新步代，城市品质实现新跃升、文化软实力显著增强。但对标国内外其他一线城市，深圳也存在外部环境更趋复杂严峻和不确定、创新成果产业化效率需着力提升、产业用地供应不足、营商环境仍需优化、民生保障仍有短板等问题。深圳应提高基础研究水平，建设一流人才高地；优化产业空间布局，保障产业空间供给；大力改善营商环境，培育企业发展沃土；加快补齐民生短板，提升公共服务水平；筑牢疫情防控防线，逐步增强城市韧性。

---

[*] 本报告为广东省哲学社会科学规划2022年度一般项目（GD22CLJ03）和深圳市哲学社会科学规划项目（SZ2022B041）阶段性成果。

[**] 伍凤兰，深圳大学经济学院教授，博士，博士生导师，主要研究方向为制度经济学、特区台港澳经济学；吴婷婷，深圳大学理论经济学专业硕士生。

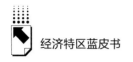

关键词： 高质量发展　"双区"政策　深圳经济特区

一　2021年深圳经济特区社会经济发展概况

（一）经济运行稳中求进，发展韧性不断增强

全市经济运行水平平稳回升，高质量发展实现新跨越。从经济增长总量来看，2021年深圳地区生产总值首次突破30000亿元，达到30664.85亿元（见图1），位列粤港澳大湾区第一（见图2）、全国第三、亚洲第四（仅次于东京、上海、北京），人均地区生产总值为173663元，同比增长5.0%。从地区生产总值增长速度来看，深圳2021年地区生产总值增长速度为6.7%，两年平均增长速度为4.9%，呈现稳中求进的良好发展态势。

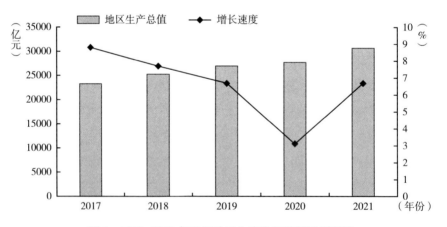

图1　2017~2021年深圳地区生产总值及其增长速度

资料来源：深圳市统计局网站。

细分到深圳11个辖区来看，按各区2021年地区生产总值可以分为三个层次，其中南山、福田、龙岗、宝安位于第一层次，四区2021年地区生产总值均达到4000亿元以上，分别为7630.59亿元、5318.19亿元、4496.45亿元、4421.82亿元。龙华、罗湖位于第二层次，地区生产总值均超过2000

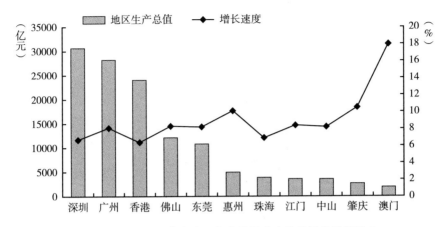

图2　2021年粤港澳大湾区各市地区生产总值及其增长速度

资料来源：粤港澳大湾区各市统计部门网站。

亿元，分别为2828.45亿元、2571.67亿元。光明、坪山、盐田、大鹏新区、深汕特别合作区则归属于第三层次，这五区地区生产总值则普遍低于1000亿元，分别为1285.33亿元、910.60亿元、760.49亿元、370.35亿元、70.91亿元。此外，除了龙岗地区生产总值较2020年有所下降，其他各区均存在一定幅度的增长，各区地区生产总值占全市比重见图3。

经济结构优化升级，产业体系更具有竞争力。深圳三次产业结构由2020年的0.1：37.4：62.5调整为2021年的0.1：37.0：62.9（见图4）。分行业看，农林牧渔业占地区生产总值比重为0.1%，与上年持平；金融业，交通运输、仓储和邮政业，批发和零售业与其他服务业产业增加值占地区生产总值比重分别为15.5%、2.8%、8.7%和26.3%，比上年分别提高0.4个、0.2个、0.3个和1.1个百分点；工业、建筑业、房地产业、住宿和餐饮业产业增加值占地区生产总值比重分别为33.8%、3.3%、8.3%和1.3%，比上年分别下降0.7个、0.1个、1.0个和0.1个百分点，2021年深圳各行业增加值占地区生产总值比重见图5。

战略性新兴产业发展较快。从具体数据来看，2021年深圳战略性新兴产业的增加值累计可达12146.37亿元，与2020年相比增加了6.7%，占地

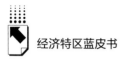

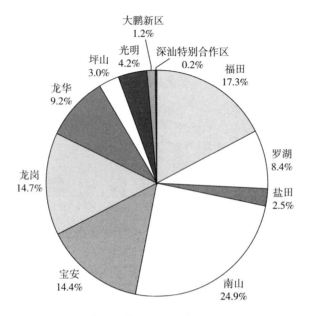

图3 2021年深圳各区地区生产总值占全市比重

资料来源：《深圳市2021年国民经济和社会发展统计公报》。

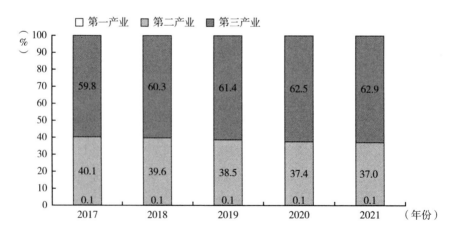

图4 2017～2021年深圳三次产业增加值占地区生产总值比重

资料来源：《深圳市2021年国民经济和社会发展统计公报》。

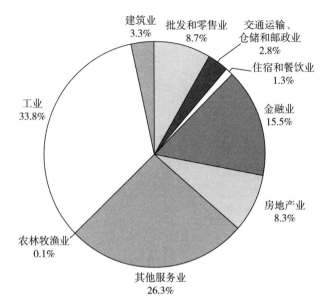

图5　2021年深圳各行业增加值占地区生产总值比重

资料来源：深圳市统计局网站。

区生产总值比重为39.6%。从七大战略性新兴产业来看，各个产业的产值均实现了正增长。其中，新一代电子信息产业增加值最高，合计为5641.6亿元，但其增长速度仅有1.2%，低于其他产业；数字与时尚产业、高端装备制造产业、新材料产业和海洋经济产业的增长速度较快，均达到10%或10%以上，分别为13.0%、19.4%、10.0%和14.5%，增加值分别为3103.66亿元、506.53亿元、324.34亿元、593.8亿元；绿色低碳产业与生物医药和健康产业的增长速度低于10%，分别为8.8%和7.6%。增加值分别为1386.78亿元和589.6亿元（见图6）。总体来看，深圳战略性新兴产业发展态势良好，已经成为推动深圳经济高质量发展的重要力量。

（二）商品零售市场平稳复苏，销售额持续回升

2021年深圳社会消费品零售总额居于全国前列（第五），达到9498.12亿元，比上年增长9.6%（见图7）。

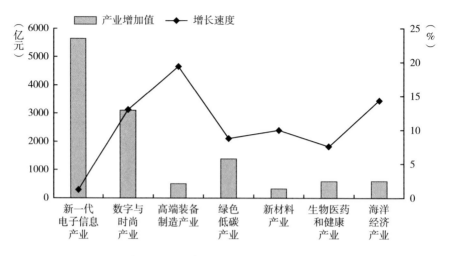

图6　2021年深圳七大战略性新兴产业增加值及其增长速度

资料来源：深圳市统计局网站。

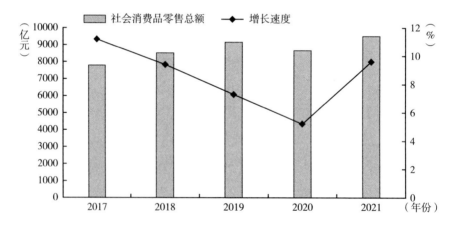

图7　2017～2021年社会消费品零售总额及其增长速度

资料来源：《深圳市2021年国民经济和社会发展统计公报》。

首先，从消费类别来看，2021年深圳商品零售总额与2020年相比增加了9.2%，合计为8391.97亿元；餐饮收入总额与2020年相比增加了12.7%，合计为1106.15亿元。

其次，从各类商品来看，2021 年消费升级类商品零售总额高速增长，其中，限额以上单位金银珠宝类商品零售总额的增长速度最为突出，其与 2020 年相比大概增长了 55.2%，通信器材类商品零售总额与 2020 年相比增长了 49.4%，文化办公用品类和汽车类商品零售总额的增长速度略有落后，但也分别达到了 20.4% 和 10.8%，总体来看，与 2020 年相比市场明显回暖。2021 年深圳居民生活必需品的零售总额也稳定增长。其中，粮油、食品类、饮料类商品零售总额与 2020 年相比增长了 20% 以上，中西药品类商品零售总额与 2020 年相比增长了 6.0%。受疫情影响，居家消费需求大幅增加，"宅经济"推动线上零售快速发展，线上销售商品零售总额与 2020 年相比增长了 44.3%。总体来看，2021 年居民消费已逐渐恢复到 2019 年的水平，市场消费态势良好。

（三）进出口总额破新高，对外贸易韧性增强

深圳积极推进改革开放，极大减小了疫情对进出口贸易的冲击。2021 年，深圳货物贸易的进出口总额突破历史新高，累计高达 3.54 万亿元，比 2020 年增长了 16.2%。其中，出口贸易总额 1993~2021 年在内地外贸城市中稳居第一，2021 年出口贸易总额高达 1.92 万亿元，较 2020 年增长了 13.5%；进口贸易总额为 1.62 万亿元，同比增长 19.5%（见图 8）。

从贸易方式来看，2021 年深圳贸易方式以一般贸易为主，以加工贸易和保税物流进出口贸易为辅。其中，一般贸易的进出口总额达到了 17500 亿元，与 2020 年相比增长了 16.9%；加工贸易的进出口总额达到了 9459.5 亿元，与 2020 年相比增长了 26.7%；保税物流进出口总额达到了 8179.6 亿元，与 2020 年相比增长了 17.9%。

从企业性质来看，2021 年深圳以民营企业进出口为主，其规模约占深圳同期进出口贸易总额的六成，累计高达 21600 亿元，与 2020 年相比增长了 19%；外商投资企业规模占深圳同期进出口贸易总额的三成以上，累计可达 11800 亿元，与 2020 年相比增长了 11.8%；国有企业进出口规模最小，其总额为 2088 亿元，与 2020 年相比增长了 14.5%。

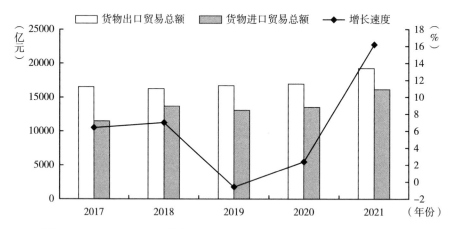

图8 2017~2021年深圳货物出口贸易总额、进口贸易总额及其增长速度

资料来源：深圳市统计局网站。

从贸易市场来看，贸易伙伴主要为中国香港、中国台湾、美国、韩国、日本、东盟和欧盟，而除新加坡外，对前十大贸易伙伴进出口值都有所增长。其中，对中国香港的进出口值为7225.4亿元，较2020年增长18.3%，占全市进出口值的20.4%，稳居深圳进出口贸易城市第一。对中国台湾、美国、韩国、日本、越南、马来西亚的进出口值均达1000亿元以上，分别为3583.4亿元、3212.6亿元、1848.9亿元、1607.0亿元、1502.1亿元、1445.2亿元，较2020年进出口值均有所增长。但对新加坡的进出口值较2020年下降2.4%，为567.2亿元（见表1）。

表1 2021年深圳进出口主要市场情况

单位：亿元，%

市 场	2021年		
	进出口值	同比	占比
中国香港	7225.4	18.3	20.4
中国台湾	3583.4	20.2	10.1
美 国	3212.6	4.3	9.1
韩 国	1848.9	18.3	5.2

续表

市 场	2021 年		
	进出口值	同比	占比
日 本	1607.0	7.0	4.5
越 南	1502.1	8.8	4.2
马来西亚	1445.2	17.8	4.1
泰 国	845.6	5.6	2.4
德 国	778.8	10.1	2.2
新加坡	567.2	-2.4	1.6

资料来源：深圳海关网站。

（四）自主创新能力提升，技术市场持续升温

2021 年，深圳聚焦创新驱动发展，有效激发社会创新创造活力，全社会研发投入占地区生产总值比重第一次突破 5%，其中每亿元研发投入产出专利有 20% 为发明专利，多项指标保持领先态势，专利结构持续优化，知识产权高质量发展取得显著成效。

从国内专利来看，2021 年深圳国内专利授权量与 2020 年相比增长了 25.52%，累计可达 279177 件，不仅在广东省排名第一，也远超北京和上海（见图 9），在全国各大城市中连续 4 年排名第一。其中，实用新型专利授权、外观设计专利授权与发明专利授权三者的比重为 14∶7∶4（见图 10）。

从有效发明来看，截至 2021 年末，深圳的有效发明专利总数稳步提升到 198031 件，占国内发明专利总数的 7.14%。具体到人均发明专利拥有量，深圳平均每一千人拥有 11.2 件发明专利，比国内平均水平高 5.7 倍。此外，从 PCT 申请量来看，2021 年深圳 PCT 申请量与 2020 年相比略有下降，合计为 17443 件（见图 11）。从广东省整体来看，深圳 PCT 申请量仍居全省首位，约占同期广东省 PCT 申请量的六成以上；从全国范围来看，深圳每年的 PCT 申请量占同期全国 PCT 申请量的 1/4，远超北上广，2004~2021 年在全国一直排名第一。统计数据显示，2021 年华为企业 PCT 国际申请量再次排名第

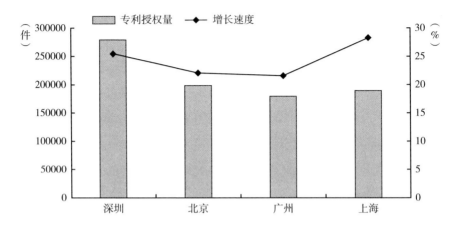

图9　2021年一线城市国内专利授权量及其增长速度

资料来源：各市2021年国民经济和社会发展统计公报。

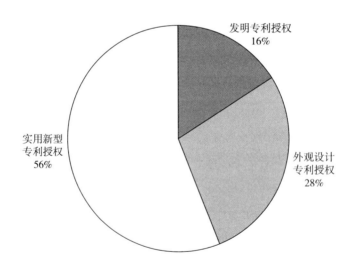

图10　2021年深圳国内专利授权类型

资料来源：深圳市市场监督管理局网站。

一，具体数量为6952件，累计来看，排名前五十的企业中，深圳有7家企业上榜。深圳产业在全球战略布局中占据重要地位。

从商标来看，2021年深圳商标申请量较2020年下降1.69%，达到574780

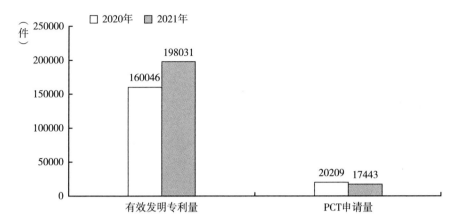

图11　2020~2021年深圳专利数据

资料来源：深圳市市场监督管理局网站。

件；但商标注册量与2020年相比增长了27.95%，累计可达464393件，在全国各大城市中排名第一；商标累计有效注册量为2165693件（见图12）。

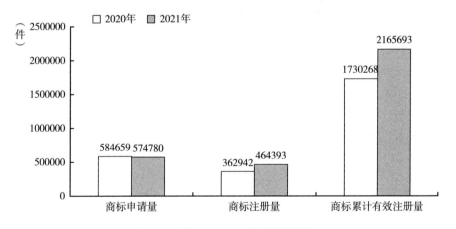

图12　2020~2021年深圳商标数据

资料来源：深圳市市场监督管理局网站。

从技术市场来看，深圳在疫情防控常态化时期技术交易市场活跃度快速提升，市场规模扩大，交易质量提升，为深圳不断提升自主创新能力、加强

科技成果转化提供了重要支撑。数据显示，2021 年深圳认定登记技术合同
累计可达 15284 份，较上年增长了 30.44%（见图 13）。其中，技术开发合
同的数量居于首位，并且保持了稳定增长的发展态势。2021 年签订技术开
发合同 10860 份，较 2020 年增长了 26.43%，占全市合同总量的七成以上，
具体数值为 71.05%。

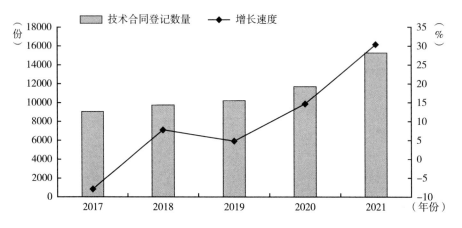

图 13　2017~2021 年深圳技术合同登记数量及其增长速度

资料来源：深圳市科技创新委员会网站。

从成交额来看，2021 年深圳成交总额较 2020 年增长 57.01%，合计
627.08 亿元；核定技术交易总额较 2020 年增长 51.83%，具体数额为
1553.46 亿元；平均单项技术合同成交额较上年增长 20.37%，达到了
1064.56 万元。其中，技术开发合同成交额依旧居于首位。2021 年技术开发
合同成交额较 2020 年增长了 55.28%，高达 1044.25 亿元，占全市合同成交
总额的比例为 64.18%。总体来看，深圳技术合同数量和成交额均大
幅增长。

从深圳各区交易市场来看，2021 年龙岗区、南山区、福田区是全市技
术交易的核心区域。其中，龙岗区、南山区、福田区的合同成交额排前 3
位，分别达 644.72 亿元、512.85 亿元、342.60 亿元，合计占全市成交额的
92.20%。龙岗区、南山区、福田区的合同成交数量排前 3 位，分别达 1397

份、9063 份、1882 份，合计占全市成交数量的 80.75%。值得关注的是，深汕合作区实现了零的突破，合同成交数量为 4 份，合同成交额为 0.10 亿元（见图 14）。合同成交额方面，光明区、福田区、坪山区同比大幅增长，增长速度分别达 514.44%、491.22%、329.84%。

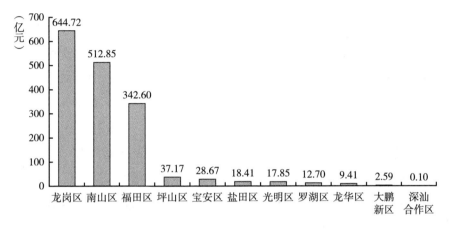

图 14　2021 年深圳各辖区技术合同成交额

资料来源：深圳市科技创新委员会网站。

（五）社会民生持续改善，人民生活水平提高

人民生活水平逐步提高。受疫情影响，2021 年深圳居民人均可支配收入增速放缓，相比 2020 年增长了 8.7%，为 57543.60 元。但疫情总体可控，故居民人均消费支出较 2020 年增长了 5.8%，为 40535.02 元，人民生活水平总体提升。

社会保障得到了进一步加强。城镇职工基本养老保险参保人数达 1157.00 万人，失业保险参保人数为 1127.36 万人。社会服务机构中提供住宿服务的机构较 2020 年新增 10 家，达到了 45 家；不提供住宿服务的机构较 2020 年增长了 1.0%，达到了 8875 家。同时最低生活保障标准、孤儿最低养育标准和全日制最低工资标准较 2020 年均有提高，分别为每月 1300 元、2432 元和 2360 元，这些标准在全国都排在前列。养老机构和幼儿托管机构管理得到进一步加强，基本实现了提供社区老年人助餐服务的目标，737个家庭完成了适老化改造，同时新建了30家普惠性托育机构和35所托幼一体化幼儿园。

"健康深圳"建设加快推进。从医疗机构来看，2021年深圳共计有医疗卫生机构5241家（不含603家非独立社康中心），较2020年增加了555家，新增的机构类型主要是社会办性质的医疗机构；从床位数来看，2021年深圳可供应床位较2020年新增了1086张，增长了1.7%，可达63990张；从卫生工作人员来看，2021年深圳在任卫生工作人员数目较2020年增长了7.3%，达到了139781人。以每千人口为单位来看，根据深圳市统计局公布的2021年末深圳常住总人口1768.16万人计算，2021年末深圳床位拥有数3.62张/千人，卫生工作人员拥有数7.91人/千人，卫生技术人员拥有数6.41人/千人，医师拥有数2.58人/千人（见表2）。从诊疗数来看，2021年深圳医疗卫生机构接待完成门诊次数较2020年增长了26.9%，达到了11422.62万人；从住院人数来看，2021年深圳年收治住院患者人数较2020年增长了22.0%，达到了183.89万人。

表2　2017~2021年深圳每千人口床位、卫生人员发展情况

单位：张，人

年份	每千人口床位拥有数	每千人口卫生工作人员拥有数	每千人口卫生技术人员拥有数	每千人口医师拥有数
2017	2.76	6.57	5.37	2.10
2018	2.85	6.90	5.62	2.18
2019	3.00	7.31	6.01	2.36
2020	3.57	7.39	6.03	2.41
2021	3.62	7.91	6.41	2.58

资料来源：深圳市卫生健康委员会网站。

教育工作稳步发展，人才储备工作获得有力支撑。2021年深圳各级各类学校（园）数量较2020年增长了1.95%，达到了2766所。从办学体制来看，2021年全市公办学校（园）的数量较2020年新增了82所，同比增长了5.96%，达到了1457所；民办学校（园）的数量较2020年减少了29

所，同比下降了 2.17%，达到了 1309 所。从办学层次来看，2021 年深圳总计有特殊教育学校 10 所、专门学校 1 所、幼儿园 1896 所、普通中小学 818 所、中等职业学校（含技术学校）26 所、高等教育学校 15 所。同时，从在校学生来看，2021 年深圳在校学生数较 2020 年新增 14.05 万人，大约增长了 5.80%，达到了 256.21 万人。其中，2021 年深圳招生数较 2020 年新增了 3.1 万人，大约增长了 4.67%，达到了 69.32 万人；全市毕业学生人数较 2020 年也有所增加，大概新增了 2.08 万人，达到了 56.49 万人，增长了 3.81%。从师资力量来看，2021 年深圳教职工总数比 2020 年新增了 1.9 万人，达到了 25.19 万人，大约增长了 8.17%。总体来看，深圳市民群众的教育获得感在不断增强。

文体事业发展态势良好，人民生活幸福感进一步增强。从文化建设来看，2021 年深圳升级打造了美术馆新馆、大鹏所城、南头古城等 10 个深圳特色文化街区。同时大力推进国家博物馆、深圳书城湾区等项目的建设。截至 2021 年末，深圳公用的图书馆数量总计为 650 个，馆内收藏图书总量与 2020 年相比增加了 5.3%，合计可达 4295.80 万册；电影院总数为 286 个，与 2020 年相比增加了 14.4%；其他公共文化设施拥有量分别为画廊 11 个、广播电视中心 3 个、电视台 2 个、广播电台 1 个。从体育建设来看，着力推进体育消费试点、体育产业创新试点等体育领域改革。具体来看，2021 年深圳促进体育消费，累计可达 617.48 亿元，人均体育消费也达到了 3492.21 元，占居民消费支出的比重为 7.5%。同时也积极推动了全民健身活动的开展，致使 2021 年深圳市民体质综合评定等级达到《国民体质测定标准》合格以上水平的人数占全市市民总数的比例为 92.0%，具体到每一个等级来看，优秀的人数占比为 19.4%，良好的人数占比为 40.6%，合格的人数占比为 32.0%。

（六）污染防治成效明显，生态环境质量提升

深圳全力加强生态文明建设，出台了《2021 年"深圳蓝"可持续行动计划》《关于开展深圳市 2021 年秋冬季大气污染防治攻坚行动的通知》《深

圳市危险废物集中收集贮存设施布局规划情况（2021—2025 年）》等一系列文件，持续推进 $PM_{2.5}$ 和臭氧的协同治理，为进一步优化深圳的生态环境提供了有力保障。

从大气环境来看，2021 年深圳空气质量综合指数在全国参与评估的 168 个重点城市中排在较为靠前的位置，位居第八。从具体数据来看，根据深圳市生态环境局统计数据，2021 年深圳共有 351 天空气质量指数达到国家二级以上标准（包括二级）（见图 15），占全年监测 365 天的比例为 96%，虽然与 2020 年相比该比例下降了 0.8 个百分点，但主要污染物指标不断下降。其中，$PM_{2.5}$ 年均浓度达到了每立方米 18 微克，创造了自有监测数据以来的历史新低值。央视点赞深圳是一座可以"深呼吸"的城市。

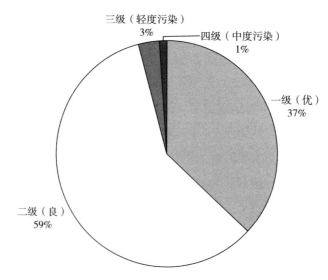

图 15　2021 年深圳空气质量级别天数比例

资料来源：深圳市生态环境局网站。

从水环境来看，2021 年深圳 34 座饮用水水源地中除东涌、打马坜水库因为工程建设没有开展监测工作外，其他饮用水水源地的水质标准均处于国家地表水Ⅲ类标准，甚至有些超过了国家地表水Ⅲ类标准。从具体数据来看，2021 年深圳水质达标率为 100%，与 2020 年持平；全市 310 条河流按河长占比水质优良率从 22.9% 提高至 50.0%。

从固体废物来看，深圳全方位推进固体废物综合治理，固体废物污染防治水平进一步提升。从生活垃圾处理情况来看，2021 年深圳产生生活垃圾共计 1193 万吨。其中，可资源处理再利用的可回收物量为 398 万吨；居民日常生活的厨余垃圾产生量共计 170 万吨，已全部通过厨余垃圾处理设备无害化处理；其他垃圾产生量共计 625 万吨，也全部被城市生活垃圾焚烧发电厂焚烧处理。从建筑废弃物处理情况来看，2021 年，深圳建筑废弃物的产生量约 8937 万立方米（不含施工废弃物、装修废弃物，下同），其中固定消纳场填埋约 68 万立方米，资源化利用约 1919 万立方米，工程回填约 887 万立方米，临时消纳点约 251 万立方米，通过海陆两路外运至中山、惠州、东莞等地平衡处理约 5812 万立方米。2021 年深圳建筑垃圾产生量约 8937 万立方米（不含施工废弃物、装修废弃物，下同），其中 68 万立方米被运送到固定消纳场填埋，约 1919 万立方米被资源化利用，887 万立方米左右被工程回填，251 万立方米被运送到临时消纳点处理，5812 万立方米被运送到其他周边城市处理。从一般工业固体废物处理情况来看，2021 年深圳共产生 309.86 万吨的一般工业固体废物，其中 282.99 万吨被综合利用，26.87 万吨被无害化处理，总体来看，其综合利用率达到了 91.33%。从危险废物处理情况来看，2021 年深圳产生工业危险废物共计 71.59 万吨，43.21 万吨被综合利用，28.38 万吨被安全处理，除此之外，2021 年深圳收运处理的医疗废物 3.51 万吨，均得到了妥善的无害化处理。

从自然生态来看，2021 年深圳森林面积达 78053.65 公顷，森林覆盖率达 39.1%。与 2020 年相比，2021 年深圳增加了 32 座公园，共计 1238 座，这些公园建成面积可达 38037.87 公顷。新建的立体绿化面积达 200000 平方米，建成区域的绿化覆盖率达 45.1%。新建、改建绿道 60 公里，截至 2020 年末，绿道长度总计为 2843.26 公里，可达每平方公里 1.2 公里以上，新建郊野径达 260 公里。

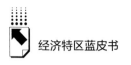

（七）金融运行平稳有序，助推城市经济发展

2021年深圳金融业在落实稳健货币政策的同时，兼顾灵活、精确、合理、适度的特点，继续加强对重要领域的金融服务支持，进一步激发市场活力，发挥资本市场的功能作用，营造了一个有利于深圳高质量发展的货币金融环境。

金融支持实体经济质效提升。据统计，2021年深圳金融业实现增加值4738.81亿元，占地区生产总值的15.4%，较2020年增长了7.6%，两年平均增速达到了8.3%，比全国平均水平高了3个百分点左右。其中，金融业贡献的税收总额占全市税收总收入的24%，位居各行业第一。从本外币存款来看，2021年深圳本外币存款余额与2020年相比增长了10.4%，达到了11.25亿元。其中，人民币存款余额与2020年相比增长了10.7%，达到了10.73万亿元。从本外币贷款来看，2021年深圳本外币贷款余额与2020年相比增长了13.6%，达到了7.72万亿元。其中，人民币贷款余额较2020年增长了14.4%，达到了7.39万亿元。

有效发挥结构性货币政策工具的支持作用，增强金融服务的准确性和可及性。进一步加强对小微企业、制造业、科学技术、绿色发展等方面的资金扶持，实现信贷支持数量增加、价格降低、质量提升、范围扩大。截至2021年末，科技型企业贷款、全市普惠小微贷款、绿色贷款余额的年平均增速均高于其他各类别贷款的年平均增速。具体来看，2021年深圳科技型企业贷款余额与2020年相比增长了39.4%，达到了6387亿元；普惠小微贷款余额与2020年相比增长了29.7%，达到了1.21万亿元；绿色贷款余额与2020年相比增长了28.6%，达到了4485亿元。贷款利率的改革红利持续释放，稳中有降。2021年，资本市场服务作用进一步发挥，为深圳各类企业提供直接融资8013.83亿元。全年深圳共有39家企业在沪深交易所首发上市，另有3家企业在北交所上市（含精选层平移）。其中，在沪深交易所上市的深圳公司市值为9.09万亿左右，在国内排名第二；在北京证券交易所上市的深圳公司市值高达739.56亿元，在国内排名第一。

银行、证券、保险等金融机构经营稳健。从银行业来看，2021 年深圳银行业金融机构资产总规模逐步稳定扩大。截至 2021 年底，银行业金融机构资产总额较 2020 年增长了 7.83%，累计可达 11.27 万亿元，在全国大中城市中排名第三，仅次于北京和上海；银行业全年净利润较 2020 年有所下降，资产质量总体保持稳健。从证券业来看，2021 年深圳证券期货行业的资源配置能力得到了增强。截至 2021 年底，证券期货行业的金融机构管理的资产规模高达 15.0 万亿元，约占全国证券期货行业资产规模的 1/4。同时，机构经营规模不断扩大、业绩稳步提升，具体来看，2021 年法人证券公司共拥有 2.7 万亿元的资产，营业收入为 1246.5 亿元，居全国首位，收益水平得到了进一步的提升。从保险业来看，2021 年深圳保险业务结构进一步优化。截至 2021 年底，深圳共有 27 个法人保险公司，其资产规模合计 5.75 万亿元，位居全国第二；法人机构数量增加，位居全国第三。总体来看，2021 年深圳保险收入较 2020 年增长了 4.23%，达到了 1427 亿元。

金融市场总体运行平稳。多层次资本市场稳步发展，直接融资水平持续提升。证券市场放量上行，深港通交易持续活跃。资产管理行业规范发展，业务经营规模不断扩大。票据业务平稳增长，贴现利率持续下行，再贴现带动效应显著。跨境人民币收付规模再创历史新高，人民币连续两年成为深港间第一大跨境支付货币。

（八）交通建设持续推进，通勤质量大幅提升

国际航空枢纽建设不断提速。2021 年深圳机场统筹防疫和发展，机场客货运业务有序恢复。具体来看，2021 年深圳机场旅客吞吐量共计 3635.8 万人次；货运吞吐量较 2020 年增长了 12%，达到了 156.8 万吨，深圳机场旅客吞吐量和货运吞吐量在全国内地机场中均位居第三。同时，出港航班量已逐步回升到 2019 年的 80% 左右，共计有 320000 架次。深圳机场在做好疫情防控工作的基础上，根据旅客出行的需要，开通了从深圳到荆州、安康、喀什等城市的 8 条国内客运航线；同时开通了从深圳到北京、上海、成都等

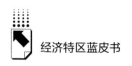
城市的 6 条优质商务快线。此外深圳机场 2021 年 ACI 满意度在世界机场中排名第一，并且首次获得了航空界的"奥斯卡"奖——SKYTRAX"五星机场"，成为年度九个全球最佳机场之一。

轨道交通建设加快推进。2021 年，深圳完成建设投资突破 500 亿元，达到 579.42 亿元，完成率 118%。按期完成政府考核目标 151 项，四期调整工程 9 条线路全面开工，235 公里地铁、84 公里综合管廊工程同步实施。截至 2021 年末，深圳已建成的轨道交通线路共计 13 条，轨道总里程较 2020 年新增 8.4 公里，合计可达 431 公里；接待旅客较 2020 年增长了 34.1%，合计为 21.86 亿人次。公路总里程累计可达 2726 公里，其中高速公路 397 公里。

二 2021年深圳经济特区发展取得新成效

（一）全面深化改革取得新突破

深圳通过率先进行区域综合改革试点引导战略战役性领域的重大变革，来推动实施系列重大领域的综合改革举措。深圳总结出的 5 个方面的 47 条改革创新的经验做法目前正在向全国各地推行，深圳的先行示范带动作用将不断增强，综合经济体制改革试验工作取得了很大进步。在深圳综合试验区改革创新试点百日攻坚工作推进会议上，设立了深圳综合试验区改革创新试点工作突出贡献奖；承接农用地转建设用地审批等 103 项省级行政职权下放，40 条首批的授权事项在深圳全面落地，24 条放宽市场准入条件的特别举措也陆续出台实施。

营商环境优化成效显著。根据广东省 2021 年发布的营商环境报告，深圳获得了"营商环境最佳口碑城市"第一，同时也是全国首批进行营商环境改革的试点城市之一。迭代进行营商环境 4.0 改革：列举了有关营商环境的 26 个重点领域合计 220 个重大经济改革任务。打响了全市工业园区电网转网供电改造的攻坚战，顺利地完成了 1271 个重点工业园区电网转网供电改造。率先制定出台港澳便捷高效通关的"新 29 条"改革举措，增开了 10

个粤港澳大湾区组合港，通关物流成本同比下降近30%。出台建设法治先行示范城市五年实施方案，获评法治广东建设考核第一。此外，深圳为保护创新，落地实施了最为严苛的知识产权保护法规，制定了侵犯知识产权的惩罚制度；并且在当地进行个人破产试点，通过试点建立了全国第一家处理个人破产事宜的管理机构以及制定了第一部有关数据的综合性法规。当前，深圳的商事主体数量以及创业密度连续几年保持全国首位，落地深圳的商事主体数目总和达到377万户。深圳通过降低经营企业在营商环境方面的支出，削减了企业成本，已然成为企业成长经营沃土。

数字政府改革扎实推进。《2021年度广东省数字政府改革建设第三方评估报告》显示，广东省全面进入数字政府2.0建设新阶段，其中广州、深圳并列全省第一。深圳通过推广一系列创新型服务产品，例如，掌上政府、办事刷脸等，从而实现了对政务服务事项数字化的全覆盖。深圳通过建立"i深圳"以及"深i企"App，使95%的对个人政务服务以及70%以上的对企政务服务实现线上办理，目前"深i企"App注册用户数达180万人，而"i深圳"的注册用户数已经超过1600万人，成为人民喜爱的政务服务App。深圳致力于打造无实体卡证城市，新增"免证办"事项300项、累计可达5528项。在每年对全国重点城市进行的政务服务评价报告结果中，深圳2019~2021年连续3年位居全国第一，数字政府网络安全指数位居全省第一。

科技体制改革持续深化。2021年，世界知识产权组织对全球主要经济集群的创新程度进行评估，并发布《2021年全球创新指数报告》，在该报告中，深圳—香港—广州集合而成的经济集群凭借其强大的创新能力、良好的创新环境成为全球第二大创新科技集群。深圳政府出台促进科技成果产业化的38条措施，对于将科技创新成果的使用权或者所有权给予相关的科技型人才这一方法进行试点，并且对科研经费投入实行双轨制，即竞争性以及非竞争性投入机制双轨并行。同时，将一系列由政府掌握的权限转移到相关企业主体，提升企业主体的自由度和扩大企业主体的操作空间，例如，企业可以不再受政府牵制，自由设立或撤销企业博士后科研工作站。此外，在人才

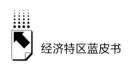

引进方面，深圳出台了国外高技术人才的评判标准以及落地国外高精尖科技人员确认函的审批权，现已向国外高技术人才发放确认函共计338份，为外籍技术人才提供了签字便利，增强了深圳对高端人才的吸引力，人才激励机制不断完善。

生态环境领域改革实现突破。全面铺开"双碳"工作，高质量编制应对气候变化"十四五"规划，积极参与构建碳达峰碳中和"1+N"政策体系，启动首批28个近零碳排放区试点项目建设工作，全国率先开展城市温室气体及海洋碳汇监测试点工作，前海合作区、龙岗区纳入全省首批碳中和试点示范区。全力发展绿色金融，与人民银行深圳支行签署绿色金融战略合作框架协议，推动12家商业银行和25家绿色企业（项目）提供对接服务，促进了首批气候投融资项目落地。纵深推进碳排放权试点工作，碳交易履约率首次达到100%，碳市场配额流转率居全国试点碳市场首位。大力推广绿色低碳理念，制定"美丽中国，我是行动者"深圳五年行动计划，发布绿色创建评价首批深圳地方标准，高标准建设碳普惠体系，"低碳星球"普惠小程序注册用户近85万人。推进智慧环保建设，以"一中心、四平台"为主体，搭建58个软件系统模块，基本构建智慧环保的"四梁八柱"体系，建成智慧环保大数据中心和市生态环境局网络安全监测预警管理平台。

金融改革呈现新亮点。2021年，深圳金融业全力支持"双区"建设，推动区域金融改革开放向纵深发展，金融服务管理水平迈上了新台阶。深圳积极发展绿色金融产业，发行中国第一只离岸人民币的地方政府金融债券，引导区域内银行对环境信息进行披露，并在碳信息披露程度上进行试点工作，积极进行绿色信贷银企对接，推动辖内企业绿色债券发行增量扩面。率先开展多项外汇和跨境领域试点工作。深圳于2021年在粤港澳大湾区进行"跨境理财通"线上业务试点试行，其中跨境收付金额达到1.9亿元，双向投资品金额等多项指标更是占全部业务比重超1/3。深圳首先试行新型银行结算账户体系，将本币和外币结算集于一体，并且为跨国公司开设本外币一体化资金池，对资本项目服务数字化，跨境贸易投融资便利度不断提升。推进征信服务高质量发展。深圳推出地方性征信平台并且顺利运行，自此深圳初步形成了央行征信、地方征信以及互联网征信三位一体的征信体系。对于个人征信服务，深圳加快建设个人征信查询网点，增加网点数量，同时加大力度建设个人线上查询渠道，个人主体的征信信息查询需求得到基本满足。持续优化支付服务，降低支付手续费让利实体经济，例如，2021 年深圳约 450 万个小微企业以及个体工商户累计节省手续费支出达到 18 亿元，企业主体的支付手续费用持续下降，企业经营压力逐渐减小。推动银行网点支付服务适老化，消除支付领域"数字鸿沟"。改善人民币流通环境，对社会经济主体的现金收付进行有效规制，并且进行大额现金管理试点。对数字化人民币适用场景进行尝试性拓展，推进数字化人民币的使用进程。国库经营管理水平不断平稳提高，深圳为大幅提高税务业务办理效率，结合数字化技术，将异地跨省缴税业务电子化，并且对电子化海关退税流程进行试点，有效提升了业务办理效率。首先开展金融消费权益保护工作，组织综合性、全民性的金融常识普及活动，提升基层人民的金融权益意识；政府通过政策引导金融机构主体结合大数据技术对精准识别的人群或者法律主体进行金融消费权益保护教育，切实保障经济主体的金融权益。

（二）更高水平开放迈出新步伐

牢牢抓住前海深港现代服务型产业协作区全面深化改造的重要契机，深入推进制度型开放，全面拓展对外开放广度和深度。努力建设前海全方位深化改革的实践平台。前海深港现代服务型产业协作区范围扩大至 120.56 平方公里，并编制了前海的综合开发计划和土地空间规划，新推出制度创新成果 75 项，累计达 685 项。前海深港国际金融城开始建设，前海国际人才港、前海深港国际法务园区、深港商贸物流平台启用，深港青年梦工场培育创业团队 87 家。前海综合保税区二期封关运作，"一带一路"贸易组合枢纽港正式启用，全球仲裁中心也将在大湾区揭牌成立。

深港澳合作持续深化。各区域性金融市场互联互通正稳步推进，深圳首先在香港发行 50 亿元离岸人民币地方政府债券，加强区域金融合作；

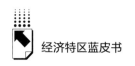

其次在粤港澳大湾区试点的"跨境理财通"业务也正式落地。为增强港澳居民来深就业创业以及生活的便利性，简化外来人才来深手续，深圳前海对于来自港澳的税务师、建筑师等16类专业人才来深就业手续进行简化，现在仅仅需要政府备案即可在深执业。"深港通注册易""深澳通注册易"商事登记服务扩展至全市，"湾区经贸通"一站式平台投入使用，香港培侨书院龙华信义学校落成开学，"港澳药械通"政策在香港大学深圳医院率先实施。

对外合作交流成果丰硕。高水平举办了中国共产党与世界政党领导人峰会（深圳分会场）、世界创新城市论坛等国际活动。深圳—万象"湾区号"中老国际班列开通运营。新增巴塞罗那等友城。"一核一带一区"主引擎功能持续强化。广州、深圳首批27项重点合作项目，21项已完成、6项持续推进。积极开展援疆援藏、与广西东西部协作、深哈合作等对口帮扶和协作交流，其中粤桂东西部协作连续4年被国家评为"好"档次。累计投入资金51.4亿元，实施帮扶项目461个，推动脱贫攻坚成果与乡村振兴有机结合。

（三）城市品质实现新跃升

深圳全面推进城市治理体系和治理能力现代化，成功获批首个全省基础设施建设高质量发展试点城市，城市综合服务功能逐步增强。

城市空间布局持续优化。完成了土地空间提质经济增效规划，拆迁消化违规建筑5000万平方米以上，工业整备用地15平方公里，城市更新供地2.5平方公里以上，保留提升优质工业空间21.1平方公里，转型提升镇社工业用地3.2平方公里。前海国际都市创新中心、深圳湾超级总部基地、香蜜湖新金融中心、环中心公园活力圈等重要片区发展加速增效。

现代化交通基础设施加速建设。随着深汕铁路、深大城际、深惠城际、大鹏支线、穗莞深城际前海至皇岗口岸段等重大工程启动兴建，赣深高铁建成通车。全国第一条运用车—车通信方式的轨道交通地铁20号线通车运行，轨道交通建设总里程为419.4公里。城市路网体系进一步完善，坪盐通道、沙河西路快速化改造、外环高速二期、南坪快速二期等重要项目通车，高快速路建设总里程达到了600多公里。

市政基础设施持续完善。2021年，深圳全域用电量和供电量超过1000亿千瓦时，最高用电负荷突破2000万千瓦。为保障公众能源供应安全，深圳对光明燃机电源基地等供应企业进行扩建。一方面提升能源供应能力，另一方面优化能源结构，相较2020年，清洁能源占比已经提升了0.7个百分点。实施"瓶改管"攻坚计划，年减少液化气瓶61万个，在原有数量基础上增加居民燃气管道142公里，新增管道天然气用户114万户。已经完成约600户优质饮用水直接入户任务，改造区域内不合理供水管道65公里。新建地下综合管廊40公里，新建改造公厕712座，新增停车泊位21万个、保有量达280万个。新开工装配式建筑面积占新建建筑面积比例达45%，居全国领先地位。

智慧城市建设稳步推进。深圳出台了一系列推动智慧技术应用实施的政策，推进建筑信息模型技术更好地被应用，同时城市信息模型的体系也逐步完善。设立数据交易平台，进行首批数据交易。新建5G基站5018个、多功能智能杆7106根，深汕特别合作区在全国率先实现农村5G网络全覆盖。深化与新加坡智慧城市合作交流，签署第二批五个谅解备忘录。

城市安全底线进一步筑牢。全面加强对城市燃气管网、油气长输管道等领域的安全监管，有效应对"狮子山"等台风，妥善处置赛格大厦振动事件。国家城市安全发展科技研究院（基地）揭牌成立，生产安全事故死亡人数下降9.1%，刑事治安警情下降29.8%。新上市"圳品"131个，建成智慧农贸市场144个。食品、药品评价性抽检合格率均达99%，是国家食品安全示范城市之一。

（四）文化软实力显著增强

坚持举旗帜、聚民心、育新人、兴文化、展形象，以建党100周年为主题举办系列活动，推动城市文明焕发新活力，全国文明城市年度测评数据显

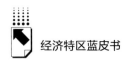

示，深圳在 30 个省会、副省级城市中位居第二。

文化事业繁荣发展。改革开放精神、特区精神入选中国共产党人精神谱系，中国共产党与世界政党领导人峰会深圳分会场活动成功举办。交响套曲《我的祖国》等 2 部作品入选国家优秀舞台艺术作品展演，《英雄颂》《灯火里的中国》等精品力作广受好评。"十大特色文化街区"的改建和升级工作已经全部完成。国深博物馆、深圳创意设计馆、湾区书城开工，深圳音乐学院揭牌，滨海演艺中心启用。文博会、"湾区升明月"2021 大湾区中秋电影音乐晚会等活动精彩纷呈。

旅游品质不断提升。新推出"改革开放再出发"等 6 条红色旅游精品线路。世界上最大的乐高乐园在此落地，金沙湾国际乐园和"湾区之光"摩天轮正式投入使用。新建改造绿道 60 公里，新增郊野径 260 公里。梧桐山国家森林公园入选省十大最美森林旅游目的地。华侨城景区被评为首批国家级文明旅游示范单位之一。沙井古墟新生项目也荣获联合国教科文组织亚太地区文化遗产保护奖。

体育事业向前发展。深圳运动员在第 32 届夏季奥林匹克运动会、第十四届全国运动会上均斩获佳绩。国家田径队、冰球队训练基地落户。深圳获批建设全国足球发展重点城市。市青少年足球训练基地一期工程竣工，海滨生态体育公园已投入使用。福田、南山、罗湖等区体育场地实现了"开放共享、一键预约"，据统计，开通 4 个月共计有超过 200 万名的市民参与使用，居民运动更方便。

三 深圳经济特区发展面临的挑战和不足

（一）外部环境更趋复杂严峻和不确定

一方面，疫情导致企业受困。主要集中在体现三个方面。一是企业停产导致各种损失。受疫情影响较为严重的是生产制造一线、物资供应生产制造等有关加工制造业，无法正常生产制造，无法获得经济收益，致使企业经营时要考虑风险管理的收益，重视现金流的管理，企业未来的发展受限。二是市场需求在一定程度上出现萎缩。除与疫情相关的医疗行业之外，其他行业都尚未从疫情冲击中完全恢复。居民消费热情下降，消费需求不振，由此造成企业竞争经营，实施价格战策略。伴随着生产、服务研发、供应链等相关领域生产成本的持续提高，企业获利空间缩小。三是有资金需求却融资难。疫情造成了企业运营、人力、运输等各种成本的提高，致使大部分中小企业面临不同程度的资金缺口问题，需要融资。另一方面，中美贸易摩擦影响持续。深圳是一个典型的外向型经济城市，华为等龙头企业经营状况受到了中美贸易摩擦的冲击。华为官网公布的 2020 和 2021 年度报告显示，2021 年华为年度营收大幅下降，由 2020 年的 8914 亿元跌落至 6340 亿元。

（二）创新成果产业化效率需着力提升

一是尖端人才队伍不足，科技创新、人才培育与产业发展的协同性有待增强。尽管深圳出台了一系列吸引国内外优秀人才的政策，但没有重要的技术基础和技术载体，同时加上新兴产业发展对应用型人才的需求不断增加，使得人才的数量无法满足现有科技创新的需求。从科研机构角度看，根据 2022 年的自然指数统计，在全球排名前五十的科研院所中，北京 3 家、纽约 3 家、伦敦 2 家、新加坡 2 家，而深圳仅 1 家。就院校分布来说，"双一流"高校在深圳只有 1 所，而北京、上海、广州则分别有 34 所、15 所、7 所，由以上可以看出，深圳科研院校匮乏。同时，也因为大企业和高等院校之间的信息融通不足，产学研合作的科技供给和需求脱节，协作模式单一，收益分配机制不健全等。"技术创新链+服务产业链"这一模式，并未真正实现以技术创新为引领、以产业带动创新这一目标。

二是部分核心技术受制于人，重要产业"缺芯少核"的问题尤其突出。深圳在 5G、人工智能等技术领域已经处于全球优秀层次，但在高档芯片设备、重要材料、重要核心零部件等技术领域却依然"卡脖子"。其中就包括深圳集成电路、屏幕面板、机器人、医疗器械、检验测试等重要产业中的关键设备和关键部件，有 50% 以上目前仍无法进行国产替换；逻辑芯片与存

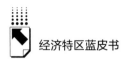

储芯片等高档芯片设备,基本都是从国外发达国家进口至国内。而美国政府在中美贸易摩擦后,对中兴通讯和华为进行了全方位的限制,并停止了向它们供应芯片设备,这让中兴公司几乎完全崩溃;虽然华为多年来一直在进行基础研究,并且制定了"备胎规划"以应对贸易摩擦,但是其也受到了严重打击。可见深圳在技术研发方面缺乏技术支持,无法实现突破"卡脖子"的关键技术,制约深圳科技自主创新能力的提升。

(三)产业用地供应不足

相较于全球经济发达的顶级城市,深圳的产业供地仍处于匮乏的状态,制约了深圳经济持续和高质量发展,由此深圳产业打造国际标杆目标难以完成。深圳由于用地资源相对稀缺,城乡建设用地保障较为不足,工业发展动能受一定程度的影响。2021年,深圳城市总规划面积将超过1997.47平方公里,而地均产出却仅为15.36亿元,还不足于纽约的1/3,东京的1/2,伦敦的2/3(见表3)。虽然深圳的尚未开发用地面积已不足3平方公里,但用地创造价值却与全球顶尖城市还有较大的差距,体现出了深圳的产业集约程度以及用地资源的空间分配效果与全球顶尖城市相比仍有距离。另外,由于城市建设用地已经所剩无几,工业用地指标也将受到极大影响。2012~2021年,深圳的成交工业用地面积仅有18.32平方公里,还不到全深圳土地总面积的1%,将很难满足深圳部分工业产业园区和中小企业的空间发展需求。

表3 2021年各城市地均地区生产总值情况对比

城市	地区生产总值 (亿元)	城市面积 (平方公里)	地均地区生产总值 (亿元/平方公里)
纽约	71160	1214	58.62
东京	66426	2155	30.82
伦敦	42993	1577	27.26
深圳	30665	1997	15.36

资料来源:根据网络资料收集整理。

（四）营商环境仍需优化

一是与国际高标准经贸规则对接不够紧密，部分领域立法不够完善。一方面，外商投资或对外投资的程序还需简化。外商投资企业注册分公司的前置周期长且过程复杂；整体办理流程还不够明确，有些标准不清晰；在手续办理过程中所需提交的材料繁多，直接导致了材料审批时间过长、时间成本较高；职能部门联动不足，各部门分割审批，耗时长，手续复杂。另一方面，外贸业务服务水平有待提升。目前，我国在开展外贸业务时，仍有许多问题亟待解决。比如，关于海关电子政务完善问题，目前电子政务虽为企业带来了方便，但是追求全面电子化，撤销了人工岗位，造成了企业的诸多不便。如改单人工岗位撤销后，企业遇到改单问题得不到及时解决，只能等到电子化流程走完才能知晓结果并调整，严重影响报关时效。二是企业群众办事创业仍然存在一些痛点堵点难点问题，仍存在审批事项不必要，审批环节多、时间长，政府部门及公共服务机构服务不规范、不到位、不便民，服务效率不高，不能及时有效响应市民需求等问题。

（五）民生保障仍有短板

公共服务供给还存在短板。一是深圳优良的医疗教育资源较为紧张，由此造成公共服务水平无法继续提升。首先深圳医疗资源总量不足，从全省、全国的数据来看，深圳的千人床位数、千人医生数都远远不足。2021年深圳每千人床位数为3.6张，全省排名第十九，相较于全国平均水平每千人6.4张仍有较大差距。其次深圳每千人医生数为2.6名，低于全国平均水平每千人2.9名，资源配置不均衡。"十三五"期间，虽然坪山、龙华北部、龙岗平湖等区域医疗资源短板问题得到有效解决，但受人口增长过快影响，宝安区、龙华区人均医疗资源依然匮乏，2021年末千人床位数分别为2.5张、1.7张。二是深圳高水平医院不多。《医院蓝皮书：中国医院竞争力报告（2022）》以医疗技术、资源配置、医院运营、智慧医院建设、学术科研和诚信服务为评价指标进行研究，最后综合指数评价显示

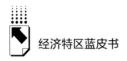

2021届中国顶级医院10强中北京、上海各3家医院上榜，而深圳未有医院上榜。截至2021年末，深圳仅有三甲医院26家，远低于北京（55家）、上海（32家）。

义务教育优质均衡水平有待进一步提升。深圳教育资源先天不足，义务教育学校较少。并且，深圳是个外来人口持续增长的城市，在土地资源又较为有限的情况下，其本就短缺的教育资源更是无法满足教育需求。深圳义务教育学校数量逐年增长，但是人均义务教育学校数量呈现波动变化特征，2021年深圳人均义务教育学校仅为0.46所/万人，低于一线城市。

新市民、青年人住房压力大。深圳的土地资源很少，但每年都有大量的人口涌入，所以深圳的住房价格很高。截至2021年末，深圳的住房均价高居全国第2位，平均每平方米65593元，大学生等短期内很难有足够的资金买房。

四　深圳经济特区发展建议

（一）提高基础研究水平，建设一流人才高地

深圳要以科研平台和高端人才为科研发展重点，打破深圳科研水平较低、高端科研人才匮乏的窘境，为深圳科学研究提供全方位的支持，为深圳成为世界科学研究的标杆提供强有力的支撑。加大基础研究的投入，扩大创新源头供给。抓好基础研究顶层设计，健全基础研究多元机制，完善"政府+企业+社会"多元投入基础研究机制，继续加强对基础科研的资金支持，鼓励企业和社会组织通过捐款、设立基金等多种途径进行投资。持续推进西丽湖国际科教城、国家应用数学中心、国家重点实验室等平台建设，推进现有市级重点实验室优化调整。推动重大科技和产业信息平台建设，开工建设国际创新产业信息服务平台，建成国际科技信息中心门户网站。完善市区联动工作机制，推进更多创新资源向深圳重大科技创新平台

集聚。

与此同时，重点技术攻关工作也要持续推进。扶持龙头企业建立创新同盟，瞄准现代产业体系建设的核心技术瓶颈，开展政产学研协同、产业链上下游联合攻关工作，争取承接或参与一批国家重点研发计划和重大科技专项。建立"需求方出题、科技界答题"新机制，重点研究战略性新兴产业领域的关键核心技术、关键零部件、关键设备等。逐步实施"广东强芯"工程，推进核心软件技术攻关项目的实施，实施一批芯片制造、工业软件等领域重大攻坚项目，建设工业软件及工业云攻关基地、鲲鹏和昇腾产业示范区。

另外，建设高水平人才高地。扩大国家先进青年科技人才计划培养规模，加快启动国家院士专项、优青专项、杰青专项行动，保障优秀青年研究人员在重大科学攻关中挑大梁、当主角。进一步推进专门领域科技人才发展体制与机制变革，给科学家更大的科技路线选择权、更大的费用分配权、更大的资源调配权，建立健全责任制和军令状机制，推进形成以科技价值、创新能力、社会贡献为导向的人才评估制度。进一步构建人才跟踪与培育机制，提高引才精准度和人才产业适配度。强化国际人才培养合作交流，构建世界人才创新共同体，进一步办好中国海外人才交流会议，集聚世界高端人才共同来深创新与创业。同时，将联合粤港澳大湾区共同建立科研创业要素资源共享平台，促进高端人才、信息、科技等创造要素在地域内自主流转。并利用深圳高新技术企业丰富的资源优势，以及香港、广州高等教育和科研机构聚集的资源优势，通过引导由深圳高新技术企业牵头联合大湾区的高校和科研单位共同承接我国重大基础科学研究深圳先行示范区的研究任务，并帮助企业设立博士后科研工作研究分站，以提升企业高端科技人才和技术引进管理的水平。

（二）优化产业空间布局，保障产业空间供给

深圳应围绕产业链部署创新链，再围绕创新链布局产业链，尊重城市发展要求，统筹生产、生活、生态三大布局，合理制定国土空间总体规划，以

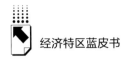

先进制造业为主体，以此逐步优化区域产业空间布局，集中发展具有战略意义的新兴产业，优化产业集群生态，培育产业发展动能，提升产业发展质量，将工业需求与空间供给进行有效资源配对，保障产业空间供给，促进产城融合发展，承接重大产业项目。

详细梳理园区现状，深入评估规划条件，明确园区规划目标，制定潜力用地实施方案，明确用地布局、供应规模、供应时序和实施路径，以便每个园区凭借各自的资源禀赋主要优势产业，进行差异化的产业经营，建立以园区为单位的一系列差异化协同发展、高端要素集聚、核心功能突出的先进制造业园区，保证园区集群的可持续发展，提高经济群发展潜力。同时为了保证区域内工业区、产业园区以及大型企业的持续强劲发展，可制定"产业园区+地产模式"新型政策模式。推进深圳湾生态科技园、创新园等新兴产业空间拓展，构建极具资源优势的产业架构，提高土地资源效率，为主导产业高速度且高质量发展提供强有力的空间保障。实行交地即动工等供地模式，建设一批定制化厂房，强化制造业重大项目空间保障。加强对产业空间全生命周期监管，建立产业用房租赁参考价格制度，同时为各产业建立起具有"分类出让、以房招商、先租后供"特点的空间供应市场。

（三）大力改善营商环境，培育企业发展沃土

全面实施深圳先行示范区放宽市场准入24条特别措施，有序放松和优化在先进科学技术、金融资本投资、医药卫生服务等领域的市场准入限制，积极开展市场准入效果评价试点工作，逐步打破市场准入的隐性壁垒。加快实施建设营商环境创新试点城市方案和制定首批改革事项清单，在市场主体准入退出、新型智慧监管、跨境贸易便利化等领域推出一批创新改革措施，加快落实系统互联互通和数据共享清单任务。积极营造公平竞争的市场环境，贯彻中央关于推进建立国内统一大市场体系的若干意见，深化企业合规改革和公平竞争独立审查机制试点工作。按照法律规范加强对资本体系的监督和管制，鼓励式引导资本符合规范且正常发展。营造高效便利的投资环

境，深入推进"一照通行"审批服务改革试点工作，同时推动营业执照和印章的电子版能够多行业应用、不同地区互认。

（四）加快补齐民生短板，提升公共服务水平

着力弥补深圳医疗和教育两大民生的不足，提高深圳公共服务能力。一方面，推进更高水平的"健康深圳"建设。建立健全的公共卫生管理、诊疗服务、基本医疗保险、药物供给服务、分级诊疗、现代诊所治理、医疗卫生质量综合监督检查、"一老一小"健康照护服务等现代医疗安全体系。推动高水平医院建设，全面推进三级公立医院检查检验结果共享互认，增强全市医疗资源布局均衡性。对疾病预防体制进行深度改革，有效提升对突发公共卫生事件的处理能力以及安排效率。完善重特大疾病的医保体制，对特殊疾病的用药医保制度进行试点改革。加强全民健康管理，推进居民健康素养监测与干预，推动体卫融合，办好"深圳健康活动月"活动。加大健康常识宣传力度，进行健康社区、校园建设。对于医疗基础设施建设，深圳进行一系列布局，建设国家医学中心，设立高等医学院校以及引入国际化高水平医疗集团，加快丰富深圳医疗资源，致力于建设全国一流医疗平台。

另一方面，增加教育资源数量与提升教育资源质量同步推进。与深圳有关部门建立合作机制，大力解决教育事业用地短缺难题，同时进行大规模学校建设，增加区域内学校数量以解决学位不足问题。保证教育经费支出，开展教育科学研究，开展教师教育培训，大力推广集团化办学教育，进行监测评价督导体系建设。加大优秀教职工引进力度，高标准建设市、区教师发展中心，加强新岗教师培训。同时深圳应将西丽大学城以及高新区等重点领域作为中心，结合各方面资源特点，嵌入港澳先进科学的科研资源，并且加大对全球高精尖教育资源的引进力度，提高高校自主建设能力，激励越来越多的知名高校在深办学，出台高等教育学科发展指导意见，支持设立有关专业学科以及加快建设具有战略性意义的重大科技基础设施，拓宽重点高校专业学科领域。

同时，也要加快推进宜居建设。深圳应以稳定地产价格、稳定房屋价格

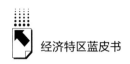
以及稳定大众预期为总方针，发布实施一系列相关政策措施，比如，进行公租房建设、维护保障性租赁住房数量、提高共有产权住房质量等。深圳也应加强对房地产市场的监管，维持房地产市场的秩序，改善房地产市场经营环境，为房地产业持续向好发展打下坚实基础。

（五）筑牢疫情防控防线，逐步增强城市韧性

始终毫不松懈地做好疫情防控工作，以"外防输入、内防反弹"为防疫策略，以"动态清零"为防疫方针，对入境邮件、物品全面检查防控，强化机场、港口、口岸等高风险作业人员闭环管理。压紧压实全链条防控责任，增加隔离场所、医疗资源、防疫物资等储备，完善社会面和社区小区等防控措施，加强"一老一小"疫苗接种和"第三针"强化免疫，遏制疫情大范围反弹。强化科技抗疫"硬核支撑"，加快疫苗和药物研发等科技攻关。及时为市场主体提供援助，针对疫情造成的负面效应，政府应适时、准确地出台相关政策，可在房屋租金、社保费、水电气费、防疫消杀、金融服务等方面加大支持力度，确保产业供应链的安全和稳定，争取把疫情给社会和经济发展带来的冲击降到最小。

参考文献

《深圳市 2021 年国民经济和社会发展统计公报》，深圳统计网站，2022 年 5 月 7 日，http：//tjj. sz. gov. cn/zwgk/zfxxgkml/tjsj/tjgb/content/post_ 9763042. html。

《关于深圳市 2021 年国民经济和社会发展计划执行情况与 2022 年计划草案的报告》，深圳市发展和改革委员会网站，2022 年 5 月 19 日，http：//fgw. sz. gov. cn/fzgggz/jjxs/content/post_ 9798669. html。

《2021 年深圳市外贸进出口概况》，深圳海关网站，2022 年 1 月 25 日，http：//www. customs. gov. cn/shenzhen_ customs/zfxxgk15/2966748/hgtj40/tjfx3/4142116/index. html。

《深圳市 2021 年知识产权白皮书》，深圳政府在线网站，2022 年 4 月 26 日，http：//www. sz. gov. cn/cn/xxgk/zfxxgj/zwdt/content/post_ 9730089. html。

《2021 年深圳市卫生健康统计提要》，深圳市卫生健康委员会网站，2022 年 6 月 20

日，http：//wjw. sz. gov. cn/jksz/sjjd/content/post_ 9906446. html。

《2021 年深圳市生态环境状况公报》，深圳政府在线网站，2022 年 7 月 4 日，http：//www. sz. gov. cn/zfgb/2022/gb1249/content/post_ 9932684. html。

《2021 年深圳金融业基本情况解读》，深圳市地方金融监督管理局，2022 年 5 月 17 日，http：//www. jr. sz. gov. cn/sjrb/ydmh/isz/sjtj/content/post_ 9795438. html。

B.9
珠海经济特区发展报告

陈红泉*

摘　要： 2021 年，珠海统筹疫情防控和经济社会发展，加快构建以国内大循为主体、国内国际双循环相互促进的新发展格局，主要经济指标大幅回升，总体上保持恢复态势。本报告认为，面对纷繁复杂的国内国际形势、疫情和百年未有之大变局相互叠加的特殊局面，珠海经济可能仍会遭受短期冲击，但中长期受益于韧性强劲、长期向好的中国经济，有信心实现高质量发展。本报告建议，在新时代背景下，借鉴飞地经济模式，促进珠澳跨境工业区转型发展，以此加快珠澳经济产业融合和粤港澳大湾区协调发展。另外，珠海应稳健适度降低债务杠杆率，防范化解金融风险。

关键词： 珠海　珠澳跨境工业区　债务杠杆率　金融风险

一　珠海经济特区2021年经济社会发展情况

（一）主要经济指标大幅回升，总体上保持恢复态势

2021 年，面对疫情冲击和复杂多变的国内国际环境，珠海统筹疫情防控和经济社会发展，加快构建以国内大循环为主体、国内国际双循环相互促

---

* 陈红泉，深圳大学中国经济特区研究中心讲师，主要研究方向为经济特区、货币理论与实施。

进的新发展格局，主要经济指标大幅回升，总体上保持恢复态势。

2021年，珠海实现地区生产总值3881.75亿元，同比增长6.9%，[①] 增速比上年提高3.9个百分点（见图1），但与广东省地区生产总值和全国GDP增速相比分别落后1.1个和1.2个百分点。珠海地区生产总值增速在全省的位次，在连续多年位居全省前列之后下滑到倒数第五，但比深圳地区生产总值增速高0.2个百分点。可见，珠海与深圳等外向型沿海城市一样近年来遭遇发展困境。

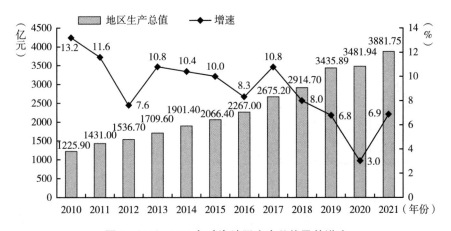

图1 2010~2021年珠海地区生产总值及其增速

注：本图及本报告其他图表的地区生产总值、各产业增加值等指标的绝对数按现价计算，增速则按可比价计算。

资料来源：《2021年珠海市国民经济和社会发展统计公报》和《珠海统计年鉴2020》。

分产业看，2021年珠海三大产业经济全面恢复增长，其中，第三产业仍然是对珠海经济增长贡献最大的产业，占地区生产总值比重继续提高，达到56.7%。2021年，珠海第一产业增加值55.02亿元，比2020年增长7.1%，对地区生产总值增长的贡献率为1.5%；第二产业增加值1627.47亿元，比2020年增长6.5%，对地区生产总值增长的贡献率为38.9%；第三产业

---

① 在地区或国家的统计数据中，包括统计年鉴、统计公报等地区（国家）生产总值、各产业增加值、人均地区（国家）生产总值的绝对数按现价计算，而增长速度按不变价格计算。可参见国家统计公报注释2和统计年鉴表1-2注，珠海等地方类的统计数据也一样。

增加值 2199.27 亿元，比 2020 年增长 7.2%，对地区生产总值增长的贡献率为 59.6%。当年珠海三次产业占地区生产总值的比重之比为 1.4∶41.9∶56.7。

2021 年，珠海人均地区生产总值达 15.74 万元，按人民币平均汇率折算为 2.44 万美元，是广东省人均地区生产总值和全国人均地区生产总值的 1.6 倍和 1.9 倍，2018~2021 年连续 4 年位居广东省第二，超过广州，仅次于深圳（见图 2）。

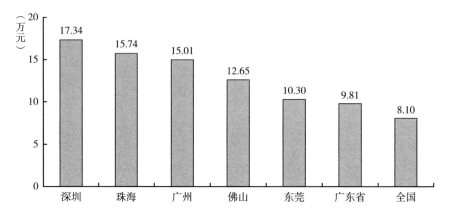

图 2　广东省人均地区生产总值前 5 位城市的人均地区生产总值、广东人均地区生产总值和全国人均地区生产总值

资料来源：2021 年各地国民经济和社会发展统计公报。

（二）一般公共预算收入继续保持高速增长

2021 年，珠海一般公共预算收入 448.19 亿元，比 2020 年增长 18.2%，增速继续提高，增速比 2020 年提高 8.1 个百分点。2021 年，珠海一般公共预算收入中的税收收入为 314.14 亿元，比 2020 年增长 5.9%，增速比 2020 年提高 1.4 个百分点。

从一般公共预算收入占地区生产总值比重这一衡量企业整体税负水平的重要参考指标来看，珠海总体上低于深圳、广东省和全国平均水平（见表 1）。较低的整体税负水平，使企业充分获益，对促进珠海实体经济发展、保持经济活力具有积极作用。

表 1　珠海一般公共预算收入占 GDP 比重及其与广东省和全国的比较

单位：%

	2014 年	2015 年	2016 年	2017 年	2018 年	2019 年	2020 年	2021 年
珠海	12.01	13.33	13.13	11.75	11.37	10.03	10.89	11.54
深圳	12.40	14.79	15.16	14.31	14.00	13.98	13.94	13.88
广东省	11.90	12.86	13.07	12.62	12.44	11.75	11.67	11.34
全国	22.07	22.10	21.45	20.87	20.37	19.21	18.00	17.71

资料来源：2014~2020 年数据来源于国家统计年鉴和各地统计年鉴，2021 年数据来源于国家统计公报和各地统计公报。

（三）工业经济基本停止下滑，实现恢复性增长

珠海工业经济在 2019 年和 2020 年连续两年较大幅度下滑之后，2021年实现恢复性增长。

2021 年，规模以上工业增加值 1339.4 亿元，同比增长 8.8%，增速比2020 年大幅提升 7.4 个百分点（见图 3）。规模以上企业实现工业总产值5200.8 亿元，同比增长 9.8%，增速由 2020 年的负增长 1.5% 大幅提升了11.3 个百分点。

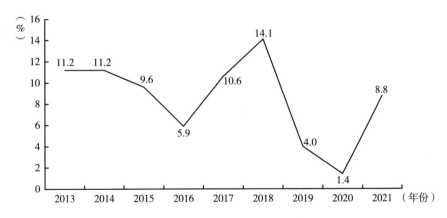

图 3　2013~2021 年珠海规模以上工业增加值增速

资料来源：《2021 年珠海市国民经济和社会发展统计公报》。

197

从主要工业行业看，七大支柱产业增加值也呈现全面恢复性增长趋势。2021年，珠海七大支柱产业增加值合计1064.76亿元，比2020年增长10.8%，增速比上年大幅提升9.1个百分点。七大支柱产业增加值占全市规模以上工业增加值79.5%，所占比重较上年提高了0.3个百分点。其中，第一大支柱产业即家电电气业工业增加值329.65亿元，比2020年增长9.7%，增速比上年大幅提升10.9个百分点，是珠海工业恢复增长的重要力量；电子信息业工业增加值226.37亿元，比2020年增长5.6%，继续保持复苏态势；第三大支柱产业即石油化工业增加值153.34亿元，比2020年增长15.2%，扭转了过去2年增速下滑的局面；精密机械制造业工业增加值93.99亿元，比2020年增长7.8%；电力能源业工业增加值91.66亿元，比2020年增长21.7%，是各大支柱产业增速最快的产业，但过去几年电力能源业增速波动较大；生物医药业工业增加值81.89亿元，比2020年增长19.5%；天然气开采业作为珠海2020年新增的支柱产业，完成工业增加值87.84亿元，同比增长7.0%。

2012~2021年珠海七大支柱产业工业增加值同比增速及平均增速见表2。

表2　2012~2021年珠海七大支柱产业工业增加值同比增速及平均增速

单位：%

年份	平均增速	家电电气业	电子信息业	石油化工业	精密机械制造业	生物医药业	电力能源业	天然气开采业
2012	7.8	15.6	1.1	10.0	14.7	18.5	-7.6	NA
2013	9.2	7.4	14.8	11.2	8.6	11.0	0.8	NA
2014	5.0	5.6	6.5	-2.3	4.2	16.2	7.2	NA
2015	9.6	0.7	20.5	2.8	14.9	15.7	12.9	NA
2016	8.1	11.9	-1.6	16.6	22.5	2.9	9.1	NA
2017	10.9	9.9	11.9	6.5	27.5	19.4	-0.5	NA
2018	13.1	24.8	7.2	8.9	8.9	23.5	7.0	NA
2019	5.1	15.2	-2.1	4.0	-13.8	23.6	2.0	NA
2020	1.7	-1.2	2.9	-6.9	19.9	12.5	-12.7	15.2
2021	10.8	9.7	5.6	15.2	7.8	19.5	21.7	7.0

注：2020年珠海将天然气开采业确定为第七大支柱产业，之前未单独统计，不适用（NA, not applicable）。

资料来源：2012~2021年珠海市国民经济和社会发展统计公报和珠海市统计局网站。

（四）固定资产投资增长乏力

2021 年珠海完成固定资产投资 2161.27 亿元，比 2020 年下降 3.1%，2012~2021 年，珠海固定资产投资增速总体呈现下滑趋势（见图3），其中一个重要原因是港珠澳大桥等一系列重大基础设施落成之后，珠海投资难以保持高增长，另一个原因是为应对疫情对经济的冲击，固定资产投资在2020 年发力高增长，2021 年后续增长乏力。

图 4 2012~2021 年珠海固定资产投资及其增速

资料来源：《2021 年珠海市国民经济和社会发展统计公报》和《珠海统计年鉴 2020》。

分产业看，占比最高的第三产业投资增速大幅下滑是珠海固定资产投资增长乏力的主要原因。2021 年，第三产业投资 1781.6 亿元，比 2020 年下降 5.4%，增速比 2020 年下降了 17.6 个百分点。第三产业投资占珠海固定资产投资的比重由 2020 年的 84.4%下降到 82.4%。第二产业投资 377.7 亿元，比 2020 年增长 10.0%，但增速也比 2020 年下降了 8.1 个百分点。

（五）进出口各项指标实现高增长

2021 年以来，疫情下的全球经济艰难复苏，同时西方发达国家的供应链受困于疫情而受阻严重，与此同时，中国经济面对疫情冲击表现出较强韧性，中国外贸进出口保持强劲势头，中国在全球供应链中的地位稳固而重要，在这种背景下，珠海外贸经济也强劲发展，进出口各项指标实现高增长。

总体来看，2021年珠海完成进出口额3320.08亿元，比2020年大幅增长21.5%，扭转了过去2年连续负增长的态势，增速比2020年提高27.6个百分点（见图5）。其中，出口额1886.06亿元，比2020年大幅增长17.3%，增速比2020年提高20.1个百分点；进口额1434.02亿元，比2020年大幅增长27.5%，增速比2020年提高38.0个百分点。

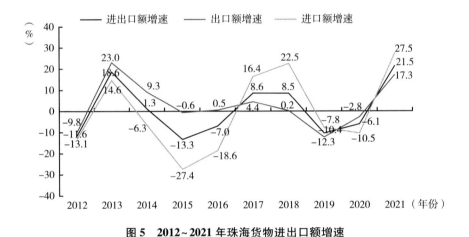

图5　2012~2021年珠海货物进出口额增速

资料来源：2012~2021年珠海市国民经济和社会发展统计公报。

从结构和发展趋势来看，珠海外贸经济的变化主要有以下几点。

第一，对美出口逆转了自2016年以来连续5年的负增长局势，恢复为正增长，但增速仅为3.8%，远远落后于其他地区（见表3）。对美出口占比继续下降，已由2013年的21.5%下降至2021年的10.9%，从这个角度看，对美出口对珠海外贸经济的直接影响越来越小。

第二，对东盟、欧盟、印度等国家和地区出口，并实现高增长。2021年珠海对上述三大经济体出口分别增长30.6%、33.4%、34.4%，增速分别比上年提高28.0个、26.3个、45.5个百分点。其中值得关注的是，珠海对印度出口波动较大，比如2018~2021年的最近4年，珠海对印度出口增速分别为28.0%、-39.4%、-11.7%和34.4%，其中原因主要有印度经济波动和印度对外经济政策缺乏稳定性等。

表3　2021年珠海对主要国家和地区进出口额及其同比增速

单位：亿元，%

国家和地区	出口额	同比增速	进口额	同比增速
美　国	207.27	3.8	83.53	7.3
中国香港①	265.44	-4.7	NA	NA
欧　盟	324.68	33.4	104.31	22.4
东　盟	248.35	30.6	232.43	19.9
日　本	116.92	-6.1	90.70	10.0
印　度②	179.68	34.4	NA	NA

注：①珠海从香港进口的数据金额较小，2016~2021年均未公布，2014年和2015年珠海从香港进口额仅为1.81亿美元和7.65亿元；②珠海从印度进口数据近几年均未公布。
资料来源：《2021年珠海市国民经济和社会发展统计公报》。

第三，贸易结构持续优化。从贸易方式看，一般贸易所占比重更大，出口额和进口额分别占珠海出口额和进口额的64.9%和61.9%，增速更是分别达到27.3%和41.9%（见表4）。从外贸经营主体看，民营企业进出口更加活跃，民营企业出口额953.31亿元，比2020年增长35.0%；进口额594.74亿元，比2020年增长48.6%。

表4　2021年珠海进出口额及其同比增速

单位：亿元，%

指　标	绝对数	同比增速
进出口额	3320.08	21.5
出口额①	1886.06	17.3
其中：一般贸易	1224.01	27.3
加工贸易	604.89	2.3

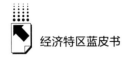

续表

指　标	绝对数	同比增速
进口额	1434.02	27.5
其中:一般贸易	887.55	41.9
加工贸易	338.75	23.6

注：①进出口贸易方式除了一般贸易和加工贸易这两种最主要贸易方式外，还有其他若干种贸易方式，所以这两种主要贸易方式进出口总额加总之后与进出口总额并不完全相等。

资料来源：《2020年珠海市国民经济和社会发展统计公报》。

（六）居民收入及消费支出较快增长，提高内需对经济增长的贡献率

2021年珠海全体居民人均可支配收入6.14万元，比2020年增长9.8%，增速高于广东省1.4个百分点，也高于珠海地区生产总值增速2.7个百分点。其中，城镇居民人均可支配收入6.42万元，比2020年增长9.8%，增速高于广东省0.7个百分点；农村常住居民人均可支配收入3.44万元，比上年增长10.5%，增速低于广东省0.2个百分点。

2021年，珠海就业形势随着经济复苏也有所好转。2021年珠海城镇新增就业人数42427人，比2020年增加1571人，新增就业人数扭转了过去两年就业率连续下降势头。2021年末城镇登记失业率2.37%，比2020年下降了0.2个百分点。

2021年，珠海全年社会消费品零售总额1048.24亿元，比2020年增长13.8%。全年全体居民人均消费支出4.23万元，比2020年增长16.4%。其中，城镇常住居民人均消费支出4.39万元，比2020年增长16.4%；农村常住居民人均消费支出2.69万元，比2020年增长19.7%。

2021年，珠海居民人均住房建筑面积33.9平方米，比2020年增加1.3平方米；其中，城镇居民人均增加1.5平方米，为33.1平方米，农村居民人均减少0.1平方米，为40.2平方米。

珠海居民较大增幅的收入增长，使老百姓在经济增长方面获得了更多的经济实惠，也为珠海消费较快增长奠定了重要基础。这有利于提高消费等内

需对珠海经济增长的贡献率，有利于珠海经济结构的转型，逐步降低珠海经济对外贸和固定资产投资的依赖度，也有利于珠海加快构建以国内大循环为主体、国内国际双循环相互促进的新发展格局。

（七）生态环境持续优化，继续践行"美丽中国"建设

珠海历来十分重视生态环境保护，深入贯彻落实习近平生态文明思想，切实践行"绿水青山就是金山银山"理念，在蓝天保卫战、碧水保卫战、污染物总量减排、净土保卫战、污染防治攻坚战等生态文明治理和"美丽中国"建设中，成效显著，在全省乃至全国处于领先地位，并获得广泛肯定和赞誉，多次荣获"国家森林城市""生态文明建设示范市""国家级生态示范区""国家生态市""国家生态园林城市""国际花园城市""全国最宜居城市""中国最具幸福感城市"等国家有关部委、学术机构甚至联合国等颁发的荣誉称号。

2021年，珠海大气、水环境等生态环境各项指标在连续多年保持优良水平的基础上仍然有所提升。在生态环境部公布的2021年全国168个城市环境空气质量排名中，珠海居第10位，比2020年提升1位。

2021年，珠海环境空气中可吸入颗粒物（PM_{10}）和细微颗粒物（$PM_{2.5}$）年均浓度分别为37微克/米^{3}和20微克/米^3，优于过去5年平均水平，也优于国内和国际环境空气质量标准，符合世界卫生组织二级标准。2021年有347天空气质量为优良，比2020年增加了5天，空气质量达标率高达95.1%，比2020年提升1.7个百分点。

2021年，珠海水环境质量继续处于良好水平，集中式饮用水水源地水质达标率继续保持在100%，土壤环境安全状况总体稳定，城市污水日处理量比2020年提高14.5万吨，达到108万吨。城镇生活垃圾无害化处理率保持在100%。

2021年，珠海城市人均公园绿地面积约为22.18米^2，比2020年增加了0.14米^2，远超14.87米^{2}的全国人均公园绿地面积水平。

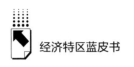

二 珠海经济特区面对的新形势

（一）国际经济快速复苏之后面临更多下行风险

根据国际货币基金组织（IMF）发布的《世界经济展望》（2022年7月版），2021年全球经济增速从2020年的−3.3%快速提升为6.1%，其中发达经济体经济增速从上年的−4.5%提升为5.2%；新兴市场和发展中经济体经济增速从上年的−2.0%提升为6.8%；中国是2020年全球唯一实现货物贸易正增长的主要经济体，2021年仍然增长8.1%，位居主要经济体第二，仅次于增长8.7%的印度。

尽管2021年全球经济实现了强劲的复苏，但2022年乃至未来仍然面临更多的下行风险，前景不容乐观。

第一，全球尤其是西方发达国家发生通货膨胀，通胀率居高不下。IMF《世界经济展望》报告指出，美国、英国和欧元区2022年6月的通货膨胀指标分别达9.1%、9.1%和8.6%，都属于历史性的高水平，西方国家出现通货膨胀的一个重要原因是俄乌冲突推高能源和粮食价格。

第二，由于通胀率居高不下，西方国家尤其是美联储不断收紧货币政策，连续多次加息，全球融资成本大幅上升，恶化融资环境可能引发美元债务严重的部分国家或行业出现局部性债务危机。

第三，全球贸易和世界各国需求存在下行风险，其中原因除过去几年主要西方国家盛行逆全球化和贸易保护主义之外，另外在美元仍处于国际贸易定价主导地位的情况下，美联储连续加息、美元大幅升值，将引发其他各国需求萎缩，制约全球贸易的增长。

第四，疫情冲击仍然给全球经济带来较强的不确定性，主要影响包括以下几个方面。一是疫情防控仍然是影响全球供应链稳定的重要因素；二是不同国家、不同行业的恢复程度不一，尤其是国际旅游恢复速度较慢。

（二）中国经济在稳定恢复中高质量发展

2021 年，面对纷繁复杂的国内国际形势，中国经济展现了强劲韧性，中国产业在全球供应链中的地位更加重要。2021 年，中国经济持续稳定恢复，取得较高增长率、较低通胀率的高质量发展成效，国内生产总值114.37 万亿元，比 2020 年增长 8.1%，对全球经济增长贡献率达到 25% 左右；人均国内生产总值达 1.25 万美元，超过世界人均国内生产总值水平；居民消费价格指数比 2020 年上涨 0.9%。

一是工业增加值恢复增长，工业结构持续优化。2021 年，全国规模以上工业增加值比 2020 年增长 9.6%，比上年增长率提高 6.8 个百分点。其中，高技术制造业和装备制造业增加值分别增长 18.2% 和 12.9%。具体行业中的集成电路、工业机器人和新能源汽车的产量分别增长 33.3%、44.9% 和 145.6%。

二是居民收入恢复稳定增长，人民生活持续改善，消费成为经济增长的主要驱动力。2021 年全国居民人均可支配收入 3.51 万元，比 2020 年增长8.1%，增速比上年提升 3.4 个百分点。在不断提高的居民收入支撑下，消费成为经济增长的重要驱动力。2021 年，全国居民人均消费支出 2.41 万元，比2020 年增长 8.6%，全年社会消费品零售总额 44.08 万亿元，比 2020 年增长12.5%。2021 年，最终消费支出对经济增长的贡献率为 65.4%。

三是固定资产投资有所回升，第二产业投资增速相对较快，有利于夯实经济发展的产业基础。2021 年，全国固定资产投资 55.28 万亿元，比 2020年增长 4.9%。第二产业投资增速为 11.3%，其中制造业和采矿业增速分别为 13.5% 和 10.9%。

四是对外贸易快速恢复，吸引外资规模继续保持扩大趋势。2021 年全国进出口额为 39.1 万亿元，比 2020 年增长 21.4%，增速比上年大幅提高19.5 个百分点。其中，出口额和进口额分别增长 21.2% 和 21.5%，增速分别提高 17.2 个和 22.5 个百分点。自 2017 年以来，中国已连续 5 年成为世界货物贸易第一大国，中国经济在全球产业链供应链中的地位不断巩固和提高。2021 年，中国使用外资规模继续保持扩大趋势，全国实际使用外资

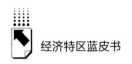

11494 亿元，同比增长 14.9%，增速比上年提高 8.7 个百分点，其中，高新技术产业实际使用外资占比约三成，为 3469 亿元，同比增长 17.1%。

与此同时，疫情的短期冲击和长远影响、逆全球化和保护主义不减的外部环境、俄乌冲突的不确定性等，给中国经济带来诸多挑战，使中国经济中短期面临预期转弱、需求收缩和供给冲击的三重压力。

（三）珠海经济面临的机遇与挑战

在构建以国内大循环为主体、国内国际双循环相互促进的新发展格局的过程中，珠海在粤港澳大湾区发展中的潜力有待深入挖掘，横琴自贸区、港珠澳大桥、珠澳跨境工业区等平台优势还没有充分发挥。特别是珠澳跨境工业区，可以在新时代背景下促进澳门经济结构适度多元化、珠澳产业链深度融合等方面发挥新的历史作用。

站在新的历史起点上，澳门经济结构适度多元化的紧迫性再一次增强，而珠海也需要通过珠澳两地经济融合、工业产业链融合以增强经济辐射力、延伸产业链。因此，重新规划发展珠澳跨境工业区，有望成为促进珠海和澳门在粤港澳大湾区发展中的重要抓手。

珠海经济的一个问题是债务风险偏高，珠海债务杠杆率近几年居高不下。首先，珠海市政府债务杠杆率较高，根据珠海市财政局和广东省财政厅公开的地方政府债务余额数据，2021 年珠海市政府债务余额为 891.44 亿元；期末债务余额是当年一般公共预算收入的 1.99 倍，远高于广东省 1.43 倍的平均水平；期末债务余额占当年地区生产总值的比重为 22.96%，也高于广东省 16% 的平均水平。其次，珠海的非金融企业部门债务杠杆率较高，在不考虑债券的情况下，2021 年，珠海非金融企业部门贷款余额同比增长 15.1%，为 4966.26 亿元，是当年地区生产总值的 1.28 倍。最后，居民债务杠杆率较高，2021 年珠海居民住户贷款余额同比增长 18.3%，为 3631.98 亿元，是住户存款余额的 1.45 倍，占全年地区生产总值比重高达 93.56%。以上珠海有关债务风险的各项指标，与过去几年相比，不仅没有降低，反而有较大幅度的上升，需要注意防范有关金融风险。

三 促进珠海经济特区进一步发展的主要建议

（一）坚定信心，扩大内需，稳定外贸，促进高质量发展

国际形势纷繁复杂和疫情蔓延，仍然可能对珠海经济产生短期冲击，但是在中国经济长期向好、基础稳固、韧性强、产业链完整的强大支撑下，珠海完全有信心实现经济的高质量发展。珠海需立足扩大内需，促进经济的国内循环，在此基础上稳定发展外贸，提高国际循环的质量和水平，加快构建以国内大循环为主体、国内国际双循环相互促进的新发展格局。

（二）借鉴飞地经济模式，促进珠澳跨境工业区转型发展

珠澳跨境工业区自 2006 年 12 月正式启用以来，澳门经济形势变化、珠澳两城经济产业结构以及管理体制僵化，导致珠海后来发展几乎停滞不前。为此，可以借鉴中国方兴未艾的飞地经济模式，将珠海园区和澳门园区合并为一个园区统一管理。作为"飞地"的澳门园区，其产业、就业人员、市场一旦通过珠海融入粤港澳大湾区乃至中国内地经济腹地，澳门经济由一业独大转变为适度多元化也就水到渠成，由此也促进了珠澳经济产业融合和粤港澳大湾区协调发展。

（三）稳健适度降低债务杠杆率，防范化解金融风险

如前所述，珠海的整体债务杠杆率相对偏高，这一方面说明金融资金在支持和促进珠海实体经济的发展中发挥了重要作用，另一方面说明其中存在一定的潜在金融风险。为此，金融业应紧紧围绕服务实体经济，适度控制珠海的信贷总量，优化信贷结构。一是继续大力满足工商企业尤其是高技术制造业等实体经济的资金需求。二是继续加强房地产市场调控，坚持房住不炒的定位，有序控制房地产信贷投放，降低居民债务杠杆率。三是稳健适度降

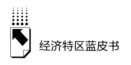
低政府债务杠杆率，科学有效管理政府债务，优化财政支出，严格控制和减少一般性支出。

参考文献

《2021年珠海市国民经济和社会发展统计公报》，http：//www.zhuhai.gov.cn/attachment/0/300/300099/3132858.pdf。

《2021年广东省国民经济和社会发展统计公报》，http：//gdstc.gd.gov.cn/attachment/0/496/496850/3994764.pdf。

《2022年1月20日广东省代省长王伟中在广东省第十三届人民代表大会第五次会议上作政府工作报告》，广东省人民政府办公厅网站，2022年1月24日，http：//www.gd.gov.cn/gkmlpt/content/3/3774/post_3774882.html#45。

《2022年珠海市人民政府工作报告》，中国珠海政府网站，2022年1月29日，http：//www.zhuhai.gov.cn/zw/zfgzbg/content/post_3055505.html。

陶一桃主编《经济特区蓝皮书：中国经济特区发展报告（2021）》，社会科学文献出版社，2022。

海潮：《借鉴飞地经济模式促进珠澳跨境工业区转型发展》，《澳门月刊》2022年第5期。

中国珠海政府网站，http：//www.zhuhai.gov.cn/。

珠海市统计局网站，http：//tjj.zhuhai.gov.cn/mobile.html。

广东省人民政府网站，http：//www.gd.gov.cn/。

广东统计信息网，http：//stats.gd.gov.cn/。

国家统计局网站，http：//www.stats.gov.cn/。

B.10
汕头经济特区发展报告

马丽梅 司璐*

摘 要： 2021 年，汕头发展概况如下：经济规模持续扩大，扩大速度企稳回升；产业结构不断优化，构筑产业发展新优势；对外经济贸易稳中向好，进出口增速维持高位；围绕创新驱动发展战略，科技创新实力不断增强；人民可支配收入持续增长，社会保障水平稳步提升；积极推动美丽汕头建设，生态环境治理效果明显。本报告分别采用区位熵法、数据包络分析法（DEA），结合地区生产总值及其增速等相关指标对汕头社会经济发展情况进行综合评价。研究发现：汕头经济发展居于广东省中游水平；第二产业基本实现专业化；投入产出的创新效率有待进一步提高。基于此，本报告从优化人才发展环境、培育壮大新兴产业集群、激发企业生产活力三重视角出发提出了几点针对性的建议。

关键词： 汕头 产业结构 创新效率 数据包络分析法

一 2021年汕头经济特区社会经济发展概况

（一）经济规模持续扩大，扩大速度企稳回升

2021 年，汕头贯彻落实省委、省政府"1+1+9"工作部署，坚定"工

---

* 马丽梅，管理学博士，深圳大学中国经济特区研究中心助理教授，主要研究方向为产业经济学；司璐，深圳大学中国经济特区研究中心硕士生，主要研究方向为产业经济学。

业立市、产业强市"的发展路线,实现"十四五"的良好开局。2021 年汕头地区生产总值为 2929.87 亿元,较 2020 年增长 6.1%(见图 1)。在省内排第 11 位,与广东省城市地区生产总值平均水平 5922.36 亿元有一定差距。2016~2021 年,汕头地区生产总值平稳增长,由 2016 年的 2097.48 亿元提高至 2021 年的 2929.87 亿元,尽管 2021 年增速(6.1%)较 2016 年(8.6%)有所放缓,但较 2020 年(2.0%)有较大提高。总体来看,2021 年汕头经济规模持续扩大,扩大速度较 2020 年有所加快,地区生产总值增长速度基本恢复至疫情前的水平。

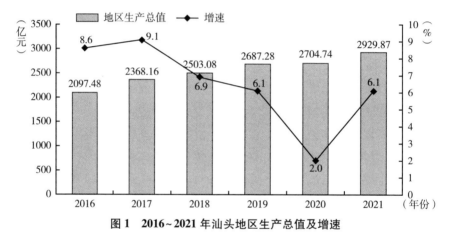

图 1 2016~2021 年汕头地区生产总值及增速

资料来源:2016~2021 年汕头市国民经济和社会发展统计公报。

2021 年,广东省地区生产总值达 124369.64 亿元,较 2020 年增长 8.0%。从 2021 年广东省内各城市的地区生产总值可以发现,深圳地区生产总值首次突破 3 万亿元大关,达 30664.85 亿元;广州地区生产总值紧随其后,为 28231.97 亿元;佛山、东莞在 2021 年地区生产总值规模同样亮眼,分别达到 12156.54 亿元、10855.35 亿元。对比汕头与广东省内其他城市可以发现,汕头地区生产总值(2929.87 亿元)处在 21 个城市的中游水平,但低于广东省各城市地区生产总值的平均水平(5922.36 亿元)(见表 1)。这一结论表明汕头的经济发展水平存在较大提升空间,需向省内经济规模头部城市看齐,进一步加强经济建设。

表1　2021年广东省各城市地区生产总值及其排名

单位：亿元

排名	城市	地区生产总值	排名	城市	地区生产总值	排名	城市	地区生产总值
1	深圳	30664.85	8	江门	3601.28	15	韶关	1553.93
2	广州	28231.97	9	中山	3566.17	16	阳江	1515.86
3	佛山	12156.54	10	湛江	3559.93	17	梅州	1308.01
4	东莞	10855.35	11	汕头	2929.87	18	汕尾	1288.04
5	惠州	4977.36	12	肇庆	2649.99	19	河源	1273.99
6	珠海	3881.75	13	揭阳	2265.43	20	潮州	1244.85
7	茂名	3698.10	14	清远	2007.40	21	云浮	1138.97
	合计	124369.64		均值	5922.36		—	—

资料来源：2021年广东省各城市国民经济和社会发展统计公报。

2021年，汕头各区县经济发展态势良好（见图2）。龙湖区地区生产总值首次突破600亿元大关，达600.26亿元，较2020年增长6.3%。金平区、潮阳区、潮南区紧随其后，相继超过500亿元，地区生产总值分别为591.20亿元、529.32亿元、502.96亿元，增速分别达6.1%、5.8%、6.4%；澄海区地区生产总值尽管尚未突破500亿元，但已达486.68亿元，增速达5.8%；濠江区、南澳县地区生产总值相对于其他区县较为落后，分别为184.71亿元、34.73亿元，但值得关注的是，濠江区2021年增速为6.7%，在汕头所有区县增速排序中位列第一，较增速第二的潮南区高出0.3个百分点。整体来看，汕头各区县的地区生产总值均较2020年有所增长，增速均有大幅提高。

（二）产业结构不断优化，构筑产业发展新优势

2016~2021年，汕头三次产业结构由4.8∶48.7∶46.6演变为4.3∶48.2∶47.5，第一产业与第二产业占比稳步下降，第三产业占比呈上升趋势（见图3）。2021年，第一产业增加值为125.05亿元，较2020年增长2.1%；第二产业增加值为1412.56亿元，较2020年增长4.3%；第三产业增加值为

211

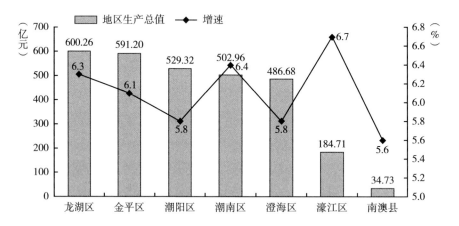

图2 2021年汕头各区县地区生产总值及其增速

资料来源：2021年汕头市各区县国民经济和社会发展统计公报。

1392.25亿元，较2020年增长8.5%。从三次产业的增速来看，第三产业增速最快，第二产业增速次之，第一产业增速最慢，说明第三产业快速发展，逐步成为经济发展主力军。汕头产业结构转型呈良好趋势，产业结构在不断优化，基本迈入工业化中后期发展阶段。

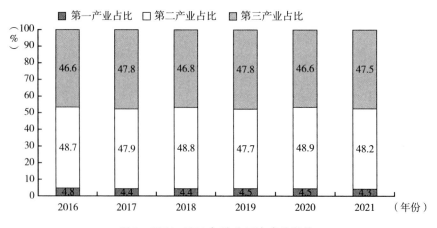

图3 2016～2021年汕头三次产业结构

资料来源：2016～2021年汕头市国民经济和社会发展统计公报。

　　2021 年 8 月，汕头积极构建"三新两特一大"产业发展新格局，其中，"三新"指新能源、新材料、新一代电子信息 3 个战略性新兴产业；"两特"指纺织服装、玩具创意 2 个特色优势传统产业；"一大"指市场前景广阔且具备一定基础的大健康产业。① 2021 年，汕头"三新两特一大"产业集群占全市工业比重持续提高，工业增加值占全市工业总增加值的 67%，较 2020 年提高 5%。其中，"三新"产业中的新材料产业占比第一，工业增加值达 105.68 亿元（增速达 7.4%）；新能源产业次之，工业增加值达 30.86 亿元（增速达 14.4%）；新一代电子信息产业最后，工业增加值达 24.26 亿元（增速达 8.8%）。"两特"产业中汕头传统优势产业纺织服装产业表现仍十分亮眼，工业增加值达 246.57 亿元（增速达 9.4%）；玩具创意产业次之，工业增加值达 64.59 亿元（增速达 3.9%）。相比之下，"一大"产业大健康产业工业增加值达 26.89 亿元（增速达 6.3%），低于其他产业（见图 4），尚有较大的发展空间。

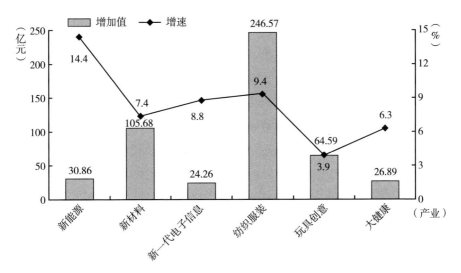

图 4　2021 年汕头"三新两特一大"产业增加值及其增速

资料来源：广东省发展和改革委员会《2021 年汕头市产业发展情况》。

---

① 《2021 年汕头市产业发展情况》，广东省发展和改革委员会网站，2022 年 2 月 21 日，http：//drc.gd.gov.cn/sxdt5619/content/post_ 3817367.html。

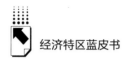

（三）对外经济贸易稳中向好，进出口增速维持高位

2016~2021 年，汕头对外经济贸易保持向好局面，货物进出口总额由 2016 年的 562.40 亿元增加至 2021 年的 753.58 亿元，货物进出口总额增速由 2016 年的-2.4%提升至 2021 年的 10.6%（见图 5）。2021 年货物出口额为 601.20 亿元，增速为 10.8%；货物进口额为 152.38 亿元，增速为 9.5%；货物进出口差额（货物出口额减进口额）为 448.82 亿元，增速为 11.3%。从货物进出口额度变化来看，2016~2019 年，货物出口额维持在 450 亿元左右，继 2020 年突破 500 亿元后，于 2021 年进一步突破 600 亿元。货物进口额则于 2016~2021 年维持在 150 亿元左右，呈现波动态势；从货物进出口总额增速变化情况来看，2016~2018 年增速波动较为剧烈，但 2018 年后，增速呈现稳步正增长趋势，表明汕头对外经济贸易局面保持向好。这与汕头"促进外贸、稳定增长"的政策措施显著相关。

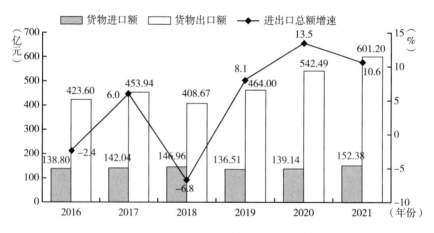

图 5　2016~2021 年汕头货物进出口总额及其增速

资料来源：2016~2021 年汕头市国民经济和社会发展统计公报。

（四）围绕创新驱动发展战略，不断增强科技创新能力

2021 年，汕头以全面建设国家创新型城市为契机，深入实施"工业立

市、产业强市"战略，把加快提升科技创新能力作为实现更高质量发展的强力抓手，实现科技创新的进一步突破。汕头全年专利授权数量达 26036 件，较 2020 年增长 18.6%。其中，发明专利全年授权数量达 425 件，较 2020 年增长 16.4%；实用新型专利全年授权数量达 4790 件，较 2020 年增长 18.9%；外观设计专利全年授权数量达 20821 件，较 2020 年增长 18.5%（见表 2）。截至 2021 年底，汕头经由国家知识产权局审批且已授权的专利有效量累计已达 79389 件，发明专利累计有效量达 3235 件，占汕头所有专利有效量的 4.07%；实用新型专利累计有效量达 17970 件，占汕头所有专利有效量的 22.64%；外观设计专利累计有效量达 58184 件，占汕头所有专利有效量的 73.29%。无论是从 2021 年单年汕头专利授权数据，还是从汕头专利累计有效数据来看，汕头当前的专利授权类型以外观设计专利及实用新型专利为主，发明专利数量及其增速均有进一步提升的空间。整体来看，汕头科技创新能力呈现逐年增强的趋势，创新驱动发展成效显著。

表 2　2016~2021 年汕头专利授权数量

单位：件

年份	授权数量			
	发明	实用新型	外观设计	合计
2016	355	1777	5792	7924
2017	384	2010	7199	9593
2018	408	2863	9380	12651
2019	331	2939	11539	14809
2020	365	4028	17566	21959
2021	425	4790	20821	26036

资料来源：2016~2021 年广东省市场监督管理局网站统计数据。

对比 2021 年广东省各城市专利授权数量，汕头专利授权数量达 26036 件，位列第七，与 2020 年排名持平，表明汕头全市专利授权位于省内中上水平。但对比创新强市深圳（279180 件）、广州（189516 件）、佛山

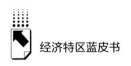

（96487 件）、东莞（94573 件），汕头专利授权数量仍存在一定差距（见表 3），伴随汕头持续坚持产学研发展道路，汕头的创新能力有望进一步提升。

表 3　2021 年广东省各城市专利授权数量及其排名

单位：件

	发明	实用新型	外观设计	合计	排名
深圳	45202	154797	79181	279180	1
广州	24120	106900	58496	189516	2
佛山	8306	54878	33303	96487	3
东莞	11690	59949	22934	94573	4
中山	1546	20094	19873	41513	5
珠海	5402	18176	3623	27201	6
汕头	425	4790	20821	26036	7
惠州	2158	18688	4778	25624	8
江门	964	12827	7481	21272	9
揭阳	154	2348	7880	10382	10
潮州	147	1525	8401	10073	11
肇庆	602	4901	2081	7584	12
清远	427	4128	1686	6241	13
湛江	490	3043	2618	6151	14
阳江	92	2007	4034	6133	15
韶关	381	4172	753	5306	16
河源	152	3501	1066	4719	17
茂名	206	2239	2068	4513	18
梅州	165	2624	1348	4137	19
云浮	98	1682	996	2776	20
汕尾	122	1022	1605	2749	21
合计	102849	484291	285026	872166	—

资料来源：2021 年广东省市场监督管理局网站统计数据。

（五）人民可支配收入持续增长，社会保障水平稳步提升

2016～2021 年，全市居民人均可支配收入由 20713 元增长到 30970 元，增速整体呈上升趋势，在 2020 年略有下降，在 2021 年达到 9.7%。2021

年，全市居民人均可支配收入达到 30970 元，比上年增长 9.7%（见图 6）。分城乡看，城镇居民人均可支配收入 35601 元，比上年增长 8.1%；农村居民人均可支配收入 20819 元，比上年增长 9.8%。2021 年，全市居民人均消费支出达到 22493 元，比上年增长 5.8%。分城乡看，城镇居民人均消费支出 25268 元，比上年增长 5.1%；农村居民人均消费支出 16914 元，比上年增长 7.4%。全市居民人均可支配收入与人均消费支出均有增加，居民生活水平与质量提高，居民生活得到改善，社会经济也在高质量发展。

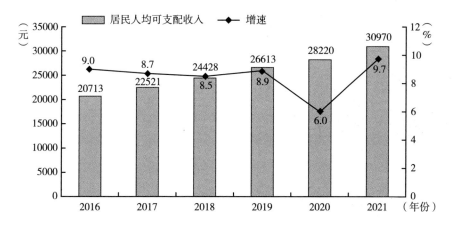

图 6　2016~2021 年汕头居民人均可支配收入及其增速

资料来源：2016~2021 年汕头市国民经济和社会发展统计公报。

2021 年末，全市参加社会保险人数 551.93 万人，比上年增长 3.7%。参加基本养老保险人数（含企业职工养老、机关事业单位职工养老和城乡居民养老保险参保人数）292.50 万人，比上年增长 2.0%。参加失业保险人数 54.68 万人，比上年增长 1.2%。参加医疗保险人数 520.77 万人，比上年增长 3.8%。参加工伤保险人数 78.27 万人，比上年增长 0.3%。参加生育保险人数 59.77 万人，比上年增长 3.3%。全市参保率提高，社会保险覆盖面扩大，社会保险事业得到高度认可与发展，促进社会保障制度稳定运行。

2021 年末，全市共有 9.50 万人享受最低生活保障，全年用于最低生活保障资金支出 5.26 亿元，比上年增长 18.0%，居民最低生活保障标准提高。

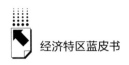

救助站救助量581人，社会福利院共收寄养505人，城镇及村办敬老院共收寄养102人。由此可看出困难群体基本生活得到保障，居民生活保障稳固，居民福祉持续增进。

（六）积极推动美丽汕头建设，生态环境治理效果明显

2021年，汕头大力推进绿色低碳发展与生态文明建设，推动美丽汕头建设，取得了显著成效。2016年以来，汕头空气质量提升效果明显，基本呈现稳中向好局面（见图7）。其中，$PM_{2.5}$年均浓度呈下降趋势，由2016年的30微克/米³下降至2021年的20微克/米³；空气质量级别为优的天数呈波动上升趋势，维持在170天左右。

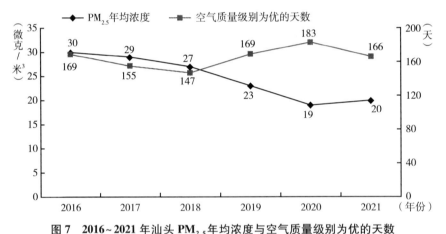

图7　2016~2021年汕头$PM_{2.5}$年均浓度与空气质量级别为优的天数

资料来源：2016~2021年汕头市国民经济和社会发展统计公报。

二　汕头经济特区社会经济发展评价

（一）经济发展水平对比分析

汕头是广东省域副中心城市、粤东中心城市和东南沿海重要港口城市，对比其与广东省内其他城市经济差异，可识别其经济发展的动态特征，从而

更有针对性地采取政策措施。本报告以地区生产总值（GDP）为经济规模的首要衡量标准，构建公式如下：

$$P = 城市\ GDP/全省\ GDP\ 平均值 \tag{1}$$

根据公式（1），对广东省各城市 GDP 展开测算对比，结果如图 8 所示。

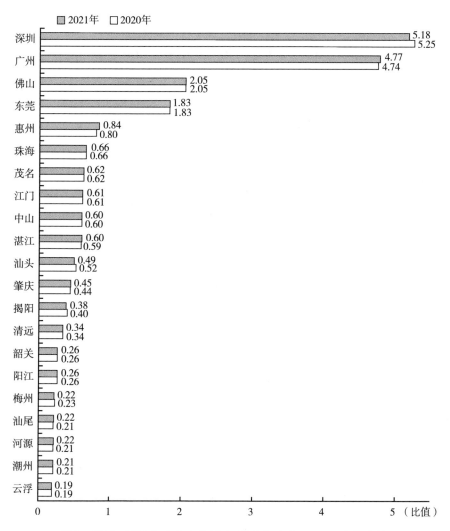

图 8　2020~2021 年广东省各城市 GDP 与全省 GDP 平均值比值

资料来源：根据 2020~2021 年广东省各城市国民经济和社会发展统计公报数据计算所得。

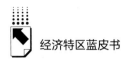

为进一步识别广东省各城市经济增速的差异，判断汕头发展潜力，本报告继续以 GDP 增速为指标，构建公式如下：

$$Q = 城市 GDP 增速／全省 GDP 增速平均值 \tag{2}$$

根据公式（2），对广东省各城市 GDP 增速进行对比分析，结果如表 4 所示。

表 4　2020～2021 年广东省各城市 GDP 增速与全省 GDP 增速平均值比值

城市	深圳	广州	佛山	东莞	惠州	珠海	茂名
2020 年	1.32	1.15	0.68	0.47	0.64	1.28	0.64
2021 年	0.82	0.99	1.01	1.00	1.23	0.84	0.93
城市	江门	中山	湛江	汕头	肇庆	揭阳	清远
2020 年	0.94	0.64	0.81	0.85	1.28	0.09	1.62
2021 年	1.02	1.00	1.04	0.74	1.28	0.74	0.99
城市	韶关	阳江	梅州	汕尾	河源	潮州	云浮
2020 年	1.28	1.87	0.64	1.96	0.55	0.55	1.75
2021 年	1.05	1.01	0.67	1.55	0.98	1.13	0.99

资料来源：根据 2020～2021 年广东省各城市国民经济和社会发展统计公报数据计算所得。

由图 8 结果可知，从横向对比来看，2021 年汕头 GDP 与省内经济发展水平较好的城市深圳（$P=5.18$）、广州（$P=4.77$）存在一定差距；从纵向对比来看，汕头 GDP 与全省 GDP 平均值比值由 2020 年的 0.52 下降到 2021 年的 0.49，表明汕头经济规模有待扩大。由表 4 结果可知，2021 年汕头 GDP 增速与全省 GDP 增速平均值比值（$Q=0.74$）居于广东省 21 个城市的中游水平；与 2020 年比值（$Q=0.85$）对比发现，2021 年汕头 GDP 增速与全省 GDP 增速平均值比值略微下滑。综上所述，汕头经济发展潜力有进一步挖掘的空间，汕头亟待优化经济发展模式，规划开发新发展格局。

（二）产业发展专业化程度分析

2021 年，汕头规划"三新两特一大"产业发展新格局，积极优化调整产业布局。为衡量汕头产业发展专业化程度及产业集聚水平，本报告采用区位熵法展开测算，构建公式如下：

$$\beta_{ij} = \frac{\theta_{ij}\big/\sum_{i=1}^{n}\theta_{ij}}{\sum_{j=1}^{m}\theta_{ij}\big/\sum_{i}\sum_{j}\theta_{ij}} \tag{3}$$

其中，θ_{ij} 为区域 j 行业 i 产值，$\sum_{i=1}^{n}\theta_{ij}$ 为区域 j 总产值，$\sum_{j=1}^{m}\theta_{ij}$ 为行业 i 全国总产值，$\sum_{i}\sum_{j}\theta_{ij}$ 为全国总产值。若 $\beta_{ij}>1$，则表明区域产业专业化水平高于全国标准；若 $\beta_{ij}<1$，则表明区域产业专业化水平低于全国标准。

由表5可知，汕头2016~2021年产业发展以第二产业为主。从三次产业区位熵值来看，第一产业维持在0.60左右的水平，低于1，这表明汕头第一产业专业化水平较低；第二产业基本呈现围绕1.25上下波动的趋势，均高于1，这表明汕头第二产业专业化水平已稳定高于全国标准，基本实现"工业立市"；第三产业基本保持在0.87左右的水平，低于1，这表明汕头第三产业专业化水平需进一步提升，发展活力需进一步激发，持续输出产业优化新动能。从三次产业区位熵值时间变化趋势来看，第一产业2016~2021年保持0.59不变，第二产业由2016年的1.27下降至2021年的1.22，第三产业由2016年的0.86上升至2021年的0.89，这表明汕头近年来推动产业优化略有成效。整体来看，汕头第二产业发展实现了专业化，第三产业专业化水平有待提高。

表5 2016~2021年汕头三次产业区位熵值

年份	第一产业	第二产业	第三产业
2016	0.59	1.27	0.86
2017	0.58	1.24	0.87
2018	0.61	1.25	0.86
2019	0.63	1.22	0.89
2020	0.58	1.26	0.88
2021	0.59	1.22	0.89

资料来源：根据2016~2021年汕头市国民经济和社会发展统计公报及国家统计局数据库数据计算所得。

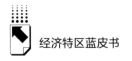

（三）创新效率分析

本报告拟采用数据包络分析法（DEA）对广东省各城市创新效率展开测算，分析对比汕头与省内其他城市 2016~2020 年的创新效率，比较城市间实际科研生产能力及相对效率，以为汕头发展提供思路。投入导向的 DEA-BCC 模型如下：

$$\min\left[\theta - \varepsilon\left(\sum_{j=1}^{m} s^- + \sum_{j=1}^{r} s^+\right)\right]$$

$$s.t.\begin{cases} \sum_{j=1}^{n} x_j\lambda_j + s^- = \theta x_0 \\ \sum_{j=1}^{n} y_j\lambda_j - s^- = y_0 \\ \lambda_j \geq 0 \\ s^+ \geq 0, s^- \geq 0 \\ \sum_{i=1}^{n} \lambda_i = 1 \end{cases} \tag{4}$$

式中，j 为决策单元数目，记为 DMU_j；m 为输入指标数目；r 为输出指标数目；x 为输入要素；y 为输出要素；ε 为阿基米德无穷小量；s^- 为投入松弛变量；s^+ 为产出松弛变量；λ 为投入与产出变量的权数；θ 为 DMU 的综合效率值，满足 $0 \leq \theta \leq 1$，当 $\theta = 1$ 时，称 DMU 为有效，当 $\theta < 1$ 时，称 DMU 为非有效。

本报告根据投入—产出理论，结合数据可得性，建立城市创新效率评价指标体系，如表 6 所示。

表 6　广东省城市创新效率评价指标体系

指标类型	指标构成	含义
投入变量	就业人员/万人	劳动投入
	固定资产投资总额/万元	资本投入
	"教育事业+科学技术支出"/万元	技术投入
产出变量	地区生产总值/万元	经济产出
	专利申请数量/件	创新产出

将原始数据代入 DEA-BCC 模型，利用 DEAP2.1 软件，计算得出广东省各城市创新效率值，如表 7 所示。由表 7 可知，2016～2020 年，广东省广州、深圳、佛山、东莞创新效率值保持为 1，这表明这 4 个城市创新资源投入产出效果处于广东省各城市最高水平。汕头创新效率值维持在 0.680 左右，2020 年创新效率值较 2019 年有所提升，5 年来汕头城市均值为 0.694，位于广东省第十六。整体来看，汕头创新效率值与广东省排名靠前的城市相比还存在一定差距，需进一步提升投入产出效率。

表 7　2016～2020 年广东省各城市创新效率值及排名

城市	2016 年	2017 年	2018 年	2019 年	2020 年	城市均值	排名
广州	1.000	1.000	1.000	1.000	1.000	1.000	1
深圳	1.000	1.000	1.000	1.000	1.000	1.000	2
佛山	1.000	1.000	1.000	1.000	1.000	1.000	3
东莞	1.000	1.000	1.000	1.000	1.000	1.000	4
中山	0.781	1.000	1.000	1.000	1.000	0.956	5
阳江	0.872	0.894	1.000	0.743	1.000	0.902	6
茂名	1.000	0.901	0.988	0.627	0.981	0.899	7
潮州	0.880	0.842	0.900	0.613	1.000	0.847	8
揭阳	0.808	0.804	1.000	0.609	1.000	0.844	9
肇庆	0.819	0.842	0.859	0.660	0.848	0.806	10
湛江	0.822	0.845	0.838	0.590	0.915	0.802	11
珠海	0.767	0.787	0.682	1.000	0.612	0.770	12
江门	0.717	0.780	0.718	0.727	0.781	0.745	13
惠州	0.827	0.689	0.704	0.721	0.692	0.727	14
清远	0.709	0.845	0.670	0.555	0.779	0.712	15
汕头	0.689	0.650	0.676	0.623	0.830	0.694	16
汕尾	0.589	0.639	0.679	0.501	0.735	0.630	17
云浮	0.594	0.633	0.677	0.476	0.769	0.630	18
韶关	0.605	0.542	0.647	0.533	0.695	0.604	19
梅州	0.602	0.565	0.551	0.391	0.602	0.542	20
河源	0.536	0.515	0.519	0.419	0.552	0.508	21
年均值	0.791	0.799	0.815	0.704	0.847	—	—

资料来源：根据 2017～2021 年广东省统计年鉴数据计算得出。

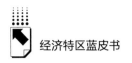

三 汕头经济特区城市建设特色、发展潜力
与存在的主要问题

（一）城市建设特色

作为经济特区，汕头在城市发展过程中坚持以习近平新时代中国特色社会主义思想为指导，落实广东省委"1+1+9"工作部署的同时，积极推进"1146"工程，经济建设及社会发展等方面取得长足进步，已初步形成城市建设特色，主要包括以下三个方面。

第一，经济特区发展活力增强。近年来，汕头积极主动融入"粤港澳大湾区"和深圳"社会主义先行示范区"以及横琴、前海两个合作区建设，推进深汕特别合作区建设，经济特区活力明显得到增强。2019年12月24日，《国务院关于同意在石家庄等24个城市设立跨境电子商务综合试验区的批复》发布，提出设立中国（汕头）跨境电子商务综合试验区；《国务院办公厅关于进一步做好稳外贸稳外资工作的意见》发布，批准广东汕头宝奥国际玩具城为首批"国家市场采购贸易方式试点"市场之一。此外，汕头于2017年由省级高新区升为国家级高新区；2019年完成市、区（县）两级机构改革；2020年由保税区升为综合级保税区；2020年汕头华侨试验区被赋予与广东自贸区同等省级权限；2021年设立区域性国际通信业务出入口局。可以说，在我国改革开放和社会主义现代化建设过程中，汕头这片体制改革"试验田"正焕发新的经济特区活力。

第二，现代产业体系初具架构。2021年汕头三次产业结构为4.3∶48.2∶47.5，产业结构优化效果显著。汕头以往以玩具、服装、塑料、机械等制造业为主要发展产业，在新一轮科技革命和产业变革深入推进的背景下，汕头正逐步实现从传统加工产业向战略性新兴产业转型的目标。汕头积极构建"三新两特一大"产业发展新格局，以数字经济为先导，大力发展新能源、新材料、新一代电子信息3个战略性新兴产业，赋能纺织服装、玩具创意2

个特色优势传统产业链式发展，着力培育 1 个大健康产业，这将为汕头打造现代产业体系带来新的机遇。2021 年，"三新两特一大"产业集群占全市工业比重持续加大，工业增加值占全市工业增加值的 67%，可见汕头"三新两特一大"产业集群生态已初具架构。汕头市工信局党组成员、副局长郭鹏程明确提出要"以立讯精密、超声电子等龙头企业为牵引，大力引进消费电子、5G 通信产业为主的上下游关联产业，重点培育发展模组（高端印制板）、高端电子元器件、新型液晶显示及触控和智能终端产业"。在"汕头智造""跨境数据传输+工业互联网"的产业布局模式下，现代产业体系架构将逐步完善。

第三，城乡环境整治效果明显。在环境治理方面，汕头持续推进污染防治，呈现"一好四稳"的良好局面，练江水质显著变好、空气质量稳中向好、饮用水源质量达标、土壤环境总体稳定、近岸海域水质稳中有升。以练江水质和空气质量为例，2021 年，练江水质稳定达到 Ⅳ 类标准；全市空气质量达标率（AQI）98.9%，位列广东省第二。此外，在城乡建设领域，汕头开展"百村示范、千村整治"行动，1156 个自然村完成"三清三拆三整治"。在"国家生态园林城市""国家级海洋公园"等目标的驱动下，城乡环境整治效果将更好。

（二）城市发展潜力

伴随《汕头市国民经济和社会发展第十四个五年规划和二〇三五年远景目标纲要》的发布，汕头从"十四五"时期经济发展、创新驱动、民生福祉、资源环境、安全保障 5 个方面出发提出具体目标。综合来看，汕头在对外开放、产业集群等领域尚有发展潜力。

第一，进一步发挥对外开放区位优势。汕头依托汕头港发展起蓬勃的对外贸易经济，尽管从对外贸易经济各项指标来看，汕头对外开放成果显著，但从对外开放区位优势发挥效果来看，汕头可进一步发挥汕头港的区位优势。汕头港曾与上海港、广州港并列全国三大港口，但近现代以来，港口建设滞后、航道整治困难、电力缺乏严重等导致汕头港对外贸易货物量减少，

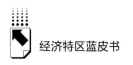
"货物少—航线少—集散乏力"等恶性循环困扰汕头港至今。2021年，汕头港全年完成货物吞吐量4138万吨，反观同为经济特区内的厦门港，其全年完成货物吞吐量2.275亿吨。可见，汕头尚未完全发挥汕头港的区位优势。因此，若要进一步发挥汕头对外开放区位优势，可将汕头港作为着力点。

第二，进一步提升产业集群质量。当前汕头产业集群已初具规模，重点产业增加值占工业增加值的比重持续增加，但构建现代产业体系需进一步提升产业集群质量，且需加快增强产业价值创造能力。未来，汕头可以国家级高新区、综合保税区、华侨试验区和大型产业集聚区为依托，搭建重大平台载体，做大做强5G智能制造、精细化工、新材料、生物医疗等主导产业，并依托龙头企业推动关联产业项目集中布局、集群发展，通过加强基础设施建设等实现产业集群质量提升，提升汕头产业集群的竞争力。

（三）存在的主要问题

总体来看，汕头在城市发展过程中仍存在如下两方面问题。

第一，创新活力不足。2021年，汕头专利授权数量达26036件，位列广东省各城市第七，排名与2020年持平，但尚未达到广东省专利授权数量平均水平（41533件）；此外，汕头创新效率也居于广东省各城市中等水平（第16位）。产生这一现象主要有两方面原因。一方面，汕头创新缺乏经费投入。以2020年为例，汕头R&D经费内部支出为284043万元，仅占汕头地区生产总值的0.9%。另一方面，汕头创新缺乏技术型高层次人才。2020年汕头R&D人员数量为1.48万人，仅占汕头全年就业人数的2.9%。因此，汕头需加大创新投入，加快建立创新人才保障机制，增强创新活力。

第二，经济规模有限制约产业发展。改革开放以来，汕头经济规模与深圳、广州等一线城市存在一定差距。以地区生产总值为例，2021年，深圳地区生产总值达到30664.85亿元，广州地区生产总值达到28231.97亿元，佛山、东莞等发展势头较好的城市地区生产总值也均突破万亿元大关。与此同时，汕头地区生产总值（2929.87亿元）仍低于广东省平均水平，有较大的提升空间与潜力。经济规模难以扩大，造成汕头市场扩大受限，产业向高级化转型升级相比发达城市更加困难。此外，汕头经济基础薄弱，制约了汕头企业吸收资金的能力与潜力，导致产业投资利用率不高，制约了企业发展。因此，汕头当务之急是大力发展经济，提高资金吸收与利用率，焕发民营企业的生机与活力。

四　对策建议

（一）优化人才发展环境，建立健全人才保障机制

"十四五"规划开局，汕头积极构建战略性新兴产业新格局，鼓励支持高新技术产业发展，这对汕头经济发展及产业转型具有重大意义。要实现这一规划及目标，汕头当前的创新活力不足等问题亟待解决。针对这一问题，汕头需优化人才发展环境，持续释放人才政策红利，释放人力资本潜能，提高人才总量及结构与新时代发展的适配度。政府需加快推进落实创新型经济特区行动计划，全面落实"博（硕）士三年行动计划"，建立健全人才保障机制，大力引进创新型、高技能型人才，为技术型人才提供更加优惠的待遇及福利。同时，汕头市政府需牵头深入实施产业人才振兴计划，结合"工业立市、产业强市"的新产业发展格局，推动人才与战略性新兴产业的深度融合，建设产业人才高地。此外，需鼓励潮汕籍人才回乡，做好汕头大学等众多粤东高校人才的培养工作，做好高校、科研机构与企业的人才对接工作，为汕头本土技能人才提供切实服务与管理保障。

（二）培育壮大新兴产业集群，"汕头智造"打造经济增长新亮点

加快培育壮大新兴产业集群，构建现代产业体系，是汕头经济实现高质量发展的重要引擎。面对新一轮科技革命及产业革命的历史机遇，汕头需着力布局高端产业集群，提高与增强产业耦合度与互补性，将技术引进与自主创新相结合，逐步实现从"汕头制造"向"汕头智造"的转型升级。构建

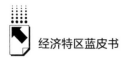
先进装备制造业产业集群、千亿元级现代服务业产业集群、百亿元级文旅产业集群、百亿元级现代农业产业集群。推动汕头纺织服装、工艺玩具等传统制造产业向智能化、数字化发展；加快5G通信技术推广，建设5G产业园、数据库；完善"海洋文化""华侨文化""红色文化""美食文化"等文化产业链，与旅游结合建设汕头文旅产业集群；将传统农业进一步规模化、高端化。在推进高端产业集群建设的同时，汕头需进一步扩大就业市场，提升技术孵化能力，加快产业创新平台建设，集中整合资源及政策优势，增强城市辐射力与带动力。

（三）激发企业生产活力，营造更具吸引力的营商环境

长久以来，民营经济是汕头经济社会发展的有力支撑，因此，激发企业生产活力，优化营商环境，将成为汕头发展的关键所在。广东省发展改革委发布的《2021年广东省营商环境评价报告》中显示，汕头营商环境创新优化表现优秀，重点领域改革成效明显。汕头可对标广州、深圳等标杆城市，进一步激发企业生产活力，为企业营造更加便捷务实的营商环境。一方面，政府可对龙头企业的创新研发成果及时响应并推广，加快形成龙头企业带动的规模经济；另一方面，政府可对中小企业的创新研发成果予以适当的资金奖励和政策扶持，鼓励和引导更多企业向"高新技术企业"和"科技型中小企业"转型，推动创新型城市建设。此外，汕头还需不断解放和发展社会生产力，加快数字政府建设，推动构建"互联网+政务"平台，提升政务科技化及信息化水平，提高审批效率；持续建立健全营商环境评价体系，深度优化市场准入制度，为企业降低经营成本提供要素支撑及制度保障。

参考文献

《2021年政府工作报告》，汕头市人民政府网站，2021年2月1日，https：//www.shantou.gov.cn/cnst/zwgk/zfgzbg/content/post_ 1869513.html。

《2022 年政府工作报告》，汕头市人民政府网站，2022 年 1 月 14 日，https：// www. shantou. gov. cn/cnst/zwgk/zfgzbg/content/post_ 2016985. html。

《广东统计年鉴 2021 年》，广东统计信息网，2021 年 10 月 8 日，http：//stats. gd. gov. cn/gdtjnj/content/post_ 3557537. html。

《汕头统计年鉴—2021》，汕头市统计局网站，2021 年 12 月 9 日，https：//www. shantou. gov. cn/tjj/tjsj/tjnj/content/post_ 2002530. html。

《广东省营商环境评价报告出炉 广州深圳各项指标全省领先》，深圳政府在线网站，2021 年 12 月 31 日，http：//www. sz. gov. cn/cn/zjsz/fwts_ 1_ 3/yxhjjc/content/post_ 9493551. html。

潘慧：《汕头：集聚创新资源 全方位构建高质量发展体系》，《广东科技》2021 年第 12 期。

《工业立市 产业强市 在新时代经济特区建设中迎头赶上》，《汕头日报》2021 年 12 月 3 日。

《回眸过去五年 "汕头答卷"鼓舞人心》，《汕头日报》2021 年 11 月 28 日。

《展望未来五年 八个"坚定不移"读懂汕头发展路径》，《汕头日报》2021 年 11 月 28 日。

《"汕头智造"打造经济增长新亮点》，《汕头日报》2021 年 11 月 17 日。

B.11
厦门经济特区发展报告

周轶昆　王福丽*

摘　要： 2021年是厦门经济特区建设40周年和"十四五"开局之年，一年来厦门积极统筹疫情防控和经济社会发展，成功应对境内外疫情，经济运行韧性不断增强。在经济下行压力背景下，厦门继续深化改革开放，加快创新驱动发展，全力打造高质量发展引领示范区，经济总体呈现平稳增长态势，实现了"十四五"的精彩开局。在向更高层次高质量发展迈进的征程中，厦门仍面临经济社会发展压力较大、产业转型升级仍需加强、岛内岛外发展不均衡、社会保障仍存在短板等诸多问题。厦门要紧盯"十四五"发展目标和2035年远景目标，勇当改革开放先锋，坚持问题导向，切实补短强弱，坚定不移走高质量发展之路。

关键词： 高质量发展引领示范区　改革开放　创新驱动

一　厦门经济特区发展概况

（一）疫情防控有力有效，经济运行韧性增强

在应对境外输入关联疫情和本土疫情的过程中，坚持把人放在第一位，坚持快速严实细致的原则，快速启动和健全指挥体系，35000余名党员干部

---

* 周轶昆，经济学博士，深圳大学中国经济特区研究中心讲师，主要研究方向为区域经济、产业经济；王福丽，深圳大学理论经济学硕士生，主要研究方向为区域经济、产业经济。

下沉到第一线，使 24 小时对全市 500 多万人进行全员核酸检测的能力快速提升。强化社区防控、社会管控和物资保障，筑牢群防群治严密防线。境外输入关联疫情不蔓延，本土疫情在 12 天内社区传播清零、47 天内病人全部痊愈出院，打赢了疫情防控总体战、阻击战。尽管疫情带来了诸多负面影响，2021 年，厦门在经济方面依然维持了正常运行，并实现了 7033.89 亿元的地区生产总值（GDP），同比增速为 10.2%（见图 1）。其中，第一产业增加值 29.06 亿元；第二产业增加值 2882.89 亿元，占 GDP 41.0%，对全市经济增长贡献率达 34.6%；第三产业增加值 4121.94 亿元，占 GDP 58.6%，对全市经济增长贡献率达 65.1%。

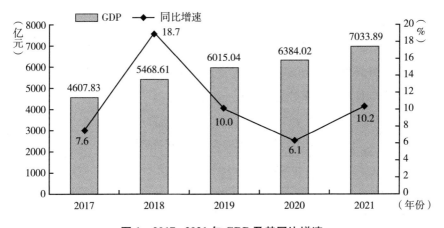

图 1　2017~2021 年 GDP 及其同比增速

资料来源：《厦门市 2021 年国民经济和社会发展统计公报》，厦门市统计局网站，2022 年 3 月 22 日，http：//tjj. xm. gov. cn/tjzl/ndgb/202203/t20220322_ 2636525. htm。

相较 2020 年，厦门增加了 11.3% 的固定资产投资（不含农户），成为全省唯一实现固定资产投资两位数增长的设区市。在基础设施、房地产开发投资方面，实现了 24.0%、1.3% 的增长，社会消费品零售总额相较 2020 年提升了 12.7%，达到 2584.07 亿元，批发零售销售额第一次突破 3 万亿元大关。2021 年厦门在外贸进出口总额上也有明显提升，实现了 27.7% 的增长，达到 8876.52 亿元。无论是进口总额还是出口总额均不低于 4000 亿元。

厦门具有极其稳定的经济运行指标支撑，从规模以上工业总产值来看，首次站上了8000亿元的高点，从增加值来看，规模以上高技术产业有显著突破，达到了规模以上工业增加值的42.6%，该数值在2020年为39.8%；从各部分增长率来看，实现了43.0%的批发零售销售额、13.5%的人民币存贷款余额、11.3%的固定资产投资和12.7%的社会消费品零售总额增长。经济发展质量效益稳步提升，一般公共预算总收入、地方一般公共预算收入分别增长13.2%、12.4%，规模以上工业企业利润总额增长45.1%，增值税发票开票金额增长38.2%，全年新设企业户数增长13.0%。

2021年厦门各区主要经济指标如表1所示，六区实现GDP同步增长。从表中指标的绝对值来看，岛内的思明区和湖里区在总体上仍然领先于岛外的其他四区。其中，思明区和湖里区的地区生产总值均在千亿元以上。固定资产投资向岛外倾斜，翔安区的固定资产投资明显高于其他几区。湖里区和翔安区的实际使用外资较2020年出现了负增长。

表1 2021年厦门各区主要经济指标

	思明区	湖里区	海沧区	集美区	同安区	翔安区
地区生产总值（亿元）	2258.08	1539.41	938.24	876.00	640.36	781.79
较2020年增长（%）	8.2	7.2	11.9	6.8	6.8	7.3
社会消费品零售总额（亿元）	1007.07	526.35	300.97	225.02	394.84	129.82
较2020年增长（%）	22.3	11.3	4.0	16.7	0.1	7.7
固定资产投资（亿元）	245.00	507.54	425.26	399.37	348.45	770.81
较2020年增长（%）	2.7	13.7	15.2	4.4	13.2	13.7
区级公共财政预算收入（亿元）	73.23	55.56	40.14	47.53	30.65	26.61
较2020年增长（%）	16.2	8.8	18.1	18.5	16.8	18.5
实际使用外资（万元）	522932	219629	173392	174346	228174	48276
较2020年增长（%）	73.6	-2.6	15.8	14.8	20.8	-78.6

资料来源：《厦门市2021年国民经济和社会发展统计公报》，厦门市统计局网站，2022年3月22日，http://tjj.xm.gov.cn/tjzl/ndgb/202203/t20220322_2636525.htm。

（二）创新能力不断增强，产业竞争力持续提升

厦门加快区域创新中心建设的步伐，开始打造厦门科学城。在全省自主创新示范区考核评估工作中厦门片区连续 4 年被评为第一。2021 年，厦门新增多家国家级企业。加大力度推进对"专精特新"企业的培育，现有 27 家国家级重点"小巨人"企业，79 家国家级专精特新"小巨人"企业。有 4 个国家级大众创业万众创新示范基地。嘉庚创新实验室研究团队独立创建了厦门奇楷锂材料、超新芯、光际科技、普识纳米、晰和科技多个高新技术企业，取得锂电池铝塑膜等 60 多项科技创新成果，福建省生物制品科学与技术创新实验室建设全面启动，同时引进入驻了诸多创新平台，包括国家新能源汽车技术创新中心厦门分中心、厦门时代新能源研究院等。厦门万泰沧海生物技术有限公司制造生产的二价宫颈癌疫苗已通过世卫组织预认证（PQ 认证）。高层次人才留厦六条政策得到较好落实，并突破规划完成了"三个七"引进人才的目标。

厦门的产业转型升级卓有成效，产业竞争力持续提升。新材料产业链产值超过 1000 亿元，规模超过 1000 亿元的产业链发展到 10 条。如生物医药与健康、集成电路、新材料等为经济社会全局及长远发展起到巨大引领带动作用的行业产值快速增长。国务院办公厅发布通报表彰厦门培育战略性新兴产业集群，推动工业稳增长和转型升级。省级战略性新兴产业集群又增加了新型显示器件、信息技术服务和集成电路。中航锂电一期和海辰新能源建成投产，厦钨新能源、玉晶光电等一批企业在原有基础上继续扩大规模，超过 277 个亿元的产业项目完工 44 个、开工 62 个。人民币存贷款余额增长 13.5%，境内外新上市企业有 12 家，国家金融科技创新监管试点通过批准。厦门加快发展建成港口型国家物流枢纽，集装箱的吞吐量超过了 1000 万标箱，顺利入选国家绿色货运配送示范城市。智能视听产业基地和海丝艺术品中心建设提速，中国电影金鸡奖等大型文化活动顺利举行。美图、四三九九、吉比特、美柚、点触等数家公司入选中国互联网企业 100 强，数字经济规模超过 4000 亿元。海洋高新产业园的建设已

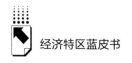

提上日程。

招商引资力度持续加大。厦门成立了投资促进中心，开展产业链招商和全员精准招商活动。通过厦门经济特区建设40周年重大项目签约、央地对接会、第21届中国国际投资贸易洽谈会、第四届数字中国建设峰会、厦门大学百年校庆全球校友招商大会等重大活动进行招商引资，计划引进项目总投资达1.76万亿元。全年新增落地高能级项目462个，总投资3641亿元；实际利用外资增长12.2%，在全省的占比达到50.5%，比上年提高2.8个百分点。为给企业排忧解难，及时推出了"1+N"政策体系。全面贯彻落实国家和省市各项减税降费政策，实施200余条产业扶持政策和12条普惠性措施帮助企业降本增效，落实"免申即享"政策，共为企业减负360亿元左右。深入开展增产增效活动，促进165个省级增产增效企业和23个省级新增长点项目多产稳产满产。出台37项"免申即享"惠企政策，全年累计兑现1.5亿余元。成立厦门市首贷续贷服务中心、企业上市培育中心等机构。完善涉企经营许可制度。

（三）坚持深化改革开放，增强发展动力

重点领域改革持续深化。深入推进"简政放权、放管结合、优化服务"，现在企业开办、不动产登记工作做到一天完成。实现98%的事项"一趟不用跑"，90%的事项全程网办，117项事项跨省通办，113项事项"秒批秒办"。零基预算和财政事权划分改革持续深化。国企改革三年行动顺利推进，完成66项改革任务。厦门在全国率先开展医保"智能适老"服务，试点推广公立医疗机构"信用就医"和诊间结算。价格改革纵深推进，机动车停放服务收费由即停即收调整为首次15分钟免费。不断改善营商环境，为跻身国际一流水平创造了条件。《厦门经济特区优化营商环境条例》出台并落地执行，厦门在建设信用示范城市方面持续不断地推进。在营商环境的改善方面采取和实施的措施高达225条，被评为"全国标杆"的营商环境指标高达18个。

金砖创新基地建设步伐加快。金砖国家新工业革命伙伴关系论坛、金

砖国家智库国际研讨会等活动的成功举办，促进了 28 个金砖合作项目的签约，总投资达 134 亿元。启动实施"八个一"工程，制定出台《关于加快金砖创新基地建设的若干措施》，发布 60 项重点任务清单，举全市之力推动金砖创新基地建设。建设金砖国家知识产权交易平台等 7 个赋能平台，成立中俄数字经济研究中心和金砖未来创新园，推出第一批 39 个示范标杆项目。

自贸试验区发展不断取得突破性进展。新推出 52 项创新举措，增加国内首创经验 11 条。并推动了一批重点数字化中心和平台建成，例如，厦门自贸数字化促进中心、厦门自贸区数字国际酒平台等。获批建设象屿、海沧港综合保税区，开展多式联运"一单制"试点工作。获批成为新型离岸国际贸易和飞机经营性租赁外币计价结算试点。并在全国供应链创新与应用示范城市评选中获得资格，同时推出全国首个自贸区供应链扶持政策。

对外交流与合作水平不断提高。如图 2 所示，外贸出口额 4307.30 亿元，比 2020 年增长 20.6%；进口额 4569.22 亿元，比 2020 年增长 36.7%，进出口总额达 8876.52 亿元，比 2020 年增长 28.4%。全年共计 1135 个外商投资项目获得新批，分别有 105 个、127 个超千万美元及对外协议投资项目得以引进。"丝路海运"国际合作论坛顺利召开，并新增 16 条航线。开行中欧班列 197 列，累计货值达 10.9 亿美元。航空货运发展提速，成立商舟航空物流有限公司，厦门机场货邮吞吐量增长 9.7%。实现了共建"一带一路"国家 28.7% 的进出口增长率，该数值在 RCEP 国家也达到 22%。

厦门积极推动两岸融合发展。首只全国性台商基金在大陆设立，新批建台资项目 688 项，签约使用台资达 11.1 亿美元。厦门海峡两岸集成电路产业园达到了扶持和培训高新技术中小企业的标准，因此被评为国家级科技企业孵化器。厦门与金门率先融合发展，通桥、通电、通气等项目进展顺利。"源头管理、口岸验放"对台贸易便利模式实施范围扩大至 194 种台湾输大陆产品，厦台进出口贸易额增长 33.9%。

图 2　2017~2021 年货物进出口额

资料来源:《厦门市 2021 年国民经济和社会发展统计公报》,厦门市统计局网站,2022 年 3 月 22 日,http://tjj.xm.gov.cn/tjzl/ndgb/202203/t20220322_2636525.htm。

(四)民生保障持续加强,人民生活品质不断提高

厦门拥有更为健全和完善的社会保障体系。2021 年,厦门城镇登记失业率 3.40%,低于全国城镇登记失业率 3.96%,可以看出厦门的失业率控制在全国水平线以上,共计新增加 33.1 万名城镇就业人口,有 4.24 万名失业人口获得了失业保险金,总额为 3.98 亿元。全市企业登记用工、在岗职工数同比增长 13.0%、6.7%。从社保及医保参保人数来看,有所提升。目前共有 31 家工伤保险协议医疗机构及 687 家医疗定点机构分布全市。发放医疗救助资金 2.25 亿元,救助 56.5 万人。顺利推出全国医保信息平台,在国家医保智能监控示范点建设终期评估中荣获第二。全市全年共有 13.98 万人,共计 8.99 万户享受到了低保待遇,低保金总计发放 1.17 亿元。从全省范围的保障补贴标准来看,无论是最低生活或特困人员保障,还是残疾人两项补贴等均排在第 1 位。住房保障体系建设步伐加快,2021 年建成保障性住房 1.28 万套,配租配售 1.9 万多套,筹集投放租赁住房 3.2 万套。在供给关键民生商品、促进粮油肉菜价格稳定方面进行全方位保障,对社会救助拼尽全力,其中,随着物价上涨,保障标准也会跟着调整。

持续提升公共服务水平。出台全市基本公共服务标准，促进公共资源供给均衡。加快推进名校跨岛行动实施，弥补教育方面的不足。新增 48 个中小学幼儿园项目，提供中小学幼儿园学位 5 万个。川大华西厦门医院、复旦儿科厦门医院被批准为第二批国家区域医疗中心试点单位，厦门成为健康中国行动创新模式第一批试点城市。新增 1472 张养老床位，建成 9 个农村幸福院及 2 个镇（街）级养老服务照料中心。厦门国际马拉松跻身世界田联最高级别赛事行列。厦门珠绣等 4 个项目获评国家级非物质文化遗产代表性项目。

社会治理水平不断提升。公共服务质量群众满意度已连续 2 年排名全国前五。安全厦门向纵深发展，全市生产安全事故件数、死亡人数同比分别下降 40%、5.6%；进一步打造国家食品安全示范城市，全省粮食安全责任制考核成绩位居前列，10 万多家经营主体近 52 万种食品被列入食品安全信息系统；厦门反诈经验在全国得到推广，建设智慧安防小区 1237 个，群众安全感率位居全省第一。"数字身份""图看厦门"等多个应用正式上线运行，智慧厦门建设加快推进，"城市大脑"开始建设。"爱心厦门"深入民心，实名登记志愿者超过 87 万人，双拥共建力度不断加大，近邻党建服务模式在全国范围内得到推广。

环境质量日益提高。空气质量综合指数位居全国第六。饮用水水源地水质达标，近岸海域水质良好，全年优良水质点位比 81.8%，海域功能区水质达标率为 81.0%；土壤环境质量保持稳定，危险废物处置率 100%；全年城市声环境功能区昼间、夜间达标率分别为 100%、85%，持续保持全国领先。新建、改造污水管网 126 公里，大型集中污水处理设施处理能力达 179 万吨/日，生物质资源再生等项目开工建设。湖里区、集美区获评国家生态文明建设示范区。制定碳达峰碳中和行动计划，东坪山片区"近零碳排放区示范工程"被列入国家绿色低碳典型案例。

（五）推动跨岛发展和区域协同，加强城市承载力

2021 年，厦门市委、市政府打破行政区划和领域的划分，合十为一，

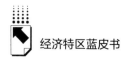

设立岛内大提升指挥部，再一次吹响了新一轮提升"冲锋号"。岛内大提升岛外大发展协同推进。岛内城市有机更新步伐加快，对何厝岭兜、泥窟石村、湖里东部、湖滨一里至四里等重点片区进行整体改造，全年房屋征收面积达188万平方米；两岸区域性金融中心、滨北超级总部基地建设加快；金融人才公寓、弘爱妇产医院等项目竣工。岛外新城片区加快环湾成势，新机场片区快速路网框架基本形成；马銮湾新城"两湾+四岛"水陆新界域初具雏形，环东海域新城双十中学翔安校区初中部、橙联跨境电商产业园等建投完成；川大华西厦门医院在集美新城的主体工程竣工，外国语学校（集美校区）、软件园三期西片区第一批研发楼等建投完成；白鹭体育场、凤凰体育馆、白海豚游泳馆主体结构封顶；同翔高新城加快打造城市新区和产业集群融合发展的标准化园区。

加快推进重大基础设施建设。福厦高铁厦门段运行顺利。海沧隧道竣工贯通，同安进出岛通道、第三东通道完成预可研编制。轨道交通3号线（火车站—蔡厝）开通运营，4号线、6号线（林埭西—华侨大学）建设和3号线南延段前期工作取得新进展。新机场工程可行性研究、海域使用权、环境影响评估、初步设计获批，航站楼主体工程等15个项目开工。原水低线连通工程全线贯通，新建及改造供水管网78.7公里、雨水管网64.0公里、天然气管道95.0公里。

持续稳定提升农业综合生产能力。相比2020年，农林牧渔业全年总产值增长率提升到5.1%。实现了62.01亿元的总产值。共计32个乡村的基础设施建设项目落成，投资额高达7.8亿元，同时建设了1600亩高标准农田。实施197个乡村振兴试点示范项目，投入资金3.86亿元。创建美丽庭院示范户1240户，打造市级以上绿盈乡村18个，农村无害化卫生户厕已经全覆盖。农村居民实现了29894元的人均可支配收入，增长率达到12.3%。集美汽车小镇、动漫小镇纳入省级特色小镇管理清单，同安区莲花镇被评为全国首批乡村旅游重点镇。

闽西南协同发展区建设深入推进。制定《厦漳泉都市圈发展规划》，健全毗邻区协同发展机制。28个重大协作项目总投资达192.7亿元，城际铁路 R1 线项目进展顺利，着力实现厦漳泉都市圈 1 小时通勤；闽西南集团和基金深度运作，智慧城市等 4 个项目落地。4 个经济合作区新签约项目 69个、总投资超 500 亿元。"政务服务"等事项实现跨区域通办，包括闽西南智能制造在内的 7 个共建共享平台投入使用。

二 厦门经济特区发展面临的问题

（一）经济社会发展压力较大

受疫情影响，百年大变局加速演进，外部形势错综复杂且不容乐观，具有很多不确定因素。国内经济发展也遭遇重重压力和瓶颈，最为明显的就是需求处于收缩状态、生产力及成本变动可能性加大、预期转弱。前进中还面临不少困难和挑战。经济规模体量还较小，保持较快速度增长的基础还不牢固。

虽然厦门在 2021 年的生产总值为 7033.89 亿元，但经济总量排在 15 个副省级城市中的第 14 位，仅高于哈尔滨。如表 2 所示，从地区生产总值来看，厦门远远落后于深圳，深圳地区生产总值是厦门的 4.4 倍，可见厦门在经济总量增长方面还需努力。

表 2　2021 年 15 个副省级城市地区生产总值及其增速

单位：亿元，%

城　市	2021 年地区生产总值	增速
深　圳	30665	6.70
广　州	28232	8.10
成　都	19917	8.60
杭　州	18109	8.50
武　汉	17717	12.20
南　京	16355	7.50
宁　波	14595	8.20
青　岛	14136	8.30

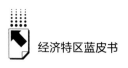
城　市	2021 年地区生产总值	增速
济　南	11432	7.20
西　安	10668	4.10
大　连	7826	8.20
沈　阳	7250	7.00
长　春	7103	6.20
厦　门	7034	8.10
哈尔滨	5352	5.50

资料来源：15 个城市 2021 年国民经济和社会发展统计公报。

（二）产业转型升级仍需加快

传统产业转型升级的步伐总体偏慢，产业的融合程度较低、工业结构不合理等问题制约着新旧动能的转换。产业要素保障还需加强，人才服务保障还有不足之处。现代服务业链群的质量和发展效率还有待提升。整体创新力度还不够大，高新技术企业质量有待提升。仍然处于培育和积蓄新动能的阶段，新兴产业实力不够强、贡献不够显著。研发与创新载体数量偏少、规模偏小。新旧动能转换步伐有待加快。十分有必要调整、优化产业结构，尤其是目前经济增长迟缓，需要进一步增加第三产业的贡献量，以最大限度地带动经济发展。

（三）岛内岛外发展不均衡

思明区和湖里区的地区生产总值分别为 2258.08 亿元和 1539.41 亿元，海沧区、集美区、同安区和翔安区的地区生产总值均在千亿元以下，岛内两区发展在总体上明显领先于岛外其他四区，存在岛内岛外发展不均衡、不协调的问题。岛外新城片区联结不够，产业发展和城市建设有待加强、生态环境还有优化空间，需出台各项措施加强人才集聚。岛内城市发展速度较缓，各项功能也有待提升。岛内岛外要继续探索共同发展的新路子。除此之外，区域协作仍需加强。厦门海沧—漳州台商投资区、厦门翔安—泉州南安市际毗邻区相互融合的力度还不够大，与长三角、粤港澳大湾区的合作需要加强。

（四）社会保障仍存在短板

从社会事业发展看，优质公共服务资源的供给不足，教育、医疗、养老、托幼、住房保障等服务供给与经济社会发展水平不相匹配，疫情防控工作还存在短板和薄弱环节，推进共同富裕仍需下更大功夫。城区治理工作还存在短板弱项，交通拥堵、停车难等问题仍然是痛点。精细化管理、智慧化运用水平有待提升，道路、消防、排水、供气等基础设施仍存在短板。商业配套设施不够完善，基层治理不够精细，公共服务质量有待提高。教育学位尚未完全满足实际需求，有影响力的品牌学校不多；高端文化产品和高水平竞技体育赛事不多；公共安全体系还不够健全，预警预防应急反应系统还有较大完善空间。应聚焦人民期望，为建设幸福厦门补齐民生短板。

三 对策建议

（一）努力打牢经济增长的根基，竭尽全力保持经济平稳运行

为打牢经济增长的根基，保持经济平稳运行，厦门需要加强项目攻坚、投融资创新、市场主体服务和全员精准招商。市领导要加强督办项目建设，组织间要加强协调。要未雨绸缪，在项目前期就做好研究工作，尽可能又快又好地完成项目。在建设新型基础设施及城镇方面应加强关注和重视，同时还要重视和促进交通、水利等重大工程的建设。狠抓施工进度，强化督查问效。发挥企业市场化融资作用，在片区开发和城市更新等领域打造集投资、建设、运营、招商、基金于一体的项目主体。厦门要服务好市场主体。落实国家和省市的减税降费政策，根据疫情适时延长助企纾困政策期限。领导干部帮助企业解决困难要落到实处。强化政策的系统性、协调性和有效性，推动政策的评估和实施，细化企业分类分级政策体系，加快推行"免申即享"

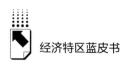
政策。常态化开展政银企对接活动，加强中小微企业金融服务。强化契约精神，扎实推进清理拖欠民营中小企业账款工作。完善轻微违法不予处罚等制度，推动市场主体健康有序发展。在精准招商、全员招商上深耕，健全重大项目招商统筹机制。利用国资国企资源优势，吸引各类社会资本来厦投资。组建招商小分队，延长和完善重点产业链，开展精准招商工作。推进以商引商、平台招商、基金招商及多种方式组合招商进程，用好基础设施、城市更新、国企混改等资源。加快新机场片区、滨北超级总部基地、厦门科学城、海洋高新产业园等招商载体规划建设，争取尽快落实一批高能级项目。

（二）强化创新驱动发展，加快构建现代产业体系

厦门要全面加大创新力度，打造具有国际影响力的区域创新中心，稳步提高劳动生产率。推进能源材料、生物制品省创新实验室建设，加快厦门科学城建设，加快国家集成电路产教融合平台等高能级创新平台建设。支持关键共性技术研发和重大科技成果工程化与产业化。增加高新技术企业数量，提升高新技术企业质量，大力培育一批单项冠军和专精特新企业。提高产学研合作成效。发挥国家双创示范基地引领带动作用，营造有利于创新创业创造的良好发展环境。要灵活变通，寻找不同的投融资渠道，落实和评估项目投融资要同频。推动大型基础设施、片区开发项目采用合规方式引入社会资本；加大力度争取上级资金和政策性优惠性融资支持。厦门要推动先进制造业的发展。做大做强电子信息产业集群，加快打造新型显示技术产业群；以龙头企业为标杆和引领，将电子元器件、芯片等配套项目逐步引进，促进本地化配套水平的提升；加强 IC 设计产业集聚，完善集成电路产业生态；围绕 5G、大数据、人工智能、物联网等领域，促进软硬件融合发展。优化机械装备产业集群，培育发展智能输配电、国产大飞机维修、工业机器人等新增长点，鼓励水暖厨卫等传统产业转型升级。厦门要促进现代服务业链群提质增效。推进国家物流枢纽建设，加快发展特色金融业务，推动国家体育产业基金尽快落地。保障文旅经济的发展品质，在建设国家文化和旅游消费示范市方面进一步加快进程，将国家级夜间文化和旅游消费集聚区创建并发展

起来，从而使旅游消费逐步走向复苏。厦门应重视战略性新兴产业的培育，应不断促进其蓬勃发展。加快新兴产业集群化发展速度，在公共检测平台和全国数字经济发展示范区的建设方面予以帮助，使数字产业化和产业数字化加快实现，将新型基础设施体系逐步构建起来，使生产总值中数字经济核心产业增加值占比不断提升。将国家海洋经济发展示范区打造和发展起来，在建设海洋高新产业园上不断加快速度，以推动海洋新兴产业的进一步发展。厦门要强化产业要素保障，不断拓展产业发展空间，加强产业用地整备。加大低成本住房筹集供给，助力企业稳岗用工。统筹推进城市更新和保障性租赁住房建设，推进集体土地建设租赁住房。加大人才服务保障力度，加快建设区域人才高地。推动金融机构加强对实体产业项目的信贷支持，引导企业通过多层次资本市场融资。

（三）着力推进跨岛发展战略实施，加快岛湾一体区域协同发展

厦门要统筹推进跨岛发展。优化完善市级重大片区指挥部运行机制。抓住获批城市更新试点机遇，加快岛内功能提升和城市更新。加速岛外新城片区连片成势，以产城融合为重点，推动产业发展、城市建设、生态优化和人口集聚，提高常住人口城镇化率。厦门要全面推进重大基础设施建设。拓展对外联系新通道，推进新机场主体工程全面开工，加快机场高速公路建设。不断推进福厦高铁的建设，使某些铁路项目诸如渝长厦、兴泉铁路厦门支线等建设进程加快。构建地铁、公交、慢行一体衔接的公共交通体系，加快轨道交通建设，规划建设一批轨道配套公交场站，建成南北向健康步道。乡村振兴战略受到厦门的高度重视，并被厦门层层递进式一一实施。努力保障绿色农业、生态农业的发展高质、高量。推进厦门同安闽台农业融合产业园建设，增强种子种苗企业科技创新能力，培育现代农业智慧园、农业物联网应用基地。在融合农村第一、二、三产业的基础上，进一步促进其发展，不断加强乡村旅游工程建设，持续打造特色小镇。推动绿盈乡村提档升级，统筹推进农房整治、生活垃圾处理等工作。将党组织领导的乡村治理体系逐步构建起来并使之进一步优化，使革命老区的发展速度得到提升。确保耕地保护

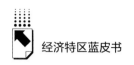

制度严格执行到位，深入改革农村集体产权制度，有序、高效地流转农村土地经营权，在改革农村宅基地方面一步步稳定推进。提高新型农业经营主体管理水平，多渠道促进农民增收。厦门要加强区域协同合作。实施新时代山海协作战略，以厦漳泉都市圈建设为引擎，带动闽西南协同发展。将《厦漳泉都市圈发展规划》编制出来并逐步落地实施，使建设厦漳泉都市圈成为国家战略的一部分。推动厦门海沧—漳州台商投资区、厦门翔安—泉州南安市际毗邻区融合发展，探索建设厦门翔安—泉州南翼科技创新走廊。完善山海协作平台和机制，加强与长三角、粤港澳大湾区对接合作，大力实行联合招商。加强政务服务、区域应急、城市治理、人口管理等便利化流动和协同治理。

（四）着力增进民生福祉，持续提升生活品质

疫情防控长效机制的健全和完善应作为厦门的重点任务之一，抓好并落实。对内外结合控制，防输入、防反弹的总策略坚定不移地执行，同时将动态清零的总方针贯彻到底。在排查和管控重点人群方面不断加大力度，尤其是在进口冷链食品方面，应严格做好检测、消毒和追溯管理。对于疫苗接种工作应认真仔细，无一遗漏，将人群免疫屏障构建起来。另外，在建设市区两级疾控队伍及卫生应急队伍方面应加快速度。厦门应重视就业问题，首先保就业。目前共计增加了13万名城镇就业人员。应加强对这些就业人员的就业技能培训，将相关就业能力提升工作做好、做到位，使职业技能培训和公共就业服务体系逐步健全和完善，完善重点群体就业支持体系，建立健全灵活就业和新就业形态人员政策服务体系。加强企业用工监测，规范人力资源市场秩序。构建工资稳增长机制，适当提高一线职工工资待遇，探索壮大中等收入群体新机制，着力提升低收入群体增收能力，确保居民收入增长和经济发展同步，加快建设共同富裕先行示范市。在社会保障力度方面，厦门还应不断加大。促进多层次社会保障体系进一步优化和完善，使社会保险基金管理风险防控机制得到进一步完善，使参加基本养老保险的人口比例逐步提升，使基本养老、医疗保险保障力度不断加大，使失业保险保障范围进一

步扩大。继续贯彻"房住不炒"的理念，确保房地产业的发展始终维持在健康状态。加强困难群体帮扶和社会救助，支持慈善公益事业发展。厦门要提升基本公共服务水平。落实义务教育"双减"政策，推动教育补短扩容、名校跨岛行动开展，实施名师出岛措施。加快"双一流"高校和学科建设，促进产教融合，加快全国职业教育创新发展高地建设，持续提高劳动年龄人口平均受教育年限。促进本市3个国家区域医疗中心试点的尽快落成，辅助市中医院进一步完善，以达到第三批国家区域医疗中心试点的条件。促进优质医疗资源下沉，加强基层人才队伍建设，提高每千人口拥有执业（助理）医师数。推进中医药传承创新发展，加强专业学科建设。深入实施应对人口老龄化工程，推广家庭养老床位服务模式，稳步提高人均预期寿命。将普惠性托育服务实施和发展起来，针对0~3岁婴幼儿，尽最大努力将更多更好的普惠性托育服务提供到位。厦门应重视文化体育事业的发展，进一步推动该领域繁荣，争取获得国家历史文化名城的称号。实施文化惠民工程，推进鼓浪屿世界文化遗产和各类文物保护修缮与活化利用，建成投用闽南戏曲艺术中心。推进国家体育消费试点城市建设，积极引进高端体育赛事，高标准筹备亚洲杯足球赛，新增10所学校体育场地设施对外开放。厦门要加强城市精细化管理和社会治理创新。加快"城市大脑"中枢系统建设，推出"一网通办"等第二批应用场景。实施公民道德建设工程，打造"爱心厦门"品牌，推进志愿服务常态化，建设全国文明典范城市。推行近邻党建服务模式，加强社区工作者职业体系建设，提高"大数据+网格化"治理水平，加强"城中村"基层社会治理。完善矛盾纠纷源头预防、排查预警、多元化解机制。常态化开展扫黑除恶行动，建设更高水平的平安厦门。厦门要切实保障城市公共安全。深化安全生产专项整治三年行动，狠抓建筑施工、道路交通、燃气安全等重点领域监管工作，完善应急救援和防灾减灾救灾机制。认真落实粮食安全责任制和"菜篮子"市长负责制，扎实做好粮油肉菜等重要民生商品保供稳价，加快完善重要民生商品价格调控机制，持续提升食品药品质量安全保障水平。持续推动能源领域基础设施建设升级，保障煤炭、电力、油气供应稳定。

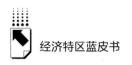

参考文献

厦门市统计局、国家统计局厦门调查队编《厦门经济特区年鉴2022》，中国统计出版社，2022。

《厦门市2021年国民经济与社会发展统计公报》，厦门市统计局网站，2022年3月22日，http：//tjj. xm. gov. cn/tjzl/ndgb/202203/t20220322_ 2636525. htm。

《厦门市2021年国民经济和社会发展计划执行情况与2022年国民经济和社会发展计划草案》，厦门市发展和改革委员会网站，2022年2月8日，http：//dpc. xm. gov. cn/xxgk/xxgkml/ghjh/202202/t20220208_ 2624973. htm。

《厦门市人民政府关于印发厦门市国民经济和社会发展第十四个五年规划和二〇三五年远景目标纲要的通知》，厦门市人民政府网站，2021年3月26日，http：//www. xm. gov. cn/zwgk/flfg/sfwj/202103/t20210326_ 2527296. htm。

沈彦彦等：《量质齐升　经济运行持续向好》，《厦门日报》2022年1月26日。

《厦门市第十六届人民代表大会第一次会议政府工作报告》，厦门市人民政府网站，2022年2月9日，https：//www. xm. gov. cn/szf/szfgzbg/202202/t20220209_ 2625130. htm。

《2022年思明区人民政府工作报告》，厦门市思明区人民政府网站，2022年2月17日，http：//www. siming. gov. cn/zfxxgkzl/qrmzf/zfxxgkml/zfgzbg/202202/t20220217_ 832671. htm。

《2022年湖里区人民政府工作报告》，厦门市湖里区人民政府网站，2022年1月5日，　http：//www. huli. gov. cn/zwgk/zfxxgkzl/zfxxgkml/41922/zfgzbg/202112/t20211230　_ 825961. htm。

B.12
海南经济特区发展报告

刘伟丽　方晓萌*

摘　要： 海南持续推进全面深化改革开放和中国特色自由贸易港建设，成为制度型开放"试验田"和"双循环"战略支点。通过经济指标分析与数据测算、省域以及省内市县的横向比较、党的十八大以来 10 年间的纵向比较发现：2021 年，海南以中国特色自由贸易港建设引领高质量发展取得显著成效，经济总体发展状况良好，生态环境、营商环境、政策环境等比较优势突出，但经济韧性整体不强、科技创新动力不足、县域经济潜力有待挖掘等问题仍然存在，海南未来探索之路充满挑战，本报告适时提出在强韧性、促创新、筑体系、拓市场等方面的对策建议。

关键词： 自由贸易港　制度型开放　区域协同　经济韧性

一　2021年海南经济特区发展概况

（一）经济整体呈现强劲增长趋势

2021 年，中国持续巩固疫情防控政策和积极应对全球复杂环境的影响，全国经济实现恢复性增长。在此背景下，海南整体呈现强劲发展趋势，其主

---

* 刘伟丽，深圳大学中国经济特区研究中心教授，深圳大学中国质量经济发展研究院院长，博士生导师，主要研究方向为特区经济、国际经贸规则与标准；方晓萌，深圳大学中国经济特区研究中心 2020 级博士生，主要研究方向为特区经济。

要经济指标增速实现重大突破（见表1）。具体来看，2021年海南地区生产总值为6475.2亿元，实际GDP增速为11.2%，仅次于受疫情严重冲击后奋起直追的湖北省；2021年海南名义GDP增速为17.04%，仅次于在国际能源市场环境影响下经济超高速增长的山西省和内蒙古自治区。其中，2021年海南各季度累计同比增速均保持在两位数以上，分别为19.8%、17.5%、12.8%和11.2%，经济总体发展状况良好。

海南高速发展的背后，是其持续推进全面深化改革开放和中国特色自由贸易港建设的必然结果。离岛免税政策的进一步开放升级，其影响效应首先反映在消费端，2021年海南社会消费品零售总额为2497.62亿元，以26.5%的增速居于全国首位，实现从"海外购"到"海南购"的转变。此外，2021年海南地方一般公共预算收入增速与固定资产投资增速在全国排名靠前，展现出海南自由贸易港建设的强劲动力。

表1 2021年海南经济特区主要经济指标增速及其排名

单位：%

指标	同比增速	全国同比增速	增速全国排名
GDP	11.2	8.1	第二
社会消费品零售总额	26.5	12.5	第一
一般公共预算收入	12.9	10.7	第七
固定资产投资	10.2	4.9	第七
居民消费价格指数	0.3	0.9	倒数第三

资料来源：《海南统计月报2021.12》《2022年海南省政府工作报告》。

人民生活水平进一步提高，海南居民消费价格指数（CPI）在2021年呈现温和增长趋势，同比增长0.3%，涨幅比全国平均水平低0.6个百分点。从工资水平来看，海南城镇非私营单位和私营单位从业人员年平均工资分别为97471元和62284元，扣除价格因素后实际同比增速分别为12.2%和20.8%，均高于全国平均增速9.7%和8.9%。党的十八大以来，海南积极探索乡村振兴与共同富裕的实现途径。2012~2021年，海南城镇居民人均可支配收入稳步提升，城乡收入比有所改变，从 2012 年的 2.82 下降到 2021 年的 2.22（见图 1）。

图 1　2012～2021 年海南城镇居民人均可支配收入、农村居民人均纯收入及城乡收入比变动趋势

资料来源：《2021 年海南省国民经济和社会发展统计公报》《海南统计年鉴—2021》。

（二）政策制度体系不断完善

2021 年，国家各部委和海南省出台了共计 99 条核心及配套政策，其中，税收政策 19 条、人才政策 4 条、贸易政策 5 条、投资政策 5 条、金融政策 7 条、运输政策 5 条、产业政策 22 条、园区政策 1 条、优化营商环境政策 1 条、法律法规规章 14 条、保障措施 16 条；在制度集成创新方面，2021 年海南自由贸易港发布了 3 批共计 20 个制度创新案例，涉及税收制度 4 个、社会治理制度 10 个、法制制度 2 个、风险防控体系 4 个，部分案例被中央及有关部门采纳与复制推广。[①]

贸易自由便利是海南自由贸易港政策制度体系的重点，海南积极建设在全岛封关运作的海关监管特殊区域实现海南自由贸易港与中国关境外其他国

---

① 海南自由贸易港网站，https：//www.hnftp.gov.cn/。

家和地区"一线"放开、海南自由贸易港与中国关境内其他地区"二线"管住、货物物品在岛内自由流动。在税收方面,海南自由贸易港实施全国独有的"零关税、低税率、简税制"政策,相较于中国非自贸区,海南自由贸易港整体税负水平更低(见表2),对于核心产业企业、高端人才、紧缺人才等,均有一定程度的所得税减免优惠政策支持。

表 2 海南自由贸易港税收与中国非自贸区税收优惠政策对比

主要税种	海南自由贸易港	中国非自贸区
企业所得税	2025 年前:旅游业、现代服务业、高新技术产业三大主导产业企业新增境外直接投资所得免征;鼓励类产业企业(比国家现有鼓励类产业企业范围更广):15%; 2035 年前:15%	一般企业:25%; 非居民企业特定条款规定所得:20%; 符合条件的小微企业:20%; 获得国家重点扶持的高新技术企业:15%
个人所得税	2025 年前:高端人才和紧缺人才15%; 2035 年前:纳税年度在自由贸易港累计居住满 183 天,按照三档超额累进税率(3%、10%、15%)征收	综合所得:按照七档超额累进税率(3%、10%、20%、25%、30%、35%、45%)征收; 经营所得:按照五档超额累进税率(5%、10%、20%、30%、35%)征收
关税	离岛免税商品:关税为 0; 其他商品:	绝大多数商品均需征收关税
消费税	①全岛封关运作前:执行进口"零关税"政策;对部分进口商品免征进口环节增值税和消费税;	烟、成品油、实木地板等 15 种规定的产品征收消费税; 其他产品免征消费税
增值税	②全岛封关运作、简并税制后:对进口征税商品目录内商品征收进口关税,对其余进口商品免征进口关税;消费税和增值税税费简并	一般纳税人销售或进口货物: 部分生活必需消费品(如农产品、自来水、暖气等)为 9%; 其他商品为 13%

资料来源:依据《海南自由贸易港税收政策汇编(2020 年—2022 年 4 月)》以及国家税收总局政策库中不同税种税率整理所得。

(三)产业结构持续优化

产业结构状况是衡量经济效益的重要标准,产业结构优化是经济发展提

质增速的动力来源。海南 2021 年 GDP 的具体构成是：三次产业增加值分别为
1254.44 亿元、1238.80 亿元、3981.96 亿元，三次产业结构比为 19.4∶19.1∶
61.5。服务业稳中提速提质，使海南整体产业结构优化升级的步伐加快。从
产业结构演进规律看，党的十八大以来，海南第一产业和第二产业增加值占
GDP 比重呈现缓慢下降趋势（见图 2），2021 年海南三次产业增加值占 GDP
比重较 2012 年的增速分别为 5.1%、-7.7%、12.8%。从第三产业内部构成
来看，去房地产化从 2019 年开始在海南推行，海南在两年时间里，积极发
展派生产业，如医疗卫生产业、会展产业、现代物流业、海洋经济产业、教
育产业、文化及相关产业、体育产业等，以及加速建设知识产权交易所，
2021 年，在分行业固定资产投资中，房地产业增速较 2020 年回落 0.6 个
百分点，金融业增速高达 6711.4%，租赁和商务服务业增速为 105.3%，
批发和零售业增速为 17.8%，交通运输、仓储和邮政业增速为 18.4%，服
务业现代化程度继续加深。①

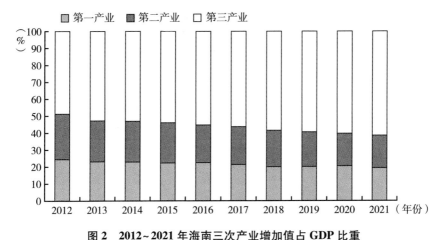

图 2　2012~2021 年海南三次产业增加值占 GDP 比重

资料来源：《2021 年海南省国民经济和社会发展统计公报》《海南统计年鉴—2021》。

---

① 海南省统计局、国家统计局海南调查总队编《海南统计年鉴—2021》，中国统计出版社，
2021；刘自更、何永东主编《海南统计月报 2020.12》。

在构建现代化产业体系方面，海南以项目为抓手，积极落实《海南自由贸易港投资新政三年行动方案（2021—2023 年）》，巩固和发展"3+1"主导产业（包括旅游业、现代服务业、高新技术产业和热带特色高效农业），2021 年，海南"3+1"主导产业增加值占 GDP 比重接近 3/4，其中，现代服务业增加值占 GDP 比重最大，为 31.0%，其次是高新技术产业和热带特色高效农业，二者增加值占 GDP 比重均为 14.9%，最后是旅游及相关产业增加值占 GDP 比重为 9.1%（见图 3）。值得关注的是，在高新技术产业中，数字经济产业蓬勃发展，其增加值占高新技术产业增加值的 46.8%，占 GDP 比重为 7.0%。① 海南房地产业增加值在地区经济中所占比重高于全国其他地区，海南在去房地产化的同时，借助自贸港政策优势，使产业投资与基建投资迅速补位，立足自身实际情况，其在构建具有海南特色现代化产业体系过程中的发展经验将为全国经济高质量发展提供典型示范与重要参照。

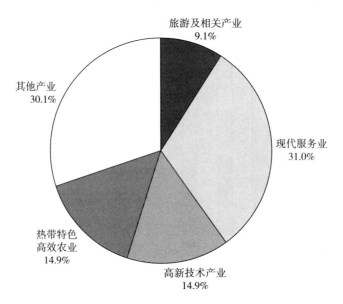

图 3　2021 年海南"3+1"主导产业增加值占 GDP 比重

资料来源：海南省统计局网站。

---

① 海南省统计局网站，http://stats.hainan.gov.cn/tjj/。

（四）发展动能转换向好

从新旧动能转换来看，一方面，2018 年以来，海南通过实行全域限购房地产政策和取消大多数市县对房地产相关经济指标的考评，双管齐下减少对房地产业的依赖。另一方面，海南主动融入国内国际双循环新发展格局，积极探索消费型经济发展新路径，经济发展动能从以投资为主导向投资和消费共同发力转变。自 2011 年 3 月海南被确立为开展离岛免税购物政策试点以来，截至 2021 年，海南已经历了 7 次离岛免税政策调整：政策适用对象从年满 18 周岁乘坐飞机离岛旅客放宽到年满 16 周岁乘坐飞机、火车、轮渡离岛旅客；离岛免税商品品种从 18 种增加到 45 种；免税购物额度从 5000 元调整至 10 万元，购物次数限制从离岛旅客每年 2 次和岛内居民每年 1 次到取消离岛旅客和岛内居民购物次数限制；免税店由 1 家增至 10 家……海南伴随着离岛政策的阶段性调整，其政策红利、消费潜力不断释放，2012~2021 年，海南离岛免税购物金额逐年攀升，2020 年呈现爆发式增长，2021 年增速有所放缓但仍处于高点（见图 4）。2021 年，海口海关共监管海南离岛免税购物金额 494.70 亿元，免税购物人数 671.5 万人，免税购物件数 7045 万件，人均购物金额约 7367 元，回顾 2012 年，海口海关共监管海南离岛免税购物金额仅 23.68 亿元，免税购物人数 106 万人，免税购物件数 352 万件，[①] 海南将免税购物打造成第三个重要的旅游资源。

从内驱动力来看，海南重视教育产业与医疗健康产业的发展，2021 年海南医疗健康产业增加值 197.18 亿元，较上年增长 1.2%，占 GDP 比重为 3%，[②] 其中，海南博鳌乐城国际医疗旅游先行区是海南培育新动能的核心区，2021 年共接待医疗旅游人数 12.73 万人，较 2020 年增长 90.57%。[③] 此外，海南积极投入资金改善教学环境和创新合作办学模式，2021 年教育产

① 海口海关网站，http://haikou.customs.gov.cn/。
② 海南省统计局网站，http://stats.hainan.gov.cn/tjj/。
③ 《非凡十年看海南丨开放潮涌逐浪高 海南构建更高层次改革开放新格局》，网易，2022 年 10 月 11 日，https://www.163.com/dy/article/HJCPGBE1053469JX.html。

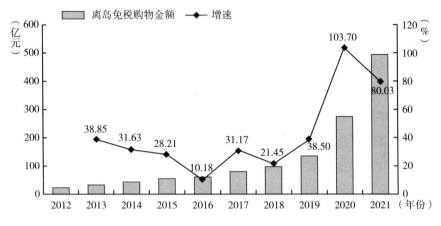

图4 2012~2021年海南离岛免税购物金额及其增速

资料来源：海口海关网站，http://haikou.customs.gov.cn/。

业增加值为314.78亿元，较上年增长5.3%，占GDP的4.9%，从最开始的两块短板变为吸引海外消费回流的优势。

（五）外向型经济发展优势凸显

随着海南自贸港政策有序推进和功能的进一步增强，外贸进出口的拉动效应逐渐显现，成为稳定经济的有利支撑。2021年海南货物贸易进出口总额为1476.78亿元，同比增长57.7%，占GDP比重为22.81%。其中，出口总额为332.60亿元，同比增长20.1%；进口总额为1144.18亿元，同比增长73.6%。随着海南作为跨境电商零售进口试点的探索建设，"跨境电商+旅游""跨境电商+医疗"等跨境电商新模式不断产生。2021年，海南跨境电商进口总额为8.88亿元，而在2017年其仅为10.5万元；2021年7月海南跨境电商实现出口总额突破，2021年出口总额为9600万元。①

从外贸进出口主要商品来看，2021年海南外贸进口总额排名前三的是美容化妆品及洗护用品、金属矿及矿砂、机电产品，其中，机电产品同比增

① 海南省商务厅网站，https://dofcom.hainan.gov.cn/。

速为 42.1%，美容化妆品及洗护用品同比增速达 21.9%，消费品进口需求持续扩大，海南具有成为境内最大"海外仓"的潜力；2021 年海南外贸出口总额排名前三的货物是成品油、机电产品、高新技术产品，其中高新技术产品同比增速高达 108.5%，机电产品同比增速为 69.1%，制造业面对疫情展现出较强韧性。从贸易合作伙伴来看，海南与澳大利亚、欧美等发达经济体的贸易合作关系更为紧密（见图 5），2021 年，海南与 RCEP 其余 14 个成员国贸易往来达到总贸易进出口的 39.3%。

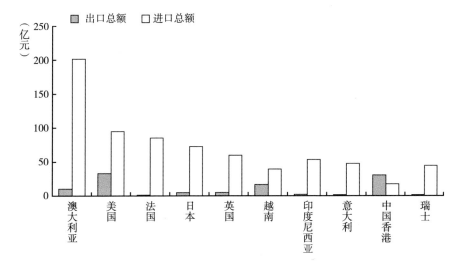

图 5　2021 年海南对主要贸易合作伙伴进出口对比

资料来源：海口海关网站，http://haikou.customs.gov.cn/。

（六）坚定绿色高质量发展理念

随着海南深入推进国家生态文明试验区建设，其生态环境保持良好。2021 年全省城市（镇）环境空气质量优良天数比例为 99.4%；全省地级城市集中式饮用水水源地水质达标率为 100%，地表水质优良比例为 92.2%，较上年提高 0.1 个百分点；日均 $PM_{2.5}$ 浓度为 13 微克/米^3，达到国家一级标准（日均不超过 35 微克/米^3）；城乡生活垃圾无害化处理率为 96.0%，比

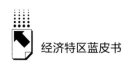
上年提高 0.7 个百分点。此外，海南在珍贵自然资源传承和生物多样性保护上积极作为，其中，海南热带雨林国家公园被纳入 2021 年 10 月公布的我国首批 5 家国家公园名单。此外，海南能源消耗趋向绿色节约，2021 年全省万元国内生产总值能耗比上年下降 3.1%；2021 年海南新能源汽车较 2020年新增 54443 辆，同比增长 64.98%。[①]

二 存在的发展问题

（一）经济韧性整体不强

受疫情影响，以旅游业作为主导产业之一的海南 2020 年的经济增速下滑，2021 年伴随着自贸港的建设，海南经济发展持续向好。但疫情的长期影响不容忽视，市县间抵御冲击后维持经济发展的韧性具有差异，本报告从GDP 维度测度了疫情危机下海南各市县的经济韧性，以 2019 年为基期，通过对比 2020 年与 2021 年的抵抗力水平，分析疫情对于市县经济的影响。

1. 经济韧性测算

2020 年疫情影响尚未结束，研究时段整体处于对疫情冲击的抵抗阶段，因此用抵抗力水平反映区域经济韧性[②]，其测度公式如下：

$$(\Delta R_i^{Contraction})^{expected} = R_i^t \cdot g_P^{t+k} \tag{1}$$

$$Resis_i = \frac{(\Delta R_i^{Contraction}) - (\Delta R_i^{Contraction})^{expected}}{|(\Delta R_i^{Contraction})^{expected}|} \tag{2}$$

R_i^t 是 i 市县在 t 起始时间的经济产出，g_P^{t+k} 是海南省级层面在 $t+k$ 时间内的经济产出变化率，$\Delta R_i^{Contraction}$ 表示区域 i 在收缩期的实际经济产出变化量，

---

① 海南省生态环境厅：《2021 年海南省生态环境状况公报》，2022 年 6 月；《2020 年海南省生态环境状况公报》，2021 年 6 月。

② R. Martin et al.，"How Regions React to Recessions：Resilience and the Role of Economic Structure.，" *Regional Studies* 50，4（2016）.

$Resis_i$ 表示抵抗力水平，抵抗力水平大于 0，表示市县应对冲击的抵抗力要高于海南总体水平，反之亦然。

2. 结果分析

海南各市县 GDP 抵抗力水平如表 3 所示，首先，不同市县在不同时段面对疫情冲击的抵抗力有所差异。2020 年三亚市面对疫情冲击的抵抗力水平较低，说明重点旅游经济区面对疫情冲击高度脆弱，政府为控制疫情传播采取"封城"、"全员停工停产"和"居家隔离"等强制措施，这直接影响了区域经济发展，尤其是旅游业。随着各级政府对疫情的有效管控，各市县经济得到适度发展，承接海南自由贸易港政策，激发旅游和消费市场活力，2021 年三亚市抵抗力水平由负转正，2020 年全省排名从第十上升到第二。

表 3 2020~2021 年海南省各市县 GDP 抵抗力水平及其排名

市县	2020 年	排名	2021 年	排名
海口市	1.544089	1	0.048594	3
三亚市	−0.848530	10	0.057700	2
文昌市	−0.883580	11	−0.084160	7
琼海市	−0.577810	8	−0.123030	8
万宁市	−1.797990	14	−0.218260	9
陵水县	1.318589	2	−0.001230	4
五指山市	−2.132450	16	−0.630730	18
定安县	−1.473150	12	−0.423410	15
屯昌县	−0.162130	6	−0.407540	14
琼中县	−0.812000	9	−0.299620	10
保亭县	−1.675650	13	−0.391390	13
白沙县	−2.014070	15	−0.523830	17
儋州市	−0.323420	7	0.587147	1
东方市	−3.989170	18	−0.482420	16
澄迈县	0.679902	3	−0.02623	5
临高县	0.160989	5	−0.35900	11
乐东县	0.250436	4	−0.05689	6
昌江县	−3.117050	17	−0.37226	12

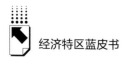

对比 2020 年和 2021 年海南 18 个市县 GDP 抵抗力水平可以发现，整体上，2021 年抵抗力水平较 2020 年有所提升，但 2020 年抵抗力水平为正的有 5 个市县，2021 年仅有 3 个，其余 15 个市县的抵抗力水平为负，表明整体上疫情的影响仍在持续，并且陵水县、澄迈县、临高县、乐东县的抵抗力水平由正转为负，表明疫情冲击的影响在这些地区具有滞后性。2021 年儋州市、三亚市、海口市 3 个市的抵抗力水平为正，表明经济提振主要依靠儋州市、三亚市、海口市，其中，2021 年儋州市相较于其他市县具有较高的抵抗力水平，这也为海南后续实施"儋州—洋浦"一体化发展战略，打造海南经济增长"第三极"提供了有利依据。

（二）科技创新动力不足

随着海南经济发展阶段的演变，经济发展动能也将逐步由要素和投资驱动转向创新驱动。创新驱动是新的发展阶段的第一动力，在新的发展阶段需要加快培育新动能，推进新旧动能转换，为经济高质量发展注入创新活力。海南经济特区建设 30 多年来，多次进行了三次产业结构阶段性调整，具备了建设现代化产业体系的基础和条件。与此同时也应当看到，海南的科技实力和核心竞争力不强对新动能培育的制约和影响。2021 年，在全国 31 个省市中，研究与试验发展（R&D）经费投入超过千亿元的省市有 11 个，超过百亿元的省市有 27 个，而海南 R&D 经费仅为 47 亿元，R&D 经费规模在全国 31 个省市中排名倒数第三，仅高于青海和西藏；R&D 经费投入强度为 0.73%，远低于全国平均水平 2.44%，在全国 31 个省市中处于末端，仅高于新疆和西藏。[①]

海南属于典型的岛屿经济体，具有市场空间小、物流成本高、自我循环能力弱等短板，海南产业发展最为突出的问题就是基础薄弱、产业链条短、产业竞争力弱、缺乏产业集群。虽然 2021 年海南 R&D 经费增速在全国 31 个省市排名第一，但海南仍然是科技小省，基础差、投入低、人才

[①] 《2021 年全国科技经费投入统计公报》，国家统计局网站，2022 年 8 月 31 日，http://wap.stats.gov.cn/fb/202208/t20220831_1887773.html。

少、成果缺的整体现状没有变。2021年6月，海南出台了《海南省以超常规手段打赢科技创新翻身仗三年行动方案（2021—2023年）》，提出到2023年，海南R&D经费投入强度达到1.2%。3年翻番的指标难度很大，首先从时间上来看，我国整体用10年时间实现R&D经费投入强度提高0.53个百分点（见图6），而现在海南需要用3年时间，结合2021年海南R&D经费投入强度，后两年需要完成0.47个百分点的提高；其次，在R&D经费投资结构调整上难度较大，2020年全国R&D经费支出中政府与企业资金占比分别为19.78%与77.46%，而2020年海南R&D经费支出中政府与企业资金占比分别为57.92%与38.91%，企业科技创新积极性不高。海南应积极落实该方案，把握"弯道超车"的机遇，为自贸港高质量发展提供科技支撑。

图6　2012~2021年海南R&D经费投入强度与全国R&D经费投入强度

资料来源：历年海南省统计年鉴和中国统计年鉴。

（三）县域经济潜力有待释放

县域经济是国民经济的重要构成部分，也是实现乡村振兴和共同富裕的主要力量。当前，我国超大和特大城市过度膨胀，而一些小城镇和小城市却逐步萎缩，这是我国城镇化建设中出现的两极化现象，亟须通过协调市县分

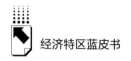

工、将部分产业和人口向县域承接转移为大城市纾困。海南的经济总量在中国 31 个省市排名倒数第四，海南拥有 15 个县级行政区和 4 个地级市，具有发展县域经济的基础。2021 年，海南 15 个县级行政区 GDP 共计 2750.86 亿元，占海南全省 GDP 的 42.48%，较高的占比并不代表县域经济发展良好，而是海南地级市数量少、整体经济规模较小导致，对比县域经济发展较好的江苏省，2021 年江苏共有 17 个千亿县，发展好县域经济也将带动总体经济的飞跃，同时还将刺激县域消费，从而带动县域消费升级。

2021 年海南加快"三级一带一区"发展布局，① 以更高水平、更高标准、更高质量的区域协调发展赋能自贸港建设。其中，"海澄文定"经济圈的综合实力强，人才、资金、重点园区等要素集聚，2021 年"海澄文定"经济圈总产值占全省比重为 44.54%，是推动海南高质量发展的核心区；其次，"大三亚"经济圈通过三亚市、陵水县、乐东县、保亭县 4 市县的部门联动，形成旅游资源共享与产品互补，2021 年"大三亚"经济圈共接待过夜旅客 2830.67 万人，占全省接待过夜旅客人数的 48.95%；海南正积极打造"儋洋"增长极，形成"港产城"一体化发展模式，2021 年，儋州—洋浦整体生产总值增速为 19.8%，其中洋浦经济增速为 34.2%，分产业看，洋浦的第三产业增速高达 87.8%。在"三级一带一区"发展布局规划下，2021 年，在以海口市、三亚市、儋州市为中心城市辐射带动下的 15 个县级行政区中，增速超 10% 的仅有琼中县和澄迈县，海南整体县域经济潜力有待进一步释放。

三　对策建议

（一）强韧性：保障产业链供应链畅通

应积极落实助企纾困政策，搭建融资平台匹配企业需求，搭建政企互动

---

① "三级一带一区"发展布局，即"海澄文定"经济圈、"大三亚"经济圈、"儋洋"增长极，滨海城市带，中部山区生态保育区。

平台，找出产业链供应链堵点并共同商议解决办法。海南建设自贸港，首先需要多元化发展产业，增强自身产业链的硬实力，而不是只靠以往房地产业和旅游业混合发展的模式；借鉴新加坡、香港金融化转型经验，利用海南自由贸易港的基础优势，为金融转型发展赋能。加快完善海南自贸港同步挂牌的11个重点园区的产业配套设施，以企业需求为导向促进重点园区联动与落实自由贸易港政策，利用数字技术构建"园区大脑"，形成具有地方特色的优势资源，助力园区产业韧性的增强。深化开放合作，以自贸港为抓手，推进制度型开放，探索国际经贸合作新的增长点。

（二）促创新：营造良好创新环境

在市场空间方面，借力国家重大发展战略，吸引创新资源向海南集聚，强调市场导向型创新资源配置，打造具有核心竞争力的创新高地；在生产空间方面，加强创新主体培育，加强政企交流，推动产学研一体化发展，鼓励与引导企业自主创新，以项目为抓手带动研发投入规模扩大，并注重推动科研成果转移转化和知识产权保护。在支持空间方面，借鉴国外典型国家，如美国、瑞士、以色列的创新做法，利用贷款、利率、财政补贴等多元化政策支持科技型中小企业创新发展，出台知识产权保护法律法规，以及关注科研条件的改善和加强多元文化交流等。

（三）筑体系：推进服务和监管体系建设

以高标准、高水平推进海南服务和监管体系建设，首先需要整合服务管理、人才、平台等资源，厘清服务体系内在矛盾，多部门协同推进政务简化，从重视审批到重视服务质量，坚持推进自贸港制度型开放，对接国际标准，并持续总结归纳制度创新做法。此外，对于免税购物、医疗健康服务体系建设、教育体系建设要寻找新的突破口，并完善知识产权保护体系。其次自由贸易港将迎来全岛封关运作，只有"管得住"才能"放得开"，通过深入调研，做好出入境监管政策试验，建立完整的社会监管体系。

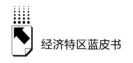

（四）拓市场：促进区域协同发展

在海南内部联动视角下，确定市县实际经济优势，发挥海口市、三亚市、儋州—洋浦三大增长极的中心辐射与梯度推进效应，以及促进三个中心城市联网辐射，即中心城市联合采取行动，对接壤的县域以不同方式进行帮助，以此缩小差距。此外，挖掘县域多元价值，探索"一县一品""一县一特"等精细化、集群化发展路径，促进人口回流与产业落地，激发县域经济潜能。在海南外部联动视角下，与粤港澳大湾区、共建"一带一路"国家与东盟国家、泛南海经济圈，建立政策联动机制吸引市场流量，学习深汕合作区构建利益分配机制；对协同发展过程中出现的生态、利益损失建立利益补偿机制。与深圳互学互鉴，深圳中国特色社会主义先行示范区与海南全面深化改革开放试验区在推进改革开放上都有更高的层次和更大的目标，在促进总部经济发展、海洋经济发展、招才引智、特区立法等方面具有类似的政策和制度安排。此外，利用海南自贸港在自由贸易、投资自由便利、财税、知识产权保护、数据流动、运输、金融创新方面的制度优势，与东盟国家共建产业合作园区，实现高质量"引进来"。此外，紧抓 RCEP 签署重大机遇，对接 RCEP 国际高水平经贸规则，进一步补充与完善海南自贸港制度，并且通过海南自贸港零关税、低税率、简税制等优惠政策，推动更多企业在海南注册、研发、生产、销售，利用海南自贸港窗口实现高水平"走出去"。

参考文献

《2021 年海南省国民经济和社会发展统计公报》，海南省人民政府网站，2022 年 2 月 22 日，https：//www. hainan. gov. cn/hainan/tjgb/202202/d46f2a77c29448c9acb69ea80c934cb2. shtml。

《2022 年海南省政府工作报告》，海南省人民政府网站，2022 年 1 月 26 日，https：//www. hainan. gov. cn/hainan/szfgzbg/202201/6da8f2ca08ce440792389398d9a78459. shtml。

《海南自由贸易港建设白皮书（2021.06—2022.05）》，海南自由贸易港网站，2022

年 7 月 29 日，https：//www. hainan. gov. cn/hainan/hnzmygtt/202207/710928762ea7480b9 e69fe7e77b9fcad. shtml。

《2022 海南自贸港投资指南》，http：//www. investhainan. cn/cn/cytzhxz/tzzn/202204/ P020220712460875949509. pdf。

B.13
上海浦东新区发展报告

章 平　敖宇琦*

摘　要： 2021 年是中国共产党成立 100 周年，也是"十四五"规划开局之年，浦东新区作为中国经济发展的主力军、排头兵，在全国各个特区发展中，取得多方面优异成绩。本报告在回顾浦东新区 30 余年开发开放的基础上，总结分析其 2021 年发展情况，发现在经历疫情冲击后，虽然经济结构发生了一些细微改变，但总体经济发展重回了正轨，甚至实现了新的突破，各项重要经济指标实现了"两位数增长"，经济韧性进一步增强。以金融业为主的经济功能持续增强、科技创新成绩显著的同时，人民生活适宜度以及满意度提高，生态环境持续改善，新区的社会治理能力显著提高。浦东新区的发展也面临了一些新挑战，疫情风险、深化改革力度不大以及区域治理能力有待提升等问题依然突出。

关键词： 上海浦东新区　改革创新　高质量发展

浦东新区在不断深化改革、加大开放力度的基础上勇于创新。浦东新区中各类要素集聚，功能齐备，设施先进，浓缩了上海现代化建设的历程和经验，充分展现了中国改革开放进展成效。

2021 年，浦东新区对工作定位进行了调整，秉持稳扎稳打、一步一个

---

* 章平，管理学博士，深圳大学中国经济特区研究中心副教授，主要研究方向为比较制度分析、城市化与城市治理；敖宇琦，深圳大学中国经济特区研究中心硕士生，主要研究方向为新政治经济学。

脚印的原则，同时开拓进取，在抓好社会经济发展的同时不忘做好疫情防控常态化管理，推动经济规模不断扩大。浦东新区在科学创新方面积累了丰富的经验，始终贯彻创新驱动和功能带动理念，构建了一个以上海"四个中心"为基础的发展框架，并以全球享誉盛名的科创中心核心区为支点，将拥有总量超万亿能级规模的六大硬核产业分布其中，集中资源全力发展。该六大硬核产业分别是"中国芯"、"创新药"、"蓝天梦"、"未来车"、"智能造"和"数据港"。

一　浦东新区开发开放

浦东新区在 30 多年开发开放中所取得的成就，无论是在政治经济方面，还是在文化、社会、生态文明建设方面都受到世界瞩目。在这个过程中，浦东新区积累了无数成功经验，充分彰显了中国特色社会主义市场经济的制度优越性，为往后的实践积累了优秀案例，供其他地区参考借鉴。

浦东新区的开发开放也推动了全国改革开放和社会主义现代化建设。主要体现为浦东新区圆满完成了党中央交付的各项战略任务。尤其是在早期的开发开放中，所面临的内外部压力很大，但浦东新区在攻艰克难过程中始终不忘推动早日融入经济全球化进程，在促进要素市场化变革方面起到了带头作用。进入新时代，浦东新区抓住了建设国内第一个自贸区的机遇，始终全力以赴完成全面开放的重大使命。

浦东新区在开发开放过程中，充分发挥了主观能动性，利用一切可利用资源，顺应一切可顺应之势，联动上海、长三角甚至是长江经济带，互相补充，相得益彰，充分利用城市综合优势。快速将浦东新区塑造为地区增长极和核心承载区，以承载上海国际经济、金融、贸易、航运及科创中心，促进长三角区域加快发展。首个金融贸易区、保税区、自由贸易试验区及临港新片区、外商独资贸易公司等在浦东新区建成并逐步投入使用。数以千计的"全国首个"成就了浦东新区，全国 GDP 的 1/80 由浦东新区创造，而浦东新区面积仅仅是全国面积的 1/8000。

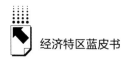

1990~2021年的31年间，浦东新区创造的GDP由60亿元增加到1.54万亿元，人均GDP达到了27万元。1993~2021年的28年间，浦东新区财政总收入由11亿元增加到1173亿元。居民生活也发生了质的改变，实现了8.1万元的人均可支配收入。在财政支出中，有45%以上的费用投给了社会民生事业。

党的十八大之后，浦东新区充分明确了党中央对其的定位要求。全国首批综合性国家科学中心及自由贸易试验区等都在浦东新区落成并投入使用，对于浦东新区的开发开放起到了推动作用。浦东新区在这个过程中，带头将服务及制造业所涉及的54项扩大开放措施一一实施到位，并将50多个首创的扩大开放项目引进来，以促进金融市场国际化水平加快提升，推动更高能级总部经济的发展，为"一带一路"倡议服务做好充分准备。

上海自贸试验区自2013年建成后，从制度上对一些重点领域如投资、贸易及金融等进行了革新，将接轨国际通行规则的制度体系率先创建起来，逐步进行一系列基础、核心制度创新，将市场化、法治化及国际化营商环境营造完善，多项制度创新成果成为优秀案例被全国学习和借鉴。浦东新区一直秉持标杆理念，在打造自贸试验区、科创中心及金融中心核心区的过程中，分别对标国际认可、开放水平最高的自由贸易园区，如纽约曼哈顿、伦敦金融城，力争在每个方面都能做到世界一流。

二　发展总体特征和趋势

（一）经济发展稳中有进

浦东新区上下深入学习贯彻落实习近平总书记在浦东开发开放30周年庆祝大会上的重要讲话精神，始终坚持稳中求进的发展总基调，积极抗击疫情。2021年，浦东新区以令人民满意的经济发展绩效作为庆祝中国共产党成立100周年的贺礼，同时圆满地实现了"十三五"规划目标，为"十四五"规划开展实现了一个良好开局。总体上顺利完成了本年度新区各项目标任务，经济社会保持稳中有进、健康发展的良好态势。

在严防严控疫情的基础上，浦东新区经济总量稳固于"万亿平台"。在疫情发生后的第二年，浦东新区始终以人民健康作为第一保障，实现了"外防输入、内防反弹"的防疫目标，同时保证了经济的稳固发展，地区生产总值从2016年的9547.54亿元提高至1.54万亿元，可见自2017年首次突破"万亿大关"后，浦东新区地区生产总值就稳固在"万亿平台"之上。同时2021年浦东新区地区生产总值增速突破两位数，上升至16.0%（见图1）。此外，与2016年相比，浦东新区商品销售总额从3.20万亿元提升至5.65万亿元；外贸进出口总额也从不足2.00万亿元提升至2.39万亿元。2020年疫情发生给经济发展带来了冲击，而2021年各项重要经济指标重回正常轨道，甚至实现了两位数增长，规模以上工业生产总值增长了14.8%，全社会固定资产投资总额增长了一成以上，商品销售总额以及社会消费品零售总额增长了20%左右，外贸进出口总额和实到外资分别增长了14%左右。

图1　2016~2021年浦东新区地区生产总值及其增速

资料来源：2016~2021年上海浦东新区统计年鉴。

浦东新区三次产业结构进一步优化，第三产业占比继续提高。2021年浦东新区第一产业增加值占地区生产总值比例为0.1%，与2020年保持一致；2021年浦东新区第二产业增加值占地区生产总值比例为25.1%，其中以工业产值为主，达到了地区生产总值的23.9%，相较于2020年浦东新区第二产业增加值占地区生产总值23%的比例，有小幅度的提升；地区生产总值中的第三产业增加值占比一般被学界作为评判该地区经济发达程度的重要指标，在疫情发生前，浦东新区的第三产业增加值占比一直维持稳步增长的趋势，由于疫情给第三产业，尤其是服务业带来冲击，2021年浦东新区第三产业增加值占地区生产总值的比例为74.7%（见图2），相较于2020年的76.9%，也出现了较小幅度的下降。

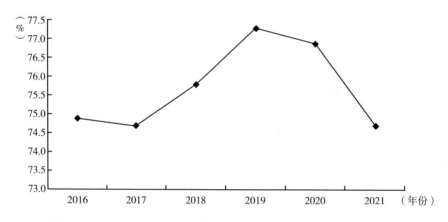

图2　2016~2021年浦东新区第三产业增加值占地区生产总值的比例

资料来源：2016~2021年上海浦东新区统计年鉴。

财政总收入随着经济总量的增长稳步增加，一般公共预算支出逐年增加。在财政收入这一方面，2016~2021年浦东新区财政总收入在总量上保持稳步增长的态势，2021年浦东新区财政总收入突破了5000亿元，达到了5064.03亿元，相较于2020年财政总收入的4345.56亿元，增长了16.53%（见图3）。2021年，浦东新区一般公共预算收入为1173.70亿元，而一般公共预算支出为1288.49亿元。其中，浦东新区一般公共预算支出主要用于以下方面：城乡社区支出、卫生健康支出、社会保障和就业支出、科学技术支出、教育支出、文化旅游体育与传媒支出、交通运输支出以及农林水支出等。其中城乡社区支出 286.8 亿元、农林水支出 86.8 亿元、交通运输支出 51.55 亿元、文化旅游体育与传媒支出 15.68 亿元、教育支出 158.79 亿元、科学技术支出 53.98 亿元、社会保障和就业支出 114.49 亿元卫生健康支出 76.56 亿元（见图 4）。

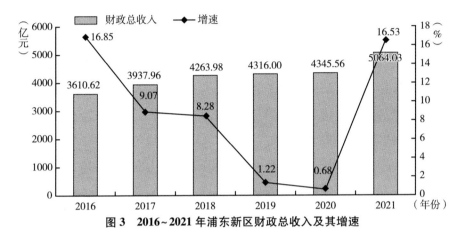

图 3　2016~2021 年浦东新区财政总收入及其增速

资料来源：2016~2021 年上海浦东新区统计年鉴。

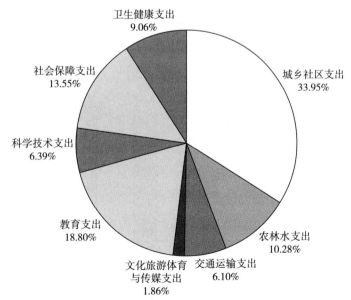

图 4　2021 年浦东新区一般财政支出主要项目占比

资料来源：上海浦东新区 2021 年 12 月统计月报。

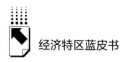

（二）核心功能持续增强

2016~2021年，浦东新区将促进城市高质量发展作为总体目标，为此将"上海服务、上海制造、上海购物、上海文化"四大品牌作为重点打造对象展开行动。对金融、贸易和航运中心的建设不断加强，城市核心功能得到快速提升，向建设成社会主义现代化国际大都市的目标进一步靠拢，形成更加深远的国际影响力。站在金融的角度，近年来，金融高能级主体集聚速度越来越快，增加了许多持牌类金融机构。2021年浦东新区持牌类金融机构总量达到1140家，较2020年增加2.7%（见图5）。其中，有13家规模占据全市90%的金融要素市场和基础设施，110家规模占据全国90%的外商独资资产管理公司，还有规模2.2万亿元以上，占据全国约30%的融资租赁资产。浦东新区不断更新换代金融产品，推出了一系列期权类创新型产品，如人民币利率期权、铝期权、锌期权等，并正式挂牌交易低硫燃料油期货等产品。特别是浦东新区的铜品种率先贯通国际、国内现货及期货四大市场，将"上海价格"的国际影响力渗透期货市场，并在不断进步中持续扩大其国际影响力。

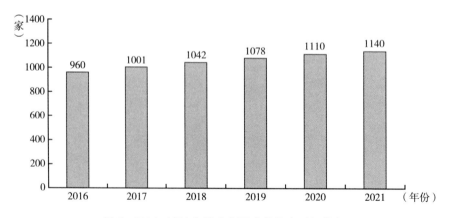

图5　2016~2021年浦东新区中外资金融机构数

资料来源：2016~2021年上海浦东新区统计年鉴、《上海浦东新区人民政府公报》2022年第1期。

在航运方面，目前浦东新区正不断夯实和巩固航运中心功能，同时持续健全和完善航运集疏运体系。从实际成效来看，浦东新区创下了4200万标箱的集装箱吞吐量的成绩，造就了上海港集装箱和浦东国际机场货邮吞吐量始终维持在全球第一和第三的地位。浦东新区高端航运服务业一直在稳步发展，除此之外，浦东新区还重视推动部分功能性机构落户，如航运融资租赁及保险、海事法律与仲裁等机构。截至目前，浦东新区引进了8家航运类国际经济组织和超过100家的国际船舶管理知名企业，各类航运企业累计超过1万家。与此同时，浦东新区持续推进制度改革和创新，扩大并开放了航空油料、外轮理货以及船舶设计修理制造等领域，促进了首家外商独资国际船舶代理企业落地。

在对外贸易方面，目前浦东新区贸易规模正处于扩大状态（见图6）。对2021年浦东新区外贸进出口总额、进口额、出口额进行统计，分别为23886.07亿元、15683.52亿元、8202.55亿元，年增长率分别为14.08%、13.65%、14.92%。除对外贸易总额实现稳定增长之外，浦东新区还形成了多元化的贸易结构。目前浦东新区已经上线并开始运行自贸试验区"离岸通"平台，该平台作为国内首创，离岸转手买卖收支金额超过全市90%。浦东新区对外贸易的价格影响力也在不断扩大，新区创建了17个大宗商品交易平台，覆盖的行业包含能源、化工、钢铁等。其中，保税区专业贸易平

图6　2016~2021年浦东新区对外贸易情况

资料来源：2016~2021年上海浦东新区统计年鉴、《浦东统计月报》2021年1~12月。

台中，销售规模达到千亿级、百亿级的商品品类各 8 个。新区总部经济发展的步伐不断加快，到目前为止，共有 389 家跨国公司地区总部在新区设立。上海国际金融中心成为全市销售额第一的购物中心，初步展现了浦东新区作为国际消费中心的强大功能。

（三）科学创新成效显著

近几年，浦东新区相对稳定地对科学创新领域进行投入。2016~2021 年浦东新区全社会研究与试验发展经费支出相当于生产总值的比例始终在 4% 上下波动（见图 7），2021 年浦东新区交出了全社会研究与试验发展经费支出相当于生产总值比例的 3.90% 的好成绩，较 2020 年有所提高。浦东新区加快集聚高水平科研机构，启动并运行了一批战略科技平台，如张江实验室等。揭牌成立了诸多高校创新载体，如张江复旦国际创新中心、上海交通大学张江科学园、同济大学上海自主智能无人系统科学中心等，在新型研发机构方面，浙江大学上海高等研究院等机构落地建成，促使浦东新区在科技研发上取得重要进展。与此同时，浦东新区注重对知识产权的保护，中国（浦东）知识产权保护中心作为试点运行，全国首个自贸试验区国家级版权服务中心成功建立，每万人高价值发明专利拥有量预计达 45 件，全社会研

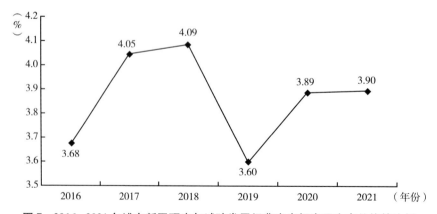

图 7　2016~2021 年浦东新区研究与试验发展经费支出相当于生产总值的比例

资料来源：2016~2021 年上海浦东新区统计年鉴、《上海浦东新区人民政府公报》2022 年第 1 期。

发投入总量约 560 亿元，占全市 30% 左右。

浦东新区着力完善创新孵化体系。目前共计 175 家孵化器和众创空间已获得认可，拥有超过 200 家市级以上科技公共技术服务平台，外资研发中心达到 256 家，大企业开放创新中心达到 34 家。浦东新区致力于对民营企业发展环境进行持续优化，建设了张江民营企业总部集聚区，彰显了其对中小微企业支持力度较大。此外，浦东新区以"专精特新""隐形冠军""独角兽"企业为培育和发展的对象，在相关政策的支持下，预计高新技术企业能从 1510 家增长到 4312 家。目前浦东新区拥有国家级专精特新"小巨人"企业 64 家，占全市的 25%；在战略性新兴产业方面，浦东新区的战略性新兴产业制造业产值占工业总产值的比重达到 45%。

（四）民生保障体系更趋完善，社会事业向均衡优质发展

基本民生保障体系更加完善，就业形势趋于稳定。在就业方面，近年来统计的浦东新区的城镇登记失业人数呈逐年下降的趋势。截至 2021 年，全区累计新增就业岗位超过 60 万个，城镇登记失业人数达 2.95 万人，较 2020 年增长 14.34%（见图 8），但相比于市下达目标，仍然在目标范围内。因此，从总体上看，浦东新区的就业形势较为稳定。针对一些关键群体，如高校毕业生和失业人员等，浦东新区加大了提供相关就业服务的力度，发放各类稳岗补贴约 17 亿元。居民收入保持稳定增长，2016~2021 年，居民人均可支配收入保持连续增长。据官方数据，2021 年浦东新区城镇居民人均可支配收入为 80746 元，较 2020 年增长 8.20%（见图 9）。此外，浦东新区还加大了对保障性住房的建设力度。2021 年新开工和竣工的保障性住房面积分别为 161 万平方米和 169 万平方米，筹措租赁住房 5000 套。修缮并综合整新的旧住房户共计 1.7 万户，涉及面积 123 万平方米。浦东新区注重对既有多层住宅加装电梯工作，目前已完成 501 台电梯签约工作，其中 103 台电梯已完成加装。

浦东新区加快推进教育领域综合改革示范区建设相关工作，并正式颁布实施了《浦东新区深化新时代教育评价改革行动方案》。浦东新区同步提升

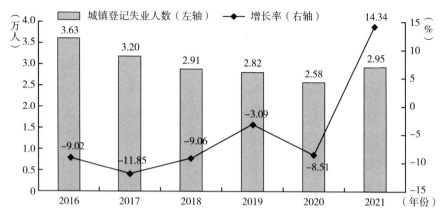

图8 2016~2021年浦东新区城镇登记失业人数及其增长率

资料来源：2016~2021年上海浦东新区统计年鉴、《浦东统计月报》2021年1~12月。

图9 2016~2021年浦东新区城镇居民人均可支配收入及其增长率

资料来源：2016~2021年上海浦东新区统计年鉴、《浦东统计月报》2021年1~12月。

和加强了教育质量和学校建设，致力于实现学区化、集团化办学对公办学校全覆盖，目前覆盖率高达94.1%，高素质教师队伍建设也在不断深化。市示范性幼儿园、托育机构逐年增加，2021年浦东新区新增市示范性幼儿园5所，新增托育机构249个，普惠性托育点实现街镇全覆盖。浦东新区重视养老机构和设施的建设完善，已基本形成多点均衡的养老设施布局。2021年，浦东新区共计新增养老床位 5772 张、综合为老服务中心 8 家、老年人助餐点 93 家和老年日间服务中心 34 家。居家养老环境持续优化，目前全区 36 个街镇已实现居家环境适老化改造试点工作的全面覆盖。

文体事业欣欣向荣。浦东新区在第五届和第六届全国文明城区文明称号的创评中成功蝉联。新区建成并投入使用了一批重大文体设施，例如，上海天文馆、浦东城市规划和公共艺术中心、足球场、美术馆、青少年活动中心及群艺馆等，特色公共文化空间如陆家嘴"融书房"等也日益丰富起来。文旅产业发展势头良好，头部文化企业增长迅速并加速集聚，年均旅客流量超过 8000 万人。

（五）城市建设有序推进，生态环境持续改善

城市建设管理水平提升较快。浦东新区的城市管理服务更加精细，研究形成全面推进三大治理平台深化整合的工作方案，"六个双"和"四个监管"、"家门口"服务、"城市大脑"3.0 设计标准等 3 套制度规范，以及涉及物业管理、垃圾分类、医疗机构、养老服务、智慧气象、渣土治理和群租治理等 7 个治理场景的"1+3+7"全市复制推广清单。在电子证照的应用方面，浦东新区推进其社会化，在安全有保障的基础上，电子证照逐步普及接入酒店、药店、图书馆、文旅场所、高校等。推进移动端整合和应用推广，将 23 家单位涉及居民服务的 166 项内容纳入浦东新区区级旗舰店。持续优化市民服务智慧帮办平台并实现居村全覆盖，使居民办事变得更为便利，同时支持和附加更多社区服务功能，例如，养老助餐、居家上门等，使智慧帮办应用场景持续得以丰富。

浦东新区加快推进重大基础设施建设进程，目前新区已基本建成综合交通体系，实现了区域一体、城乡统筹和全区畅达。2021 年，共计 175 项、投资总额高达 186.86 亿元的市政基础设施建设重大工程落地实施。同时，新区进一步优化了综合交通网络，备受市民瞩目的是在 307 公里的轨道交通运营里程中，14 号线、18 号线一期北段经过多日建设，目前已经实现了通车运营，该里程中共计 155 座车站。崇明线一期工程开工，S3 公路地面工

程、沿江通道浦东段、杨高路（龙阳路立交—上南路、中环立交—洲海路）快速化、沪南公路（闸航公路—G1501）等开工建设，浦东大道（浦东南路—陶安路）地面道路、世博大道下穿、高科中路（罗山路—外环线）、锦绣东路（申江路—金槐路）等建成通车。浦东新区正全面快速推进重点区域开发建设。尤其是在"金色中环"的建设上，2021年有164个项目得以实施和推进，其中有33个项目处于竣工状态。浦东新区综合交通枢纽建设稳步推进，上海东站地区核心区的规划编制圆满完成并获得批复，这也是上海首个成片开发方案。

浦东新区生态环境持续改善，绿化面积大幅增加。2021年新增森林面积9500亩，建成绿地280公顷、绿道40公里。新区向外逐步开放了世博文化公园北区，免费开放了世纪公园、悦动公园和绿洲公园，全年有21座公园新建而成。新区实施的一系列重点生态廊道项目也圆满完成，如老港固废基地周边、S2沪芦高速、G1503绕城高速等。缤纷社区以赶超年度目标的成绩将75个建设项目竣工。水体更加清澈，在41个国考、市考断面中，有68.3%达到Ⅲ类水质的标准。浦东新区已完成对川杨河、三八河、长界港这3个骨干河道的整治工作，启动污水厂污泥处理处置新建工程，有序推进"陆家嘴水环"建设。浦东新区空气更加清新，$PM_{2.5}$平均浓度27微克/米^3，较2020年下降10%；实现了93.4%的AQI优良率，较2020年上升4.3%。浦东新区严格执行垃圾分类要求，在居住区及单位生活垃圾分类方面取得了达标率不低于95%的成绩。根据市下达指标，浦东新区各区域生活垃圾回收利用率均在合格线上。示范街镇复核、复评工作通过率100%。

（六）疫情防控工作取得重大进展

在疫情防控方面，浦东新区的整个部署过程均根据中央和市委、市政府的要求统一执行，始终秉持以人为本的理念，尊重生命，在疫情防控措施上坚持防外安内，阻断外部输入途径，抑制和消除内部反弹。坚决落实国务院联防联控机制各项要求，疫情扩散及时得以控制，人民群众的安全和健康得到了保障。在疫情发生之初，浦东新区迅速组建了疫情防控工作领导小组，该领导小组由区委、区政府主要领导组成，并采用"双组长"的模式，以严密构建疫情防控网。疫情进入常态化防控阶段，对"四方责任"要求更加严格，坚决执行到位，将各关键点、关节点一一抓好落实，如入城口、监测哨、落脚点、就业岗、学校门等。对社区防控力度不断加大，加强对重点场所，如港口码头、进口冷链等的严格管控。面对数次本土发生的疫情，市区形成了快速的响应机制，各部门联动，遵守当日事当日毕的原则，在管控人群流调、核酸检测、重点区域等方面做到科学精准，切实保障好 14 个封闭管理社区的服务工作。全区有条不紊地开展疫苗接种工作，为更好地落实疫情防控工作做好准备。截至 2021 年底，全区共计 472.3 万人实现了全程疫苗接种。浦东新区在地理位置上具有特殊性，是浦东国际机场口岸防控"第一线"。2021 年末统计数据显示，累计有 16.5 万名入境人员自浦东机场转运，共设立了 47 个集中隔离点，集中隔离超过 25.2 万人，居家隔离 6.3万人，排摸中高风险地区来沪返沪人员 111.5 万人。

三　疫情防控常态化下的风险与挑战

浦东新区作为中国面向世界的"东大门"，创造了令世人惊叹的经济奇迹。在浦东开发开放 30 周年庆祝大会上，习近平总书记便对浦东新区的历史地位与成就做出了高度评价，他认为浦东新区所取得的丰硕成果，便是中国特色社会主义制度优势的鲜活体现，是中国改革开放以及社会主义现代化建设的生动写照。[①]

2021 年浦东新区重新回到发展轨道，地区生产总值站稳"万亿平台"，增长速度高达 10%，各重要经济发展指标突破两位数，这是献给中国共产党成立 100 周年的贺礼，为"十四五"实现了良好开局。然后，目前全球

---

① 《习近平：在浦东开发开放 30 周年庆祝大会上的讲话》，中共中央党校网站，2020 年 11 月 12 日，https：//www.ccps.gov.cn/xxsxk/zyls/202011/t20201112_ 144784. shtml。

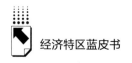

经济形势仍旧云谲波诡、暗流涌动，经济下行压力很大，疫情也使经济的不确定性居高不下。因此，浦东新区在未来的发展过程中仍然面临许多问题，了解并分析这些问题是其迈向"第二个百年"目标所不可或缺的。

（一）疫情风险仍旧存在

根据浦东新区目前的经济结构分析，其受疫情风险影响仍然较大。疫情给全球各个经济体都带来了不同程度的影响，浦东新区也不例外。一方面，对于浦东新区内部的经济影响较大，从浦东新区的三产占比可知，其第三产业占整个地区生产总值的比例达到了 3/4，一旦疫情发生，餐饮、休闲娱乐、商贸以及交通等服务业都将受到显著影响；另一方面，浦东新区拥有全球最大的集装箱港口，即使国内控制住了疫情的蔓延，外防疫情输入的压力仍旧很大，这给浦东新区的航运业等国际贸易产业所带来的影响也是不容忽视的。因此，虽然浦东新区 2021 年的经济表现较好，但对于疫情的防控工作仍旧不能懈怠。

（二）改革纵深力度仍待加大

浦东新区近些年的发展面临一定的瓶颈，例如，产业转型升级压力大，创新资源优势未能顺利转化为产业优势以及区域间合作、协调难度大。上述情况具体表现为浦东新区周边各城市发展条件趋同，产业结构也较为接近，例如，苏州、宁波、无锡等地的产业结构中第三产业的比重较高，这就使得相互之间的竞争过于激烈，产生内耗，也说明浦东新区与其他城市之间缺乏合理的分工协调机制；另一个重要问题则表现在城乡发展不平衡上，具体表现为知识、技术和各专业人才等要素跨地区的自由流动存在障碍。近些年，大量外来人口进入上海的门槛提升，使得浦东新区的外来人口数量减少，从而导致部分低技能人才缺失，家政等服务业价格暴涨，从而使得浦东新区的部分科技创新人才的生活成本提升，从而不选择此处，这样就导致浦东新区高科技产业支撑不足，科技创新能力下降以及人才人力流失等问题。

（三）提升区域治理能力迫在眉睫

浦东新区作为中国最为发达的地区之一，面对的综合社会情况较为复杂，治理难度也较大，尤其是疫情防控常态化时期，对于一个地区的治理能力提出了更为严格的要求。目前，浦东新区在整个地区整理过程中的信息统筹以及资源配置等关键环节还存在部分漏洞，数据共享不到位，信息统筹能力需要加强，同时，政务数据和社会数据对应融合的程度不够高，导致数据价值挖掘不足，这对于要建立智慧城市的上海而言，更是需要重点关注并尽快解决的问题。此外，中国社会主要矛盾已经转化为人民日益增长的美好生活需要与不平衡不充分的发展之间的矛盾，浦东新区作为上海老年人口最多的辖区，主要存在公共服务资源不充足以及不够优质的问题，医疗卫生资源供给不足，养老设施布局不够均衡；而对于青壮年阶段的居民而言，职住分离所带来的长通勤也是需要浦东新区重视的一大痛点；最后，生态环境质量、绿化率、居民生活质量以及满意度的提高也是浦东新区政府需要重点考虑的问题。

四 对策建议

（一）做好常态化疫情防控工作

浦东新区应该从自身经济结构特性出发，对疫情的防控始终保持高度警惕，全力担负"四方责任"，坚持"外防输入、内防反弹"的政策方针，保证发展经济、防疫两不误，在保障新区人民健康安全的基础上，使得新区经济发展稳中有进，持续向好。要防控疫情还需要进一步提高政府防控管理能力，发挥疫情数据的价值，提高数据处理能力，做到科学防疫、精准防控以及综合防治，将疫情给经济带来的不确定性降到最低。同时，还需持续推进疫苗接种以及疫情防护意识宣传，为维护浦东新区人民健康安全筑起一道强有力的屏障。

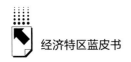

（二）坚定改革开放步伐

首先，全面深化对外开放。积极落实《区域全面经济伙伴关系协定》（RCEP）等高水平国际经济贸易的有关规则与政策，努力实现规则、标准等制度型开放，从而更加适应与国际的合作与竞争，还需推动浦东新区的改革开放联动、创新发展协同，探索更具国际市场竞争力的开放政策，同时实现制度创新。其次，深入推动"放管服"改革，激发市场活力。浦东新区政府应逐渐简政放权，营造更为公平有序的市场环境，使得劳动力、资本以及信息等生产要素得到高效配置，同时还要完善产权制度，提高社会信任度，持续优化法制环境，聚焦改革创新，建立一套支持浦东新区敢闯敢试的法治保障体系。最后，再接再厉形成一系列首创性改革成果。可逐渐开展综合性改革试验点工作，推动政府职能转变，完善与浦东新区高科技创新体系相配套的授权清单，进一步完善国际营商环境，实现"一网通办"，并优化完善区域管理体制，使得浦东新区各部门单位间职责清晰，权责一体，还应该深化国企改革，保证在国有资本引领产业发展的基础上，发挥国企的主力军作用。

（三）完善社会治理体系

首先，推动社会事业发展。加大社会公共资源供给是首要任务，具体表现为加大对人口流入地以及教育资源相对薄弱地区的政府投入，推动教育普惠优质发展，提高职业教育的生产服务能力；持续加大优质医疗资源的均衡投放，健全公共卫生应急体系，完善公共卫生服务体系，实现全民生活有保障的目标。其次，提高浦东新区社会治理能力。实现城市管理数字化便是一个可行办法，浦东新区政府应加大新型数字基础设施建设投入，加快建造"智慧城市"的步伐，推进经济数字化、生活数字化以及治理数字化，这需要引入更多更为专业的数字化人才以及相关教育平台，同时打造"现实管用、基层爱用以及群众受益"的应用场景。最后，持续推进社会治理创新。这需要浦东新区政府挖掘基层单位等自组织价值，健全完善社区治理体系，拓宽公众参与社会治理的渠道，健全多样化的民主协商制度。要加强浦东新区的基层治理队伍建设，就要支持工会、妇联等组织加入社会治理工作，提高其社会治理、社区治理的专业化水平，使其更好地联系服务人民群众，最后形成共建共治共享的社会治理新局面。

（四）大力拓展绿色生态空间

首先，要推进环城生态公园带建设。具体要促成口袋公园、社区公园、乡村公园的建设，让更多市民开窗见绿色、漫步进公园、四季闻花香，提高浦东新区的绿化率。同时全面推行林长制，有效提升森林资源质量，筑牢绿色生态屏障。其次，持续开展生态清洁小流域建设工作。需要加强集中连片治理，打造连续贯通、亲近自然的公共开放空间，同时坚持科学治污、精准治污、依法治污，以更高标准打好蓝天、碧水、净土保卫战。浦东新区政府应该全力实施清洁空气行动计划，对重点行业企业挥发性有机物进行综合整治，将城市 $PM_{2.5}$ 含量保持在 32 微克/米^3 以下，进一步实施住宅小区雨污混接改造工程，再者持续深化生活垃圾源头减量，全面巩固生活垃圾分类实效，进一步加大建筑垃圾管控力度。最后，浦东新区政府还需加快构建与"环保管家"相类似的治理服务体系，提高环境管理效率和专业化水平。

参考文献

习近平：《在浦东开发开放 30 周年庆祝大会上的讲话》，《人民日报》2020 年 11 月 13 日。

上海市浦东新区统计局网站，https：//www.pudong.gov.cn/tjj_ ybsj/。

《2021 年上海市国民经济和社会发展统计公报》，上海市黄浦区人民政府网站，2022 年 3 月 18 日，https：//www.shhuangpu.gov.cn/zw/009001/009001007/009001007001/20220318/a17e85fc - 4418-4486-a5a6-7b8df853ae12.html。

《上海浦东新区人民政府公报》2021 年第 1 期。

《上海浦东新区人民政府公报》2022 年第 1 期。

B.14
天津滨海新区发展报告

李 桐*

摘 要： 2021 年是"十四五"规划开局之年，经济发展在疫情常态化防
控中艰难前行，面对复杂形势和严峻挑战，滨海新区坚持贯彻新
发展理念，经济实现恢复性增长，在城市综合配套能力、生态智
慧城市、港产城融合的宜居宜业美丽滨海新城建设方面持续发
力，在疫情防控常态化背景下牢牢把握稳中求进的工作总基调，
主动融入京津冀协同发展重大国家战略，大力实施创新驱动发展
战略，坚持实体经济发展方向，加快构建现代产业体系，坚持把
打造改革开放先行区作为第一定位，贯彻绿色低碳和以人民为中
心的发展思想，深入实施乡村振兴战略，全面提升社会治理体系
和治理能力现代化水平。本报告总结了 2021 年天津滨海新区整
体发展情况，在协同发展、产业融合、创新驱动、营商环境和社
会治理等方面提出发展建议。

关键词： 滨海新区 京津冀 协同发展 创新驱动

2021 年是"十四五"规划开局之年，受益于疫情防控工作的持续有力，
全国范围内整体经济发展取得积极进展，各项主要经济指标保持增长势头。
面对复杂的国际形势和疫情带来的严峻挑战，滨海新区坚持贯彻新发展理
念，全区经济实现恢复性增长，在继续做好"六稳"工作，落实"六保"

---

* 李桐，经济学博士，深圳大学中国经济特区研究中心教师，主要研究方向为中外经济特区比
较研究。

任务的基础上，较为出色地完成了2021年各项发展任务，从注重量的积累转向注重质的提升，向高质量发展要效益，逐步实现第一产业稳定，第二、三产业双轮驱动，整体经济增速提质的良性发展态势。

2021年也是天津市政府"'津城''滨城'双城发展格局初步形成"目标制定后的第一年，新区重点在城市综合配套能力，生态智慧城市、港产城融合的宜居宜业美丽滨海新城建设方面发力，在疫情防控常态化背景下牢牢把握稳中求进的工作总基调，以供给侧结构性改革为主线，继续坚持京津冀协同发展重大国家战略，大力实施创新驱动发展战略，坚守实体经济发展方向，加快构建现代产业体系，把改革开放先行区建设作为第一定位，秉持绿色低碳和以人民为中心的发展思想，深入实施乡村振兴战略，全面提升社会治理体系和治理能力现代化水平。2021年滨海新区地区生产总值超8700亿元，比上年增长7.3%，这一增速高出上年5个百分点，横向比较看，滨海新区地区生产总值占天津全市比重为56%，较前些年稳中略有下降，占比保持较稳定水平，也体现了滨海新区在天津全市经济发展中的重要地位。区级一般公共预算收入572.4亿元，比上年增长11%，增速高出上年8个百分点。全年全区新增市场主体6.53万户，比上年增长17%，其中，新增内资企业2.61万户，比上年增长12.6%，新增外资企业543万户，比上年增长25.7%，新增个体工商户3.87万户，比上年增长19.9%。全区规模以上工业增加值比上年增长8.1%，固定资产投资比上年增长7.2%，全年新增就业登记人员32.5万人，城镇居民人均可支配收入59582元，比上年增长8.3%。[①]

本报告以2021年天津滨海新区主要经济指标为依据，重点关注新区在疫情防控常态化背景下主要经济指标和产业结构调整等重点领域取得的进展，特别是疫情冲击下新区在促进高质量发展和落实国家战略方面采取的积极举措，为供给侧改革、京津冀协同发展、现代产业体系构建及自贸试验区创新发展等领域提出发展建议。

[①] 天津市滨海新区统计局：《天津市滨海新区国民经济和社会发展统计公报（2022）》。

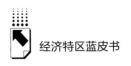

一 2021年总体态势及发展特征

2021 年，滨海新区实现地区生产总值 8760 亿元，比上年增长 7.3%，增速比上年提高 5 个百分点，超过天津全市 0.7 个百分点，地区生产总值占全市比重为 56%。分产业来看，第一产业增加值增长 10.6%，第二产业增加值增长 6.9%，第三产业增加值增长 7.7%，三次产业结构比为 0.4∶46.9∶52.7。从图 1 可以看出，滨海新区三次产业结构中，在第一产业相对稳定的前提下，第二、三产业结构上的此消彼长成为新常态，在滨海新区坚持实体经济发展方向，加快构建现代产业体系的政策指引下，传统优势产业和高技术制造业仍是滨海新区经济发展的稳定器和压舱石，在巩固传统重工业优势基础上发展现代服务业，力争实现第二、三产业融合协调发展。

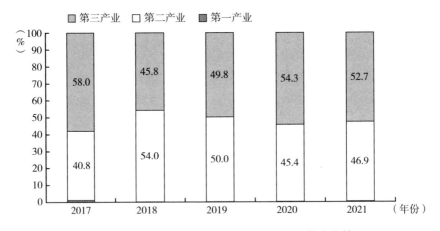

图 1 2017~2021 年天津滨海新区三次产业结构变化情况

资料来源：根据历年天津市滨海新区国民经济和社会发展统计公报内容整理。

分行业看，农林牧渔业总产值 55.73 亿元，同比增长 12.7%；规模以上工业增加值比上年增长 8.1%，高技术制造业产值比上年增长 15.5%，工业战略性新兴产业增加值比上年增长 10.3%，高技术服务业营业收入比上年增长 8.5%。①

① 天津市滨海新区统计局：《天津市滨海新区国民经济和社会发展统计公报（2022）》。

2017~2021 年，在天津全市主动换档降速背景下，滨海新区将经济总量"挤水分"与高质量发展相结合，主动调降对数量增长的预期，5 年来坚持落实京津冀协同发展、"一带一路"倡议等国家战略，加大天津自由贸易试验区制度创新力度，加快实现国家赋予其的功能定位，积极推动战略性新兴产业高质量发展，在一系列涉及国计民生的重要领域持续发力，用实际行动体现了滨海新区在天津市产业结构优化调整过程中的重要作用。

（一）继续巩固京津冀协同发展取得的成绩，扎实推进国家战略落地

近年来，天津市政府和滨海新区政府积极落实协同发展重大国家战略，积极承接北京非首都功能疏解项目在滨海新区的落地实施，滨海新区协同发展引擎作用日益显现，五大承接平台功能不断提升，2021 年共引进北京项目 1095 个，协议投资额 2821 亿元，2017~2021 年累计引进北京项目 3919 个，协议投资额超万亿元。滨海—中关村科技园已初步建成合作示范区，2021 年新增项目 1093 个，累计注册企业突破 3000 家，总规模 500 亿元的京津冀协同发展基金项目落地，合作共建滨唐、滨沧示范产业园。不断完善京津冀的区域基础设施，形成"5 横 3 纵 1 环"高速公路网，津石、塘承高速加快建设；津秦、津保高铁相继开通，京津城际延伸线实现"公交化"运行。首个京津通办自助服务厅投入运营，300 多个高频政务事项实现"跨省通办"。天津港建成全球首个"智慧零碳"码头，加快世界一流智慧港口、绿色港口建设步伐，天津港集装箱吞吐量增速位居全球十大港口前列。开通至雄安新区的绿色通道，搭建京津冀港口智慧物流协同平台，在全国率先实现区域通关一体化。

（二）坚持特色，服务实体，天津自贸试验区制度创新取得突破

在中山大学发布的"2021~2022 年度中国自由贸易试验区制度创新指数"中，天津自贸试验区在省级综合排名中仅次于广东和上海，排名第三，创新指数得分有小幅度提升。2021 年，天津自贸试验区坚持特色引领，服

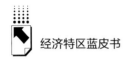

务实体经济，在夯实产业基础、金融创新等方面取得了显著成效。在融资租赁、商业保理、平行进口汽车等传统优势行业方面继续保持高增长势头。

天津自贸试验区融资租赁仍居全国首位，国家租赁创新示范区建设加快推进，金融租赁和融资租赁公司资产总额突破 1.9 万亿元，飞机、船舶、海工平台跨境租赁业务总量占全国 80% 以上，成为全球第二大飞机租赁聚集地，2021 年首次实现全年船舶租赁突破 100 艘，实现翻倍。2021 年底天津自贸试验区内各类租赁企业 4009 家，注册资本 6776.47 亿元。自贸区 2021年落地国内首单跨境人民币保理业务，2021 年底共有各类保理企业 640 家，商业保理资产规模达 2840 亿元，位居全国第一。平行进口汽车实现新突破，2021 年实施更为严格的环保政策，推动了二手车出口业务及服务模式创新，天津口岸全年进口平行汽车数超 2.5 万辆，进口额 225 亿元，全国占比达60% 以上。在保持传统行业优势的同时，天津自贸试验区在新兴领域也实现快速发展，2021 年成立了保税维修企业联盟助力行业发展，2021 年保税维修进出口货值 158.91 亿元，同比增长 73.79%，实现维修产值超 21.8 亿元，维修收入超 2.2 亿元。探索跨境电商赋能实体产业转型升级新模式，推广跨境电商线下体验店，打造跨境电商直播带货基地，2021 年跨境电商进出口总单量 2848 万单，交易额约 48.68 亿元。金融创新能力不断增强，资金归集功能实现突破，2021 年全年归集资金超 66 亿元，截至 2021 年底，区内主体累计新开立本外币账户 11.5 万个，办理跨境收支 2937.8 亿美元，占全市的 23.9%，办理结售汇 1302.2 亿美元，跨境人民币结算总量 5788.9 亿元，有力支持天津自贸试验区开放型经济发展。

（三）传统优势产业地位继续巩固，现代产业体系逐步形成

《京津冀协同发展规划纲要》提出，要推进交通、生态、产业三个重点领域实现突破，交通、生态是保障，产业是京津冀协同发展的重中之重，也是天津滨海新区极具竞争力的优势所在。滨海新区发布了《滨海新区 2021年新动能引育工作方案》和"滨城""1+3+4"产业工作手册，培育发展战略性新兴产业。截至 2021 年底已建成 8 个国家新型工业化产业示范基地，

形成汽车及机械装备制造、石油化工 2 个两千亿级产业集群，新一代信息技术、新能源新材料 2 个千亿级产业集群。航空航天产业形成以载人航天、大型商用客机、大推力火箭、智能无人机等为核心的"三机一箭一星一站"产业格局。空客 A320 累计交付 269 架，A350 宽体机完成首架交付，A321 项目落地，汽车及新能源整车产能达到 150 万辆。在战略性新兴产业方面构建以信创产业及全产业链为代表的现代产业体系，获批成为国家人工智能创新应用先导区，同时生物医药、网络信息安全产品和服务产业入选国家战略性新兴产业集群，细胞、新能源、国产自主可控信息安全产业入选国家创新型产业集群试点。2021 年全年高技术制造业增加值比上年增长 15.5%，高于全区规模以上工业增加值增速 7.4 个百分点。工业战略性新兴产业增加值比上年增长 10.3%，高于全区规模以上工业增加值增速 2.2 个百分点。全区高技术服务业企业营业收入比上年增长 8.5%。①

（四）将促进"双创"与支持民营经济发展、深化国有企业改革相结合，鼓励多种市场经济主体融合发展

在疫情防控常态化和经济可持续发展背景下，"双创"多年来积累的人力资本和先进技术，特别是解决灵活就业和更快适应市场条件变化等方面的优势，使得以"双创"引领兼具国有企业改革、支持民营经济发展的各级各类自主创新平台和创新中心建设不断融合，取得快速发展。2021 年新增市场主体较上年增长 17.0%，其中新增民营企业较上年增长 12.7%，新增个体工商户较上年增长 19.0%，均快于国有及国有控股企业新增规模。全年民营经济实现增加值 1895.13 亿元，同比增长 8.6%，在保就业、稳增长方面起到积极作用。

2021 年滨海新区聚集了国家合成生物技术创新中心、国家先进计算创新中心等市级以上研发机构 528 家，国家级众创空间 24 家，先进计算与关键软件（信创）、合成生物学、细胞生态海河实验室揭牌，现代中药

---

① 天津市滨海新区统计局：《天津市滨海新区国民经济和社会发展统计公报（2022）》。

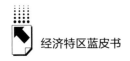
创新中心成为首个部市共建的国家级制造业创新中心。国家高新技术企业和科技型中小企业分别达到3900家和3740家，"独角兽""瞪羚""雏鹰"和领军（培育）企业超过2000家。新一代超级计算机、"PKS信创体系"、12英寸单晶硅片和内生安全交换芯片等关键核心技术实现重大突破，中科曙光分布式存储系统位列中国海量存储系统榜首，全球首次实现二氧化碳到淀粉的人工全合成。成立17个产业（人才）联盟，驻区两院院士、特殊津贴专家等高层次人才达1171人，博士后科研工作站和创新实践基地达223家。建成中国（天津）知识产权保护中心和中国（滨海新区）知识产权保护中心，国家知识产权示范城区加快建设，有效专利达到7.2万件。

（五）坚持改革开放先行区的定位，在深化改革扩大开放中释放活力

2021年滨海新区全面完成新一轮政府机构改革，在全国率先进行开发区、自贸试验区法定机构改革，建立"三考合一"机制，行政运行体系更加高效。全面落实"一制三化"改革，政务服务事项"一网通办""最多跑一次"成为常态。全国首创信用承诺审批分级管理机制，率先进行"一企一证"综合改革，建立"承诺拿地即开工"服务标准，推行"一套材料办审批"模式。推进要素市场化改革，推行新型产业用地高效复合利用。事中事后监管创新举措获国务院督查激励，获评全国信用体系建设示范区，营商环境考核评价居国家级新区前列。2021年滨海新区获得国家级"三争取"事项共161项，比2020年增加59.4%，全年共获得国家级荣誉表彰62项，比上年增加44%。

（六）加快生态文明建设，坚持绿色低碳发展理念

2021年全区$PM_{2.5}$年均浓度38微克/米^3，比上年下降20.8%，比2016年下降43.9%，空气优良天数比例提高9.7个百分点，水环境质量综合指数1.82，比上年改善15.5%，完成24个片区雨污分流改造。污水处理能力达到88万吨/日，城镇污水集中处理率达到95.2%，城区黑臭水体全部消除，

12条入海河流全部消劣。推进"871"重大生态工程建设，加强北大港湿地保护修复，有水湿地面积由2017年的140平方公里增加到240平方公里，完成双城间绿色生态屏障造林1.85万亩。实施蓝色海湾整治修复行动，修复岸线8.8公里，岸线生态功能不断提升。实施海绵城市建设三年行动，建成区达标面积超25%。"双碳"工作扎实推进，风电、光伏等新能源发电装机规模达到1462兆瓦。氢能示范产业园加快建设。天津排放权交易所总交易量跃升至全国第二，大力倡导绿色生活方式，生活垃圾分类体系基本形成。

二　2022年滨海新区发展面临的挑战

2022年滨海新区各项事业发展仍将面临不少挑战，在疫情防控和经济发展方面要找到新的平衡点，既要坚持疫情防控总策略，又要做到精准防控，避免对经济和社会发展造成严重冲击，保障各项事业平稳有序发展。

（一）解放思想、敢闯敢试的魄力不足

天津滨海新区经济内生增长动力不足，靠固定资产投资拉动经济增长的模式无法持续，当受疫情冲击和外部经济环境影响时，不能用敢闯敢试的魄力催生新业态、新模式，这也反映出思想不够解放，改革步伐偏慢，抓机会能力不够，敢为人先的魄力不足，比如，在发展现代服务业、国企改革、民营经济比重等方面，滨海新区明显落后于深圳、上海浦东新区等地区。

（二）创新引领能力不够强，战略性新兴产业规模不够大

作为传统老工业基地和重化工业基地，滨海新区在大科学装置和创新基础平台建设方面仍有较大提升空间，特别是在超级计算机、生物制造、新一代信息技术、智能制造等战略性新兴产业领域，产业规模和产业链布局

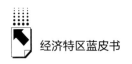

仍有待扩大和优化。现代服务业发展对战略性新兴产业的服务作用亟待加强，动能转化不能仅仅局限于工业内部，更要拓展到服务业，特别是现代服务业对战略性新兴产业的支撑和服务保障，作为传统制造业和重化工业基地，滨海新区在现代服务业发展方面需要大力支持，推动生产性服务业向专业化和价值链高端延伸，生活性服务业向高品质和多样化升级，重点关注为战略性新兴产业提供服务保障的现代服务业领域。同时培育壮大"双创"主体，为各种资源的综合利用提供良好的发展环境和良法善治的公平氛围。

（三）国有企业改革步伐仍不够快，民营经济整体实力不强

作为传统老工业基地，国有经济比重较高，在市场经济体制下虽经过多轮国有企业体制机制改革，但在法人治理结构、新型劳动关系、人事关系、企业分配制度等深层次改革方面仍需加快步伐，将国有企业混合所有制作为重点目标，将国有企业改革与促进民营经济、支持"双创"发展相结合，增强企业内生发展的动能。

（四）污染防治和生态保护修复任务艰巨

生态保护是京津冀协同发展纲要中的重要内容，在京津冀协同发展战略实施过程中具有重要意义，在经济发展中充分利用好现有资源，在防治土壤、水、空气等事关民生的领域加大治理力度，确保经济发展与生态环境保护齐头并进，任务十分艰巨。虽近年来三地已形成综合治理的共识，但在具体实施过程中仍有相当复杂的工作要做，乡村振兴和农业现代化进程仍需大力推进，与污染防治和生态保护修复相关的金融配套服务体系仍不健全。

（五）城市治理能力有待加强，公共服务等重要民生领域仍存在短板

在"滨城"建设过程中，滨海新区政府在城市综合治理和公共基础设施建设方面仍需不断加强，在公路、铁路、码头等基础设施建设领域以及在

教育、医疗、生态环保等民生领域亟须加强支持。在新一轮政府机构改革和开发区、自贸试验区法定机构改革基础上，要不断完善行政运行体系的有效机制。

三　发展展望及对策建议

无论是从区位优势还是从产业结构和规模上看，天津滨海新区在京津冀协同发展这一国家重大战略中都具有极为重要的地位，在紧抓高质量发展转型过程中所需要的就是坚持发展初心，将实体经济发展作为根基，加快世界一流产业创新中心建设，大力发展与产业转型相匹配的现代服务业，深入落实国家重大战略和天津"双城"发展相关政策，在协同发展、产业融合、创新驱动、营商环境优化和社会治理等方面不断加大力度。

一是在主动服务国家重大战略方面，把疏解北京非首都功能和主动融入"一带一路"建设这两项重大战略结合起来，在产业引进与产城融合以及产业间协同创新方面充分利用自贸试验区的制度优势，特别是在当今国际环境具有高度不确定性的形势下，坚持加强北方国际航运枢纽建设，用好海上门户这一地位优势，为"一带一路"建设项目提供更多支撑。继续建议天津市政府和滨海新区政府密切关注由天津港经俄罗斯去往欧洲的北极航道"冰上丝绸之路"，在全球气候变暖趋势下，提前做好布局规划。

二是作为"十四五"时期天津市政府提出的重要战略，在落实"双城"发展相关政策方面，应更加明确由近及远的发展步骤并按时完成相应发展目标，特别是在前期已经布局的重点产业和重大项目和"双城"发展目标之间是否衔接等方面，要在建设之前重点落实。

三是在提升自主创新能力，加快打造现代产业体系方面，筑牢实体发展之根基，大力发展战略性新兴产业，但纵观发达国家工业化进程和我国部分经济发达省、区、市，当经济发展到一定规模，必然要在坚持发展主业的同时，大力发展与实体经济和战略性新兴产业相配套的现代服务业体系，因此建议滨海新区在提出加快打造现代产业体系的基础上，重点关注现代服务业

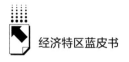
的建设步伐和节奏，通过政策引导和市场化机制，尽快补齐滨海新区在现代服务业领域的短板。

四是营商环境的持续优化，不断提升政府办事效率，从基础设施建设到海陆空污染防治攻坚战等公共领域治理，需要的是打持久战，久久为功。政务服务领域没有最优，不进则退，良好的营商环境和自然发展环境是吸引企业和人才落户的重要因素，包容性政府建设也是吸引创新创业团体的制度保障。

参考文献

《天津市 2022 年政府工作报告》，天津市人民政府网站，2022 年 2 月 21 日，https：//www. tj. gov. cn/zwgk/zfgzbg/202202/t20220221_ 5808693. html。

《2022 年政府工作报告》，天津市滨海新区人民政府网站，2021 年 12 月 13 日，http：//tjbh. gov. cn/contents/13174/520376. html。

天津市滨海新区统计局：《天津市滨海新区国民经济和社会发展统计公报（2022）》。

特区发展动态考察报告

Investigation Reports on the Development Trends of the Special Economic Zones

B.15

深圳前海深港现代服务业
合作区发展报告[*]

雍　炜^{**}

摘　要： 本报告梳理了前海深港现代服务业合作区在制度创新、产业集聚、深港合作等方面的发展状况和新进展。面对错综复杂的国际形势，以及新一轮科技革命与产业变革所带来的机遇，前海深港现代服务业合作区当前发展的焦点问题有二：一是持续高水平开放，以开放促改革，构建一个稳定、公平、可预期的制度体系；二是整合深港比较优势，共同打造适合境内外创新主体协同发展的创新生态系统。人才是创新的核心要素，作为"改革开放高地"，前海深港现代服务业合作区要持续加强制度创新，构建"国民待遇+负面清单"人才准入管理模式，加速

---

* 本报告为深圳大学中国经济特区研究中心课题"前海文本分析"成果。

** 雍炜，经济学博士，深圳大学中国经济特区研究中心讲师，主要研究方向为特区经济与社会发展。

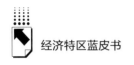
人才要素的跨境自由流动；同时推进深港现代服务业的协同发展，以及服务贸易的合作，共同打造服务贸易新高地。

关键词： 制度创新　创新生态系统　国民待遇　负面清单　服务贸易

一　前海深港现代服务业合作区发展状况与新进展

2021年9月，中共中央、国务院发布了《全面深化前海深港现代服务业合作区改革开放方案》，前海深港现代服务业合作区迎来了"扩区""全面深化改革开放"的利好时期。2022年前海深港现代服务业合作区迈进"黄金十年"。经过2010~2022年的改革创新实践，前海深港现代服务业合作区充分发挥先行示范引领作用，在"制度创新、产业集聚、深港合作"[①]等方面持续发展。

（一）制度创新：不断取得新进展

营商环境对于企业的发展至关重要，会直接影响到企业经营活动的发生、进行以及最终的效果。优化营商环境有助于企业的高质量发展，推动产业的集聚发展。一直以来，前海深港现代服务业合作区坚持将服务理念贯穿于企业发展的全生命周期，围绕贸易投资、法治建设、政府服务等方面优化营商环境，不断推出"原创性、引领性、系统性"的制度改革创新举措，高水平、高质量的营商环境正在形成。725项制度创新成果集成以及65项制度在全国范围内复制推广，使前海深港现代服务业合作区已然成为"对外开放制度创新的策源地"。

1. 贸易投资环境：深化"放管服"改革，推进投资自由化、贸易便利化

在投资自由化方面，持续优化完善市场准入、准营、退出机制，聚焦企

---

① 本报告所引用数据来自前海管理局公开数据。

业全生命周期，优化服务，降低企业在前海创业投资的制度性交易成本。积极进行"证照分离"改革，实施市场准入"告知承诺制"，最大限度地放开市场准入。2022年推出了"'从事海员外派业务审批'告知承诺制"，以告知承诺的方式签发资质证书，在缩减了审批流程的同时，提高了审批效率。完善市场退出机制，借鉴香港，推出了"商事主体歇业登记制"，并在全国范围开始推广。"商事主体歇业登记制"是在全球疫情发生大背景下提出来的，也就是在市场主体遇到不可抗力的突发事件而经营困难时，能够在保留商事主体资格的情况下，自主决定在法定的期限内停止经营，并进行相关备案，待情况好转后重新开始经营。这可以有效降低企业的维持经营成本，保障企业的合法权益。

在跨境贸易便利化方面，积极探索与香港规则对接，加快跨境要素便捷流动，跨境贸易便利化水平大幅度提升。打造"大湾区组合港"模式，依托"区块链、大数据、人工智能、云计算"等高科技，优化海关监管流程、共享港口代码，提高企业通关效率，实现"一次报关、一次放行"。截至2022年9月，大湾区组合港共开通22条航线，连接粤港澳大湾区20多个港口，使沿海沿江海口物流无缝衔接，有效推进大湾区内的贸易互联互通、要素自由流动。2022年1~6月前海综合保税港区进出口贸易总额达到962.5亿元，同比增长48.1%。打造"粤港澳大湾区首个5G绿色低碳智慧港口"——妈湾智慧港，通过科技赋能，大大提高了国际远洋船舶的流通效率以及港口的运作效率。截至2022年6月，妈湾智慧港投入使用1周年，累计新增航线28条，累计吞吐量突破100万标箱，创造年利润达1亿元。前海深港现代服务业合作区作为粤港澳内外贸易双循环的枢纽地位越发凸显。

在融资服务便利化方面，加强与香港金融市场的联通，推进金融创新，为跨境投资提供更多便利。随着"六大跨境"[①]业务落地实施，跨境金融业

---

① 跨境双向人民币贷款、跨境双向发债、跨境双向本外币资金池、跨境双向股权投资、跨境资产转让、跨境金融基础设施。

务进入新的发展阶段。2021年，"全国首批本外币合一银行账户试点""全国首批跨国公司本外币一体化资金池业务试点""粤港澳大湾区首批跨境理财通"相继落地，前海深港现代服务业合作区跨境双向投融资便利化持续发力。2022年深圳前海深港现代服务业合作区管理局与香港特别行政区政府财经事务及库务局联合发布《关于支持前海深港风投创投联动发展的十八条措施》，推动深港两地风投创投的联动发展，努力打造前海深港国际风投创投集聚区，便利深港跨境投资的双向合作，助力前海深港现代服务业尤其是科创企业的集聚发展。截至2022年9月，前海自由贸易账户跨境收支累计2890亿元，其中85%的跨境收支是与香港发生的。

2. 法治环境：不断提升法律事务对外开放水平，构建法治化营商环境

在法治建设上，高标准建设前海深港国际法务区，联合香港共同打造"两中心（国际商事争议解决中心、国际法律服务中心）一高地（知识产权保护高地）"。2022年1月前海深港国际法务区正式启用，6月前海管理局出台了《关于支持前海深港国际法务区高端法律服务业集聚的实施办法（试行）》，对于入驻法务区的粤港澳联营律师事务所、境外律师事务所以及港澳法律专业人士执业给予奖励等支持。截至2022年9月，前海深港国际法务区已集聚了"司法、仲裁、调解、知识产权保护、法律服务、国际组织"等六大类87家高端法治机构，成为国际法律服务高地。

在国际商事争议解决中心建设上，积极探索诉讼、仲裁、调解多元化国际商事纠纷解决机制，2022年前海法院设立了ADR国际商事争议解决中心，一站式高效解决国际商事纠纷，成为国际商事纠纷解决的优选地。在国际法律服务中心建设上，2022年成立了"粤港澳商事法律规则衔接研究中心"，在"一国两制三法域"框架下，积极推进内地与港澳之间的法律规则衔接，并充分发挥港澳地区陪审员、调解员在其中的积极作用。在知识产权保护高地建设上，前海依托中国（深圳）知识产权保护中心、知识产权法庭，构建了"司法主导、行政支撑"的知识产权保护体系。

3. 政务环境：探索"互联网络+智能服务"，政务服务不断升级

以企业需求为导向，积极探索"互联网络+智能服务"，优化政务服务。

设立"前海港澳 e 站通",面向港澳商务居民就近提供包含商事登记、税务、社保等 223 项跨境业务的"一站式"服务,推进港澳跨境政务服务的便利化。

创新"全市域通办"政府服务新模式,通过"异地收件、属地受理""辅助申报""快递申报"等方式,实现跨区域、跨层级、跨部门协同管理和服务,为企业和居民提供便捷、高效的政务服务。

通过数字赋能,推进前海税务"放管服"改革,整合前海公共信用中心、市场监督管理局等 52 个部门的 236 项数据,打破各部门之间的数据壁垒,实现以信用为核心的跨部门协同监管的同时,降低企业办税的时间成本。

(二)产业集聚:形成现代服务业与先进制造业双轮驱动的新产业结构

扩区后的前海深港现代服务业合作区产业业态更加多元化,除了原有的金融、现代物流、信息服务、科技服务和其他专业服务等现代服务业外,还包括"高新科技、海洋科技、航空物流、会展业以及先进制造业",形成现代服务业与先进制造业双轮驱动的新产业结构。

2021 年前海深港现代服务业合作区落地实施了包含产业扶持用房、专业服务业发展专项资金、高端法律服务业集聚扶持、招商引资奖励专项资金等在内的一系列优惠政策,优先发展现代服务业。随着深港基金小镇、深港商贸物流小镇、深港国际金融城、深港国际法务区的相继投入使用,金融、现代物流、信息服务、科技服务四大主导产业占服务业总比重的 88.7%,现代服务业发展势头强劲。此外前海深港现代服务业合作区设立专项资金支持创新创业载体的发展,截至 2022 年 9 月,已经累计建立了工程中心、工程实验室、企业技术中心等 96 家创新创业载体,培育了 19 家国家级专精特新"小巨人"企业以及 74 家省级专精特新中小企业。2021 年,前海深港现代服务业合作区生产总值达到 1755.67 亿元,其中,战略性新兴产业增加值 715.07 亿元。2021 年前海深港现代服务业合作区实现税收收入 558.15 亿元。

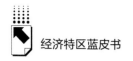
（三）深港合作：加强深港两地软硬联通，推进深港两地要素的高效便捷流动

持续推进与香港高水平的合作，加强深港两地软硬联通，使经济要素流动日益顺畅，产业融合更加深入，截至 2021 年，前海深港现代服务业合作区累计注册 1.18 万家港企，实际使用港资占实际利用外资的 92.4%。在硬联通方面，坚持面向港企出让不少于 1/3 的土地，截至 2021 年，前海深港现代服务业合作区已累计向港企出让产业用地 19 宗，占新出让经营性土地面积的近 40%。持续推进"两城六区一园一场六镇双港"① 等深港合作重大平台建设，2021 年前海深港国际法务区、深港国际金融城、"一带一路"贸易组合枢纽港正式投入使用，为香港服务业的发展拓展了空间。前海综合交通枢纽正在建设中，建成后的前海综合交通枢纽日客流量将会达到 75 万人次，成为亚洲排名第一的地下交通枢纽换乘站。

在软联通方面，2022 年前海深港现代服务业合作区发布"惠港九件实事"，内容涵盖了住房、创业、服务、就业、平台、科创、金融、落户、民生等方面，全面支持港人、港企在前海的宜居宜业，推进深港合作的不断深入。在合作机制方面，深港两地通过"深港合作专班"的方式，联合座谈，推动深港两地重点合作事项的落地实施。截至 2021 年底，围绕金融、人才等 35 项合作事项，深港两地共推进建设 19 个工作专班，其中 28 项合作事项取得实质性的进展。在人员流动方面，前海深港现代服务业合作区积极推进港澳青年来深工作，截至 2021 年底，累计为港澳青年提供岗位 4104 个。推进港澳专业人才在前海深港免试跨境执业，截至 2021 年，"仅需备案即可执业"的港澳专业人士类别增加至 16 类，包含建筑、税务、法律、导游等

---

① 两城：前海深港国际服务城、前海深港国际金融城；六区：前海深港国际法务区、深港专业服务业集聚区、国际高端智库集聚区、深港新型商贸物流发展集聚区、深港数字经济集聚区、深港总部经济集聚区；一园：前海石公园；一场：前海深港广场；六镇：前海深港专业服务业小镇、深港商贸物流小镇、深港文创小镇、深港数字经济小镇、深港总部经济小镇、港澳青年创新创业小镇；双港："一带一路"贸易组合枢纽港、深港国际人才港。

领域。在资金流动方面，稳步推进"六大跨境"业务开展，加快与香港金融市场的互联互通，2022 年前海管理局与香港财库局联合发布的《关于支持前海深港风投创投联动发展的十八条措施》，便利深港跨境投资的双向合作，推进资本的跨境流通。在货物流动方面，前海综合保税港对接香港规则，不断创新监管模式，优化通关模式，整合深港物流资源，促进要素高效便捷流动。

二　前海深港现代服务业合作区经济社会发展新形势与新动态

（一）第四次工业革命给深港科技创新合作带来重大机遇

国家主席习近平在 2018 年 7 月参加金砖国家工商论坛时指出"未来 10 年，将是世界经济新旧动能转换的关键 10 年"。[①] 人工智能、大数据、量子信息、生物科技等新一轮科技革命和产业变革正在集聚力量，催生大量新产业、新业态、新模式，给全球发展和人类生产生活带来翻天覆地的变化。第四次工业革命将会给中国发展带来机遇和挑战。

每一次工业革命都会带来生产力与生产关系的变革，本质上就是生产力与生产关系相互发力的过程，新的生产力替代旧的生产力产生新的生产方式，新的生产方式替代旧的生产方式并影响着生产力。以人工智能、大数据、云计算、互联网、物联网等技术为驱动力的新一轮技术变革，会带来传统资源配置、生产方式、管理方式、商业模式等颠覆性的改变，加速推进全球供应链、产业链、价值链的重构。如何能在新一轮科技革命和产业变革的博弈中获得主动权，其根本在于创新，包括知识创新、技术创新、制度创新、管理创新等。

---

① 《最新！这是习近平对未来 10 年的战略思考》，"央广网"百家号，2018 年 7 月 26 日，https：//baijiahao. baidu. com/s？ id＝1607040695473230880&wfr＝spider&for＝pc。

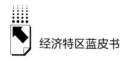

创新驱动已经成为许多国家综合国力竞争的核心。经过多年的努力，我们国家在创新发展方面取得了一定的成果，科技发展已经开始从注重量的增长向注重质的提升转变，科学、技术、产业、企业等自主创新能力加速提升。但同时，发达国家在科学创新、技术前沿等领域仍然占有优势，而在我国长期的发展过程中，某些关键核心技术仍然受制于人，"卡脖子"等问题亟须解决。

加强深港两地科创产业合作，不断加强深港两地创新机制对接、规则衔接，推进科创体制改革，有助于解决我国当前所面临的基础研究成果转化、"卡脖子"技术等问题。前海深港现代服务业作为改革开放的高地，创新是它与生俱来的使命，连接深圳、香港，利用各自独特的产业优势、科创优势互补发展，共同打造深港国际科创集聚中心。

（二）深港融合发展迎来新阶段

2021年9月中共中央、国家院颁布的《全面深化前海深港现代服务业合作区改革开放方案》，同年10月香港特别行政区政府发布的《北部都会区发展策略》，以及深圳政府2022年6月发布的《关于发展壮大战略性新兴产业集群和培育发展未来产业的意见》，为深港更加全面、更高水平的融合发展带来机遇。

《全面深化前海深港现代服务业合作区改革开放方案》不仅带来了前海深港现代服务业合作区的物理空间的扩容，而且带来了产业发展空间的扩容。拥有了科技产业创新高地南山区以及制造业高地宝安区的助力，扩容后的前海深港现代服务业合作区产业结构更加完整，除了原有的现代服务业外，还包括高新科技、海洋科技、航空物流、会展业以及先进制造业。产业空间的扩容，将会推进深港两地产业实现更大范围协同发展。

《北部都会区发展策略》中提出了"双城三圈"的概念，即香港、深圳"双城"，深圳湾优质发展圈、港深紧密互动圈、大鹏湾/印洲塘生态康乐旅游圈"三圈"。这是香港特别行政区政府在规划层面首次提出"香港—深圳"双城建设，也是香港特别行政区政府主动参与国家、大湾区发展战略的重要举措。北部都会区的发展不仅仅涉及香港北部片区的发展，而是在

"香港—深圳"双城建设的战略下，将物理空间延伸到了宝安、南山、福田、盐田、大鹏新区，形成深港两地更广泛的融合发展格局。

"20+8"产业集群政策重点提出要发展壮大网络与通信、半导体与集成电路、智能传感器、数字创意等20个产业集群，培育发展区块链、合成生物、量子信息等8个未来产业，推动深圳产业集群化发展，构建完善的产业生态链，形成规模经济效应。"20+8"产业集群政策的落地，将会加速深圳的产业升级，推动高端制造业的发展，攻克核心技术的"卡脖子"问题，提升现代产业竞争力。

深圳、香港作为粤港澳大湾区的两个增长极，在过去长期合作发展过程中的关系发生了改变，由合作初期的"一强一弱"单方面依赖关系变成现在"势均力敌"对等的优势互补关系，现阶段深港合作已经进入优势整合发展阶段。香港拥有发达的现代服务业，科技创新领域具有很大的优势，而另一方面，长期以来的产业空心化带来科技创新成果产业化推进缓慢，"再工业化"已经迫在眉睫。深圳拥有雄厚的制造业基础和战略性新兴产业基础，拥有华为、大疆、腾讯、南山高新技术产业园等全球知名的科创企业和园区。发挥深港两地的比较优势，强强联合，在现代服务业、科技创新、高端制造业等领域建立更高水平、更高质量的合作关系。香港需要与深圳融合发展，深圳同样需要与香港融合发展，而前海深港现代服务业合作区在深港融合发展方面发挥着重要的作用。

三 前海深港现代服务业合作区发展的焦点问题

（一）持续高水平开放，以开放促改革

面对新一轮科技革命与产业变革以及全球价值链的重构，持续推进高水平的对外开放，构建开放型经济新体制，有利于我国进一步融入全球分工体系，推动经济的转型升级。高水平的对外开放，不仅要扩大边境外开放，推动贸易投资自由化，还要扩大边境内开放，以制度型开放推进构建更高水平

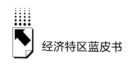

开放型经济新体制。① 这里的制度型开放是指聚焦标准、规则、法律、监管、制度等领域的开放。

开放就其本身来讲就蕴含着改革。尤其对于制度型开放来说，当境内标准、规则与国际通行的标准、规则不相符甚至出现矛盾时，为了吸引更多的国际商品、资本、技术等要素流入境内，就务必要对现有的标准、规则进行改革创新，也就是修订改进那些不相符甚至矛盾的部分，对标国际贸易投资规则，构建与其相衔接的新制度体系。

作为新一轮高水平改革开放的试验田，前海深港现代服务业合作区在投资、贸易、金融、法治、管理等方面不断先行先试，在改革开放上取得了很大成就，并加强系统性制度集成创新。比如，在市场准入方面，提高外商投资准入前国民待遇，不断瘦身负面清单，吸引更多优质外资企业进入我国市场，构建与国内企业公平竞争的机制，不断提升我国企业的国际竞争力；完善以信用监管为基础的事中事后监管制度，深化放管服改革，以备案制替代审批制，优化企业营商环境。在法治建设方面，探索"政府管制+企业化运作"法定机构治理模式，推进国家治理体系的现代化；完善民事商事纠纷多元化解决机制，探索国际商事纠纷前端化解机制，与境外商事调解机构建立合作机制，多元化解决国际商事纠纷，构建法治化、国际化的营商环境。

随着改革的进程不断推进，制度型开放也进入了深水区。前海深港现代服务业合作区要建设成为全球高水平开放枢纽，就必须持续高水平开放，以开放促改革，主动对标国际先进标准，在市场准入、市场竞争、知识产权、治理模式、营商环境等方面持续改革创新，构建一个稳定、公平、可预期的制度体系，打造具有国际竞争力的营商环境。

（二）构建优良的创新生态系统

创新是经济发展的根本动力。面对新一轮的科技革命与产业革命，构建一个优良的创新生态系统对于每个国家来说，是关系到其未来经济发展的核

---

① 张二震、戴翔：《更高水平开放的内涵、逻辑及路径》，《开放导报》2021 年第 1 期。

心问题。作为改革开放高地，前海深港现代服务业合作区亟须建立一个优良的创新生态系统。这里的创新生态系统是指一个以价值创造为目的，由异质性创新主体组成的开放、协同的创新网络组织，是基于网络建立的实现创新与价值创造的相关群体及其所处环境的有机整体。[①]

创新生态系统中的创新主体包含政府、企业、高校与科研院所、金融机构和中介机构，这些创新主体借助资金流、物资流、信息流、知识流、人才流、政策流的集聚及转化，共同促进创新生态系统的良好运转。[②] 优良的创新生态系统可以高效地整合系统中的创新要素，使创新主体能各司其职、相互协作，最大限度地挖掘创新潜力、激发创新活力，使资金、人才、知识、技术等创新要素得到高效配置，实现技术成果的快速转化。

前海深港现代服务业合作区肩负着改革创新的重任。整合深港比较优势，共同打造适合境内外创新主体协同发展的生态系统，对于前海的创新发展至关重要。这就需要前海深港现代服务业合作区继续深化放管服改革，突破制约创新发展的制度障碍，完善税收扶持、财政支持以及监管机制等，构建有利于创新发展的制度环境；同时积极与香港科创合作，健全创新人才机制、降低创新要素的市场准入门槛，完善数据的跨境流通与共享、高端人才的引进机制等，构建一流的创新智力支撑体系；加快深港现代服务业的合作进程，为创新活动提供融资、法律、会计等专业化的中介服务，营造良好的创新环境。

四 前海深港现代服务业合作区发展的对策建议

（一）采用"国民待遇+负面清单"人才准入管理模式

创新是经济发展的根本动力，人才是创新的核心要素。建设具有全球竞

---

① 李韶光、胡贝贝：《创新生态系统视角下的产业政策转型研究》，《科技与创新》2022年第18期。

② 范洁：《创新生态系统案例对比及转型升级路径》，《技术经济与管理研究》2017年第1期。

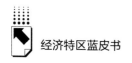
争力的创新引领型城市，离不开来自全球各地国际人才的支撑。现代服务业是前海深港现代服务业合作区发展的重要产业，而现代服务业的核心要素就是人才，现代服务业的集聚发展就是人才的集聚发展。可以说，人才要素直接关系到前海深港现代服务业合作区建设的成败。

"国民待遇"原则是 WTO 法律体系中的一个基本原则，是指"一成员方通过国内立法赋予或者通过签订双边或多边国际条约承诺赋予另一成员方国民、企业、产品、商船在本国境内享有与本国国民、企业、产品、商船相同的待遇"。[①] 这里的"国民待遇"并不是政治方面的待遇。"国民待遇"原则通过对境内外"人和物"在法律上的平权，实现经济的自由开放、平等竞争。

"负面清单"管理模式是国际通用的投资规则，以"法无授权即禁止、法无禁止即可为"为原则，也就是通过法律法规对于禁止投资的领域列出清单，对于清单内的领域禁止投资，对于清单外的领域，都可以进行投资。"负面清单"管理模式相对于"正面清单"管理模式具有高度的开放性，能够最大限度地减少外商投资的限制，推进投资贸易的自由化。

目前前海深港现代服务业合作区在人才要素流动方面仍然采用"正面清单"的管理模式，管理模式与开放程度的不一致性会直接导致境外专业人才在进入国内市场时遇到诸多障碍，这将不利于国际人才尤其是现代服务业领域专业人才的跨境自由流动，不利于现代服务业的集聚发展。

采用"国民待遇+负面清单"人才准入管理模式，通过"负面清单"公开列出不能开放的相关情况，"非禁即入"，最大限度地减少对于国际人才在深港现代服务业合作区内的就业限制，促进人才要素的跨境自由流动；同时通过提供"国民待遇"又能够使国际人才在生产、生活上获得与本国居民相同的待遇，实现外国公民在投资、就业、税收、教育、居住、交易、竞争、社保、福利等方面与本国居民待遇的均等化，形成宜居宜业的优质生活圈，使国际人才能够"引进来"并且"留得住"。

---

① 韩月：《浅析 WTO 国民待遇原则的适用问题》，《法制与社会》2014 年第 26 期。

（二）推进深港服务贸易合作，打造服务贸易新高地

服务贸易是国际贸易的重要组成部分，是服务业的国际化形态，包含商业服务、通信服务、建设及相关工程服务、金融服务、旅行相关服务、娱乐文化与体育服务、运输服务、健康与社会服务、教育服务、分销服务、环境服务及其他服务等。在全球贸易中，服务贸易创造的价值越发凸显，已经超过传统货物贸易所创造的价值。服务业已经成为世界各国国民经济的重要支柱，而服务贸易也成为经济发展的新动能。此外制造业的发展也愈发依赖于服务业，目前研发设计、知识产权、货物运输、信息技术、金融保险等生产性服务已经渗透生产制造业全过程，尤其是研发、设计、物流、分销、售后等服务成为提升产品附加值的重要手段。大力发展现代服务业、服务贸易，有助于推动我国制造业、服务业的转型升级，推进向全球价值链高端攀升。

香港是以现代服务业为主的经济体，拥有金融、会计、法律、保险、旅游等高度发达的服务贸易业，根据香港贸易发展局的数据，2020 年香港 GDP 的 93.4% 都是由服务业创造的。除了拥有发达的现代服务业，香港还拥有一整套完全与国际接轨的透明、规范、高效的管理体系、制度体系。

以前海深港现代服务业合作区为平台，推进深港两地服务贸易合作，不仅能为香港的现代服务业发展提供更广阔的经济腹地，还能推进深圳产业结构的优化升级。对标香港现代服务业规则、机制，推进与香港规则衔接、机制对接，进一步降低现代服务业的市场准入门槛，使人才、技术、资金、数据等现代服务业核心要素在深港两地自由流动，推进深港现代服务业的协同发展，共同打造服务贸易新高地。

参考文献

张二震、戴翔：《更高水平开放的内涵、逻辑及路径》，《开放导报》2021 年第 1 期。

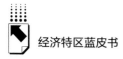

李韶光、胡贝贝：《创新生态系统视角下的产业政策转型研究》，《科技与创新》2022 年第 18 期。

范洁：《创新生态系统案例对比及转型升级路径》，《技术经济与管理研究》2017 年第 1 期。

韩月：《浅析 WTO 国民待遇原则的适用问题》，《法制与社会》2014 年第 26 期。

B.16
中国自由贸易试验区发展报告

范霄文[*]

摘　要： 经过9年的改革创新，自贸试验区围绕贸易投资自由化、便利化的相关制度框架已经基本形成。差异化制度改革不断深化，开放型经济制度改革步入自上而下全方位统筹协同新阶段，改革的经济效益显著。面对复杂多变的国际经济形势，自贸试验区改革的核心问题一是中国工业化走向成熟阶段面临政策导向，二是资本市场开放。面对美元汇率大幅提升引发的世界经济危机，作为开放制度改革"试验田"的自贸试验区，应以顺应工业化进程的政策为导向，调整经济结构降低对外依存度；提高资本项目下的开放水平，加快人民币国际化，减缓美元波动对中国经济的冲击。

关键词： 自贸试验区　工业化成熟阶段　人民币国际化

一　中国自贸试验区发展状况与进展

经过9年的改革创新实践，21个自贸试验区发挥了制度改革试验田的作用，对标国际高水平的营商环境基本形成，自贸试验区方案中设定的任务已经基本完成，278项制度创新成果的集成及复制推广为我国开放型经济体制的构建奠定了良好的基础。立足长江经济带发展、粤港澳大湾区建设、京

---

[*] 范霄文，经济学博士，深圳大学中国经济特区研究中心副教授，硕士生导师，主要研究方向为特区经济、大数据分析。

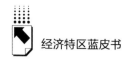

津冀协同发展、"一带一路"建设等国家发展战略,自贸试验区已取得多项各具特色的制度改革创新成果。面对复杂多变的国际经济形势,自贸试验区改革开放的经济效益显著,推动更高水平开放经济制度改革创新。

(一)自贸试验区制度改革新进展

1. 开放型制度改革创新步入自上而下全方位统筹协同新阶段

自贸试验区建立之初,开放型制度改革创新主要是在自贸试验区内完成,采取的是以问题为导向自下而上的改革策略,改革创新的主体是自贸试验区,这一阶段改革创新的侧重点主要是"负面清单"投资便利化管理、"单一窗口"贸易便利化监管体系、"放管服"政府治理体系、"自由贸易账户"资金跨境流动管理及健全法制仲裁保障体系。截至目前,自贸试验区边试点、边总结、边推广,累计已有278项制度创新成果得以复制推广,改革开放红利释放,推动国内营商环境国际化水平不断提高,"试验田"效果凸显。

高水平开放型经济,在"引进来""走出去"的过程中,必然涉及货物、服务、资金、人员的自由流动。货物的自由流动既涉及进出口也涉及关税制度改革,资金的自由流动既涉及经常项目也涉及资本项目流动制度改革,人员的自由流动涉及一国相关的人口管理制度改革。就目前自贸试验区制度改革来看,各自贸试验区方案制定的任务已基本完成,在关税制度、资本项目、人员流动方面与国际水平还有一定的差距。

关税制度改革、资本项目开放及人员的自由流动都需要顶层设计,要自上而下进行制度创新。特别是资本项目的开放还涉及汇率制度、资本市场、金融安全等相关制度的配套改革。因此,自贸试验区的制度改革创新进入全方位、自上而下的协同改革攻艰克难阶段。

2021年9月3日,国务院印发《关于推进自由贸易试验区贸易投资便利化改革创新的若干措施》,该措施围绕提升贸易便利度、提升投资便利度、提升国际物流便利度、提升金融开放度及加强司法保障5大方面,提出了19项改革创新措施,这些措施涉及货物流动中的税收、运输、跨境电商、医药产品改革探索，也涉及资本市场的期货交易开放、本外币合一银行账户体系规则、知识产权证券化等改革，还涉及提高土地资源配置效率的改革。

2. 外商投资负面清单不断瘦身，更高水平市场准入管理模式形成

2021 年 12 月 27 日，国家发展改革委、商务部公布了自贸区版的《自由贸易试验区外商投资准入特别管理措施（负面清单）（2021 年版）》和全国版的《外商投资准入特别管理措施（负面清单）（2021 年版）》，于2022 年 1 月 1 日起施行。自贸试验区外商投资准入负面清单经过 7 次修订，已由 2013 年版的 199 条缩减至 2021 年版的 27 条，全国版负面清单缩减至31 条。2021 年版自贸试验区负面清单涉及 11 个门类 27 条特别管理措施（见表 1），制造业清单条目清零，服务业投资准入限制进一步放宽。负面清单明确了"外商投资企业不得作为个体工商户、个人独资企业投资人、农民专业合作社成员从事投资经营活动"。

表 1 中国自贸试验区负面清单版本及特别管理措施项目数

单位：个

负面清单版本	特别管理措施项目数
2013 年版（第 1 份）	199
2014 年版（第 2 份）	139
2015 年版（第 3 份）	122
2017 年版（第 4 份）	95
2018 年版（第 5 份）	45
2019 年版（第 6 份）	37
2020 年版（第 7 份）	30
2021 年版（第 8 份）	27

资料来源：根据各年公布的负面清单整理。

"法无禁止即可为"的负面清单制度使得外商投资管理模式不断简化，标志着我国"设立商业存在"模式的市场准入规则不断对标《WTO 协定》，我国非禁即入的国际贸易开放水平达到一个新的高度。

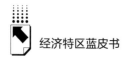

3.差异化制度创新不断深化

21 个自贸试验区从东西南北中布局，已经形成了从沿海到内地、从东部到中西部，差异化开放型经济制度改革创新的"试验田"。上海自贸试验区作为中国首个设立的自贸试验区，对标国际通行规则，大胆改革，先行先试，建立了"法无禁止即可为"的外商投资负面清单管理模式；构建了"一线放开、二线安全高效、区内流转自由"的贸易便利化制度；树立了"法无授权不可为、法定职责必须为"的事中事后监管制度的政府管理理念；建立了"一线放开、二线严格管理"的金融监管模式；围绕优化国际化的营商环境进行了一系列的制度创新，可以说奠定了中国最初的自贸试验区基本制度规则基础，是中国自贸试验区改革创新的领头羊。

海南自由贸易港作为第一个全省域自贸试验区，承载了更高水平制度改革创新的历史使命，在复制已有自贸试验区改革成果的基础上，在税收制度、零关税、服务贸易自由化、人员进出自由化、资金流动自由化、运输往来自由化等方面积极改革创新，预计 2025 年之前将全岛封关，实行零关税政策，完成自由贸易港建设，成为中国高水平开放型经济建设的里程牌。

其他 19 个自贸试验区，分别围绕服务于长江经济带发展、粤港澳大湾区建设、京津冀协同发展、两岸经济合作、中部崛起、振兴东北、西部大开发、"一带一路"建设等国家发展战略，在复制已有自贸试验区经验的基础上，从不同侧重点突破，以营造高水平国际化营商环境为核心，结合自身在开放中遇到的问题，已形成多项各具特色的制度改革创新成果。

（二）自贸试验区改革经济成效显著①

商务部统计的数据显示，2021 年，21 个自贸试验区实际使用外资 2130 亿元，同比增长 19%；实现进出口总额 6.8 万亿元，同比增长 29.5%；完成了全国 18.5% 的外商投资和 17.3% 的进出口总额。自贸试验区对外开放的经济成效显著（见表 2），推动更高水平开放经济制度改革创新。

---

① 各自贸试验区经济成效数据来自各自贸试验区官网和新闻发布会。

表2 自贸试验区改革经济成效

第1批	经济成效			
上海	上海自贸试验区临港新片区自2019年成立3年来,新注册企业6.4万多家,其中累计400多家金融企业落户新片区;累计签约1196个项目,其中前沿科技产业项目总投资约4200亿元人民币;新片区地区生产总值年均增长21.3%,规模以上工业总产值年均增长40.2%;全社会固定资产投资年均增长43%;累计完成1.3万亿元的跨境人民币收付款;地方财政收入年均增长59.2%			
	2021年中国(上海)自由贸易试验区(浦东部分)主要经济指标及其增速			
	指标	单位	绝对值	增速
	一般公共预算收入	亿元	763.78	25.6
	外商直接投资实际到位金额	亿美元	103.73	22.9
	全社会固定资产投资总额	亿元	1688.72	9.8
	规模以上工业总产值	亿元	6877.53	28.6
	社会消费品零售额	亿元	2531.94	20.9
	商品销售总额	亿元	59819.29	19.1
	服务业营业收入	亿元	7427.06	22.6
	期末监管类金融机构数	个	997	-1.5
第2批	经济成效			
广东	2021年,新设企业26375家,其中外资企业2925家;境外投资项目数126个;实际利用外资82.41亿美元,占全省实际外资总额的18%。外贸进出口总额1.88万亿元(口岸统计数),同比增长29.9%			
天津	2021年,新设市场企业12792家,比上年增长18%;其中内资企业12536家,同比增长18%;外资企业256家,同比增长22.49;实际利用外资金额21.44亿美元。实现税收收入565.34亿元人民币,同比增长20.14%			
福建	2021年,新设企业11899家,其中外资企业289家,合同外资金额29.74亿美元,实际利用外资金额3.73亿美元;实现税收收入245.4亿元人民币			
第3批	经济成效			
辽宁	自2017年挂牌5年来,共新增注册企业7.7万户,新增注册资本突破1万亿元			
浙江	自2017年挂牌5年来,累计新增企业9.3万家(截至2022年2月)。2017年4月至2021年底,累计实际利用外资42亿美元,外贸进出口总额累计1.4万亿;2021年实际利用外资金额25.3亿美元,同比增长73%;外贸进出口总额7700亿元,同比增长39%			
河南	自2017年挂牌5年来,累计入驻企业11.8万家,是挂牌前的4.4倍;其中入驻世界500强企业125家。2021年新设外资企业80家,同比增长33.3%;实际利用外资金额19.8亿美元,同比增长12.7%;外贸进出口总额580.3亿元			
湖北	自2017年挂牌5年来,截至2022年6月,累计新增企业9.1万家;累计进出口总额6629亿元人民币,实际利用外资金额84.1亿美元;进出口总额和实际利用外资金额分别占全省同期的30%和13.1%			

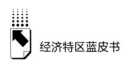

续表

第 3 批	经济成效
重庆	自 2017 年挂牌 5 年来,累计新增市场主体超过 6.5 万户。新设外资企业占全市的 20%,进出口企业数占到了全市的 1/4 以上,实现全市 70% 的进出口总额。2021 年规模以上工业企业营业收入占全市约 20%,规模以上服务业企业营业收入占全市 35%
四川	自 2017 年挂牌至 2021 年 12 月,累计新设企业 19.2 万家,引进亿元以上项目 494 个,实际到位外资金额 32 亿美元,进出口总额 3515.8 亿元。2021 年新设企业 55635 家,同比增长 24%;外商直接投资金额 15.1 亿美元,同比增长 69.7%
陕西	自 2017 年挂牌至 2022 年 3 月底,累计新设市场主体 112479 家,其中新设企业 73795 家,外商投资企业 786 家
第 4 批	经济成效
海南	2021 年全省地区生产总值 6475.2 亿元,比上年增长 11.2%;高新技术企业数量超过 1200 家,高新技术产业投资比上年增长 36.6%;工业增加值 683.6 亿元,比上年增长 9.6%;社会消费品零售总额 2497.62 亿元,比上年增长 26.5%;固定资产投资金额比上年增长 10.2%;货物进出口总额 1476.78 亿元,比上年增长 57.7%,货物贸易逆差 811.58 亿元;服务贸易进出口总额 287.79 亿元,比上年增长 55.5%;实际利用外资金额 35.19 亿美元,比上年增长 104.6%;一般公共预算收入 1649.33 亿元
第 5 批	经济成效
山东	自 2019 年 8 月挂牌至 2022 年 7 月,累计新设企业 8.4 万家;实际利用外资金额 44.7 亿美元(济南、烟台片区);实现进出口总额 5643 多亿元(济南、烟台片区)。2021 年,自贸区实现进出口总额 3843.3 亿元,同比增长 39.4%;实际利用外资 25.6 亿美元,同比增长 38.1%;实际利用外资和进出口总额分别占全省的 11.9% 和 13.1%
江苏	自 2019 年 8 月挂牌至 2022 年 7 月,累计新增市场主体 8.2 万家,其中培育高新技术企业超过 3500 家,占全省 9.5%。累计实际利用外资金额 67.2 亿美元,其中 2021 年实际利用外资金额 24.1 亿美元。外贸进出口总额累计 1.65 万亿元,其中 2021 年完成 5914.9 亿元
广西	自 2019 年 8 月挂牌至 2021 年 7 月,累计入驻企业 7.6 万家,其中入驻金融机构(企业)352 家。累计实现全区实际利用外资金额、外贸进出口总额的 35.6%、34.0%。累计引进世界 500 强和中国 500 强企业 57 家
河北	2021 年,新增内资企业注册资本 1346.4 亿元,同比增长 34.5%;实际利用外资金额 2.05 亿美元,同比增长 58%;实现进出口总额 679.3 亿元,同比增长 45.7%;实现税收 49.1 亿元,同比增长 37.1%。吸引了同期 31.9% 的新设外资企业,创造了 13.3% 的实际利用外资金额和 12.5% 的外贸进出口总额

第 5 批	经济成效
云南	自 2019 年 8 月挂牌至 2022 年 7 月,新设企业 5.6 万家,占全省同期新设企业的 11.98%;完成外贸进出口总额 2791.36 亿元,占全省同期外贸进出口总额的 32.58%;实际利用外资金额 5.87 亿美元,占全省同期实际利用外资金额的 28.71%
黑龙江	自 2019 年 8 月挂牌至 2022 年 6 月底,新设企业 16539 家,比挂牌前增长 96.8%,其中新设外资企业 75 家,比挂牌前增长 56%;外贸进出口总额累计达 690.84 亿元,占全省同期的 12.8%;实际利用外资金额 3.4 亿美元,占全省同期的 19.7%
第 6 批	经济成效
北京	—
湖南	自 2020 年获批两周年,新设企业 22558 家;新引进 2 亿元人民币以上项目 244 个,总投资额 3620.98 亿元。实现外贸进出口总额 3324.17 亿元,占全省同期的 27.65%
安徽	2021 年新增注册企业 1.28 万家,引进项目超 700 个;实现进出口总额 1540.7 亿元,占全省同期的 22.3%。2022 年 1~6 月,新增注册企业 7674 家,同比增长 45.5%;实现进出口总额 959.3 亿元,同比增长 28.5%;实际利用外资金额 1.1 亿美元,其中高新技术企业实际利用外资金额占比 40%

资料来源:2021 年上海市国民经济和社会发展统计公报。

二 中国自贸试验区改革的核心问题

经过 9 年的改革探索,自贸试验区围绕贸易投资自由化、便利化的相关制度框架已经基本形成。开放型经济制度改革面对的是一个更加复杂多变的国际环境,中美贸易摩擦导致两大经济体间的摩擦不断,俄乌冲突加剧了世界能源危机,西方各国通货膨胀严重,世界各国汇率大幅波动,国际货币美元指数大幅上升,国际经济格局变化充满不确定性,无论是新兴市场国家还是发达经济体都面临严峻挑战。近几年,中国经济增长减缓,自贸试验区作为开放型制度改革创新的"试验田",要以中国经济发展不同阶段和所处环境面临的关键问题为抓手,不断加强开放型经济制度建设。

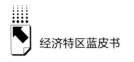

（一）中国工业化走向成熟阶段①面临的关键问题

近几十年，中国经济高速增长的原动力是城市化所带动的工业化及制度红利，技术创新对我国工业化的贡献很有限。罗斯托将一个国家的工业化进程归纳为起飞准备、起飞、走向成熟和大众消费时代四个阶段。

工业化起飞阶段往往是城市化进程加速的阶段，农村人口迅速向城市转移，需求扩张，市场扩大。工业化起飞阶段最明显的特点是固定资产投资增加，中国工业化起飞阶段，技术引进和模仿而非技术创新对经济增长起到重要作用，在这一阶段工业化由城市化推动，尚未开发的土地资源使得房地产开发成为起飞阶段的主导产业②，主导产业最高增长阶段的终结意味着起飞阶段的结束，投资拉动受到资源约束或市场制约也是起飞阶段结束的标志。由此，我们认为中国工业化起飞阶段结束，工业化走向成熟阶段。

工业化成熟阶段的特征一是农村人口向城市转移开始减速，二是城市化出现大都市化现象。工业化成熟阶段并非工业化的结束期，而是工业化的扩散期，是产业扩散和区域扩散③的阶段。在中国工业化的进程中，制造业已成为世界分工体系中的一个重要环节，以出口为导向的增长模式造成中国工业化对外依赖过度，如果能结合工业化走向成熟阶段的区域扩散特点，在大都市化的过程中不断扩大内需，就可以改变以出口为导向的增长模式，为走向大众消费时代做好准备。

按照罗斯托经济增长理论及美日发展经验，在经济发展走向成熟阶段时，政策导向对经济增长的影响尤其重要。从长期看，就政策而言，"推动

---

① 成熟阶段是指经济成长的最后阶段，由美国经济学家罗斯托最早提出。成熟阶段的经济一般具有以下特点：人口增长率开始下降；产业结构发生变化，第一产业，特别是农业在国民生产总值中的比重下降到很低水平（如10%以下）；在国民收入中用于消费的部分已占大部分比重，用于积累和投资的部分已少于消费；形成了一个管理者阶层和有较高管理效率的国家机构；人口已集中于大城市，城市化水平很高；教育普及化，工人的技术和教育都已达到较高的水平。

② 罗斯托定义的起飞阶段主导产业："创新或利用新的有利可图或至今尚未开发资源的可能性，将造成很高的增长率并带动经济中其他部门的扩张。"

③ 大都市化、落后地区城市化。

成熟产业大型化、促进技术扩散和自主创新、改革分配制度并顺应大众财富要求"是最佳的政策选择。而分配制度改革是向大众消费阶段过渡的核心。开放型经济制度的建设无疑要符合中国工业化发展阶段的要求，从制度上进一步促进和保障工业化进程的顺利推进。

（二）资本市场开放

自贸试验区随着贸易不断改革和投资逐渐便利化，经常项目基本实现可自由兑换，便利化程度也不断提高。资本项目下直接投资高水平开放也在不断推进，QFII、RQFII、QDII、沪港通、深港通、沪伦通以额度管理的方式进行金融市场的开放。2022年5月27日，中国人民银行、证监会、外汇管理局发布《关于进一步便利境外机构投资者投资中国债券市场有关事宜》的联合公告，该公告已于2022年6月30日起施行。

债券市场的进一步开放是促进人民币国际化的重要举措，外汇储备存在汇率风险和成本对冲压力，要提高人民币在国际外汇储备中的份额，就要提供国外持有的人民币低风险的投资渠道，而一国国债往往是一个不错的选择，如中国就通过持有美债的方式进行美元外汇储备的经营管理。股市、债市及期货市场的逐步开放，意味着中国短期资本项目的开放水平正在不断提高。

资本市场的开放不仅要"引进来"也要"走出去"。随着经济的发展，人民财富不断积累，对金融资产投资的需求日益增加。"引进来"方面的制度改革不断取得进展，但"走出去"方面的制度改革才刚刚起步，有选择地放开国内投资者对国外资本市场投资的限制，自贸试验区面临的关键问题依然是如何在风险可控的前提下，减少或解除外汇管制，实现资金进出和货币兑换的自由，实现资本项目下更高水平的开放。

三　中国自贸试验区发展的焦点问题

（一）如何应对美元升值对中国经济的冲击

2022年美元指数强势上升，9月26日飙升至114.79，创下2002年6月

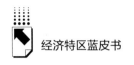

以来的新高。美元指数的主要权重货币欧元、英镑和日元兑美元的汇率均已跌至几十年来的最低点。2022年1~8月，欧元贬值了12%、英镑贬值了14%、日元贬值了17%。其他非权重国货币兑美元汇率也出现了大幅的贬值，人民币汇率虽然跌幅低于其他主要货币，但9月28日在岸人民币也跌至7.25，为2008年2月以来的新低。美元指数强势上升意味着世界货币市场越来越多的参与者希望持有美元，表明国际资本正在回流美国，美国以外的国家正在承受压力。

美元作为世界主要的国际结算和资本计价货币，在世界贸易和金融市场中占据着货币主导到位，美元指数走强必然伴随其他国家货币兑美元走弱，对世界经济产生巨大的影响。以往的经验表明，美元牛市行情对于新兴市场国家而言，往往是风险高发期。美元升值，国际资本回流美国，本币贬值，政府、企业以美元计价的债务成本上升，给外债率较高的新兴经济体带来较大的偿债压力。2022年7月，在本币大幅贬值和外债高筑的双重重压下，斯里兰卡已经宣布破产，其影响可见一斑。

欧元区国家受俄乌冲突的影响，能源短缺加剧通货膨胀，2022年8月，CPI同比上升了9.1%，经济前景堪忧，诱发国际资本回流美国，加之2002年3月，美国为抑制通货膨胀开始加息，叠加影响开启美元升值、欧元贬值之路。

人民币不是美元的权重货币，经常项目和资本项目仍保持较大的顺差，受到国际资本流出影响不大，但以美元计价的外汇储备受各国货币兑美元贬值的影响，呈现不断减少的态势，这使得人民币兑美元也出现较大幅度的贬值。与此同时，人民币兑其他主要货币如欧元、英镑和日元则在升值，这就给我国的出口带来影响。我国是出口大国，外贸依存度较高，这无疑会给中国经济带来一定的冲击。虽然人民币兑美元贬值有利于对美国出口，但受中美两国贸易摩擦的影响，其形势不容乐观。

另外，美元作为国际大宗商品定价货币，对大宗商品价格存在不可忽视的影响，美元升值在一定程度上会降低国际大宗商品的价格，其价格波动无疑会影响大宗商品主要出口国的经济。我国是大宗商品主要的进口国，人民币兑美元贬值与大宗商品价格下降二者对进口成本的影响孰轻孰重我们无法确定，这些不确定因素叠加起来，这一波的美元升值对于中国经济的冲击不可避免。

我国作为第二大经济体，经济增长情况相对较好，发生债务危机的可能性较小，面临的最大问题是美元指数走强伴随出现的世界经济走弱和汇率波动，如何减少这两方面问题对中国经济的冲击，是自贸试验区当前关注的焦点问题。

（二）如何应对地缘政治博弈带来的负面影响

2021年中美双方摩擦不断，2022年地缘政治博弈问题加剧。地缘政治冲突会引发地缘经济格局变化，欧美与俄罗斯战略博弈和中国与美国战略博弈引发世界经济的不确定性。地缘冲突，特别是大国之间的政治关系紧张，不可避免地会影响大国间的贸易往来及投资，进而影响全球资本流动及经济增长，可能加速全球产业链的重塑。

以美国为主导的 AUKUS（美国、英国、澳大利亚三边安保联盟）从战略上打压中国，特别是俄乌冲突以来，地缘关系紧张升级，导致投资风险预期提高，从而引起跨境资本流动，影响汇率波动及债券、股市、房地产等资本价格动荡，资本市场波动进而可能冲击对外贸易及实体经济，严重的话可能造成经济衰退。

相关数据显示，2022年2月开始，俄乌冲突引发的欧洲石油天燃气危机触发了避险资金回流美国，叠加美国加息影响，美元指数开始进入上升态势，引发全球的货币贬值和一些国家债务危机风险加大，金融市场动荡使得全球经济的不确定性增大。

我国是进出口大国，世界经济动荡不可避免地会对中国经济产生负面影响。中国外汇管理局发布的数据显示，受各国兑美元货币贬值的影响，2022年我国官方外汇储备8月相比1月减少了1667.51亿美元，外汇储备减少造成人民币贬值压力，在岸人民币兑美元汇率在4月开始不断走高，9月底最高达到1美元兑换人民币7.25元，汇率的大幅波动给外贸企业的经营活动

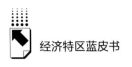

带来了较大的不确定性。

就目前而言，地缘政治冲突对我国的影响只是间接的，但中美两国贸易摩擦存在的潜在风险不可忽视，历史经验表明地缘政治关系紧张升级，一般都会给全球金融市场和经济带来负面冲击。国际货币基金组织（IMF）预测，2022年全球经济将有小幅度衰退，由此引发的经济动荡也可能重塑全球产业发展格局。自贸试验区作为对外经济开放的高地，应厘清地缘政治冲突可能给我国带来的影响，尽可能减少由此产生的负面影响，化"危"为"机"，在危机中把握机会，构建更加安全稳定的贸易关系体无疑是近期开放"试验田"面临的另一个焦点问题。

四 中国自贸试验区发展的对策建议

（一）顺应工业化进程，调整经济结构，降低对外依存度

在全球经济一体化和产业分工国际化的经济发展背景下，形成资源核心国、制造核心国、消费核心国相互依存共生的世界经济增长模式。中国作为世界工厂，属于制造核心国，处在中间环节，既受资源核心国经济的影响，也受消费核心国经济的影响。2006年我国对外贸易依存度达到最高点63.96%，次贷危机后逐年下降，2021年我国对外贸易依存度为34.19%（见图1），不降反升，而美国作为第一大经济体，其对外依存度大约为20%。在开放的同时降低对外依存度更有利于我国经济的健康发展。

在世界现有共生模式下，国际货币美元汇率对经济和国际产业利润具有重要影响，也是影响资源价格的重要调节机制。美元走强或走弱都会扰动资源价格和世界经济。2022年开启的美元指数强势上升，这就引发了资本市场的大幅动荡，各国货币兑美元汇率正经历大幅贬值。人民币兑美元汇率也跌至2008年以来新低，但兑美元以外的其他货币则出现升值。一方面有利于对美国出口，另一方面不利于对欧盟等出口，这种情况有利于市场对

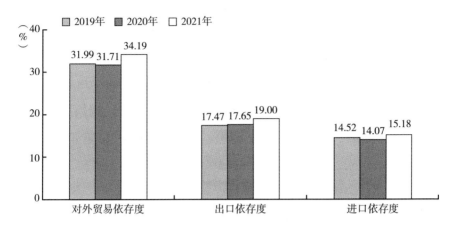

图 1　2019~2021 年中国对外贸易依存度

资料来源：《2021 中国统计年鉴》《中华人民共和国 2021 年国民经济和社会发展统计公报》。

美国以外国际市场的出口结构调整，却不利于对美国市场的出口调整。这些复杂多变的不确定因素都会给中国经济的健康发展带来极大的隐患。

以投资和出口拉动经济增长是中国在工业化起飞阶段的特征，然而，近几年我国的经济增速已经放缓，工业化走向成熟阶段，这一阶段要为走向大众消费阶段做好准备，因此，顺应工业化进程，结合本阶段工业化发展特点，主动制定相应政策，鼓励发展高端装备制造业、技术创新和技术扩散，以内需式经济增长为导向，降低对外依存度才是经济发展的出路所在。

（二）加快人民币国际化进程，减少美元波动对中国经济的冲击

中国人民银行《2022 年人民币国际化报告》显示，2021 年银行代客人民币跨境收付金额合计 36.6 万亿元，同比增加 29%，创历史新高。根据 2022 年 9 月 22 日环球同业银行金融电讯协会（SWIFT）公布的最新数据，2022 年 8 月美元在国际支付中占比 42.63%，位居第一；欧元占比 34.5%，位居第二；英镑占比 6.45%，位居第三；日元占比 2.73%，位居第四；人

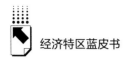

民币占比2.31%，位居第五。

货币国际化程度的高低除了看国际支付占比高低，还要看外汇储备占比高低。2022年9月30日国际货币基金组织公布的数据显示，截至2022年第二季度，全球外汇储备中美元占比59.53%，欧元占比19.77%，日元占比5.18%，英镑占比4.88%，人民币占比2.88%。显然美元处于无法撼动的地位。且大宗商品以美元计价，使得美国经济政策一有风吹草动就会给世界经济带来影响。

从图2可知，2021年人民币跨境收付金额的近一半是中国香港，其次是新加坡，人民币国际化任重道远。要充分利用中国作为进出口大国的优势，增加国际贸易中使用人民币作为结算货币的途径。提供更多自由便捷的人民币投资渠道，提高外汇储备中人民币的份额。最根本的还是要解决人民币自由兑换和流动的制度建设问题，这样才有可能改变美元占据主导地位的局面，减少美元汇率波动给世界经济带来的影响。

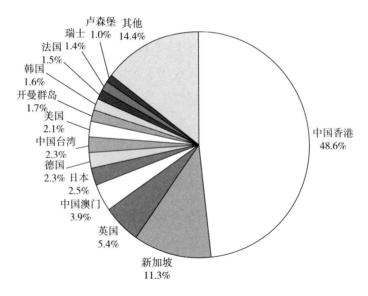

图2　2021年人民币跨境收付金额国别地区分布情况

资料来源：中国人民银行。

参考文献

商务部网站，http：//zmqgs. mofcom. gov. cn/。

《2022 年人民币国际化报告》，中国政府网，2022 年 9 月 24 日，http：//www. gov. cn/xinwen/2022-09/24/content_ 5711660. htm。

〔美〕W. W. 罗斯托：《经济增长的阶段：非共产党宣言》，郭熙保、王松茂译，中国社会科学出版社，2001。

《地缘政治风险与经济表现——来自全球的经验》，和讯网，2022 年 9 月 1 日，http：//opinion. hexun. com/2022-09-01/206689944. html。

B.17
中国图们江地区经济社会发展报告

沈万根*

摘　要： 我国已经进入高质量发展阶段，但由于受疫情的影响，中国图
　　　　　们江地区经济社会高质量发展面临些许挑战。因而，中国图
　　　　　们江地区应当在百年未有之大变局以及疫情发生的大背景下，立
　　　　　足新发展阶段、树立新发展理念、构建新发展格局，推进产业
　　　　　绿色发展，推动地区人才培育与引进，最终促进在疫情防控常
　　　　　态化背景下实现经济社会高质量发展。

关键词： 中国图们江地区　高质量发展　绿色发展

　　党的十九大报告中明确指出我国已经从高速增长阶段转向高质量发
展阶段，高质量发展是"十四五"规划的关键词，而且高质量发展是全
面的高质量发展，应当是我国全部人口、全部地域、全部领域、全部行
业等的高质量发展，中国图们江地区①经济社会高质量发展是我国高质
量发展的题中应有之义。因此，中国图们江地区应立足自身实际，剖析
地区存在的发展问题，并采取积极措施予以解决，以实现地区高质量
发展。

---

* 沈万根，延边大学马克思主义学院教授，博士生导师，主要研究方向为少数民族经济。

① 中国图们江地区，本报告是指吉林省延边朝鲜族自治州，包括延吉市、图们市、珲春市、
　龙井市、和龙市、敦化市、安图县和汪清县等8个市县。

一　中国图们江地区经济社会发展现状

（一）中国图们江地区自身经济稳步增长

中国图们江地区积极应对疫情所带来的经济下行压力，2021年中国图们江地区生产总值达到801.17亿元，较2020年地区生产总值726.86亿元增加74.31亿元，比2020年增长10.2%。在中国图们江地区三次产业中，第一产业实现增加值68.55亿元，较2020年增加2.28亿元，同比增长3.4%；第二产业实现增加值297.07亿元，较2020年增加55.39亿元，同比增长22.92%；第三产业实现增加值435.55亿元，较2020年增加16.65亿元，同比增长3.97%。[①] 2021年，中国图们江地区三次产业的贡献率分别为8.5%、37.1%、54.4%，较2020年三次产业的贡献率而言，第一产业贡献率下降0.6个百分点，第二产业贡献率增加3.8个百分点，第三产业贡献率下降3.2个百分点。第三产业贡献率出现下降主要是因为中国图们江地区受到疫情的影响，使得其第三产业发展受到较大影响，导致其第三产业相关行业的收入下降，进而影响其第三产业在经济社会发展中的贡献率。就人均国内生产总值的维度而言，2021年人均国内生产总值达到3.9万元，较2020年增加0.4万元。[②] 中国图们江地区在疫情的影响下，经济稳步增长，为推进经济社会高质量发展夯实了基础。

（二）推进巩固拓展脱贫攻坚成果同乡村振兴有效衔接

2020年末，中国图们江地区现有贫困村全部出列，贫困人口全部脱贫摘帽，中国图们江地区历史性地解决了绝对贫困问题。中国图们江地区为防止返贫、实现稳定脱贫，先后制定关于中国图们江地区乡村振兴战略推进的

---

① 根据2020年、2021年延边朝鲜族自治州统计公报整理。
② 根据2020年、2021年延边朝鲜族自治州统计公报整理。

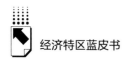
实施意见以及中国图们江地区乡村振兴战略规划，为乡村巩固拓展脱贫攻坚成果并与乡村振兴有效衔接提供政策支撑，全面推进中国图们江地区乡村"五大振兴"。中国图们江地区推进乡村产业振兴，种植业结构逐步优化，人参等道地中药材种植面积达1.77万公顷。中国图们江地区积极培育新型农业生产经营主体，拥有341家州级以上农业产业化重点龙头企业、4363家家庭农场、7209家农民专业合作社，规模经营土地面积达24.5万公顷，占中国图们江地区耕地面积的64%。① 推进中国图们江地区乡村人才振兴，先后累计对3648人展开新型职业农民相关培训，并通过实施返乡创业工程，帮助1.5万人返乡创业，为中国图们江地区乡村发展注入活力。推进中国图们江地区乡村文化振兴，积极开展文明村镇评比活动，累计创建85个省级以上文明村镇。推进中国图们江地区乡村生态振兴，深入开展村庄清洁行动，在中国图们江地区农村人居环境整治三年行动中，垃圾处理、污水治理、厕所革命等重点任务全面完成，秸秆综合利用率和畜禽粪污综合利用率分别达到78.2%和85.1%。推进中国图们江地区乡村组织振兴，组织选派、公开招聘400余名优秀人才到村任职，充实乡村基层治理与发展队伍。通过推进中国图们江地区"五大振兴"巩固脱贫攻坚成果，并实现与乡村振兴战略的有效衔接，在疫情防控常态化背景下推动中国图们江地区乡村经济社会实现高质量发展。

（三）疫情仍是影响经济社会高质量发展的重要因素

自2020年初，疫情在全国范围内蔓延，虽在2020年内疫情在国内得到有效控制，但在世界范围内疫情尚未得到有效控制，因而国内疫情也时有发生，导致我国疫情防控常态化发展。当疫情出现之时，为有效控制疫情蔓延，往往不提倡人员随意出行。由此，疫情出现地的产业发展面临巨大挑战，直接对地方经济社会发展产生负面影响。如旅游业是中国图们江地区的支柱型产业，由于受到疫情影响，旅游业遭受较大打击。而旅游业涉及的行

---

① 根据延边朝鲜族自治州政府提供的材料整理。

业也较为丰富，也会对中国图们江地区其他行业发展产生直接或间接的影响。如 2021 年中国图们江地区接待国内外游客 1467.70 万人次，较 2020 年增加 85.5%，但仍未达到疫情前的水平。2019 年国内外游客为 2751.38 万人，2021 年国内外游客数量仅为 2019 年国内外游客数量的 53.34%。并且疫情针对入境防控较为严格，这直接导致中国图们江地区国外游客数大幅度降低，如 2021 年国外游客仅有 0.08 万人次，仅为 2019 年的 0.1%。游客数量的下降，直接导致旅游收入降低，2021 年旅游总收入为 138.10 亿元，较 2020 年有所增加，约增加 40.8%。但与 2019 年旅游总收入相比则是大幅度减少，减少 417.24 亿元，约下降 75%。① 由此可见，疫情仍然是影响中国图们江地区经济社会高质量发展的重要因素。

（四）基本公共服务事业有序推进

中国图们江地区基本公共服务事业稳步推进，中国图们江地区推进地区教育事业发展，实现教育事业覆盖从学前教育到义务教育、本专科教育再到研究生教育各个环节。2021 年，中国图们江地区研究生教育、本专科教育、中等职业教育分别招生 2085 人、8183 人、4165 人，与 2020 年持平，为中国图们江地区经济社会发展培养人才。② 中国图们江地区推进医疗卫生事业发展，为其城乡居民的生命财产安全保驾护航。推进医疗卫生机构建设，为保障其城乡居民生命健康奠定基础。2021 年，中国图们江地区共有 2348 个医疗卫生机构，有 61 个医院，其中包括 22 个公立医院，约占医院总数的 34.38%。中国图们江地区现有 2242 个基层医疗卫生机构，72 个乡镇卫生院，951 个卫生室，实现乡村医疗机构全覆盖。2021 年，中国图们江地区拥有 16249 名卫生技术人员，6746 名执业医师和执业助理医师，7085 名注册护士，较 2020 年均出现小幅度变动，卫生技术人员下降 0.61%，执业医师和执业助理医师下降 0.21%，注册护士增加 0.95%。2021 年，中国图们江地区医疗卫

---

① 根据 2020 年、2021 年延边朝鲜族自治州统计公报整理。
② 根据 2020 年、2021 年延边朝鲜族自治州统计公报整理。

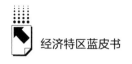

生机构床位 11175 张，较 2020 年增加 177 张，乡镇卫生院床位 1219 张，较 2020 年有所减少，减少 35 张；医院现拥有床位 8730 张，较 2020 年减少 659 张，约减少 7.02%。2021 年，中国图们江地区平均每万人拥有卫生技术人员 80 人，平均每万人拥有床位 55 张。每万人拥有卫生技术人员与 2020 年持平，每万人拥有床位较 2020 年有所增加，约增加 1.85%。[①] 中国图们江地区医疗卫生、教育等公共服务事业稳步发展，为其在疫情防控常态化背景下实现经济社会高质量发展提供条件。

二 中国图们江地区高质量发展面临的难题

（一）中国图们江地区自身及周边地区经济实力较弱

由于历史、区位等因素的影响，从全国范围内看，东北地区与中、东部地区相比而言，经济实力相对落后，中国图们江地区在东北地区中经济实力也相对薄弱，同时受到疫情的影响，这是中国图们江地区经济社会高质量发展所面临的结构性困境。中国图们江地区发展不平衡、不充分，因此应当立足疫情防控常态化背景，借助高质量发展契机实现自身经济实力的增强，进而缩小东西部差距。区位优势是中国图们江地区实现经济社会高质量发展的显著优势，但中国图们江地区周边国家、地区经济体量小、实力相对较弱，并未为中国图们江地区经济社会高质量发展营造良好的区域发展环境。如与中国图们江地区接壤的俄罗斯远东地区与朝鲜的边疆城市，其经济发展水平持平甚至落后于中国图们江地区。中国图们江地区自身及周边地区经济实力较弱，直接影响其对外合作与发展，影响其能否建立起畅通的内外联动的发展机制，进而制约中国图们江地区经济社会实现高质量发展。

---

① 根据 2020 年、2021 年延边朝鲜族自治州统计公报整理。

（二）生态资源与人文资源挖掘程度有限

中国图们江地区具有充足的生态资源与人文资源，但二者挖掘程度有限是中国图们江地区高质量发展面临的困境。中国图们江地区生态具有自身特点，在生态功能方面，中国图们江地区生态有调节气候、防止水土流失、保护生物多样性等重要功能。"生态本身就是经济，保护生态就是发展生产力。"[①] 但由于历史与区位等特殊因素，中国图们江地区的生态文化及生态资源的开发利用程度低。中国图们江地区往往拥有较为丰富的自然资源，如拥有充足的森林资源，森林覆盖率达80%以上。但生态资源的利用程度较低，并未使自然资源充分发挥经济价值。另外，中国图们江地区拥有丰富的少数民族特色文化、边疆文化等人文资源，同时中国图们江地区作为革命老区还孕育了红色革命文化。多种人文资源融入经济社会发展能够促进中国图们江地区经济内涵式发展。但多种文化资源挖掘程度不够，所形成的文化产品层次相对较低，在中国图们江地区经济社会高质量发展中并未充分实现经济效益，更不用说实现社会效益与生态效益。因此，边疆民族地区生态资源与人文资源的利用程度有待提升。

（三）脱贫攻坚成果有待进一步巩固拓展

随着脱贫攻坚取得决定性胜利，中国图们江地区绝对贫困问题得到历史性解决。中国图们江地区相对其他地区而言，虽经历脱贫攻坚时期的长足发展，但自身经济实力还相对薄弱，已脱贫人口发展的内生能力不强，部分已脱贫人口面临返贫的潜在风险，这是中国图们江地区高质量发展面临的阶段性难题。中国图们江地区乡村产业在脱贫攻坚期间得到较为充分的发展，但"技术、资金、人才、市场等支撑还不强"，[②] 乡村产业的规模与实力仍需

---

① 习近平：《论"三农"工作》，中央文献出版社，2022。
② 习近平：《论"三农"工作》，中央文献出版社，2022。

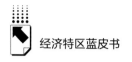

扩大与增强。中国图们江地区乡村文化建设有序推进，但中国图们江地区所拥有的边疆文化、少数民族特色文化、红色革命文化等独特文化资源，在乡村文化建设与乡村产业发展方面均未能充分发挥应有的作用，乡村产业所生产的产品文化含金量不高，文化在高质量发展方面应当实现的效益尤其是经济效益未能充分实现。另外，中国图们江地区乡村居民生产生活理念有待革新，对生态环境重要价值的认识有待深化，绿色发展的生产生活方式转变亟须推进。如中国图们江地区乡村"厕所革命"稳步推进，但改造后的厕所使用效率较低，未能切实改善乡村居民的生活环境。因此，中国图们江地区应当进一步巩固拓展脱贫攻坚成果，为实现乡村高质量发展奠定基础。

（四）人力资本大量外流制约高质量发展

人力资本外流是大多数乡村面临的巨大挑战，中国图们江地区乡村人力资本外流尤为突出，并致使出现乡村人口老龄化、村庄空心化现象，使中国图们江地区经济社会高质量发展面临内生性困境。中国图们江地区人力资本的流动特点主要表现为从乡村流向城市，由国内"发展不充分"地区流向国内"发展充分"地区甚至流向国际劳务市场。这符合生产要素由低收入部门向高收入部门流动的发展规律，由此也使中国图们江地区尤其是乡村形成"人力资本外流—人口老龄化—经济发展缺乏内生动力、基本公共服务资源逐步萎缩—人力资本回流难及再外流"的恶性循环。人力资本的长期外流直接导致中国图们江地区人才技术储备相对匮乏、产业劳动力缺少后续供应、研发能力与自主创新能力水平相对较低、乡村教育及医疗卫生等基本公共服务资源逐步萎缩，使中国图们江地区经济社会高质量发展缺乏强劲的内生动力。同时，中国图们江地区的乡村资源尤其是基本公共服务资源的萎缩，对乡村老年群体生命财产安全及生活质量产生一定的负面影响，不利于中国图们江地区经济社会高质量发展的整体推进。

三　中国图们江地区经济社会高质量发展的破题方略

（一）立足"三新"发掘自身特色

中国图们江地区经济社会高质量发展应当立足"三新"，即将新发展阶段作为发展依据、将新发展理念作为发展指引、将新发展格局作为任务目标。经济发展是中国图们江地区经济社会高质量发展的关键推动力量，而新发展理念是中国图们江地区经济社会高质量发展的"指挥棒"。因此，中国图们江地区应在新发展阶段，尤其是在疫情防控常态化背景下，要坚持将创新作为发展的第一动力，促进中国图们江地区协调发展，深化东西对口协作体制机制，推进东西部之间经济、文化、科技等多层次协作，逐步缩小东西部之间的发展差距。推进中国图们江地区绿色发展，推进生态产业化与产业生态化发展，使中国图们江地区能够实现可持续发展。并积极推进中国图们江地区的开发开放，充分发挥中国图们江地区在对外开放中的桥头堡作用。积极融入国内国际"双循环"相互促进的新发展格局，并借助"一带一路"发展成果，推进中国图们江地区市场化建设，使之顺利对接国内、国际市场，实现中国图们江地区市场内外联动，为中国图们江地区经济社会高质量发展注入强劲动力。中国图们江地区不能在东部地区后面亦步亦趋，应当充分发挥其区位优势、资源禀赋优势、少数民族特色文化优势及生态环境优势，将优势转化为其经济发展的动势，以经济高质量发展引领中国图们江地区其他各领域的高质量发展，走具有中国图们江地区特点的高质量发展道路。

（二）推进生态文化产业建设

生态环境在塑造中国图们江地区经济社会高质量发展质态过程中具有重要作用。由于区域、历史等因素，中国图们江地区生态资源开发程度相对较浅，这在一定程度上使生态资源优势成为推动中国图们江地区经济社会高质

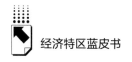
量发展的后发优势。因此，应借助产业生态化与生态产业化双向互动的机会，促进中国图们江地区经济社会实现高质量发展。但在双向互动中，生态产业化应当占据更为重要、更为主动的位置。产业生态化更多的是通过科技支撑，实现产业生产方式变革，即转向绿色发展、低碳发展，实现产业长期可持续发展。同时，在产业生态化发展的过程中，产业相关从业人员会受到潜移默化的影响，其生活方式会逐步向绿色、低碳转变。而生态产业化是充分挖掘生态资源的三重效益，即经济效益、社会效益与生态效益，中国图们江地区应当积极推进生态文化产业发展，使"绿水青山"变成"金山银山"，推动经济社会高质量发展。如长白山是中国图们江地区重要的生态资源与文化标识，探索在保护的基础上开发长白山生态资源，打造长白山生态"氧吧"，并深入挖掘长白山的森林文化、少数民族特色文化等文化意涵，将其融入生态"氧吧"的生态产业载体中，实现生态、文化、经济三者复合发展。在疫情防控常态化背景下，促进中国图们江地区资源尤其是自然资源充分发挥三重效益，推进中国图们江地区生态高质量发展，进而实现中国图们江地区经济社会高质量发展。

（三）巩固拓展脱贫攻坚成果有效衔接乡村振兴

从城乡维度审视，乡村相对于城市处于发展不平衡、不充分的状态。因此，中国图们江地区要实现经济社会高质量发展，就要充分重视乡村经济社会高质量发展，而乡村经济社会高质量发展的关键在于生活在乡村的人能够实现高质量发展。当前，乡村经济社会高质量发展的基石是巩固拓展脱贫攻坚成果，为乡村全面振兴奠定基础。2022年中央一号文件指出："坚决守住不发生规模性返贫的底线。"① 因此，中国图们江地区要针对低收入人群开展动态监测工作，对其所面临的潜在返贫风险进行评估，并及时采取相应措施解决返贫致贫问题，防止出现大规模返贫现象。同时，推进中国图们江地

---

① 《中共中央国务院 关于做好二〇二二年全面推进乡村振兴重点工作的意见》，人民出版社，2022。

区农村第一、二、三产业融合发展，深挖中国图们江地区生态资源与人文资源，推进中国图们江地区文化产业尤其是文化旅游产业高质量发展。完善中国图们江地区乡村基本公共服务设施，推动中国图们江地区乡村居民移风易俗，通过接续扶智扶志的方式方法，对中国图们江地区的生产生活观念进行解构与重构，并对落后的风俗习惯逐步予以取缔，实现中国图们江地区移风易俗工作稳步推进，形成中国图们江地区良好的生产生活理念与环境，在疫情防控常态化背景下推进中国图们江地区经济社会高质量发展。

（四）培育人才与引进人才相结合

人才尤其是少数民族优秀人才，是实现中国图们江地区经济社会高质量发展的重要内生动力。但中国图们江地区总体经济实力相对于中、东部地区较弱，因而在引进人才、吸引人才方面，中国图们江地区常常处于劣势地位。因此，要实现中国图们江地区经济社会高质量发展，就要解决内生动力即人才的问题。中国图们江地区应当坚持"以自我培育为主、以外部引进为辅"的人才发展战略，利用其内部的高等院校与职业技术学校，及时调整专业设置与人才培养方案，采取定向培养等形式，开展具有针对性的人才培养工作，为实现经济社会高质量发展输送人才，推进产业信息化、数字化、智能化发展。同时，要完善人才培养及引进的激励机制，为人才提供发展平台、发展团队、住房医疗等基本保障，使培养与引进的人才能够"育得出、引得进、留得下"。另外，充分重视老年群体在人力资源维度上的价值，积极挖掘老年人力资源，推进"银龄计划"实施。为身体健康、具有丰富经验并有意愿继续创造价值的老年群体搭建平台，使其投身地区教育、卫生医疗等领域，能够持续发挥余热，[1] 促进中国图们江地区人力资源的充分利用，为中国图们江地区经济社会高质量发展提供坚实的人才支撑。

总而言之，中国图们江地区应当立足新发展阶段、树立新发展理念、构

---

[1] 黄守宏：《加快构建新发展格局　推动"十四五"时期高质量发展》，《行政管理改革》2021 年第 5 期。

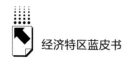
建新发展格局，不断增强自身经济实力。同时，深入推进中国图们江地区生态文化产业建设，推动中国图们江地区乡村巩固拓展脱贫攻坚成果有效衔接乡村振兴，并秉承培育人才与引进人才相结合原则实现中国图们江地区人才振兴，在疫情防控常态化背景下促进中国图们江地区经济社会高质量发展。

参考文献

《习近平谈治国理政》（第四卷），外文出版社，2022。

习近平：《论"三农"工作》，中央文献出版社，2022。

《中共中央国务院 关于做好二〇二二年全面推进乡村振兴重点工作的意见》，人民出版社，2022。

《延边朝鲜族自治州 2021 年国民经济和社会发展统计公报》，吉林省统计局网站，2022 年 8 月 2 日，http：//tjj. jl. gov. cn/tjsj/tjgb/ndgb/202208/t20220802_ 8529459. html。

《延边朝鲜族自治州 2020 年国民经济和社会发展统计公报》，吉林省统计局网站，2021 年 6 月 9 日，http：//tjj. jl. gov. cn/tjsj/tjgb/ndgb/202106/t20210609_ 8098834. html。

黄守宏：《加快构建新发展格局 推动"十四五"时期高质量发展》，《行政管理改革》2021 年第 5 期。

B.18
粤港澳大湾区乡村振兴的
理论阐释与突破路径

李凡 吕丛*

摘　要： 粤港澳大湾区具有庞大的经济规模和强劲的发展动能，在人才、技术和资本等方面极具优势。对照中央乡村振兴任务，粤港澳大湾区应主动作为，勇担时代重任。基于二元经济结构、增长极和规模经济理论，本报告首先梳理了粤港澳大湾区乡村振兴战略实践的理论基础，并进一步探讨粤港澳大湾区乡村振兴战略实践的制约因素。以生产要素共享平台、增长极体系和规模农业经济为抓手，粤港澳大湾区应积极突破制约，高质量推进乡村振兴战略的实施。

关键词： 粤港澳大湾区　乡村振兴　高质量发展

一　粤港澳大湾区乡村振兴战略实践的理论基础

我国在工业化过程中形成并固化了城乡二元经济结构。城乡二元经济结构理论认为，该结构会导致我国城乡差距不断扩大，制约我国经济持续增长，因此大力促进乡村振兴、缩小城乡差距、破解城乡二元经济结构势在必行。然而，乡村振兴事业并非独立发展，依据增长极理论，更加高效的方式

---

* 李凡，博士，深圳大学中国经济特区研究中心教授，主要研究方向为产业组织理论、数字经济学、应用计量经济学；吕丛，深圳大学中国经济特区研究中心2021级硕士研究生，主要研究方向为人口资源与环境经济学、数字经济学。

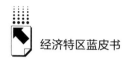

是由发展较好的增长极带动发展较差的增长极发展。粤港澳大湾区发展势头迅猛，在人才、技术和资本等方面都极具优势，可充分发挥自身的辐射、扩散和带动作用，充分推动乡村资源整合，实现规模经济。

（一）二元经济结构理论

美国经济学家刘易斯（Lewis）是系统论述发展中国家二元经济结构的先驱人物。1954年，他提出了著名的二元经济结构理论。该理论有两个前提假设。一是两部门经济，他认为发展中国家存在两个部门，即以传统生产方法进行生产且劳动生产率和收入水平极低的非资本主义部门和以现代生产方法进行生产且劳动生产率和收入水平较高的资本主义部门。前者以农业部门为代表，后者以工业部门为代表。二是无限劳动力供给，即在现行工资水平上，以工业部门为代表的资本主义部门劳动力供给具有完全弹性，可以无限量得到所需要的劳动力。他第一次系统提出发展中国家存在发展禀赋截然不同的农业部门和工业部门；而经济发展的关键在于农业部门的剩余劳动力向工业部门转移。后来，拉尼斯（Ranis）、费景汉（Fei）、乔根森（Jorgensen）等人对这一理论进行了丰富和完善。拉尼斯（Ranis）和费景汉（Fei）聚焦发展中国家，将二元经济结构转换分为三个阶段，并提出经济发展的关键在于如何把伪装失业者转移到工业部门。乔根森提出了一个新古典主义模式，认为农业发展和技术进步对促进经济发展更有意义。二元经济结构理论认为，发展中国家普遍存在两个部门：以传统生产方式进行生产且劳动生产率极低的农业部门和以现代生产方法进行生产且劳动生产率较高的工业部门。这与发展中国家的社会实际相符合。我国是一个存在典型二元经济结构的发展中国家，二元经济结构理论产生出特有的城乡二元经济结构理论，主要表现为：城市经济以现代化的大工业生产为主，而农村的基础设施落后，城市和农村之间的发展差距较大。城乡二元经济结构对我国的经济发展起初具有一定的积极意义。城市具有经济发展的导向和示范作用，能推动农村的发展，引导农村走向现代化。然而，随着经济发展，城乡二元经济结构开始显示出对经济发展消极的负面效应，比如，生产要素流动不畅和城乡贫富差距扩大。因此，我国政府应该积极采取措施破解城乡二元经济结构困境，以城带乡，大力发展乡村振兴事业，以期实现国内经济的整体发展。

（二）增长极理论

法国经济学家佩鲁（Perroux）最早提出了增长极概念。1955年，他提出："增长极并非同时出现在所有的地方，它以不同的强度首先出现在一些点或增长极上，然后通过不同的渠道向外扩散，并对整个经济产生不同的终极影响。"这些增长点或增长极会产生类似"磁极"作用的离心力和向心力。佩鲁的增长极概念并非基于地理区间而是基于抽象的经济空间，是指对经济发展起推动作用的一个或一组经济部门。增长极概念提出以后，得到了学术界的广泛关注，布带维尔（Boudville）、缪尔达尔（Myrdal）、赫希曼（Hischman）、弗里德曼（Friedman）等人对此概念作了修正与完善。布带维尔将佩鲁的增长极概念的内涵从抽象的经济空间拓展到更具广泛意义的区域范畴，认为"经济空间是经济变量在地理空间之中或之上的应用"，将地理学中的"增长中心"这一地理空间概念引入经济学对增长极的概念进行解释，并正式提出"区域发展极"概念。1957年，缪尔达尔认为经济发展过程在空间上并不是同时产生和均匀扩散的，而是先从一些条件较好的地区开始，并提出了"扩散效应"和"回波效应"两个概念，用以说明地区间经济发展的不平衡性。1958年，赫希曼提出了区域经济非均衡增长的"核心—边缘"理论，把增长极定义为城市等地理单元。赫希曼指出经济增长并不会同时出现在每一处，当某一处首先出现了增长，其巨大的动力就会使周围的经济要素围绕这一出发点集中，从而使最初的增长点经济增长加速，并最终形成与周围地区有明显差别且具有较高收入的核心区，而与核心区相对应的周边落后地区则形成边缘区。1966年，弗里德曼提出了"核心—外围"理论，认为任何国家和地区的区域系统都是由核心和外围两个子空间系统组成的，核心区域是指城市或城市聚集区，它们一方面从外围区域聚集生产要素，产生大量创新成果，另一方面又使创新成果源源不断地向外围区域扩散。

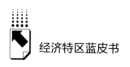

总之，增长极理论认为，区域经济发展主要依靠区位条件较好的少数地区带动，应该把少数区位条件较好的地区培育成增长极。粤港澳大湾区在不断发展中已经成长为我国的区域增长极，是我国经济增长的重要动力，理应积极突破制约，持续精准发力。

（三）规模经济理论

规模经济理论的代表人物是马歇尔（Marshal），该理论指在一定科技水平下生产能力提升使长期平均成本下降的趋势。根据规模经济理论，某产品在生产能力保持不变的情况下，产量越多，生产成本越低，就被认为该产品的生产存在规模经济，具体表现为 U 形的"长期成本曲线"向下倾斜的部分。从空间角度来看规模经济，20 世纪上半叶区域经济学引进空间向度（The Spatial Dimension），提出了聚集经济的概念，即经济活动在空间上并非均匀分布的，而是呈现局部集中分布的特征，众多企业在局部空间上的聚集显现出在分散状态下所没有的经济效率，亦即导致了企业聚集而造成的整体功能大于分散状态下各企业所能实现的功能之和，表现为一种规模报酬递增的优势，其本质是一种空间上的外在规模经济。规模经济理论可以应用于提升农村产业的生产经营效率。分散的农村无法集中资源形成产业，但更大生产范围的农业生产可以降低成本，节省人力物力，形成规模优势。具体表现为：一是可以避免农户盲目耕种，在一定范围内依托先进农业机械设备，统筹布局，有规模、有组织地提升农产品的生产效率；二是可以极大减少单位农产品的生产费用；三是易于打造品牌，树立信誉；四是增强了对风险的抵抗能力。粤港澳大湾区已经具有充分整合资源的能力，未来可充分发挥自身优势，帮助腹地乡镇整合乡村资源，形成大规模生产，实现规模经济。

二　粤港澳大湾区乡村振兴战略实践的制约因素

诸多因素制约着粤港澳大湾区乡村振兴战略实践。首先，我国的城乡二元经济结构导致了生产要素在城市和农村之间流动受限，生产要素往往趋于向发展较好的城市流动。农村地区没有生产要素的流入，就难以发展。其次，粤港澳大湾区作为增长极，其辐射带动能力和范围有限，导致远离增长极的腹地较难获得增长拉力。最后，我国当下农村经营主体"小、散、乱"现象突出，造成农业生产聚集度低，难以实现规模经济。

（一）生产要素流动不畅

粤港澳大湾区经济发展势头强劲，在经济发展过程中产生了强烈的虹吸效应。生产要素在市场化进程中总是倾向于向城市流动，而较少向农村流动，这就使农村地区的经济发展受到限制。农村地区没有生产要素的流入，就无从谈及振兴。从人才要素来看，粤港澳大湾区吸引海内外优秀人才和创新资源，而乡村地区位于发展的边缘地带，面临人才短缺的难题，务农工作者缺少与产业发展相适应的意识与技术。从资本要素来看，大部分乡村地区的资金流通链不稳定，资本难以通过市场介入乡村建设。从土地和技术要素来看，土地利用效率较低，乡村在农业发展上技术较为落后，集约化生产程度低。

近几年，我国政府对农业发展问题给予了极大关注，将之作为我国经济长期稳定发展的核心问题来看待，但我国仍存在城乡二元经济结构明显的问题。如何改变农业部门技术水平低、资本短缺以及发展无力的总体局面，促进农业部门的快速稳定发展，仍是亟待解决的难题。城乡二元经济结构是阻碍生产要素自由流动的因素。因此，破解城乡二元经济结构问题的关键在于乡村振兴。随着乡村振兴战略深入实施，城乡差距逐渐缩小，农村居民收入增长速度快于城镇居民收入增长速度，城乡居民收入差距缩小。2021年，我国农村居民人均可支配收入实际增长速度快于城镇居民2.6个百分点；城乡居民人均可支配收入比值为2.50，比上年减小0.06。粤港澳大湾区应充分调动生产要素的流动，缩小城乡差距，破解城乡二元结构问题。

（二）增长极辐射力递减

增长极理论认为，增长极具有极化效应和扩散效应两种功能，两种功

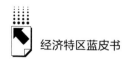

能的作用力会随着距离的增加而衰减。然而，扩散效应的衰减速度远远大于极化效应的衰减速度，这导致增长极对于同等距离范围内腹地的极化效应强度远超扩散效应强度，从而使远离增长极的腹地经济发展水平远远落后于靠近增长极的中心地区经济发展水平。现阶段，粤港澳大湾区作为增长极主要是极化效应占主导地位，扩散效应相对较弱且范围较小。同时，远离增长极的腹地和靠近增长极的中心地区之间在经济发展水平上存在较大差距，发展差距较大就极大影响了扩散效应的发挥。在经济实践中，当接受增长极扩散效应的腹地在社会文化和工业化进程方面与增长极具有较高的相似度时，其从增长极获得增长动力的可能性就较大；相反，当经济发展差距较大时，则很难从增长极获得增长动力。因此，距离和经济落差使得粤港澳大湾区难以充分发挥其作为增长极的扩散效应，从而难以带动与其距离较远地区实现乡村振兴。

粤港澳大湾区在拉动周边地区的乡村振兴事业中不断开拓。以广东省为例，在资金方面，粤港澳大湾区积极拓宽资金流通渠道，采取政府和社会资本合作（PPP）模式，截至2021年底，引入大量社会资本，纳入广东省PPP项目库的农业农村类项目560个，总投资6534亿元；在技术方面，粤港澳大湾区着手打造农业合作平台进行技术交流，大力推动广州、深圳现代农业实验中心的科研工作与成果应用，推进5G、区块链、互联网等现代信息技术与农业农村的融合。对于距离较远的腹地，粤港澳大湾区通过"菜篮子"工程等以消费帮扶的形式带动内地农产品流通，帮扶力度仍有待加大。粤港澳大湾区已具备拉动内地乡村振兴的能力，当务之急是解决距离带来的帮扶效果欠佳的问题。

（三）农业生产聚集度低

在农村产业发展的过程中，存在农业生产经营"碎片化"和产业路径"重复化"问题。一方面，农村和农户作为农业生产经营主体较为分散，村户资源整合度低；另一方面，资源要素禀赋相近的农村往往选择发展相似的产业，实施产业政策时路径重复。这就导致产业发展成本过高，效率较低，难以有效推动产业持续高质量发展形成合力。在科层体制的层级管理模式下，横向同级部门之间尚未形成合力，导致资源在农村的碎片化配置，甚至内耗严重。进一步，农村产业扶持政策缺乏整体设计。各级村政府在构建产业链时各自发力，缺少整体的政策引领。由于缺乏完备的政策设计和统筹规划，各村的产业扶持政策在实施过程中不仅造成资源浪费而且也无法激活农村各种生产要素，使得农业生产经营陷入"碎片化"的低聚集度态势。

我国当下农村经营主体"小、散、乱"现象突出，农户大多以散户种植的形式存在，且种植区域分散，无法形成规模化生产，这就导致农产品总产量和总质量不占优势。农村和农户受限于自身规模，无法与市场进行很好的对接，不利于打造农业品牌，且农村经营主体之间的合作性不强，无法形成规模效应。粤港澳大湾区应充分发挥自身资源优势，帮助腹地乡镇整合乡村资源，形成大规模生产，实现规模经济。

三 粤港澳大湾区乡村振兴战略实践的路径

全面推进乡村振兴是脱贫攻坚战取得胜利后"三农"工作重心的历史性转移，也是推动我国经济转向高质量发展阶段的必然要求。农业农村高质量发展作为乡村振兴战略的重要着力点，应立足农情国情，在要素互通、产业增效等方面切实发力，加快推进新时代农业农村质量效益型的现代化发展。消除制约因素是粤港澳大湾区乡村振兴战略实践的关键所在。首先，针对生产要素流动不畅的问题，粤港澳大湾区应搭建生产要素共享平台，实现生产要素共享、互通。其次，针对增长极辐射力递减的问题，粤港澳大湾区可以自身为核心，继续向外培育多层次、网络化的增长极体系，成长为增长极系统，增强整体辐射与带动能力。最后，针对农业生产聚集度低的问题，粤港澳大湾区应以发展规模农业经济为引领，驻镇帮镇扶村，站在全域角度统筹、集中并调动资源，实现规模经济。

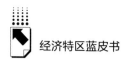
（一）建立生产要素共享平台，实现要素互通

二元经济结构是阻碍生产要素自由流动的极大因素，而生产要素自由流动能充分带动农村地区的发展。粤港澳大湾区拥有技术和人才生产要素方面的优势，广大腹地乡村拥有土地生产要素，二者可以实现互补互通。为了使生产要素自由流动进而充分发挥技术和人才等方面的优势，粤港澳大湾区应构建生产要素共享平台，实现生产要素自由流动。在生产要素共享平台上，粤港澳大湾区应着力向外推出技术与人才，实现专业技术攻关和人才点对点线上帮扶，做到在全国范围内可查可用。生产要素共享平台一方面要运用城市生产要素、产业辐射等带动农村发展，引导公共与社会资源向农村投入与聚集；另一方面要使农村补齐自身短板，展现社会主义新农村的独特优势和较大吸引力。乡村振兴并不意味着对城市经济发展模式进行简单模仿和复制，而是要释放乡村发展活力，尤其是在土地确权基础上实现土地资源的优化配置和规模经营，促进城乡之间技术、人才、土地等生产要素的互补互通。通过建立健全城乡融合发展机制和政策体系，促进新型农业产业发展模式形成，填补城乡鸿沟。在城乡生产要素双向对流的基础上，深化农业供给侧结构性改革，推动农村经济转型升级和农业产业空间重构，统筹协调乡村产业与城镇发展。

（二）构建增长极体系，推进协同发展

粤港澳大湾区已具备成为增长极的条件，在此基础之上，应以其为核心增长区域，以周围广大农村为腹地，继续培育若干规模不等、职能各异的区域增长极，组成结构合理、分工明确和优势互补的网络化增长极体系。为了有效统筹发展城乡经济，促进以工带农、以城带乡的区域协调发展，应该以粤港澳大湾区为核心，充分发挥其经济、社会、文化辐射和向心作用，向外培育各类增长极体系。培育多层次、网络化的增长极体系的重要条件是建立各级各类交通和通信通道等辐射媒介，以全面覆盖体系内的辐射边缘地区和空白地区。通过加强交通、通信等基础设施建设，形成沟通各个层次增长极

的贸易链和产业链，消除粤港澳大湾区发挥扩散效应的阻碍因素，使粤港澳大湾区成长为多层次、网络化的增长极系统，从而以更大规模和更高层级的聚集经济形式缩小区域发展差距。随着以粤港澳大湾区为中心的增长极网的建立，增长极体系对所覆盖区域的整体辐射作用可以得到充分发挥，从而缓解单一增长极辐射能力不强的问题。

（三）发展规模农业经济，驻镇帮镇扶村

乡村振兴的先导是产业振兴，产业振兴的关键在于发展规模农业经济。首先，要减少传统小农独立分散生产经营的方式，推动农业规模化生产经营。要发展农业经营组织，使其从个体化转向团体化，从家户模式转向法人模式、集团模式，通过经营主体的横向聚合促成生产方式的规模化转型。农业规模化生产经营的另一重要任务在于将规模经营推向生产环节以外的其他环节，尤其是生产要素供给环节、产品加工环节和销售环节，补齐生产经营规模不大的短板。其次，要实现产业聚合和行业聚合，推进形成一体化经营模式。农业产业的一体化着重于组织层面的融合和行业融合，在模块化、规模化经营基础上，通过各层次产业融合发展形成更具规模的完整产业链，并实现规模效益。最后，发展规模农业经济的关键在于强镇。乡镇具有上连县、下连村的纽带作用，做强做优乡镇一级，就能发挥集聚效应，推动镇村同建同治同兴，加快县乡村统筹发展。粤港澳大湾区在乡村振兴事业中应对接到镇，驻镇帮镇扶村，从"结对帮扶"变为"组团帮扶"，有利于政府站在全域角度统筹、集中、调动资源，从而充分发挥帮扶单位的规模经济优势，有效提升生产效率、降低成本并规避风险。

参考文献

A. Lewis, "Economic Development with Unlimited Supplies of Labour," *The Manchester School of Economic and Social Studies* 22, 2 (1954).

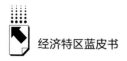
J. E. Stiglitz, "Notes on Estate Taxes, Redistribution, and the Concept of Balanced Growth Path Incidence," *Journal of Political Economy* 86 (1978).

Niles M. Hansen, and J. R. Boudeville, "Problems of Regional Economic Planning," *Southern Economic Journal* 34, 2 (1967).

蒋东生:《发展经济学理论的杰作——评刘易斯〈二元经济论〉》,《管理世界》1990 年第 2 期。

刘秉镰、朱俊丰、周玉龙:《中国区域经济理论演进与未来展望》,《管理世界》2020 年第 2 期。

吴俊、张家峰:《规模收益递增、产业内贸易与要素禀赋理论》,《世界经济》2008 年第 8 期。

B.19
新疆新兴经济特区发展报告

王保卫　徐卓怡*

摘　要： 2021年是我国开启全面建设社会主义现代化国家新征程的第一年，也是新疆新兴经济特区立足新发展阶段、全面贯彻新时代党的治疆方略和融入新发展格局极为重要的一年。其中，喀什经济特区和霍尔果斯经济开发区在党中央的坚强领导下，在科学统筹疫情防控和经济社会发展、促进地区经济平稳运行、协调产业结构和产业发展、保障人民生活水平等方面取得了新成效，实现了"十四五"良好开局。在迈向高质量发展阶段的进程中，新疆新兴经济特区仍面临区域发展不平衡、地区产业结构不协调、国际贸易规模有待扩大、地区环境不稳定等诸多问题。本报告详细阐述了喀什经济特区和霍尔果斯经济开发区过去一年取得的成就，深入剖析了新疆新兴经济特区在未来发展中亟待解决的问题，为助力新疆新兴经济特区高质量发展提出了相应的对策建议。

关键词： 喀什　霍尔果斯　经济特区

一　2021年喀什经济特区发展概况

（一）经济形势稳中向好，地区增速U形上升

2021年，喀什地区充分利用南疆城市群中心的区位优势，实现经济实

---

* 王保卫，应用心理学博士，深圳大学中国经济特区研究中心讲师，主要研究方向为行为经济学、心理分析、特区经济；徐卓怡，深圳大学经济学院应用经济学专业硕士研究生，主要研究方向为全球价值链、国际贸易。

力的进一步增强，经济基本面稳中向好。如图1所示，2021年喀什地区地区生产总值达到1299.0亿元，同比增长15.0%，远高于全国8.1%的水平，增速呈U型上升态势。在人均地区生产总值方面，2021年喀什地区人均地区生产总值为27266元，同比增长7.5%，相较于2020年4.5%的增速水平有了大幅的提升，同时超过新疆6.3%的增速水平。

整体来看，2021年喀什地区地区生产总值在新疆各市州中的排名与去年持平，位列第五。然而，2021年喀什地区地区生产总值增速在新疆各市州中排名第十。此外，2021年喀什地区人均地区生产总值在新疆各市州中仅排名第十三，相比2020年下降1位。喀什地区在稳固经济发展态势的同时，亟须寻找新的经济增长点。

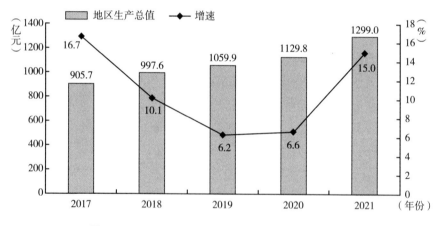

图1 2017～2021年喀什地区地区生产总值及其增速

资料来源：根据2017～2021年喀什地区国民经济和社会发展统计公报数据整理。

（二）第三产业结构比重降低，产业结构升级任务严峻

相较于2020年，2021年喀什地区的产业结构特点主要体现在两个方面：一是第一产业和第二产业增加值占地区生产总值的比重上升，二是第三产业增加值占地区生产总值的比重下降。如图2所示，2021年喀什地区第一产业增加值为387.03亿元，比上年增长7.7%，占地区生产总值的

29.8%；第二产业增加值为 270.23 亿元，比上年增长 11.0%，占地区生产总值的 20.8%；第三产业增加值为 641.72 亿元，比上年增长 6.2%，占地区生产总值的 49.4%。2021 年喀什地区第三产业增加值增速大幅低于地区生产总值增速，导致 2019 年以来第三产业增加值占地区生产总值的比重首次降至 50% 以下。

从产业结构升级角度来看，2021 年喀什地区第一产业结构比重的上升和第三产业结构比重的下降压缩了经济可持续发展的空间，使得喀什地区产业结构的不合理性更加凸显，产业结构升级的形势愈加严峻。囿于独特地理环境、区位条件、自然资源与生产要素，喀什地区第一产业增加值占地区生产总值的比重始终居高不下，在经历 2017~2019 年的下降后又重新上升至 30% 左右，远高于全国 7% 的平均水平；2017~2020 年第二产业增加值占地区生产总值的比重连续下降，2021 年小幅回升至 21% 左右，远低于全国 40% 的水平。长期来看，喀什地区产业结构升级仍任重道远。

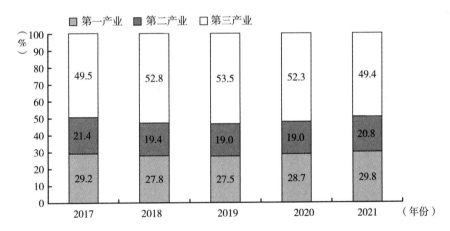

图 2　2017~2021 年喀什地区三大产业增加值占地区生产总值的比重

资料来源：根据 2017~2021 年喀什地区国民经济和社会发展统计公报数据整理。

（三）固定资产投资额稳步增长，三大产业增速均有放缓

2021 年喀什地区固定资产投资额总体保持稳步增长态势，但三大产业

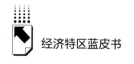

投资额增速均有所放缓。

从总量上来看，2021 年喀什地区固定资产投资额（不含农户）达到 1204.5 亿元（公报中只有增速，打电话沟通了统计局，绝对量的数据不予公布；该数据是基于 2020 年统计公报数据计算所得），成为 2017~2021 年完成固定资产投资额（不含农户）之最高，其增速相较于 2020 年的 35.6% 虽有所下降，但仍实现了 20.2% 的高速增长（见图 3）。

图 3　2017~2021 年喀什地区固定资产投资额（不含农户）及其增速

资料来源：根据 2017~2021 年喀什地区国民经济和社会发展统计公报数据整理。

从产业投资额增速上来看，2021 年喀什地区三大产业投资额增速均有所放缓。图 4 数据显示，2021 年喀什地区第一产业投资额增速为 71.3%，成为三大产业中投资额增速最高的产业，表明第一产业尚有较大的发展空间；第二产业投资额增速为 3.8%，是三大产业中投资额增速最低的产业，增速降幅收窄；第三产业投资额增速为 17.5%，保持稳定增长。

从产业投资结构上来看，与 2020 年相比，2021 年喀什地区三大产业投资结构的变化主要体现为第一产业投资额比重的上升和第二产业投资额比重的下降。图 5 数据显示，2021 年喀什地区第一产业投资额比重为 15.2%，第二产业投资额比重为 19.3%，第三产业投资额比重为 65.6%，第三产业仍是喀什地区的主要产业和投资热地。

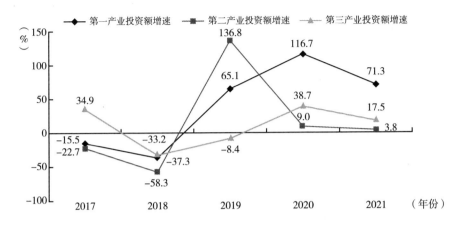

图 4　2017～2021 年喀什地区三大产业投资额增速

资料来源：根据 2017～2021 年喀什地区国民经济和社会发展统计公报数据整理。

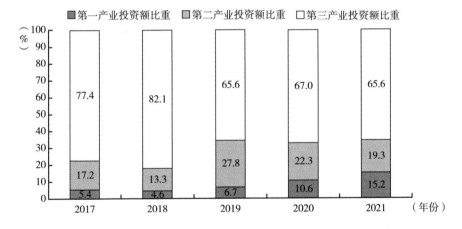

图 5　2017～2021 年喀什地区三大产业投资额占固定资产投资额（不含农户）比重

资料来源：根据 2017～2021 年喀什地区国民经济和社会发展统计公报数据整理。

（四）工业增加值企稳回升，重点产业增加值有增有减

总体上看，2021 年喀什地区工业增加值企稳回升，规模以上工业增加值中重点产业增加值呈现有增有减的特点。具体来看，2021 年喀什地区工

业增加值达到 120.3 亿元，同比大幅增长 21.4%（见图 6），这是喀什地区工业增加值首次突破 100 亿元。

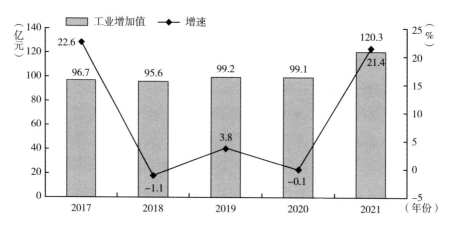

图 6 2017～2021 年喀什地区工业增加值及其增速

资料来源：根据 2017～2021 年喀什地区国民经济和社会发展统计公报数据整理。

就工业增加值而言，2021 年，在喀什地区规模以上重点监测的行业中，电力、热力生产和供应业，非金属矿物制品业，纺织工业增加值扭转了负增长的态势，分别同比增长 18.7%、23.6%、77.0%；农副食品加工业增加值增长 9.1%，增速有所回落；有色金属冶炼和压延加工业、化学原料和化学制品制造业增加值分别下降 26.6%、24.5%。从增加值比重来看，2021 年，在喀什地区规模以上重点监测的行业中，非金属矿物制品业增加值比重最大，达到 33.1%；电力、热力生产和供应业次之，增加值比重为 17.2%；农副食品加工业位列第三，增加值比重为 7.6%；有色金属冶炼和压延加工业、纺织工业、化学原料和化学制品制造业增加值比重分别以 6.5%、5.6%、0.8% 位列第四、五、六（见图 7）。第二产业在喀什地区规模以上重点监测的行业中呈现出明显的增长趋势，这主要与第二产业固定资产投资额增加有关，反映出喀什地区促进产业结构升级的努力和决心。

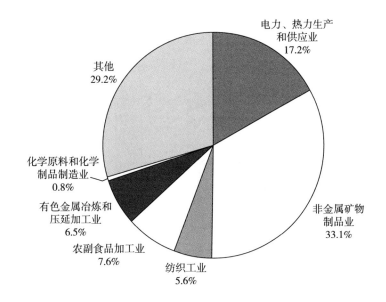

图 7　2021 年喀什地区规模以上工业增加值中重点产业增加值的比重

资料来源：根据《2021 年喀什地区国民经济和社会发展统计公报》数据整理。

（五）货物进出口总额大幅增长，对外贸易规模扩大

在高效统筹疫情防控和实施各项经济社会政策措施的促进下，2021 年喀什地区货物进出口总额大幅回升，对外贸易规模扩大。2021 年喀什地区货物进出口总额达 35.82 亿美元，实现 2017 年以来对外贸易规模的新突破，同比增长 102.4%。其中，货物出口总额为 35.02 亿美元，同比增长 103.1%；货物进口总额为 0.80 亿美元，同比增长 62.1%；货物进出口顺差为 34.22 亿美元。图 8 显示了 2017~2021 年喀什地区货物进出口总额及其增速。

（六）社会消费品零售额快速回转，国内贸易规模再创新高

在构建以国内大循环为主体、国内国际双循环相互促进的新发展格局背景下，深入扩大内需战略取得了良好的成果。如图 9 所示，2021 年喀什地

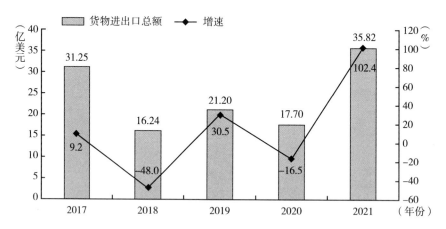

图8　2017～2021年喀什地区货物进出口总额及其增速

资料来源：根据2017～2021年喀什地区国民经济和社会发展统计公报数据整理。

区国内贸易持续恢复，全年社会消费品零售总额达302.7亿元，逆转了2020年疫情带来的消费颓势，同比增长18.8%。2021年喀什地区国内贸易规模不仅恢复到了疫情之前的水平，而且创造了新高。

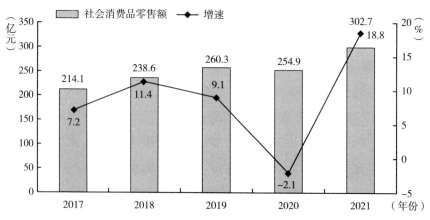

图9　2017～2021年喀什地区社会消费品零售额及其增速

资料来源：根据2017～2021年喀什地区国民经济和社会发展统计公报数据整理。

综合来看，除餐饮行业外，2021年喀什地区国内贸易规模实现了全面和快速的扩大。从经营地来看，2021年喀什地区城镇消费品零售额为

222.69 亿元，比 2020 年增长 20.8%；乡村消费品零售额为 80.02 亿元，比 2020 年增长 13.6%。从消费类型来看，2021 年喀什地区商品零售额为 262.10 亿元，比 2020 年增长 19.3%；餐饮行业受疫情影响较大，餐饮收入额为 40.61 亿元，比 2020 年下降 15.8%。从规模来看，2021 年喀什地区限额以上单位消费品零售额为 91.67 亿元，比 2020 年增长 20.7%，其中，通过公共网络实现的商品零售额为 0.55 亿元，比上年增长 60.4%；限额以下单位消费品零售额为 211.04 亿元，比 2020 年增长 18.0%。

（七）旅游收入有所提高，旅游产业稳步恢复

随着疫情防控的逐步加强和国内出行的逐步放开，2021 年喀什地区旅游产业处于稳步恢复中。2021 年喀什地区接待游客 1998.14 万人，同比增长 22.4%，相比 2020 年增速明显上升；旅游收入 144.43 亿元，同比增长 7.5%（见图 10），虽然仍未恢复至疫情前的水平，但已逆转了下滑的趋势，这足见喀什地区旅游资源的丰富性和旅游产业的韧性。2021 年喀什地区 A 级景区数量共计 56 处，比 2020 年增加 4 处。

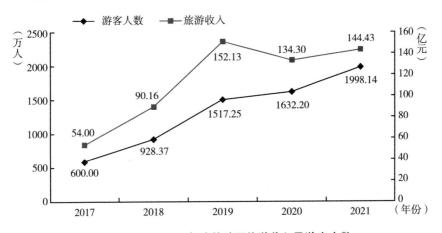

图 10　2017~2021 年喀什地区旅游收入及游客人数

资料来源：根据 2017~2021 年喀什地区国民经济和社会发展统计公报数据整理。

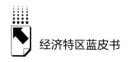
（八）城乡居民收入差距基本平稳，城乡发展不平衡问题依然突出

2021 年喀什地区城乡居民人均可支配收入均有不同程度的增加，城乡居民收入差距基本与 2020 年持平。如图 11 所示，2021 年喀什地区城镇居民人均可支配收入 29507 元，比 2020 年增长 8.0%。其中，工资性收入 19885 元，比 2020 年增长 7.5%；经营净收入 3073 元，比 2020 年增长 70.5%；财产净收入 862 元，比 2020 年增长 13.2%。农村居民人均可支配收入 11252 元，比上年增长 9.5%。其中，工资性收入 5205 元，比 2020 年增长 31.4%；经营净收入 2790 元，比 2020 年增长 18.2%；财产净收入 155 元，比 2020 年增长 30.6%。受疫情、财政压力较大等多方面因素影响，2021 年喀什地区城镇和农村居民转移净收入分别比 2020 年下降 9.2% 和 19.1%，为 5687 元和 3102 元。

图 11 2017~2021 年喀什地区居民人均可支配收入状况

资料来源：根据 2017~2021 年喀什地区国民经济和社会发展统计公报数据整理。

从城乡居民人均可支配收入的绝对值来看，2021 年喀什地区城乡收入差距达到 18255 元，相较于 2020 年有小幅增长；从城乡居民人均可支配收入比值来看，2021 年喀什地区城乡居民人均可支配收入比值为 2.62，比上年缩小 0.04，但仍高于全国 2.50 的平均水平。总体而言，喀什地区城乡发展不平衡问题仍然突出。

（九）援助到位资金有所增加，援助项目稳健运行

从总量上来看，2021 年四省（市）（山东省、上海市、广东省、深圳市）对口援助喀什地区的到位资金较 2020 年回升至 66.99 亿元，同比增长 5.4%，实现了疫情以来的首次正增长（见图 12）。这表明全国经济复苏态势良好，四省（市）对喀什地区的对口援助有序运转中。

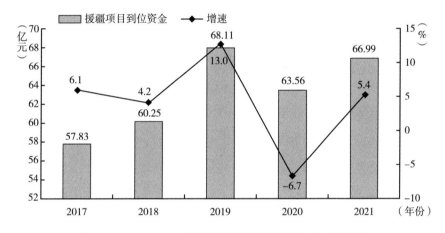

图 12　2017～2021 年喀什地区援疆项目到位资金及其增速

资料来源：根据 2017～2021 年喀什地区国民经济和社会发展统计公报数据整理。

分地区来看，2021 年四省（市）对口援助项目共计 295 个，较 2020 年增长 4.6%；援助到位资金为 66.99 亿元。其中，山东省、上海市、广东省和深圳市对喀什地区 2021 年的援助项目分别为 92 个、87 个、49 个和 67 个，援助到位资金分别为 14.70 亿元、28.57 亿元、13.02 亿元和 10.70 亿元；2017～2021 年累计援助项目分别为 450 个、600 个、254 个和 263 个，累计援助到位资金分别为 70.34 亿元、136.51 亿元、61.47 亿元和 48.41 亿元（见表 1）。

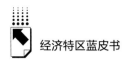
表1 2017~2021年各对口援助省市累计援助情况

单位：个，亿元

对口援助省（市）	2021年援助项目	2017~2021年累计援助项目	2021年援助到位资金	2017~2021年累计援助到位资金
山东省	92	450	14.70	70.34
上海市	87	600	28.57	136.51
广东省	49	254	13.02	61.47
深圳市	67	263	10.70	48.41
合 计	295	1567	66.99	316.73

资料来源：根据2017~2021年喀什地区国民经济和社会发展统计公报数据整理。

二 2021年霍尔果斯经济开发区（市）发展概况

2021年霍尔果斯经济开发区（市）坚持以习近平新时代中国特色社会主义思想为指导，全面贯彻党的十九大和十九届历次全会精神，统筹疫情防控和经济社会发展，全区经济稳健复苏，产业韧性进一步增强，民生保障得以加强，实现了"十四五"的良好开局。面对疫情冲击和经济发展的不确定性，霍尔果斯经济开发区（市）上下团结一心、稳中求进，2021年实现地区生产总值（含兵团）208.37亿元，同比增长7.3%。

2021年霍尔果斯经济开发区（市）产业增加值取得全面增长，产业结构维持稳定。2021年全市实现第一产业增加值10.19亿元，比2020年增长6.8%；第二产业增加值16.89亿元，比2020年增长5.2%；第三产业增加值181.29亿元，比2020年增长7.5%。三大产业增加值结构为4.9∶8.1∶87.0，与2020年相比基本保持稳定，第三产业仍是霍尔果斯经济开发区（市）经济增长的主引擎。

2021年霍尔果斯经济开发区（市）农业产值持续提升，工业稳步发展。在农业生产方面，2021年全市实现农林牧渔业总产值7.43亿元，同比增长8.5%；全市粮食产量5.31万吨，同比增长30.5%；全市猪牛羊禽肉产量

2503.75 吨，同比增长 32.6%。在工业生产方面，2021 年全市规模以上工业增加值较 2020 年增长 28.9%；其中纺织服装和服饰业、计算机通信和其他电子设备制造业、电力热力生产和供应业、非金属矿物制品业增加值较 2020 年分别增长 74.2%、35.7%、29.4%、28.3%，受疫情影响食品制造业、农副食品加工业增加值较 2020 年分别下降 12.1%、76.0%。

（一）固定资产投资额持续增加，增速保持强劲态势

在创新创业持续孵化政策的引导下，2021 年霍尔果斯经济开发区（市）的固定资产投资额继续保持高速增长的强劲态势。如图 13 所示，2021 年全市实现固定资产投资额（不含农户）198.0 亿元（公报中只有增速，打电话沟通了统计局，绝对量的数据不予公布；该数据是基于 2021 年蓝皮书数据计算所得），增速高达 70.2%，总量接近 200 亿元。这是继 2019 年以来霍尔果斯经济开发区（市）首次实现连续 3 年高速增长。从产业结构层面出发，2021 年全市三大产业投资结构为 2.2∶58.1∶39.7，相较于 2020 年，第二产业投资额增幅最大，同比增长 159.7%；第三产业投资额同样取得了稳定的正增长，同比增长 17.1%；第一产业投资额同比下降 10.9%。这也显示出霍尔果斯经济开发区（市）大力促进第二产业发展、持续稳定产业结构的信心和决心。在房地产开发方面，2021 年全市房地产开发投资额较 2020 年增加 0.9 亿元，达到 7.37 亿元，同比增长 16.2%。按用途区分，住宅投资额 4.60 亿元，同比增长 45.4%；办公楼投资额 0.33 亿元，同比下降 74.4%；商业营业用房投资额 1.37 亿元，同比下降 17.9%。

（二）通关贸易额持续提升，通关货运量连创新高

作为新亚欧大陆桥的门户枢纽，2021 年霍尔果斯经济开发区（市）高效应对疫情冲击，积极提升通关服务水平，取得了通关贸易额和通关货运量的双重突破。

在通关贸易额方面，2021 年全市通关贸易额（不含天然气）达 2345.49 亿元，同比增长 23.3%。其中，在"中欧班列"助力下，铁路口岸通关贸易额（不含天然气）达 1990.60 亿元，占全市通关贸易额的 84.9%，同比

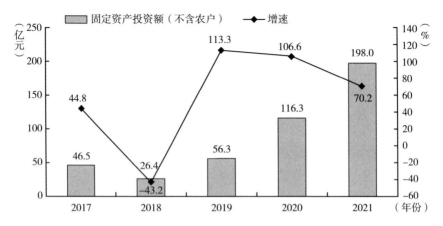

图13 2017~2021年霍尔果斯经济开发区（市）全社会固定资产投资额（不含农户）及其增速

资料来源：根据2017~2021年霍尔果斯经济开发区（市）国民经济和社会发展统计公报数据整理。

增长25.2%；公路口岸通关贸易额（不含天然气）为287.40亿元，占全市通关贸易额的12.3%，同比增长1.2%；霍尔果斯综合保税区通关贸易额（不含天然气）为41.55亿元，占全市通关贸易额的1.8%，同比大幅增长214.5%，成为四个通关口岸中增长幅度最大的口岸；中哈国际边境合作中心中方区实现通关贸易额（不含天然气）25.83亿元，占全市通关贸易额的1.1%，同比增长68.3%（见表2）。

表2 2020~2021年霍尔果斯经济开发区（市）通关贸易额及其同比增长率

单位：亿元，%

指　　标	通关贸易额		
	2021年	2020年	同比增长率
全市通关贸易额	2345.49	1901.91	23.3
铁路口岸	1990.60	1589.39	25.2
公路口岸	287.40	283.96	1.2
中哈国际边境合作中心中方区	25.83	15.35	68.3
霍尔果斯综合保税区	41.55	13.21	214.5

注：所有数据均不包含天然气。

资料来源：根据2020~2021年霍尔果斯经济开发区（市）国民经济和社会发展统计公报数据整理。

在通关货运量方面，随着"一带一路"倡议的深入实施，霍尔果斯经济开发区（市）深化改革、持续创新，通关货运量（不含天然气）连续5年实现突破。2021年全市通关货运量（不含天然气）达800.95万吨，比2020年增加了178.93万吨，同比增长28.8%（见图14）。其中，铁路口岸仍是助推全市通关的重要关口，通关货运量（不含天然气）达738.10万吨，占全市的比重高达92.2%，同比增长32.8%；中哈国际边境合作中心中方区通关货运量（不含天然气）为4.19万吨，同比增长127.7%，比2020年翻一番；公路口岸和霍尔果斯综合保税区两者的通关货运量（不含天然气）则仍呈现下降趋势，分别为49.90万吨、8.64万吨，同比下降3.6%、32.4%（见表3）。

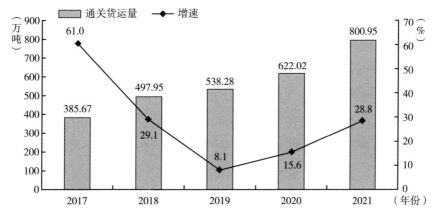

图14 2017~2021年霍尔果斯经济开发区（市）通关货运量（不含天然气）及其增速

说明：所有数据均不包含天然气。

资料来源：根据2017~2021年霍尔果斯经济开发区（市）国民经济和社会发展统计公报数据整理。

表3 2020~2021年霍尔果斯经济开发区（市）通关货运量（不含天然气）及其同比增长率

单位：万吨，%

指 标	通关货运量		
	2021年	2020年	同比增长率
全市通关货运量	800.95	622.02	28.8
铁路口岸	738.10	555.62	32.8
公路口岸	49.90	51.77	-3.6

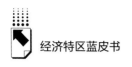
指　标	通关货运量		
	2021 年	2020 年	同比增长率
中哈国际边境合作中心中方区	4.19	1.84	127.7
霍尔果斯综合保税区	8.64	12.79	−32.4

注：所有数据均不包含天然气。

资料来源：根据 2020~2021 年霍尔果斯经济开发区（市）国民经济和社会发展统计公报数据整理。

（三）招商引资金额高速增长，市场活力进一步凸显

在高质量发展方针的指引下，2021 年霍尔果斯经济开发区（市）积极落实招商引资政策，持续优化营商环境。2021 年全市"一园三区"共实施招商引资项目 161 个，比 2020 年大幅增长 159.7%；涉及总投资额 877.96 亿元，比 2020 年增长 28.7%；实现招商引资到位资金 378.03 亿元，比 2020 年增长 69.2%。从项目类型来看，全市新建项目 126 个，实现招商引资到位资金 235.50 亿元；续建项目 35 个，实现招商引资到位资金 142.53 亿元。从地区分布来看，霍尔果斯园区项目数 80 个，实现招商引资到位资金 290.83 亿元；伊宁园区项目数 54 个，实现招商引资到位资金 59.86 亿元；清水园区项目数 27 个，实现招商引资到位资金 27.34 亿元。图 15 展示了 2017~2021 年霍尔果斯经济开发区（市）招商引资到位资金额及其增速。

三　新疆新兴经济特区发展面临的主要问题

（一）地区经济发展水平差异较大，区域发展不平衡

新疆新兴经济特区在西部大开发和"一带一路"倡议的双重撬动下，经济总量实现了较快增长。然而，由于在区位条件、历史基础、交通运输条件和人力资本等方面的差异，新疆各地区间经济发展水平差异始终较大，这

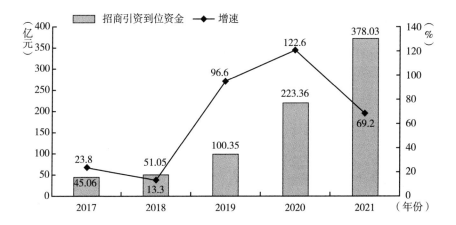

图 15 2017～2021 年霍尔果斯经济开发区（市）招商引资到位资金额及其增速

资料来源：根据 2017～2021 年霍尔果斯经济开发区（市）国民经济和社会发展统计公报数据整理。

成为新疆在新时代下推动经济高质量、可持续发展所面临的难题。一方面，南疆、北疆之间的经济发展水平差异较大。2021 年，南疆、北疆的地区生产总值比例为 30.1∶69.9，南疆地区生产总值不及北疆地区生产总值的 1/2。其中，南疆、北疆在第一产业上的增加值总量基本持平，在第二、三产业上的增加值差异分别高达 2775.69 亿元、3432.64 亿元，南疆地区在工业化和城镇化上的劣势明显。另一方面，新疆各地（州、市）间的经济发展水平差异也较大。2021 年新疆 14 个地（州、市）中，实现地区生产总值达 3000 亿元以上的共有 1 个、1000 亿元以上的共有 6 个、1000 亿元以下的共有 7 个，其中排名第十四的克孜勒苏州的地区生产总值仅占排名第一的乌鲁木齐市的地区生产总值的 5.4%。综合来看，新疆各地区间巨大的经济差异将会拉大贫富差距，使社会不稳定因素增加，成为新疆推进经济高质量、可持续发展的阻碍。

（二）产业结构稳定性弱，地区产业结构不协调

在经历多个阶段的转型升级后，新疆新兴经济特区的产业结构由横向调

整阶段过渡至纵向升级阶段，逐渐趋向合理化、高级化，但总体来看，其产业结构仍存在有待优化的地方。

首先，新疆新兴经济特区的产业结构升级进程较为缓慢，产业结构的稳定性较差。自2014年"三二一"的产业结构形成以来，新疆产业结构升级的步调放缓，在继续降低第一产业比重、持续优化产业结构上未取得新的突破。2017~2021年，新疆三大产业的增加值占比由13.9∶36.7∶49.4转变为14.7∶37.4∶47.9，虽然始终保持较为合理的"三二一"型产业结构，但产业结构变化不大，第一产业所占比重不降反升，远高于全国7%的比重，体现出新疆产业结构稳定性较差、产业结构升级势能不足的特点。

其次，新疆新兴经济特区的地区产业结构不协调，地区间差异较大。由于新疆地理环境的复杂性和资源禀赋的特殊性，各地区间产业发展不平衡的现象较为突出。以喀什地区和霍尔果斯经济开发区（市）为例，2021年两地的产业结构分别为29.8∶20.8∶49.4和4.9∶8.1∶87.0，三大产业所占比重存在巨大差异。其中，喀什地区的产业结构呈现"三一二"的形态，第一产业占比高达29.8%，偏离新疆平均水平较远，产业结构优化任重道远。这为新疆优化地区产业结构、打造特色产业集群带来了较大的挑战。

（三）贸易潜能尚未得到充分挖掘，国际贸易规模有待扩大

新疆新兴经济特区在对外贸易方面存在贸易规模小、贸易附加值低、产业结构层次不高等诸多问题，地理位置、自然资源和"一带一路"倡议带来的贸易潜能尚未得到充分挖掘。新疆拥有我国省级行政区中最长的边境线和最多的接壤国家，是我国向西开放的重要窗口，蕴藏着巨大的对外贸易潜能。然而，新疆货物进出口额始终处于波动中，难以取得较大突破。2021年新疆实现货物进出口额242.98亿美元，按2021年度平均汇率1美元=6.45元人民币计算，新疆地区货物贸易占GDP的比重为9.8%，远低于全国34.2%的平均水平，未来对外贸易仍有较大的发展空间。此外，受国际政治经济形势影响，2021年新疆对哈萨克斯坦、俄罗斯、美国等国家的货物进出口额均有不同程度的下降。综合看来，造成新疆对外贸易规模不大、

对经济增长贡献有限的原因主要有两个：一是新疆进出口商品结构不合理，出口商品种类较为单一；二是新疆对外开放程度不高。

（四）地缘环境复杂，地区环境不稳定

新疆新兴经济特区地处我国西部边境，享受着"一带一路"倡议带来的红利，同时也面临共建"一带一路"国家因发展水平、文化习俗、社会制度等差异带来的在经济交流与合作方面的挑战。此外，伴随着全球经济进入收缩周期、国际政治军事冲突不断，个别国家在亚太地区不断制造冲突矛盾，质疑"一带一路"倡议的合理性，将矛头瞄准新疆。这给新疆加快融入国际经济环境、提升对外开放水平、推动经济高质量发展带来了许多不稳定、不确定的因素，增强了新疆地区与贸易伙伴国之间的经济复杂性。

四 促进新疆新兴经济特区发展的对策建议

（一）建立区域协调机制，加快区域一体化建设

建立区域协调机制，加快区域一体化建设是促进新疆经济协调发展的重要路径。第一，要加快促进地区合作，加强中心城市的辐射作用，在交通、产业、科技、人才、能源等各方面逐渐形成统一市场，减少和消除合作壁垒，积极探索优势互补、资源共享的区域协作机制。第二，要深入利用政策红利，以"一带一路"倡议为纽带提升对外开放水平，对内积极招商引资、吸引产业转移和产业集聚，对外深化国际产能合作、加强对外经贸联系；以对口援疆政策为平台，充分挖掘山东省、上海市、广东省、深圳市四省（市）资金、技术、人才的外溢效用，推动新疆经济发展提质增效。第三，要充分发挥政府的调节作用，加大对经济落后地（州、市）的资源扶持、资金投入和政策倾斜力度，全力推动扶贫工作和贫困地区开发工作的持续进行，合理规划产业布局，统筹区域协调发展。

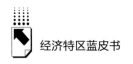

（二）推动产业结构优化升级，促进产业生产现代化

着力推动产业结构优化升级，促进产业生产现代化是优化新疆产业结构的必然要求。在产业协调方面，积极响应乡村振兴战略，全面评估地区产业优势，因地制宜地构建重点突出、层次分明、区域统筹的产业发展模式。在产业升级方面，逐渐淘汰落后生产力和生产方式，抓住数字赋能和科技创新的时代机遇，促进传统产业与数字化和信息技术相结合，引导产业实现生态化和可持续发展，推动产业创新和产业升级。在产业政策方面，积极促进传统产业转型升级，加快布局战略性新兴产业，大力支持优势特色产业发展，夯实巩固支柱产业，通过延链、补链、强链构建多元化、竞争力强、相互支撑的产业体系。

（三）优化进出口商品结构，发展高层次开放型经济

优化进出口商品结构，发展高层次、高质量的开放型经济是进一步挖掘新疆对外贸易潜能的必要环节。首先，要灵活匹配贸易伙伴国和新疆的市场供需情况，根据市场需求和生产条件逐步扩大商品生产、开发商品种类，促进形成多元化的出口商品结构，进而提升出口产品的国际竞争力。其次，要积极承接东中部地区的产业转移，渐进打造自主多元的产业链条，抓好重点产业和优势产业的培育和开发工作，提升出口产品的生产能力，提高对外贸易的质量。最后，要加快对外开放的步伐，利用数字化、智能化转型完善基础设施、运输系统、通关条件，加强贸易合作和往来，为贸易便利化提供支持。

（四）提升经济发展质量，提高经济合作水平

提升新疆经济发展质量、提高新疆与周边国家的经济合作水平是减少和消除新疆经济不确定性的根本途径。面对错综复杂的国际环境和风云多变的国际局势，新疆唯有提升自身的经济实力，才能在国际社会中站稳脚跟。因此，新疆要在保持经济稳定运行的基础上，持续促进特色优势产业发展壮

大，同时通过商品、产业的提质升级增强经济社会话语权，从而推动新疆经济高效运行。

参考文献

王保卫、李聿岢：《新疆新兴经济特区发展报告》，陶一桃主编《经济特区蓝皮书：中国经济特区发展报告（2020）》，社会科学文献出版社，2021。

沈荣：《新疆近 40 年产业结构变化及农业发展趋势研究》，《农家参谋》2022 年第 15 期。

张毅、杨淋杰：《新疆经济发展的地区差异及动态分布演进》，《上海节能》2022 年第 7 期。

马斌锋：《"一带一路"背景下新疆加快构建开放型经济的机遇与挑战》，《边疆经济与文化》2022 年第 7 期。

《喀什地区 2021 年国民经济和社会发展统计公报》，喀什地区行政公署网站，2022 年 4 月 22 日，http://www.kashi.gov.cn/ksdqxzgs/c112198/202204/b6fedacaccde4721905a81270ef70bf7.shtml。

《霍尔果斯经济开发区（市）2021 年国民经济和社会发展统计公报》，新疆·霍尔果斯市人民政府网站，2022 年 6 月 23 日，http://www.xjhegs.gov.cn/xjhegs/c114391/202208/38e77ce5e1fb49c0916dd763e9581816.shtml。

《新疆维吾尔自治区 2021 年国民经济和社会发展统计公报》，新疆维吾尔自治区人民政府网站，2022 年 3 月 29 日，http://www.xinjiang.gov.cn/xinjiang/tjgb/202203/2325b36ee55d4c649313e764078a17e4.shtml。

后　记

　　呈现在读者面前的《中国经济特区发展报告》（经济特区蓝皮书），是教育部人文社科重点研究基地——中国经济特区研究中心着力打造的一个学术品牌和标志性科研成果；是教育部重点支持的人文社科重点基地报告；是全国唯一的经济特区蓝皮书；它具有源于区位优势与研究积淀的原创性、前沿性和权威性。自2009年创办以来，已连续出版发行了14部，2016起同时由德国斯普林格出版社海外出版发行，至此开始中英双语国内外出版发行。

　　《中国经济特区发展报告》（经济特区蓝皮书）以真实反映中国经济特区发展状况，如实记录中国经济特区发展历程，动态记载中国经济特区先行先试的成长路径，学理性阐述经济特区在推动中国深化改革中的独特地位，及时反映国家整体发展战略和区域发展布局调整的大思路，而受到国内外相关领域的专家学者乃至政府官员的普遍关注。已经产生了独特的学术与对策研究的影响，是国内经济特区研究的重要成果。

　　从结构上来说，本年度的《中国经济特区发展报告》（经济特区蓝皮书）依旧延续总报告、专题研究报告、特区发展分述报告、特区发展动态考察报告四大部分的整体框架，共19篇。总报告部分是全书的概论，是站在国家整体发展战略规划的角度对中国经济特区，包括新兴特区，如喀什、霍尔果斯、中国图们江地区和新型特区，如自贸区、湾区、粤港澳大湾区一年发展状态的整体评述。从编撰的逻辑上来说，全书以新常态和供给侧改革为指导，以深化改革为方向，以新的政策增长极为切入口，以经济特区新时代新使命为出发点，着重从经济特区由先行先试到先行示范新时代新使命的视角出发，反映中国社会由政策开放走向制度开放的进程；展现中国社会由外向型经济向开放型经济转变的路径；突现"一带一路"建设大背景下，中国社会以更高水平的开放，促进更加深刻的政治经济体制改革的内在制度变迁逻辑的形成。尤其从理论与实践方面关注，在构建双循环新发展格局中，在创新型国家建设中，在建立现代工业体系的进程中，以深圳为典型代表的经济特区的功能与使命的发挥及其自身的制度创新探索。我们希望总报告能更充分地体现国家整体战略，并准确反映中国改革开放的大方向，能成为具有一定学术分量和政策意义的，准确记载、预测中国经济特区发展现状与未来趋势的，具有学术与实政参考意义和影响力的年度总报告。当然，由于认知能力和对部分数据资料掌握的客观局限，本书的分析、研究难免有疏漏和不全面的地方。但是，一切不足与遗憾，都是未来研究有可能趋向完美的内在动力。

专题研究报告部分不是泛泛而论的综述，而是问题导向的探索。即以特区发展现状、比较分析、对策建议为切入点，分别针对产业绿色转型、资源效率与可持续发展、公共就业服务体系、科技创新、金融产业发展、特区文化及文化产业等问题进行综述分析，并对每一具体问题提出宏观层面的建议。本年度专题研究报告中的《中国经济特区绿色全要素生产率评估报告》调整为《中国经济特区绿色创新效率评估报告》，本报告创新性地基于物质流分析方法，计算出直接物质输入并以此作为资源投入，使用考虑非期望产出的 SBM 超效率模型对中国五大经济特区的绿色创新效率进行评估并得出相关具体建设性的结论：汕头和厦门的绿色创新发展效果良好，珠海、深圳和海南的绿色创新发展则需进一步改善，其中深圳和珠海需进一步提高技术效率，海南需进一步提高技术进步。本章节注重将理论的创新分析与对地方发展的政策性建议相结合，旨在从可持续发展的视角，阐述绿色发展理念以及人与自然和谐发展的价值取向对经济增长和社会发展方式转变的影响及其绩效，赋予"绿水青山就是金山银山"的理念以经济学理论的诠释。

《中国经济特区人才特区建设报告》改为《中国经济特区公共安全保障

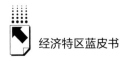

体系发展报告》，这一变动与疫情所带来的中国社会治理机制的调整及周边关系复杂性等因素密切相关，也是现实提出的理论思考的需要。公共安全作为重要的制度环境，不仅关乎民生，更是经济高质量发展的重要制度保障。随着社会的发展与进步，人民将会具有越来越多关于安全感的需求，这也是人的经济价值得以全面提升的体现。安全感也是幸福感，所以加快构建科学全覆盖的公共安全体系不仅是践行安全发展理念的需要，也是实现民生幸福的需要。是破解安全风险防控难题的迫切需要，是实现城市长治久安的根本保障。本章节主要从食品药品安全领域、安全生产领域、社会治安防控体系、突发事件应急体系等角度出发，分析了深圳、珠海、汕头、厦门、海南等经济特区在公共安全体系建设领域的现实情况，并对经济特区近年来在公共安全建设方面的实践经验和做法进行总结，在查找制度供给短板的同时，从优化顶层设计、深化文化宣传、强化智慧数字建设等方面，提出构建高质量公共安全保障体系的制度供给的理论思考与对策建议。

《深圳湾区经济报告》改为《粤港澳大湾区乡村振兴的理论阐释与突破路径》。本章节基于二元经济结构、增长极和规模经济理论，梳理了粤港澳大湾区乡村振兴战略实践的理论基础，并进一步探讨由理论衍生出的现实制约因素。提出粤港澳大湾区作为中国改革开放的先行区，已拥有庞大的经济规模和强劲的发展动能，在人才、技术和资本等方面也极具要素禀赋优势。粤港澳大湾区可以以生产要素共享平台、增长极体系及规模农业经济为抓手，在乡村振兴的大业中充分发挥其独特的"虹吸效应"与"扩散效应"，以自身的优势为高质量推进乡村振兴战略实施提供湾区样板。

专题研究报告部分所讨论的问题，既是经济特区所面临的问题，也是现阶段中国社会发展所遇到的问题。特区及其拓展形式，如粤港澳大湾区、自贸区等对上述问题解决的路径与举措，或许会对全国产生先行先试的借鉴与推广意义，这也正是中国经济特区的功能与使命所在。我们认为，这部分研究的重要性还在于拓展了对经济特区的研究，不是就特区研究特区，而是以特区为蓝本，走向了对中国改革开放所遇到的理论与现实问题的前沿或前瞻性的研究与思考；从单纯的经济问题研究，走向对经济社会的更广泛问题的研究与探索；从对特区问题本身的研究，走向对中国道路的实质与内涵的研究。从而为实现中国梦，为建设美丽中国，为实现"两个一百年"奋斗目标提供理论支撑。

特区发展分述报告部分，是对传统五大经济特区及上海浦东新区和天津滨海新区一年发展状况的历史性记录与梳理，是《中国经济特区发展报告》（经济特区蓝皮书）撰写伊始就存在的最基础性的内容。但随着特区自身的发展及其功能的变化，我们的研究也在不断增加新的内容以体现时代的声音。如果说专题研究报告部分是共性问题的比较研究，那么特区发展分述报告部分则是偏重不同特区的特殊问题的比较研究。由于历史及地域位置的不同，各经济特区、新区、自贸区、经济带在国家整体发展战略部署中所担负的责任与使命有所不同；在产业结构中的定位及在中国经济发展布局中的地位、角色、作用有所不同，所以它们对发展路径的选择也有所不同，该部分的分析正是从这些"不同"展开的。

特区发展动态考察报告部分，是为了及时反映中国区域发展战略调整及介绍、借鉴世界新兴市场经济国家经济特区发展状况的一个比较灵活，并且具有很广泛拓展空间的结构安排。喀什、霍尔果斯、中国图们江地区的建立，意味着中国社会已经开始了由沿海开放向沿边开放的战略转移，有鉴于此，2014年度蓝皮书就增加了《中国图们江区域（珲春）国际合作示范区外商投资发展报告》。可以说，从沿海开放到沿边开放是在中国大地上确立、完善市场经济体系的战略大思路，是中国社会实现协调发展的大举措；是全方位开放路径的积极探索，是科学发展的伟大实践，是全面实现现代化的整体部署。它不仅以战略的眼光规划着中国社会全面发展的宏伟蓝图，同时也将促进产业结构区域间的合理布局，不同区域间由要素禀赋等构成的比较优势的形成与有效发挥；扩大中国经济增长的对外辐射力，从而开拓更加广阔的国际市场；减弱世界经济危机对以外向型经济为主的经济增长模式的正面冲击，形成具有日益增长空间的稳定而又可持续的内生的经济发展实力；形成全国范围内的逐渐趋于平衡发展的共同繁荣的以区域间协调互补为特征的经济共同体。所以它对中国未来的发展将产生深刻而持久的影响，它

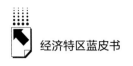

的战略意义是深远而巨大的。

与喀什、霍尔果斯、中国图们江地区不同，上海自贸区和深圳前海，不仅是区域发展战略部署的结果，更是中国社会全面深化改革，由外向型经济走向开放型经济，实践"一带一路"倡议的战略性试验区。如果说近40年前，以深圳为代表的传统经济特区的成立是为了完成计划经济向市场经济的转型，那么今天新型经济特区，如深圳前海、广东南沙、珠海横琴，乃至粤港澳大湾区作为经济特区新时代、新使命的一种拓展形式，其使命则是以更大区域的示范效应和更强劲的政策增长极效应，引领中国社会深化改革，为创新型国家建设，为拓展中国改革开放新格局，为有效实施"一带一路"倡议提供可复制的经验，从而降低深化改革的试错成本。

记录、反映、研究国外新兴经济体的经济特区发展路径、成长模式、政府行为等问题，在比较中寻找共性规律，探索共同面临的问题及解决方案，寻求共同发展繁荣的途径和方式，是《中国经济特区发展报告》（经济特区蓝皮书）的时代使命。新兴市场经济国家几乎无一例外地面临某些共性的问题，如既依赖于国际分工，又受制于国际分工；都在经历经济高速增长的同时，面临资源过度消耗及环境污染和保护等问题；都遭遇"未富先老"的社会尴尬和矛盾；等等。尽管对于经济可持续发展和社会文明进步而言并没有一条放之四海而皆准的道路，但国与国之间的相互借鉴、学习以及对共同面对的发展问题的不同解决方案的提出，无疑是一种合作力量的体现。同时我们认为，在拓展改革开放新局面的今天，中国经济特区的成功经验还将具有为新兴市场经济国家提供发展中问题的中国解决方案的意义。这将在丰富发展经济学的同时，为转型理论提供具有借鉴意义的中国案例。

从2012年开始，《中国经济特区发展报告》（经济特区蓝皮书）就增加了介绍世界经济特区的内容。2012年是整体介绍了以美国、日本、爱尔兰为代表的发达经济体的特区，以印度、菲律宾、巴西为代表的新兴市场国家的特区。自2013年起，有关国外经济特区部分我们开始采取单一国家或特定区域专题研究的方式。2013年是《巴基斯坦经济特区发展报告》，2014年是《非洲经济特区发展报告》，2015年是《朝鲜经济特区发展报告》，

2016 年是《拉丁美洲经济特区发展报告》，2017 年是《欧洲经济特区发展报告》，2018 年是《印度经济特区发展报告》，2019 年是《古巴经济特区发展报告》。2020 年海外经济特区发展报告，我们选择了"一带一路"东南亚区域内的老挝，老挝赛色塔特区是中老合作的产物，它在相当程度上体现并反映了中国道路走出去以及中国经济特区的成功经验，为新兴市场国家提供发展中问题的中国解决方案。今年由于疫情，我们没有继续撰写国外经济特区相关报告，相信这一遗憾将会在后续编写出版的蓝皮书中得到弥补。

《中国经济特区发展报告》（经济特区蓝皮书）的顺利完成，首先要感谢学术团队的全体同人。这是一支专业知识扎实，学术功底深厚，对经济特区问题有比较深入思考与研究的学术团队。这个团队是财政部支持的理论经济学创新团队，是广东省理论经济学攀峰学科团队，是广东省高水平大学建设重点学科团队。目前正在承担国家社科基金重大项目——"中国经济特区发展史（1978~2018）"。如果说共同的学术兴趣是蓝皮书团队的凝聚力之所在，那么团结、友善、合作、充满活力与朝气则是这个团队的战斗力之所在。蓝皮书的出版不仅仅是一个学术项目的完成，更是学术团队共同的思想收获。对学术的敬畏和对专业的热爱是这支学术团队已经拥有，并期待永远拥有的美好品格。

作为学术团队的重要成员和负责人之一，教育部人文社科重点基地——深圳大学中国经济特区研究中心副主任袁易明教授，为蓝皮书的完成付出了更多的精力和努力。皮书副主编之一周轶昆博士不仅一直承担着蓝皮书文稿的具体收集、整理等相关事务工作，还承担了第三部分的《厦门经济特区发展报告》的撰写任务。

蓝皮书编委会是由学者、来自几大中国经济特区的实际工作者和地方官员组成的。蓝皮书从前期调研、资料收集到编制撰写框架和初稿的论证都得到了编委会全体成员的积极参与和大力支持。来自各大经济特区的编委会成员以丰富的实践经验和实政思考，为蓝皮书的完善提出了许多有针对性、有价值的意见与建议。在这里尤其要说明的是，蓝皮书受到了来自越南广宁经济特区、南非、巴基斯坦、印度、柬埔寨、俄罗斯、哈萨克斯坦等新兴经济

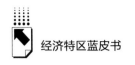

体的学者与官员的高度关注，逐步加入新兴经济体经济特区、自贸区的内容，将是蓝皮书未来的一个研究方向。这是国别比较、借鉴的过程，也是宣传、介绍中国道路的过程。

在这里还要特别感谢社会科学文献出版社王利民社长对《中国经济特区发展报告》（经济特区蓝皮书）出版给予的皮书领或的战略性指导与全方位支持；感谢皮书责任编辑王玉山先生、文稿编辑王希文女士，他们踏实的工作作风和令人敬佩的专业精神为蓝皮书的顺利完成提供了不可或缺的指导与帮助。社会科学文献出版社是我们的战略合作伙伴，也是《中国经济特区发展报告》（经济特区蓝皮书）成长历程的见证者与强有力的支持者与成就者。

《中国经济特区发展报告》（经济特区蓝皮书）是教育部哲学社会科学发展报告立项资助的培育项目，是广东省委宣传部"理论粤军"的专项支持项目。蓝皮书的出版还获得了深圳市文化宣传基金的资助，作为"深圳学派"具有标志性意义和海内外学术影响力的代表作品，《中国经济特区发展报告》（经济特区蓝皮书）在介绍以深圳为典型代表的中国经济特区成功经验方面，在宣传中国道路方面发挥着独特的作用。它可谓深圳学派"走出去"的精彩体现。在这里还要感谢深圳市委、市政府，感谢市委宣传部，感谢深圳市社会科学院给予蓝皮书的大力支持、指导与资助，尤其要感谢深圳市社会科学院党组书记、院长，深圳市社科联主席吴定海同志给予的指导、支持与帮助，使《中国经济特区发展报告》（经济特区蓝皮书）作为深圳学派"走出去"具有独特代表意义的成果，拥有理论与实践价值及世界分享意义。可以说深圳市相关部门这一具有智慧与远见卓识的决定与举措，会为中国经济特区发展史、中国改革开放史乃至中国现代史留下一笔思想财富。它的意义和价值会随着时间的延续越来越显现出来。可以肯定地说，政府的远见卓识是学术自由发展与繁荣的保证。

正如习近平总书记在深圳经济特区建立 40 周年庆祝大会上所说的"深圳是改革开放后党和人民一手缔造的崭新城市，是中国特色社会主义在一张白纸上的精彩演绎"。"深圳等经济特区的成功实践充分证明，党中央关于兴办经济特区的战略决策是完全正确的。经济特区不仅要继续办下去，而且要办得更好、办得水平更高。"可以说，习近平总书记对经济特区的高度评价与肯定是我们继续潜心研究的无穷动力。

希望蓝皮书在以飨读者的同时，能得到同行和读者的批评与指教。

陶一桃

2023 年元月于深圳大学粤海校区

Abstract

Blue Book on Special Economic Zones: *Report on the Development of China's Special Economic Zones* is the high-end academic brand established in 2009 and has become one of the iconic academic achievements developed by the key research base of Humanities & Social Sciences of Ministry of Education—China Center for Special Economic Zone Research, Shenzhen University. It's a report of the Ministry of Education of China, is listed into China Blue Book Scheme, and is the only blue book about special economic zones nationwide. It, by means of trend research, reflects every year the progresses regarding politics, economy, society, culture, system, environment, innovation and reform as well as the problems, challenges and countermeasures thereof in the traditional special economic zones like Shenzhen and the new special economic zones like Kashgar, Khorgos and Tumen River Area, and hence it's authoritative, cutting-edge and original. It has generated iconic influences at home and abroad, is the important achievement on special economic zones researches, the important historical resource for researches on China's special economic zones and is the academic brand created by Shenzhen with international influences.

Blue Book on Special Economic Zones: *Report on the Development of China's Special Economic Zones* (2022 – 2023) consists of four parts detailed as general report, reports on specific researches, reports on the development situations of the special economic zones and investigation reports on the development trends of the special economic zones. Among them, the general report is the basic outline of the whole book and is the overall review on the development of China's special economic zones in the whole last year, including the reform experimental areas and part of new special economic zones, from the perspectives of the national overall development strategic planning. The reports on specific researches review and analyze the problems encountered by the special economic zones regarding the transformation, the use of resources and the sustainable development, economic and social development, the social security, the scientific and technological innovation, financial institutional reform, the cultural industries through the problem-oriented exploration and by taking the development status of the special economic zones, comparative analysis and policy suggestions as the breakthrough points, and make development suggestions regarding every specific problem accordingly. The reports on the special economic zones record and comb the development over the past year of the 5 traditional special economic zones, Pudong New Area in Shanghai and Tianjin Binhai New Area, compare the special problems of different special economic zones, and focus on the case analysis of different special economic zones. This part mainly includes the reports on the such 5 traditional special economic zones as Shenzhen SEZ, Zhuhai SEZ, Shantou SEZ, Xiamen SEZ and Hainan SEZ and new special economic zones such as Pudong New Area in Shanghai and Tianjin Binhai New Area. The investigation reports on the development trends of the special economic zones are designed to reflect the development of China's pilot free trade zones and other emerging special economic zones.

Keywords: Special Economic Zone; Opening up and Innovation; Green Development

Contents

I General Report

Abstract：The 20th National Congress of the Chinese Communist Party officially came to an end. The most key axis stated in the report of the Party Congress is Chinese-style modernization. Xi Jinping, General Secretary of the Communist Party of China, has proposed that the central task now is to comprehensively promote the great rejuvenation of the Chinese nation through Chinese-style modernisation, and that the next five years will be a crucial period for the start of building a comprehensive socialist modern state. Chinese-style modernisation offers a new option for mankind to realize modernisation. It focuses not only on the efficiency of economic growth, but also on innovation, technology and culture, environmental protection and many other aspects.

Keywords：High-quality Development; Stage Transition; Chinese-style Modernisation

II Special Reports

Abstract: Based on the theory of industrial ecologicalization, this report comprehensively evaluates the effects of the green transformation of industries in the five traditional special economic zones. From 2013 to 2021, this report has been using the industrial green transformation indicator system to track and evaluate the progress of the industrial green transformation of such five traditional special economic zones. As shown by the practices made by such five traditional special economic zones, the transformation of industrial ecology can form a virtuous circle system involving innovation, ecology and economic development. The green transformation of industries in such five traditional special economic zones has achieved remarkable results and is of important leading and exemplary significance.

Keywords: Special Economic Zone; Industrial Ecologicalization; Evaluation of the Effect of Industrial Green Transformation; Entropy Method

Abstract: In the context of the new economic normal, for the economic growth model, it's urgently needed to change from the previous extensive model to one that is in line with the new development concepts of green and innovation. In this report, the green innovation efficiency of China's five major special economic zones is assessed using the SBM super-efficiency model, which takes into

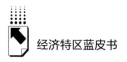
account unexpected outputs, instead of using a single energy input as a resource input for green innovation. This report calculates the direct material input through the material flow analysis method and takes it as a resource input. The main conclusions are as follows: the green innovation development in Shantou and Xiamen has good results; while that in Zhuhai, Shenzhen and Hainan needs further improvement on green innovation development, among them, Shenzhen and Zhuhai need to further improve technical efficiency and Hainan needs to further make technical progress. Based on this, we conclude with suggestions for the green innovation development of the five special economic zones.

Keywords: Special Economic Zone; Green Innovation Efficiency; DMI; SBM Super-efficiency Model; ML Index

B.4 Report on the Innovation Development in China's

Special Economic Zones   *Huang Yiheng, Lai Ting and Li Gui* / 075

Abstract: Under the unfavorable conditions of an increasingly turbulent global macro environment and the continuous impact of the COVID-19, the five major special economic zones still made remarkable achievements in innovation development in 2021. Despite a slowdown or even a decline in some innovation development indicators, the underlying momentum of innovation and development of the special economic zones remain strong. In particular, new development ideas and continuous system-level improvements continue to provide new momentum for innovation development of the special economic zones. This report takes the opinion that promoting innovation and development of the special economic zones requires efforts in improving the business environment, giving full play to the main role of enterprises in innovation, and improving the fiscal revenue and expenditure patterns of local governments.

Keywords: Special Economic Zones; Innovation and Development; Fiscal Revenue and Expenditure

B. 5   Report on the Social Security Development

of China's Special Economic Zones

Gao Xingmin, *Qiu Feng and Chen Shijiang* / 093

Abstract: Firstly, based on the national economic and social work tone and policies, this report focuses on the three levels of social insurance, social welfare and social assistance, have been summarized and summarized development status and actual results of social security in the five major economic zones of Shenzhen, Xiamen, Zhuhai, Shantou and Hainan in 2021. Secondly, in combination with the responsibilities of deepening reform undertaken of the "vanguard" and the "experimental field" by the special economic zones, list the shortcomings and deficiencies of development and policy implementation of the social security system in special economic zones. Finally, Guided by Xi Jinping thought on socialism with Chinese characteristics for a new era deeply implementing the Social Security Work Deployment of the Outline of the "14th Five Year" Plan, Propose reasonable countermeasures and suggestions, make the achievements of reform and development more equitable and beneficial to more people, promote the overall layout of the "Five in One" as a whole, strive to fully leverage the bottom-up role of the social security system, to achieve high-quality development of social security, to start a new journey of comprehensively building a socialist modernized country and lay a solid foundation for realizing the first centenary plan.

Keywords: Special Economic Zone; Social Security; Social Insurance; Social Assistance

B. 6   Report on the Development of Public Security

Guarantee System of China's Special Economic

Zones   *Xu Fang*, *Zhang Keting* / 121

Abstract: Public safety is an important livelihood task and an important

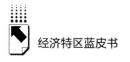

guarantee to promote high-quality economic development. China has basically achieved a moderately prosperous society, and the people now demand a stronger sense of security. Accelerating the construction of a comprehensive public security system is precisely an important measure to practice the concept of safe development, an urgent need to crack the problem of security risk prevention and control, and a fundamental guarantee to realize the long-term stability of the city. This report first expounds the necessity and urgency of building a public security guarantee system, and then analyzes the practices of Shenzhen, Zhuhai, Shantou, Xiamen and Hainan special economic zones in building construction of public security system, mainly from the perspectives of food and drug safety, production safety, social security prevention and control system, and emergency response system, etc. , and summarizes the practical experience of the special economic zones in public security construction in recent years, and identifies shortcomings and deficiencies, and finally proposes targeted directions for further enhancing the construction of public security system, optimizing top-level design, deepening cultural promotion, and strengthening wisdom construction.

Keywords: Special Economic Zone; Construction of Public Security System; High-quatity Development

B.7　Report on the Development of Cultural Industry

of China's Special Economic Zones

Zhong Yaqin, Liang Qiuyan / 141

Abstract: In 2021, the cultural industry of China's special economic zones showed a trend of counter-trend recovery and steady improvement under the normalization of COVID-19 prevention and control and the uncertain international situations. The emerging cultural industry operations and digital cultural industry entered a period of vigorous development, but the growth rates of sub-sectors greatly affected by COVID-19 such as cultural entertainment and leisure services, cultural investment and operation, cultural device production generally declined. Seeing from the new historical starting point in 2021, the digital cultural industry of the special economic zones has entered a period of strategic development, the emerging cultural industry operations have entered a period with development opportunities, and the modern cultural industry system has been further improved. In 2021, the special economic zones made a good start in the cultural industry under the "14th Five-Year Plan" . Focusing on the strategic plan for the high-quality development of the cultural industry, for the cultural industries the special economic zones, the development system and mechanism of the cultural industries should be improved, the scientific and technological support capabilities of the cultural industry enhanced, the optimization and upgrading of the cultural industry structure promoted, and the dual-cycle development system of the modern cultural industries improved.

Keywords: Digital Cultural Industry; New Types of Operations in Cultural Industry; High-quality Development

Ⅲ Reports on the Special Economic Zones

B . 8 Development Report on Shenzhen Special Economic Zone

Wu Fenglan , Wu Tingting / 159

Abstract: Shenzhen adheres to the implementation of the " dual-zone" policy, strives to promote the construction of high-level talent highland in the Guangdong-Hong Kong-Macao Greater Bay Area. Meanwhile, Shenzhen coordinates COVID-19 prevention and control with economic and social development. With that, Shenzhen has increased the quality of its economic development while maintaining a stable development, and has made new breakthroughs in deepening reforms, established a new pattern for opening to the outside world, and further improved its quality. However, compared with other first-tier cities at home and abroad, Shenzhen also has problems such as sluggish consumer demand, constant trade friction, weak basic R&D level, insufficient high-level talents, key technologies being controlled by others, imperfect business environment,

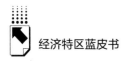
insufficient industrial land, lack of basic education and medical resources. Shenzhen should resolutely make the COVID – 19 prevention and control, actively implement the strategy of expanding domestic demands, strengthen the investment in basic R&D, build the highland of talents, optimize the spatial layout of industries while continuing to adhere to the reform on the business environment, and vigorously implement livelihood projects and practical livelihood issues to boost the social and economic development of Shenzhen.

Keywords: High-quality Development; "Dual-zone" Policy; Shenzhen Special Economic Zone

B . 9 Development Report on Zhuhai Special Economic Zone

Chen Hongquan / 194

Abstract: In 2021, Zhuhai coordinated the COVID–19 prevention and control with economic and social development, accelerated the establishment of a new pattern of high-quality development under which dual domestic and international cycles promote each other, and its major economic indicators rebounded sharply and generally maintained a recovery trend. This report believes that, in the face of overlapped complicated domestic and international situations, the COVID – 19, and the special situation of the unprecedented changes in a century, Zhuhai's economy may still suffer from short-term shocks, but in the medium and long term, it will benefit from the resilient and strong, long-term positive Chinese economy, it is confident that Zhuhai can achieve a high-quality development shifting from medium-to-high speed growth to medium-to-low speed growth. This report suggests that, in the context of the new era, the transformation and development of the Zhuhai-Macao cross-border industrial zone be promoted by drawing on the enclave economy model, thereby accelerating the industrial integration of the Zhuhai-Macao economy and the coordinated development of the Guangdong-Hong Kong-Macao Greater Bay Area. What's more, Zhuhai should steadily and moderately reduce its debt leverage ratios to prevent and resolve financial risks.

B.10 Development Report on Shantou Special Economic Zone

Abstract: In 2021, the development of Shantou demonstrated the following situations: economic development grew continuously and the growth rate firmed up; the industrial structure was continuously optimized to build new advantages in industrial development; the foreign trade and economic growth made progress while remaining stable, and the imports and exports grew at a high rate; the strength of scientific and technological innovation was continuously enhanced by centering on the innovation-driven development strategy; the disposable income of the people continued to grow, and the level of social security was steadily improved; the construction of beautiful Shantou was actively promoted, and remarkable progress was made in ecological and environmental governance. In this report, location entropy method and data envelopment analysis (DEA) method are used to comprehensively evaluate the socio-economic development of Shantou in combination with the gross regional product and its growth rate and other related indicators. It is found that that Shantou is in the middle level of Guangdong Province in terms of the economic development level; Shantou's secondary industry is basically specialized; its innovation efficiency of input and output needs to be further improved. Based on this, this report puts forward several targeted optimization suggestions from the perspectives of optimizing the environment for talent development, fostering and expanding new industrial clusters, and stimulating the Vitality of enterprise production.

Keywords: Shantou; Industrial Structure; Innovation Efficiency; Data Envelopment Analysis Method

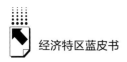

B.11 Development Report on Xiamen Special Economic Zone

Zhou Yikun, *Wang Fuli* / 230

Abstract：2021 is the 40th anniversary of Xiamen Special Economic Zone and the opening year of the "14th Five-Year Plan". In the past year, Xiamen actively coordinated COVID-19 prevention and control with economic and social development, successfully dealing with domestic and foreign COVID - 19 situations, and increasing the economic resilience. Against the background of economic downward pressure, Xiamen continued to deepen reform and opening-up, accelerated innovation-driven development, and made every effort to build a leading demonstration zone for high-quality development. With that, the overall economy of Xiamen showed a steady growth trend and achieved a wonderful start to the "14th Five-Year Plan". On the journey to a higher level of high-quality development, Xiamen is still facing many problems such as great pressure on economic and social development, ndustrial transformation and upgrading still need to be strengthende, unbalanced development within and outside the island, and shortcomings in social security. Xiamen should keep a close eye on the development goals of the "14th Five-Year Plan" and the long-term goals of 2035, act as a pioneer in reform and opening up, adhere to the problem-oriented approach, effectively make up for shortcomings and weaknesses, and unswervingly follow the road of high-quality development.

Keywords：Leading Demonstration Zone for High-quality Development; Reform and Opening-up; Innovation-driven

B.12 Development Report on Hainan Special Economic Zone

Liu Weili, *Fang Xiaomeng* / 247

Abstract：Hainan continues to comprehensively deepen its reform and opening-up and the construction of a free trade port with Chinese characteristics, becoming a test field for institutional opening and a pivot point for dual-cycle strategy. Through the analysis of economic indicators and data calculation, the horizontal comparison of the provinces and the cities and counties in the province, and the vertical comparison of the ten years since the 18th National Congress, it is found that in 2021, Hainan achieved remarkable results in leading high-quality development with the construction of a free trade porte with Chinese characteristics, maintaining strong economic growth in general, obtaining outstanding comparative advantages in ecological environment, business environment and policy environment. However, the overall economic resilience is not strong, the impetus for scientific and technological innovation is insufficient, the potential of county economy needs to be tapped problems still exist, and Hainan's future exploration is full of challenges. This report puts forward timely policy recommendations on strengthening resilience, promoting innovation, building systems, and expanding markets.

Keywords: Free Trade Port; System-based Opening; Regional Coordination; Economic Resilience

B.13 Development Report on Shanghai Pudong New Area

Zhang Ping, *Ao Yuqi* / 264

Abstract: 2021 is the 100th anniversary of the founding of the Communist Party of China and the opening year of the "14th Five-Year Plan". As the main force and vanguard of China's economic development, Pudong New Area achieved outstanding results in many aspects in the development of special zones across the country. This report summarizes and analyzes the development of the Pudong New Area in 2021, based on the review of more than 30 years' development and opening up. It's found that after the impact of the COVID-19 and despite some slight changes in the economic structure, the overall economic development was back on the right track and even achieved a new breakthrough. Double-digit growth was made in all important economic indicators, and the economic resilience was further enhanced. The economic functions dominated by

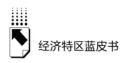
the financial industry continued to strengthen, and the achievements in science and technology innovation were remarkable, while the people's living comfort and satisfaction increased, the ecological environment continued to improve, and the social governance capacity of the New Area was significantly improved. The development of Pudong New Area also faces some new challenges, such as the risk of COVID－19, efforts on deepening reform and improvement of regional governance capacity.

Keywords: Shanghai Pudong New Area; Deepening Reform; High-quality Development

B.14   Development Report on Tianjin Binhai New Area

Li Tong / 282

Abstract: The year of 2021 is the opening year of the "14ᵗʰ Five-Year Plan". The economic development moved forward difficultly in the normalization of the COVID－19 epidemic. In the face of complex situations and serious challenges, Tianjin Binhai New Area adhered to the new development concept and achieved economic recovery. Binhai New Area has continued to make efforts in the construction of a livable and beautiful city in terms of urban comprehensive supporting capacity, ecology, smart city, and port-industry-city integration. Binhai New Area government firmly grasped the main keynote of seeking progress in a stable manner against the background of the normalisation of epidemic prevention and control, actively integrated the national strategy of Beijing-Tianjin-Hebei coordinated development, vigorously implemented the innovation-driven strategy, adhered to the direction of the development of the real economy, speeded up the building of a modern industrial system, aimed at the reform and opening up of the early zone as the first positioning, persisted in the green, low-carbon and people-centred development ideology, deeply implemented the rural revitalization strategy, and comprehensively enhanced the modernization of social governance system and governance capacity. The report summarizes the overall development of Tianjin Binhai New Area in 2021 and puts forward some suggestions on coordinated development, industry integration, innovation-driven, business environment and social governance.

Keywords: Binhai New Area; Beijing-Tianjin-Hebei; Coordinated Development; Innovation-driven

Ⅳ   Investigation Reports on the Development Trends of the Special Economic Zones

Abstract: This report sorts out the development status and new progress of Qianhai Shenzhen-Hong Kong Modern Service Industry Cooperation Zone in terms of institutional innovation, industrial clustering, and Shenzhen-Hong Kong cooperation. Facing the complex international situations and the opportunities brought by the new round of scientific and technological revolution and industrial transformation, Qianhai Shenzhen-Hong Kong Modern Service Industry Cooperation Zone should focus on two points for its current development: first, it should continue the high-level opening up, and promote reform through opening up, so as to build a stable, fair, and predictable institutional system; second, it should integrate the comparative advantages of Shenzhen and Hong Kong, and jointly create an innovation ecosystem suitable for the coordinated development of domestic and foreign innovation entities. Talent is the core element of innovation. Qianhai Shenzhen-Hong Kong Modern Service Industry Cooperation Zone, as a highland of reform and opening up, should continue the system innovation, build "national treatment + negative list" talent access management mode, accelerate the free flow of talent element across the border; at the same time, it should promote the coordinated development of Shenzhen-Hong Kong modern service industries, and cooperation in service trade, and jointly build a new highland for service trade.

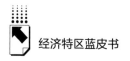
经济特区蓝皮书

Keywords: Institutional Innovation; Innovative Ecosystem; National Treatment; Negative List; Service Trade

B.16 Development Report on China's Pilot Free Trade Zone

Fan Xiaowen / 307

Abstract: After nine years of reform and innovation, the relevant institutional framework of the Pilot Free Trade Zone centering on trade and investment liberalization and facilitation has been basically formed. The differentiated institutional reform has been deepened, the reform of the open economy system has entered a new stage of top-down all-round coordination and synergy, and the economic benefits of the reform are remarkable. Facing the complex and ever-changing international economic situations, the core issues on the reform of Pilot Free Trade Zone are, firstly, the policy orientation faced by China's industrialization towards a mature stage, secondly, the opening of the capital market. In the face of the world economic crisis caused by the sharp appreciation of the US dollar exchange rate, the Pilot Free Trade Zone, as an experimental field for the reform of the open system, should be guided by policies that conform to the industrialization process, adjust the economic structure to reduce external dependence; increase the level of opening under the capital account, accelerate the internationalization of the renminbi, and mitigate the impact of the fluctuation of the US dollar on the Chinese economy.

Keywords: Pilot Free Trade Zone; Maturity Stage of Industrialisation; RMB Internationalization

B.17 Report on the Economic and Social Development of China's Tumen River Area

Shen Wangen / 322

Abstract: China has entered the stage of high-quality development, but the impact of the COVID‐19 posted some challenges to the high-quality economic and social development of the Tumen River region in China. Therefore, in the context of the unprecedented changes in a century and the COVID‐19, China's Tumen River region should be based on a new development stage, establish a new development concept, build a new development pattern, promote the green development of industries in China's Tumen River region, promote the talent cultivation and introduction there, and ultimately promote the high-quality economic and social development of China's Tumen River region in the context of the normalization of COVID‐19 prevention and control.

Keywords: China's Tumen River Region; High-quality Development; Green Development

B.18 Theoretical Interpretation and Breakthrough Path

of Rural Revitalization in Guangdong-Hong Kong-Macao

Greater Bay Area   *Li Fan, Lyu Cong* / 333

Abstract: The Guangdong-Hong Kong-Macao Greater Bay Area enjoys huge economic scale and strong growth momentum. It has great advantages in terms of talents, technology and capital. In light of the central task of rural revitalization, the Guangdong-Hong Kong-Macao Greater Bay Area should take the initiative, give full play to its outreach power and shoulder the heavy burden of the times. Based on the theory of dual economic structure, growth pole and scale economy, this paper firstly sorts out the theoretical basis of the rural revitalization strategy practice in the Guangdong-Hong Kong-Macao Greater Bay Area, and further explores the practical constraints. Taking the platform for sharing factors of production, the growth pole system and the large-scale agricultural economy as the starting points, the Guangdong-Hong Kong-Macao Greater Bay Area should actively break through the constraints and boost the rural revitalization with high quality.

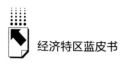
Keywords：Guangdong-Hong Kong-Macao Greater Bay Area；Rural Revitalization；High-quality Development

B.19 Development Report on the Emerging Special Economic Zones in Xinjiang *Wang Baowei*，*Xu Zhuoyi* / 343

Abstract：The year 2021 is the beginning of China's comprehensive construction of a modern socialist country, and also an extremely important year for Xinjiang's emerging special economic zones to base themselves on the new development stage, and to fully, accurately and comprehensively implement the CPC's strategy for governing Xinjiang in the new era and integrate into the new development pattern. Under the leadership of the CPC, the Kashgar Special Economic Zone and Khorgos Economic Development Zone made new achievements in scientifically coordinating epidemic prevention and control and economic and social development, promoting the stable operation of the regional economy, coordinating industrial structure and development, and ensuring people's living standards, and thus made a good start of the "14th Five-Year Plan". In the process of moving towards a high-quality development stage, Xinjiang's emerging special economic zones still face many problems such as unbalanced regional development, uncoordinated industrial structure, insufficient trade scale, and unstable regional environment. This report elaborates on the achievements of Kashgar Special Economic Zone and Horgos Economic Development Zone in the past year, provides an in-depth analysis of the problems to be solved in the future development of Xinjiang's emerging special economic zones, and then puts forward corresponding countermeasures and suggestions to facilitate the high-quality development of Xinjiang's emerging special economic zones.

Keywords：Kashgar；Horgos；Special Economic Zone

社会科学文献出版社

皮 书

智库成果出版与传播平台

❖ 皮书定义 ❖

皮书是对中国与世界发展状况和热点问题进行年度监测，以专业的角度、专家的视野和实证研究方法，针对某一领域或区域现状与发展态势展开分析和预测，具备前沿性、原创性、实证性、连续性、时效性等特点的公开出版物，由一系列权威研究报告组成。

❖ 皮书作者 ❖

皮书系列报告作者以国内外一流研究机构、知名高校等重点智库的研究人员为主，多为相关领域一流专家学者，他们的观点代表了当下学界对中国与世界的现实和未来最高水平的解读与分析。截至 2022 年底，皮书研创机构逾千家，报告作者累计超过 10 万人。

❖ 皮书荣誉 ❖

皮书作为中国社会科学院基础理论研究与应用对策研究融合发展的代表性成果，不仅是哲学社会科学工作者服务中国特色社会主义现代化建设的重要成果，更是助力中国特色新型智库建设、构建中国特色哲学社会科学"三大体系"的重要平台。皮书系列先后被列入"十二五""十三五""十四五"时期国家重点出版物出版专项规划项目；2013~2023 年，重点皮书列入中国社会科学院国家哲学社会科学创新工程项目。

皮书网

（网址：www.pishu.cn）

发布皮书研创资讯，传播皮书精彩内容
引领皮书出版潮流，打造皮书服务平台

栏目设置

◆关于皮书

何谓皮书、皮书分类、皮书大事记、
皮书荣誉、皮书出版第一人、皮书编辑部

◆最新资讯

通知公告、新闻动态、媒体聚焦、
网站专题、视频直播、下载专区

◆皮书研创

皮书规范、皮书选题、皮书出版、
皮书研究、研创团队

◆皮书评奖评价

指标体系、皮书评价、皮书评奖

◆皮书研究院理事会

理事会章程、理事单位、个人理事、高级
研究员、理事会秘书处、入会指南

所获荣誉

◆2008年、2011年、2014年，皮书网均
在全国新闻出版业网站荣誉评选中获得
"最具商业价值网站"称号；

◆2012年，获得"出版业网站百强"称号。

网库合一

2014年，皮书网与皮书数据库端口合
一，实现资源共享，搭建智库成果融合创
新平台。

皮书网

"皮书说"
微信公众号

皮书微博

权威报告·连续出版·独家资源

皮书数据库
ANNUAL REPORT(YEARBOOK)
DATABASE

分析解读当下中国发展变迁的高端智库平台

所获荣誉

● 2020年，入选全国新闻出版深度融合发展创新案例
● 2019年，入选国家新闻出版署数字出版精品遴选推荐计划
● 2016年，入选"十三五"国家重点电子出版物出版规划骨干工程
● 2013年，荣获"中国出版政府奖·网络出版物奖"提名奖
● 连续多年荣获中国数字出版博览会"数字出版·优秀品牌"奖

皮书数据库

"社科数托邦"
微信公众号

成为用户

　　登录网址www.pishu.com.cn访问皮书数据库网站或下载皮书数据库APP，通过手机号码验证或邮箱验证即可成为皮书数据库用户。

用户福利

● 已注册用户购书后可免费获赠100元皮书数据库充值卡。刮开充值卡涂层获取充值密码，登录并进入"会员中心"—"在线充值"—"充值卡充值"，充值成功即可购买和查看数据库内容。
● 用户福利最终解释权归社会科学文献出版社所有。

数据库服务热线：400-008-6695
数据库服务QQ：2475522410
数据库服务邮箱：database@ssap.cn
图书销售热线：010-59367070/7028
图书服务QQ：1265056568
图书服务邮箱：duzhe@ssap.cn

社会科学文献出版社　皮书系列
SOCIAL SCIENCES ACADEMIC PRESS (CHINA)

卡号：918559822914
密码：

基本子库

中国社会发展数据库（下设 12 个专题子库）

　　紧扣人口、政治、外交、法律、教育、医疗卫生、资源环境等 12 个社会发展领域的前沿和热点，全面整合专业著作、智库报告、学术资讯、调研数据等类型资源，帮助用户追踪中国社会发展动态、研究社会发展战略与政策、了解社会热点问题、分析社会发展趋势。

中国经济发展数据库（下设 12 专题子库）

　　内容涵盖宏观经济、产业经济、工业经济、农业经济、财政金融、房地产经济、城市经济、商业贸易等 12 个重点经济领域，为把握经济运行态势、洞察经济发展规律、研判经济发展趋势、进行经济调控决策提供参考和依据。

中国行业发展数据库（下设 17 个专题子库）

　　以中国国民经济行业分类为依据，覆盖金融业、旅游业、交通运输业、能源矿产业、制造业等 100 多个行业，跟踪分析国民经济相关行业市场运行状况和政策导向，汇集行业发展前沿资讯，为投资、从业及各种经济决策提供理论支撑和实践指导。

中国区域发展数据库（下设 4 个专题子库）

　　对中国特定区域内的经济、社会、文化等领域现状与发展情况进行深度分析和预测，涉及省级行政区、城市群、城市、农村等不同维度，研究层级至县及县以下行政区，为学者研究地方经济社会宏观态势、经验模式、发展案例提供支撑，为地方政府决策提供参考。

中国文化传媒数据库（下设 18 个专题子库）

　　内容覆盖文化产业、新闻传播、电影娱乐、文学艺术、群众文化、图书情报等 18 个重点研究领域，聚焦文化传媒领域发展前沿、热点话题、行业实践，服务用户的教学科研、文化投资、企业规划等需要。

世界经济与国际关系数据库（下设 6 个专题子库）

　　整合世界经济、国际政治、世界文化与科技、全球性问题、国际组织与国际法、区域研究 6 大领域研究成果，对世界经济形势、国际形势进行连续性深度分析，对年度热点问题进行专题解读，为研判全球发展趋势提供事实和数据支持。

法律声明

"皮书系列"（含蓝皮书、绿皮书、黄皮书）之品牌由社会科学文献出版社最早使用并持续至今，现已被中国图书行业所熟知。"皮书系列"的相关商标已在国家商标管理部门商标局注册，包括但不限于 LOGO（ ▇ ）、皮书、Pishu、经济蓝皮书、社会蓝皮书等。"皮书系列"图书的注册商标专用权及封面设计、版式设计的著作权均为社会科学文献出版社所有。未经社会科学文献出版社书面授权许可，任何使用与"皮书系列"图书注册商标、封面设计、版式设计相同或者近似的文字、图形或其组合的行为均系侵权行为。

经作者授权，本书的专有出版权及信息网络传播权等为社会科学文献出版社享有。未经社会科学文献出版社书面授权许可，任何就本书内容的复制、发行或以数字形式进行网络传播的行为均系侵权行为。

社会科学文献出版社将通过法律途径追究上述侵权行为的法律责任，维护自身合法权益。

欢迎社会各界人士对侵犯社会科学文献出版社上述权利的侵权行为进行举报。电话：010-59367121，电子邮箱：fawubu@ssap.cn。

社会科学文献出版社